替代计量学
理论、方法与应用

Altmetrics
Theory, Method and Application

杨思洛 等 著

科学出版社
北京

图书在版编目（CIP）数据

替代计量学：理论、方法与应用 / 杨思洛等著. —北京：科学出版社，2019.11
（计量学研究丛书）
ISBN 978-7-03-062860-2

Ⅰ.①替⋯ Ⅱ.①杨⋯ Ⅲ.①文献计量学–研究 Ⅳ.①G250.252

中国版本图书馆 CIP 数据核字（2019）第 252883 号

责任编辑：邹 聪 刘巧巧/责任校对：贾伟娟
责任印制：李 彤/封面设计：无极书装
联系电话：010-64035853
电子邮箱：houjunlin@mail.sciencep.com

科学出版社 出版
北京东黄城根北街 16 号
邮政编码：100717
http://www.sciencep.com
北京建宏印刷有限公司 印刷
科学出版社发行 各地新华书店经销

*

2019 年 11 月第 一 版　开本：720×1000　B5
2022 年 4 月第三次印刷　印张：23 3/4
字数：440 000
定价：128.00 元
（如有印装质量问题，我社负责调换）

"计量学研究丛书"编委会

主　编　邱均平

副主编　赵蓉英　文庭孝　张　洋　张　蕊
　　　　马瑞敏　杨思洛　宋艳辉　董　克

编　委　黄晓斌　王宏鑫　徐久龄　丁敬达
　　　　任全娥　汤建民　李　江　杨瑞仙
　　　　温芳芳　王菲菲　余　凡　武庆圆
　　　　马　凤　曾　倩　牛奉高　陈必坤
　　　　余厚强　赵月华　柴　雯　朱春艳

总　　序

　　20世纪60年代以来，在图书馆学、文献学、科学学、情报学领域相继出现了三个类似的术语：Bibliometrics、Scientometrics 和 Informetrics，分别代表着三个十分相似的定量性分支学科，即文献计量学、科学计量学和信息计量学（情报计量学）（简称"三计学"）。经过几十年的努力研究和推动，"三计学"都不同程度地取得了一定进展，得到了学术界的广泛承认。"三计学"之间的关系十分密切，尽管它们的研究对象和目的有所不同，但三者的起源相同，并且享有共同的原理、方法和工具，而且随着科学技术的发展和"三计学"的不断拓展，它们之间出现了合流的趋势，还产生了共同的国际学术组织——国际科学计量学与信息计量学学会（International Society for Scientometrics and Informetrics, ISSI）。20世纪90年代以来，随着计算机技术、网络技术的迅速发展和广泛普及，以及知识经济与知识管理的兴起，数字化、网络化和知识化成为信息社会与知识经济时代的显著特征，"三计学"研究的广度和深度不断扩展，信息管理领域又相继出现了以网络信息和数据为计量对象的网络信息计量学或称网络计量学（Webometrics）和以知识单元为计量对象的知识计量学（我们译为 Knowledgometrics），与"三计学"一起并称为"五计学"。"五计学"分别以文献、数据、信息（包括网络信息、情报）、知识和科学活动为研究对象，既有共同基础、交叉融合，又各有侧重、自成体系，成为信息管理领域计量研究的五朵奇葩。"五计学"的形成和发展历程反映了信息管理领域定量研究的不断创新及随着时代和社会背景的变化而不断演变的轨迹,既是文献计量学和科学计量学研究的继承和发展,也是信息管理领域定量研究的拓展与创新。

文献计量学(Bibliometrics)是以文献体系和文献计量特征为研究对象,采用数学、统计学等的计量方法,研究文献情报的分布结构、数量关系、变化规律和定量管理,并进而探讨科学技术的结构、特征和规律的一门分支学科。早在1969年,英国国家计算中心的普里查德(A. Pritchard)开创性地提出用 Bibliometrics(文献计量学)这一新名称来代替 Statistical Bibliography(统计书目学)一词,并认为文献计量学是"将数学和统计学的方法运用于图书及其他交流介质研究"的一门学科。文献计量学概念提出后就得到了图书、情报、信息界的积极响应。经过半个世纪的努力,文献计量学已经形成一门独立的科学学科,并得到了国际学术界的广泛承认。

科学计量学是以社会环境为背景,运用数学方法计量科学研究的成果,描述科学的体系结构,分析科学系统的内在运行机制,揭示科学发展的时空特征,探索整个科学活动的定量规律的一门学科,被人们称为"科学的科学"。科学计量学是以科学本身作为对象进行定量研究的学科。这里所指的"科学",不仅指作为知识体系的科学,而且包括作为社会活动的科学。科学计量学是伴随着科学学在现代科学技术革命的历史背景下孕育形成的。人类对科学本身的定量研究,可以上溯到19世纪下半叶,到20世纪60年代得到广泛的发展。1961年美国科学史家普赖斯发表了《巴比伦以来的科学》,为科学计量学的诞生奠定了基础。他通过对科学杂志、文献等的统计研究,论证了科学知识指数增长律。由此他被认为是"科学计量学之父"。1963年,美国科学信息研究所的加菲尔德博士创立"科学引文索引"(SCI),为科学计量学研究提供了数据基础。苏联学者弗·纳利莫夫在1969年提出了"科学计量学"(Наукометрия)这一术语,转译为英文 Scientometrics。20世纪70年代,我国的科学学工作者开始全面、系统地将国外有关科学计量学的研究成果介绍到国内,使科学计量学研究在我国蓬勃发展起来。它在促进科学学理论研究和影响国家科学政策方面,已经初显身手,并且正在发挥着越来越大的作用。

信息计量学是采用定量方法来描述和研究信息(情报)的现象、过程和规律的一门学科。它是数学和统计学与情报学广泛结合而形成的情报学的一个新兴的定量性分支学科。"信息计量学"(原称"情报计量学")名称最早出自德文 Informetrie 一词,是由德国学者昂托·纳克(Otto Nacke)最先提出的。在其后的文献中很快就出现了与之对应的英文术语 Informetrics。1980 年 9 月,在德国法兰克福召开了第一次情报计量学(含科学计量学)研讨会,纳克在会上宣传了他提出的"情报计量学"概念。1981 年,在我国期刊上也出现了信息计量学的德文和英文术语,并将其译为情报计量学。Informetrics 一词不仅在英语国家中迅速流传开来,而且得到了国际文献联合会(FID)的认可,标志着一门新兴分支学科的兴起。早在 1980 年,FID 就设立了情报计量学委员会(FID/IM)。1987 年,第一届文献计量学与情报检索理论国际研讨会在比利时举行,著名情报学家布鲁克斯在会上提议,应将 Informetrics 术语补充到拟于 1989 年在加拿大召开的第二届国际学术会议的名称中,得到了与会学者的普遍赞同和支持。但直到 1995 年 6 月,在美国芝加哥召开的第五届科学计量学与情报计量学国际会议上才更名,情报计量学替代文献计量学出现在会议名称中,现名为"国际科学计量学与信息计量学学会"(ISSI)。由于在 1987 年以来的有关国际学术会议出版的论文集上都有 Informetrics 标题,因此,国外一些著名情报学家都把 1987 年看成是 Informetrics 被国际情报学界正式承认的一年。

我国学术界对 Informetrie(德文)和 Informetrics(英文)术语及其所代表的学科也及时地作出了反应,并给予了应有的关注和重视。早在 1981 年就有相关论文发表。1988 年,邱均平编著的《文献计量学》不仅详细论述了"三计学"的关系,而且还较早系统地提出了情报(信息)计量学的内容框架。只是到了 1992 年,我国有关部门将 information 对应的译名"情报"改译为"信息"之后,我们对 Informetrics 的译名"情报计量学"也作了相应的改变,译为"信息计量学"。

网络信息计量学,也称网络计量学,英文为 Webometrics 或 Cybermetrics。它是采用数学、统计学等定量分析方法,对网上信息的组织、存储、分布、传递、相互引证和开发利用等进行定量描述和统计分析,以揭示其数量特征和内在规律的一门新兴分支学科。网络信息计量学研究始于 20 世纪 90 年代后期,最初表现为文献计量学在网络中的应用。自 1997 年阿曼德等在《文献资料工作杂志》(*Journal of Documentation*)上发表了《万维网上的信息计量分析:网络信息计量学方法探讨》一文,首次提出了 Webometrics 一词,这一概念很快得到了国际学术界的积极响应,迅速掀起了网络信息计量学研究的热潮,并引起了社会各界的广泛关注。1997 年，以研究网络信息计量学为核心的网络电子期刊 *Cybermetrics* 在西班牙马德里创刊，标志着网络信息计量学作为一门独立的新兴学科从传统的信息计量学研究中独立出来。随后以 **Cybermetrics** 和 **Webometrics** 为主题的研究大量出现。早在 2000 年，在一次国际会议上我们率先发表了《网络信息计量学及其应用研究》一文，首次论述了该学科的由来、概念、产生背景、研究对象、目的、意义、范围和内容等基本问题，后来被学术界广泛认同和引用，在国内外都产生了广泛的学术影响。

网络计量学的研究对象是网络信息。可以分为三个层次：一是以"比特"形态存在的最基本的网络信息单元，其类型包括数字信息、文字信息，以及集文字、图像和声音于一体的多媒体信息等；二是关于网上文献（如数字论文、电子期刊、电子图书等）的信息及其相关特征信息；三是关于网络结构单元的信息，包括以网站、网页、链接、数据库等结构为信息单元的信息资源。网络计量学主要是由网络技术、网络管理、信息资源管理与信息计量学等相互结合、交叉渗透而形成的。其研究的根本目的是通过对网上信息的计量研究，为网上信息的有序化组织和合理分布、为网络信息资源的优化配置和有效利用、为网络管理的规范化和科学化提供必要的定量依据，从而改善网络的组织管理和信息管理，提高其管理水平，促进其经济效益和社会效益的充分发挥。

知识计量学是以整个人类知识体系和知识活动作为研究对象，采用计量学方法对知识载体、知识内容、知识活动及其影响等进行定量研究的一门交叉性学科。20 世纪 90 年代以来，随着科学技术的飞速发展，知识化已成为当前科技、经济和社会发展的重要因素和显著特征。知识经济和知识管理在全球范围内普遍兴起，知识作为社会竞争中一种重要的战略资源和经济资源受到了人类前所未有的重视和关注。从不同的角度和不同的层面出发对知识本身及各种知识活动进行广泛的研究成为知识社会关注的焦点，而其中有关知识及其影响的测度、计量也成为重要的研究课题。虽然许多学科领域都从不同的角度出发间接或直接地对知识计量进行研究并取得了一定的研究成果，但各自研究的目的和角度不相同，从而使得知识计量研究零碎、分散且不系统。创建知识计量研究这一相对独立的交叉学科，可以集中有关学科的优秀研究成果，从"知识单元"这一共同的角度入手，对不同领域、不同形态的知识计量进行系统的研究和分析，从而在更深的层次上解决知识计量研究的难题。研究表明，从基于知识载体的计量转移到对知识本身的计量，包括知识体系的宏观计量和知识内容本身的数量、质量、价值和关系的计量，成为发展的必然趋势。

从文献计量学引入我国开始，我们研究团队从1980年以来长期、持续地关注信息管理领域的计量学研究，并且率先发表了一系列在国内外都有重要影响力的学术论文，出版了一套反映信息管理领域定量研究成果的"计量学研究丛书"，这不仅在国内信息管理领域是首例，而且在国际上也未见报道。

我们团队在我国率先开展"三计学"的教学与研究，取得了丰硕的研究成果。在过去多年文献计量学教学和研究的基础上，笔者所著的《文献计量学》于1988年在科学技术文献出版社正式出版。该书首次从理论、方法和应用相结合的角度构建了文献计量学的内容体系，是我国出版最早的、为数不多的文献计量学经典著作之一，受到学术界同行的热烈欢迎和好评。它不仅被多所高校采用，作为图书馆学、情报学和信息管理学等学科领域的核心教材，而且被引率至今一直名列前茅，经久不衰。这"无疑是对我国情报学研究和情报学教育的积极贡献，具有开创性的意义"（著名情报学家杨沛霆语）。

之后，我们团队又开展了大量有关"三计学"方面的研究，在国内外产生了重大影响。随着信息技术和信息科学的迅速发展，信息资源电子化、数字化和网络化日益普及，给人类社会、经济、科技和文化等各个领域的发展都带来了巨大的影响和深刻的变革。在这种新的社会环境和技术条件下，文献计量学研究出现了许多新的发展方向和趋势。面对这一新形势、新趋势和新课题，我们团队又在国内率先开展了信息计量学和网络信息计量学研究，并于2000~2001年以"信息计量学"和"网络信息计量学"为题在《情报理论与实践》杂志上发表了系列研究论文。这些论文在国内外学术界产生了巨大反响，被引率一直居高不下，成为开展信息计量学和网络信息计量学研究必看的经典系列文章。2007年1月，《信息计量学》一书在武汉大学出版社出版。该书是我们团队长期从事"三计学"教学与研究的结晶，是反映网络信息时代"三计学"发展特征，面向图书馆学、情报学和信息管理学及相关学科领域教学与研究现实需要的产物，被列入教育部"面向21世纪课程教材"和"高等学校信息管理类核心课教材"，被遴选为国家精品课程和国家级"十二五"规划教材。2010年7月，在三项国家自然科学基金项目和两项教育部基金项目资助及大量前期原创性成果积累的基础上，国内第一本以"网络计量学"命名的著作在科学出版社出版，弥补了国内网络计量学领域研究的不足。至此，我国网络计量学研究开始进入系统研究和快速发展时期。

我们团队早在 20 世纪 80 年代初就开始关注国外知识计量和知识网络方面的研究动向，并发表了一系列研究成果。著名科学计量学学者赵红州、蒋国华在 1995 年曾指出：科学计量学和经济计量学两门姊妹学科问题，对于迎接知识经济时代，开展知识经济学研究具有特殊意义。看来很有必要将科学计量学拓展到知识计量学，并与经济计量学结合起来，从宏观和微观上对知识生产和应用、知识投入和产出、知识存量和流量、知识分配和转移、知识价值和价格等，进行广泛的跨学科的综合研究。但是令人遗憾的是，知识计量学在此后很长一段时间并没有得到深入研究和进一步发展。直到 2009 年，在国家社会科学基金项目"基于知识单元的知识计量研究"（CTQ009）和国家自然科学基金项目"基于作者学术关系的知识交流模式和规律研究"（70973093）的资助下，我们团队在国内发表了一系列具有影响力的原创性研究成果，完成了一系列项目研究报告，并在此基础上有了2014 年《知识计量学》一书在科学出版社的出版。

完成"五计学"的系统研究并形成信息管理领域计量学研究的完整体系，一直是我们团队的共同愿望和奋斗目标。在文献计量学、信息计量学、网络计量学和知识计量学研究的雄厚基础之上，《科学计量学》一书的出版被提上研究议程。经过近五年的精心酝酿、组织、研究和写作，《科学计量学》于 2016 年在科学出版社出版。至此，信息管理领域的"五计学"系列著作的出版已画上了一个圆满的句号。

"计量学研究丛书"的显著特点主要是：①连续性和系统性强。从文献、科学活动的计量，到信息、网络信息的计量，再到知识及知识活动的计量，是一个连续的和不断深入研究的过程，我们为此连续研究了 30 多年。现在完成和出版的五本计量学的专著形成了一套丛书，构建了信息科学领域计量学研究的完整体系。②创新性和原创性强。五本计量学的著作是在多项国家级项目研究成果和大量原创性论文的基础上，经过系统化、规范化的总结、归纳、提炼和升华而成的。《文献计量学》是笔者个人专著，是我国早期出版的几部经典著作之一；《信息计量学》、《网络计量学》和《知识计量学》都是以这些学科命名的国内的第一部专著；《科学计量学》也是国内计量学领域为数不多的重要著作之一。五本计量学的专著既有某些共同的交叉的内容，也有具有个性特色的内容体系。它们都有各自不同的计量研究对象，计量研究的目的和内容也不一样，有些类似的规律或定律的表现形式和数值大小各有差异和特色。既融入了作者自己的研究成果，形成各自的特色，又反映了国内外的前沿研究成果，构成了一个统一的计量学研究体系。③水平高、学术性强。"计量学研究丛书"的著者都拥有博士学位或高级职称，都是教学、科研第一线的骨干教师或学科带头人，既具有较高的学术水平和雄厚的科研基础，又有撰写著作的经验，从而为打造高水平、高质量的系列著作提供了人才保障。同时，丛书按照理论、方法、应用三结合的思路构建各个著作的内容体系，体现内容上的前瞻性、创新性、科学性、系统性和实用性；注重整套丛书的规范化建设，采用统一版式、统一风格，表现出较高的规范化水平。

从文献计量学、科学计量学到信息计量学，再到网络计量学，最后到知识计量学，既是学科发展深化演变的创新过程，也是我们追随学科发展轨迹孜孜探求的历程。但愿我们所做的这些科研成果和贡献，能够深入推动"五计学"的不断发展和繁荣。我们站在前人的肩膀上，也愿意成为后人的肩膀。

"计量学研究丛书"的顺利完成和正式出版，首先要感谢各位副主编和编著者的积极参与和配合，还要感谢科学出版社领导的支持和责任编辑邹聪女士的辛勤工作。由于计量学研究的艰巨性、复杂性，"计量学研究丛书"中的不足或偏颇之处在所难免，恳请同行专家和读者批评指正。

邱均平

2014年3月于珞珈山

前 言

交流是科学的本质（Communication is the essence of science, Garvey and Griffith, 1967），学术交流是科学研究中极其重要的一环。随着以计算机网络技术为代表的新兴技术的出现，学术交流在过去几十年里经历着持续的革命，包括新式交流平台工具的出现、传统交流方式的创新、新旧交流模式的整合和新旧交流平台的融合等，涉及学者、高校、研究机构、出版社、企事业单位和政府部门在内的众多主体。不同学者从各角度称其为"认知革命"（cognitive revolution）、"天鹅绒革命"（velvet revolution）、"开放科学革命"（open science revolution）、"文献计量学的分类革命"（taxonomic revolution of Bibliometrics）等（Sugimoto et al., 2017）。

社交媒体（social media）是指互联网上基于用户关系的内容生产与交流的工具和平台，其本质是"一组基于Web2.0思想和技术的互联网应用，允许用户生产内容（user generated content, UGC）的创建和交流"（Kaplan and Haenlein, 2010）。基于互联网的社交媒体，成了势不可挡的热潮，彻底改变了人类获取信息、相互沟通和互动的方式，加快了世界前进的步伐。目前，与学术交流相关的社交媒体类型包括：社交网络（social networking）、社会书签和文献管理（social bookmarking and reference management）、社交数据共享（social data sharing）、视频（video）、博客（Blogging）、微博（MicroBlog）、维基百科（Wikipedia）、社交推荐、评级和评议

（social recommending, rating, and reviewing）。截至 2018 年 12 月，全球用于学术交流的工具或平台已有 675 种，并且还在不断增加，其中 425 种是在 2011 年以后出现的（Bosman and Kramer，2015）。尽管主流的社交媒体技术和工具起源于国外，但国内社交媒体对学术交流的影响也与日俱增。2017 年 9 月浙江大学颁布考核新规《优秀网络文化成果认定实施办法（试行）》，"在媒体及其'两微一端'发表的原创作品，根据其传播效果和影响力，将可被认定为优秀网络文化成果，可等同于国内权威、一级、核心等学术期刊论文，并纳入晋升评聘和评奖评优"。新闻一经发布便引起了人们的热议，光明网、科学网、《人民日报》、《经济日报》等网络和传统媒体纷纷报道，并且给了较多正面回应和评价。这一里程碑意义的事件，一定程度上标志着国内权威机构对社交媒体在学术交流中作用与地位的重视与认可。实际上，2017 年 8 月，吉林大学也出台了《吉林大学网络舆情类成果认定办法（试行）》，鼓励优秀网络文章和网络舆情信息稿件创作（曾福泉，2017）。

社交媒体已经以基础性的方式融入学术交流系统的结构中，主要通过学术交流中利用社交媒体平台和基于这些平台交互而产生的新指标的推广发展。替代计量学正是为弥补传统计量学缺陷，"基于在线工具和环境，对学术影响测度的研究与使用"（Priem，2014）。自从提出和倡导替代计量学以来，该领域的研究和学术活动快速发展，引发了翻天覆地的变化（Sugimoto et al.，2017）。替代计量学由普里姆（Jason Priem）于 2010 年提出。它的兴起是单篇论文评价（article-level metrics）、科研成果计量（eurekometrics）、科研发现计量（erevnametrics）、科学计量学 2.0（Scientometrics 2.0）等众多研究的合流，与科学交流的网络化密切相关。它的出现，既是提高科学交流效率的需要，也是网络时代科学家交流偏好变化的产物，是一种必然趋势，具有重要的科学理论价值、实践指导意义和广阔的应用前景。2012 年，刘春丽将其引介到国内，译为"选择性计量学"。从发展历程来看，替代计量学是"五计学"（文献计量学、科学计量学、信息计量学、网络计量学和知识计量学）的新发展，相关理念和方法也与"五计学"一脉相承，例如早期对全面影响力评价的探索、多维度计量指标的考量、网络计量学和网络引文的分析等，都为替代计量学的产生和兴起提供了基础条件，而相关学者和公司的鼓吹宣传则加速了这一进展。替代计量学汇集了相关领域和词汇，适应了新时期、新环境的需求，具有分析范围广、研究对象多样、过程和结果公开、反应速度快等许多优势；但是，其存在的使用偏见、分析标准缺失、数据可信度存疑、行为动机机理不明等众多不足也不可忽视。目前，国内外主流观点是替代计量学是对传统计量学的补充，而不是完全地取代，例如，根据 Altmetric.com 国际期刊论文替代计量评分（altmetric score）系统评出的 2016 年世界最受关注论文排行榜 TOP100，美国前总统奥巴马题为"United States Health Care Reform: Progress to Date and Next Steps"的论文以 8063 分雄踞榜首，并且遥遥领先第二名 3000 余分，受到全球的关注。这是第一篇由在任期间的美国总统发表的学术论文，主要是论述国家实行医改的好处，比如，住院率会因为医疗改革而大幅下降。这一论文评价结果与传统的论文评价结果有很大的差异，表明替代计量学很大程度上并非评价论文的学术质量，而是反映科学研究触及大众的广度与深度。未来针对新的大数据技术、人工智能和云计算环境，替代计量学研究需要着重解决概念和定义的统一、行为动机和机理的明晰、理论框架的构建、数据来源的规范、指标体系的完善、方法体系的形成、工具体系的完善、应用研究的深化等问题。正是因为存在这些问题，其成为需要我们未来重点关注和研究的领域。

目前，替代计量学受到国际学术界的普遍关注，更是"五计学"领域研究的重点内容，也是图书情报、新闻传播、管理学、计算机技术等相关学科讨论的热点话题，有大量的相关论著发表，也有众多的数据库商和媒体平台参与。在国内，替代计量学的相关研究同样火热，替代计量学成了许多期刊征稿的重点，有众多的相关课题立项，有大量的论文发表；但是也存在相关研究较为浅显、简介性的论文较多、本土原创性成果不足、相关研究较为空泛和零散等众多问题。这迫切需要人们对替代计量学进行全面、系统的总结和提炼，进行理论的升华。近年来，我们一直在从事"五计学"和科学评价方面的研究和实践，并承担了相关课题，发表了系列学术论文。在此基础上，经过我们前期调研和研讨，联合多个单位的学者，集思广益、博采众长，合力撰写本书，希望本书的出版能够有助于我国替代计量学相关研究和实践的发展。

替代计量学是社交媒体环境下，随着大数据技术的兴起、数字出版的流行、开放存取的普及而兴起的重要研究领域，是对"五计学"的完善与新发展，"五计学"也为替代计量学提供了理论、方法基础，由此可见，替代计量学与"五计学"之间有着紧密的联系，本书也被纳入"计量学研究丛书"之中。关于 Altmetrics 的中文名称，目前没有取得一致的认同，国内既有大量文献直接使用 Altmetrics，也有较多的文献使用替代计量（学）和补充计量（学）等。在没有十分合适的译名时，直接使用"替代计量学"不失为一种权宜之计，但这不利于领域长远发展和使用规范，另外，《关于进一步规范出版物文字使用的通知》第三条规定："在汉语出版物中，禁止出现随意夹带使用英文单词或字母缩写等外国语言文字。"因此，综合国内的使用情况、英文释义和以往惯例等因素，本书最终采用了"替代计量学"这一名称。

作为国家社会科学基金重点项目"中国人文社科学术成果的国际影响力综合评价研究"（17ATQ009）的研究成果之一，本书主要特色包括：①系统性。从学科理论的系统性角度对已有相关研究成果进行梳理、集成，首次从理论、方法和应用三个方面系统地构建和阐述了替代计量学的基本内容体系。②全面性。全书遵循"理论与实践相结合"的原则，立足国内外研究现状，面向学科发展前沿，统领学科体系建设，坚持传承与创新并重，在传统"五计学"研究方法和成果的基础上，对替代计量学的相关内容进行了全面的研究与总结。③新颖性。通过采纳国内外的最新研究成果，建立和完善替代计量学的知识体系，为国内相关学科的发展提供参考和借鉴；通过替代计量学的理论、方法与应用的最新热点和前沿把握及展示，为"五计学"领域提供与时俱进的补充和发展。

本书共有八章，主要内容可概括为理论、方法和应用三个部分：一是关于替代计量学的理论问题研究，包括第一章和第二章中的内容，主要介绍替代计量学的理论基础和理论体系；二是替代计量学的方法研究，包括数据来源、指标体系、方法体系和工具体系，覆盖第三章至第六章的内容；三是替代计量学的应用，第七章和第八章集中论述其应用体系和研究实例分析两部分。替代计量学的方法具有普适性和广阔的应用前景，可广泛应用于科学评价、信息服务、信息检索、网络信息资源管理等领域。

本书是国家社会科学基金重点项目"中国人文社科学术成果的国际影响力综合评价研究"（17ATQ009）阶段性成果。由杨思洛提出详细的撰著大纲，然后由各位作者分头撰写初稿，最后由杨思洛、于永浩做了部分增删、修改或补充，并完成了统稿工作。各章的撰稿人如下：第一章为肖少云、李雪莹；第二章为邢欣、杨依依；第三章为郭颖（中国科学院）、陈晓盼；第四章为王思培、吴筱凡；第五章为王雨、郑梦雪；第六章为余厚强（南京理工大学）；第七章为祁凡、张一鸣；第八章及附录为于永浩。本书是撰写团队成员共同努力的结果，非常感谢全体成员的合作与付出。同时，在写作过程中，我们参考和引用了大量国内外的相关研究成果，谨向被引用的专家学者表示诚挚的感谢！尽管我们尽量列出全部参考文献，但因为各种原因，难免挂一漏万，恳请相关论著作者和读者谅解。本书的出版还得到了国家哲学社会科学规划办公室，以及科学出版社编校人员和作者所在院、系领导的支持与帮助。在此，谨向以上单位和个人表示诚挚的谢意！

社交媒体环境下诞生的替代计量学是一个变化发展着的新兴领域，研究进展日新月异，研究内容纷繁复杂、千头万绪，涉及的学科和研究领域也非常广泛。本书内容经过专家的指导和成员的不懈探索研究，取得了一定进展，但由于时间、精力和知识结构有限，又是多人分头执笔，书中难免存在不妥之处，恳请各位专家同行批评指正！

杨思洛

2018 年 12 月 16 日于武汉大学

目录

总 序

前 言

第一章　替代计量学的理论基础……………………………1
  1.1　替代计量学的数学基础………………………………… 2
  1.2　替代计量学的网络科学基础…………………………… 17
  1.3　替代计量学的数据科学基础…………………………… 26
  1.4　替代计量学的传播学基础……………………………… 35
  1.5　替代计量学的图书情报学基础………………………… 42
  1.6　替代计量学的"五计学"基础………………………… 47

第二章　替代计量学的理论体系……………………………59
  2.1　替代计量学的产生背景………………………………… 60
  2.2　替代计量学的发展历程………………………………… 62
  2.3　替代计量学的学科体系………………………………… 66
  2.4　替代计量学与"五计学"的关系……………………… 71
  2.5　替代计量学的发展现状与趋势………………………… 74

第三章　替代计量学的数据来源……………………………89
  3.1　替代计量学的数据来源概述…………………………… 90
  3.2　专业文献数据库………………………………………… 96

3.3 在线文献管理工具 …………………………………………… 110
3.4 同行评议平台 ………………………………………………… 113
3.5 社交平台 ……………………………………………………… 118
3.6 其他数据来源平台 …………………………………………… 131

第四章 替代计量学的指标体系 …………………………………… **141**
4.1 替代计量指标概述 …………………………………………… 142
4.2 替代计量学的传播类指标 …………………………………… 159
4.3 替代计量学的获取类指标 …………………………………… 165
4.4 替代计量学的利用类指标 …………………………………… 169
4.5 替代计量指标遴选与集成 …………………………………… 177

第五章 替代计量学的方法体系 …………………………………… **183**
5.1 替代计量学的方法体系的一般构成 ………………………… 184
5.2 信息计量学方法 ……………………………………………… 193
5.3 数据采集方法 ………………………………………………… 196
5.4 数据挖掘方法 ………………………………………………… 199
5.5 数据统计方法 ………………………………………………… 208
5.6 数据可视化方法 ……………………………………………… 212

第六章 替代计量学的工具体系 …………………………………… **219**
6.1 替代计量学的工具概述 ……………………………………… 220
6.2 Altmetric Explorer …………………………………………… 220
6.3 PLoS ALM …………………………………………………… 223
6.4 Bookmetrix …………………………………………………… 224
6.5 PlumX Dashboard …………………………………………… 225
6.6 ImpactStory …………………………………………………… 227
6.7 其他工具 ……………………………………………………… 229
6.8 总结与讨论 …………………………………………………… 231

第七章　替代计量学的应用体系 ······ **233**

- 7.1　替代计量学的应用概述 ······ 234
- 7.2　在科学评价方面的应用 ······ 237
- 7.3　在信息资源管理方面的应用 ······ 248
- 7.4　在信息检索与服务方面的应用 ······ 254
- 7.5　在科技管理与预测方面的应用 ······ 261

第八章　替代计量学的研究实例分析 ······ **271**

- 8.1　中美 OA 论文的替代计量分析 ······ 272
- 8.2　不同类型成果的替代计量分析 ······ 294
- 8.3　不同国家图书的替代计量分析 ······ 304

附　录　NISO 的替代计量学标准 ······ **317**

- 第一部分　替代计量学的定义和使用情境 ······ 319
- 第二部分　学术交流中的替代成果产出 ······ 324
- 第三部分　数据指标的研究和推荐 ······ 325
- 第四部分　学术交流中的持久标识符 ······ 333
- 第五部分　替代计量学的数据质量行为准则 ······ 335

参考文献 ······ **337**

第一章

替代计量学的理论基础

在 Web2.0 的环境下，随着社交媒体技术的不断进步、开放科学运动的不断深化、网络传播模式的不断创新、数据科学的不断发展，科学交流的模式发生了新的变化。科学工作者们越来越倾向于利用博客、微博、Facebook 等社交媒体工具进行学术成果的追踪和学术交流。科学交流主体和范围也呈现出扩大化的趋势，不仅仅局限在学术圈，普通公众对其的参与度也不断增加（吴胜男，2015）。Web2.0 环境下的科学交流使得交流效率不断提高，交流的成本却不断降低。替代计量学是在这种环境和背景下产生的，它是由数学、网络科学、数据科学、传播学、图书情报学与"五计学"等相互结合、交叉渗透而形成的一个交叉性研究主题，也是"五计学"的一个新的发展方向和重要研究领域。替代计量学的出现是新时代社会、科技以及经济发展的需要；同时，作为一个新兴领域，替代计量学需要大量吸取和借鉴网络科学、传播学、数据科学、图书情报学、"五计学"等学科的相关理论；此外，经济学、心理学、人类学和社会学，也是其重要的理论来源，例如社会学理论中的社会资本（social capital）、注意力经济（attention economy）、印象管理（impression management）等理论与替代计量学密切相关（Haustein et al.，2015a）。

1.1 替代计量学的数学基础

数学是各个科学和技术的语言和工具，任何学科都试图构建自身的数据模型，形成完善的"学科数学"体系（巴志超等，2018）。替代计量学的研究也离不开数学的支持，理解和掌握数学的一些基本概念和原理，如统计推断、多元统计分析等，对解决替代计量学中的概念模型、计量指标和实际应用有重要意义和作用。这里主要介绍数学模型、统计推断和多元统计分析。

1.1.1 数学模型

数学模型就是对于现实世界的一个特定对象，为了某一特殊目的，根据其特有的内在规律和外部条件，做出一些必要的简化假设，运用适当的数学方法得到的一个数学结构。简单地说，数学模型就是对所研究问题的数学描述或刻画，是所研究对象的一种数学表达形式。

在计量学研究领域，我们会经常用到数学模型方法，通常会构建一些数学模型对研究事物进行分析。

1.1.1.1 数学建模的概念

所谓数学建模（mathematical modeling），简言之就是构建所研究对象的数学模型并求解，然后将求解结果应用于实际问题的全部过程。具体来讲，就是针对研究对象和研究目的，经过恰当的抽象概化和简化假设，确立某种数学结构；然后用数学语言给出该数学结构的表达形式，即数学模型；再经过数学的处理，如参数的识别、模型求解、推导、证明等方法得到相应的定量结果，以供人们作为分析、预测、决策或控制的科学依据。

1.1.1.2 数学建模的一般过程或步骤

数学建模时，一般都遵循一定的规律，如图 1-1 所示。

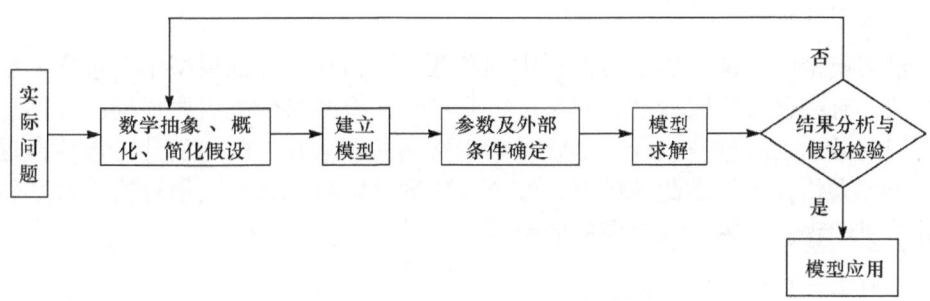

图 1-1　数学建模的一般过程（李霄民和陈义安，2012）

1. 问题提出与分析

我们遇到的实际问题，在开始研究的初期一般是模糊的，甚至是混乱的、矛盾的，往往一些相关问题交织在一起，无法形成明确的数学问题，或者说建模目的模糊。在解决实际问题时，需要研究人员通过查阅文献、与专业人士座谈等，了解问题的背景、已具备的数据条件及其他必要的信息，进而逐步明确建模的目的和要求，并形成明确清晰的数学建模问题。经过查阅相关研究文献，了解关于相关问题的研究状况或进展，针对所研究的问题和国内外研究现状，初步确定模型的类别或可能的建模方法。

2. 模型假设

根据已知建模问题的信息和建模目的，找出问题研究可能涉及的因素，以及各因素之间的关系或应遵循的规律，分析哪些因素是关键的或主要的，哪些因素是无关的或次要的。为此要做出必要的、合理的假设，忽略一些无关的或次要的因素，从而简化模型。

模型假设是建立模型的重要组成部分，目的是简化模型，但过分简化的假设可能造成模型失真。然而，模型因素考虑过多，会增加模型的复杂程度，从而带来计算成本的大幅度提高，甚至可能因复杂度过高而无法求解。

因此，假设的合理与否就成了检验模型优劣的重要依据。假设是否合理是看依据假设所建的模型能否满足问题的要求，而如何做出恰当的假设，则需要长期的经验和相关知识积累，同时还要根据模型的验证结果不断修正假设，使之更加合理。

3. 建立数学模型

根据假设和问题涉及的因素，引入相关符号或记号，然后将问题中相关变量或因素之间所具有的内在关系或服从的规律及其外部条件用数学的语言加以刻画，形成数学关系表达形式，即包含常量、变量等的数学模型，如优化模型等。

4. 模型参数的估计与求解

求解模型的关键一步是对模型中的参数进行估计。多数模型中会包含一些待定参数，有些参数可以借助于实验进行测定，而有些参数则需要根据已知信息利用恰当的数学方法进行估计，如统计学中常用的矩估计、区间估计，数值逼近中的最小二乘估计等。在此基础上，综合利用数学解析方法、数值算法、数学软件和计算机编程语言等，求出模型的解。

5. 可靠性分析与假设检验

建立模型的目的是解决现实问题，评价模型的好坏要看假设是否合理，建立的模型是否正确，把结果用于解释现实时是否可信，是否达到了建模目的的要求等。因此应进行必要的模型可靠性、参数的稳定性或灵敏性、结果的合理性和可操作性等分析。

鉴于数学模型是在一定简化假设的基础上建立起来的，因此对模型可靠与否应进行必要的检验。检验方法通常是对比已有的实验结果和模型计算结果，分析其差异程度，如绝对误差、相对误差等，以检验模型的正确性和可靠性。若建模方法或模型结构采用随机或统计结构，一般应进行统计意义下的参数估计和分布假设检验、结果的适合度检验等。根据分析检验结果确定是否有必要对模型做进一步修正或参数估计。

6. 模型应用

把模型求解结果应用到实际问题中，给出问题的解决方案，根据实际问题的建模目的，提出相应的对策或建议等。一个好的模型给出的计算结果，应具有一定的可操作性。没有可操作性的结果可能只是数学意义下的最好结果，但不一定是应用意义下的具有可应用价值的结果。

1.1.1.3 数学建模方法

数学建模问题一般有明确的实际背景，已知一些信息，这些信息可以是观测数据，也可能是若干参数或图形图像，或者仅给出一些定性描述，依据这些信息建立数学模型（隋欣，2014）。已有的建模方法较多，比较流行的主要有两种，即机理分析方法和测试分析方法（李霄民和陈义安，2012）。

1. 机理分析方法

机理分析方法，又称机理导向的数学建模方法，它是建立在对实际研究对象有一定认知的基础上的理想方法。常用的机理分析方法有以下两种。

（1）规律建模方法：利用所研究的问题中，相关变量所应遵循的自然规律建立数学模型。

（2）构造分析法：依据已知模型所应遵循的具体结构，如微分、差分、最优化、图与网络、几何等模型结构，建立数学模型。

2. 测试分析方法

测试分析方法，又称数据导向的数学建模方法，它主要是从数据或实验中得到分析结果。常用的测试分析方法有以下四种。

（1）直观观察分析方法：利用输入、输出数据，把输入数据看作自变量取值，输出数据看作因变量取值，做出直观的观测图形。通过图形，对数据进行直观观察分析，建立函数关系，即经验公式，然后利用已知数据对函数表达式中的参数进行估计，从而建立起函数关系模型，并利用函数表达式进行计算，同时对计算结果和观测值进行比较，以验证模型的正确性。

（2）数值分析法：对已知数据进行数据拟合、插值，从而建立函数关系，据此建立的模型即所谓的经验公式。常见的建模方法有插值、样条函数、曲线拟合等。

（3）统计方法：如概率分布、频度分析、方差分析、回归分析、相似性分析、聚类分析、判别分析等，检验模型正确性的方法是统计假设与分布假设检验。

（4）模糊分析法：传统数学描述的是现实世界中的精准现象，与精确性相悖的是模糊性，如计算机搜索的语义判断、数字图像的噪声等，借助已知数据集合，建立基于经验和半经验的关于模糊集的隶属度函数，利用模糊数学的方法建立模型。常见的有模糊综合评判、模糊识别、模糊分类等。

在建模实践中，两类方法通常交替使用，如用机理分析方法建立数学模型，利用已知数据采用测试分析方法识别模型的参数。各种方法之间没有绝对的界限，如考虑已知数据的随机性，可以采用统计方法建立模型；如不考虑随机性，则可以采用机理分析方法建立模型。对同样一个建模问题，因为采用的假设和建模方法不同，模型结构也会有所不同。

1.1.2 统计推断

统计推断是指根据样本中得到的数据资料对总体的分布或分布的数字特征等作出合理的推断，完成由部分到总体的认识过程。统计推断主要分为参数估计和假设检验两大类。参数估计是对总体未知参数的估计；假设检验可以对总体参数提出假设并进行验证，也可以对总体的其他特征进行非参数检验。

1.1.2.1 参数估计

参数估计主要研究当总体的分布函数或概率函数的数学表达式已知，而其中的某些参数未知时，如何利用样本值对这些未知参数进行估计的问题。参数估计分为点估计和区间估计两种。

1. 点估计

在实际问题中，我们经常遇到随机变量 X（或总体 X）的分布函数 $F(x;\theta_1,\theta_2,\cdots,\theta_m)$ 的形式已知，但其中参数 $\theta_i(i=1,2,\cdots,m)$ 未知，如果得到了 X 的一个样本值 $(x_1,x_2,\cdots,x_n)$ 后，希望利用样本值来估计 X 分布中的参数值，或者 X 的分布函数形式未知，利用样本值估计某些特征，这类问题称为参数的点估计问题。

点估计（point estimation）是用样本统计量来估计总体参数，就是首先利用样本构造适当的统计量，然后根据抽样数据计算样本统计值，以此来估计总体未知参数的方法。在参数估计中，用来估计总体参数的统计量称为估计量，根据样本数据计算出的统计值称为估计值。常用的点估计方法有矩估计法和最大似然估计法。

2. 区间估计

参数的点估计只给出总体参数的一个具体的数值，便于计算和使用，但是没有给出其精度。区间估计（interval estimation）则给出了未知参数的取值区间，并给出了未知参数落入该区间的可靠程度。一般情况下，设总体 X 的分布函数为 $F(x;\theta)$，θ 为未知参数，$X_1,X_2,\cdots,X_n$ 是来自总体 X 的样本。如果存在两个统计量 $\hat{\theta}_1(X_1,X_2,\cdots,X_n)$ 和 $\hat{\theta}_2(X_1,X_2,\cdots,X_n)$，对于给定的 $\alpha(0<\alpha<1)$，使得 $P\{\hat{\theta}_1(X_1,X_2,\cdots,X_n)<\theta<\hat{\theta}_2(X_1,X_2,\cdots,X_n)\}=1-\alpha$，则称区间 $(\hat{\theta}_1,\hat{\theta}_2)$ 为参数 θ 的置信度为 $1-\alpha$ 的置信区间，$\hat{\theta}_1$ 称为置信下限，$\hat{\theta}_2$ 称为置信上限。置信区间展现的是这个参数的真实值有一定概率落在测量结果的周围的程度（王福保，1994）。置信区间给出的是被测量参数的测量值的可信程度，即前面所要求的"一定概率"，这个

概率被称为置信水平。构造区间估计最常见的方法是枢轴量法和大样本法。

1.1.2.2 假设检验

在进行替代计量的研究中，常常需要根据部分信息对总体情况进行推断，验证总体的一些假设。假设检验就是根据样本提供的信息，对未知总体分布的某些方面（如总体均值、总体方差、总体分布本身等）的假设作出合理的判断。要检验的假设称为零假设，以 H_0 表示；与之对应的是备择假设，即零假设错误时必然正确的陈述，以 H_1 表示。

检验统计量是样本的函数，是为了决定接受还是拒绝零假设而构造的样本统计量。根据检验统计量的概率分布是标准正态分布、t 分布、χ^2 分布等，将相应的假设检验分别称为 u 检验、t 检验、χ^2 检验等。拒绝域是检验统计量的一个用以拒绝零假设的取值范围。当由抽样数据计算的检验统计量的数值落在拒绝域内时，就拒绝零假设。显著性水平以 α 表示，是指零假设正确时，检验统计量的样本值落在拒绝域内的概率，也即零假设正确时，犯了拒绝零假设的错误的概率。假设检验遵循的基本法则是"小概率事件法则"：如果某事件在假设正确的前提下发生的概率非常小，但在具体观测中该事件又出现了，就认为这个假设是错误的，拒绝它（肖明，2014）。

传统的假设检验方法将拒绝域作为接受或者拒绝零假设的依据判断，一般分为五个步骤，如图1-2所示。

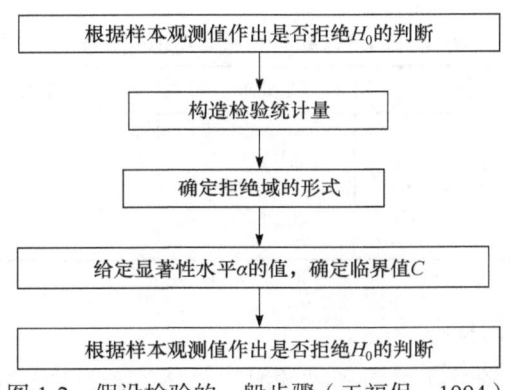

图1-2 假设检验的一般步骤（王福保，1994）

假设检验问题分为参数假设检验与非参数假设检验两类。若总体的分布函数 $F(x;\theta_1,\theta_2,\cdots,\theta_m)$ 或概率函数 H_0 的数学表达式已知，只是分布中的参数有些为未知，假设 H_0 针对未知参数而提出并要求检验，这样的问题称为参数假设检验问题。若总体的分布函数或概率函数为未知，假设 H_0 针对总体的分布、分布的特性或总体的数字特征而提出，并要求检验，这类问题的检验不依赖于总体分布，称为非参数假设检验问题。下文将对参数检验和非参数检验进行介绍。

1.1.2.3 参数检验

1. 单个总体均值的检验

当总体方差 σ^2 已知（$\sigma^2 = \sigma_0^2$）时，选择检验统计量 $Z = (\bar{X} - \mu_0)\big/\dfrac{\sigma_0}{\sqrt{n}}$，它服从标准正态分布。不同零假设的检验如表1-1所示（给定显著性水平 α）。

表1-1　$\sigma^2 = \sigma_0^2$ 时的总体均值假设

零假设	统计量	分布	检验类型	拒绝域
$\mu = \mu_0$				$|Z| > z_{\alpha/2}$
$\mu < \mu_0$	$Z = (\bar{X} - \mu_0)\big/\dfrac{\sigma_0}{\sqrt{n}}$	$N(0,1)$	u 检验	$Z > z_\alpha$
$\mu > \mu_0$				$Z < -z_\alpha$

当总体方差 σ^2 未知时，选择检验统计量 $T = (\bar{X} - \mu_0)\big/\dfrac{S}{\sqrt{n}}$，它服从自由度为 $n-1$ 的 t 分布。这时的检验属于 t 检验，如表1-2所示。其中，$t_{\alpha/2}(n-1)$ 和 $t_\alpha(n-1)$ 分别是自由度 $n-1$ 的 t 分布的上 $\alpha/2$ 分位点和上 α 分位点。

表1-2　σ^2 未知时的总体均值假设检验

零假设	统计量	分布	检验类型	拒绝域
$\mu = \mu_0$				$T > t_{\alpha/2}(n-1)$
$\mu < \mu_0$	$T = (\bar{X} - \mu_0)\big/\dfrac{S}{\sqrt{n}}$	$t(n-1)$	t 检验	$T > t_\alpha(n-1)$
$\mu > \mu_0$				$T < -t_\alpha(n-1)$

2. 两个总体均值的检验

两个总体均值的检验主要有三种情况：总体方差已知，方差未知但两总体方差相等，方差未知且两总体方差不等。设 $X_1, X_2, \cdots, X_{n_1}$ 是来自总体 X 的一个样本，样本均值是 $\bar{X}$，样本方差是 S_1^2；$Y_1, Y_2, \cdots, Y_{n_2}$ 是来自总体 Y 的一个样本，样本均值是 $\bar{Y}$，样本方差是 S_2^2。

第一种情况，设总体 X、Y 的方差分别是 σ_1^2、σ_2^2，关于总体均值 μ_1、μ_2 的

检验属于 u 检验，检验统计量 $Z=(\bar{X}-\bar{Y})\bigg/\sqrt{\dfrac{\sigma_1^2}{n_1}+\dfrac{\sigma_2^2}{n_2}}\sim N(0,1)$。给定显著性水平 α，零假设 $H_0:\mu_1=\mu_2$ 的拒绝域是 $|Z|>z_{\alpha/2}$；零假设 $H_0:\mu_1\leqslant\mu_2$ 的拒绝域是 $Z>z_\alpha$。

第二种情况，$\sigma_1^2=\sigma_2^2=\sigma^2$，$\sigma^2$ 未知，关于总体均值 μ_1、μ_2 的检验属于 t 检验，检验统计量 $T=(\bar{X}-\bar{Y})\bigg/\sqrt{\dfrac{S_p^2}{n_1}+\dfrac{S_p^2}{n_2}}\sim t(n_1+n_2-2)$，其中 $S_p^2=[(n_1-1)S_1^2+(n_2-1)S_2^2]/(n_1+n_2-2)$。给定显著性水平 α，零假设 $H_0:\mu_1=\mu_2$ 的拒绝域是 $|T|>t_{\alpha/2}(n_1+n_2-2)$；零假设 $H_0:\mu_1\leqslant\mu_2$ 的拒绝域是 $T>t_\alpha(n_1+n_2-2)$。

第三种情况，$\sigma_1^2\neq\sigma_2^2$ 且未知，没有什么精确的方法来检验关于总体均值 μ_1、μ_2 的假设。一个近似的方法是使用检验统计量 $T=(\bar{X}-\bar{Y})\bigg/\sqrt{\dfrac{S_1^2}{n_1}+\dfrac{S_2^2}{n_2}}$，它近似服从自由度为 $\min(n_1-1,n_2-1)$ 的 t 分布。

1.1.2.4 非参数检验

1. χ^2 检验

χ^2 检验是由 K. Pearson 于 1900 年在分类数据的检验问题中提出来的，根据观察样本数及其理论频数，检验理论假设总体 X 的分布函数 $F(x)$（管宇，2011）。若 $x_1,x_2,\cdots,x_n$ 为其样本观测值，为了检验 $F(x)$ 是否与预先给定的分布函数 $F_0(x)$ 相同，即检验假设 $H_0:F(x)=F_0(x)$，$H_1:F(x)\neq F_0(x)$。下面给出 χ^2 检验的基本步骤。

步骤 1：根据样本的频数分布情况分成 s 个区间，即 $(-\infty,a_1]$，$[a_1,a_2]$，$\chi_\alpha^2(s-m-1)\chi^2>\chi_\alpha^2(s-m-1)$，$[a_{s-1},\infty)$，用 v_i 表示样本落在这些区间的频数，一般要求 $v_i\geqslant 5(i=1,2,\cdots,s)$，若满足不了这个条件，可将相邻的区间适当合并（有时可放松至 $v_i>2$）。

步骤 2：若分布函数 $F_0(x)$ 中有 m 个未知参数 $(0\leqslant m<s)$，则用样本估计它们，再用估计值代入分布函数之中。

步骤 3：在 H_0 下计算理论概率 $p_i=P(a_{i-1}<X\leqslant a_i)=F_0(a_i)-F_0(a_{i-1})$，$i=1,2,\cdots,s$。其中 $a_0=-\infty$，$a_s=\infty$，并计算理论频数 np_i。

步骤 4：计算 χ^2 统计量，$\chi^2=\sum_{i=1}^{s}(v_i-np_i)^2/np_i$。当 n 充分大时 $(n\geqslant 50)$，则不论总体为何种分布，当原假设成立时，统计量 χ^2 总是近似地服从自由度为

$(s-m-1)$ 的 χ^2 分布。

步骤 5：对给定显著性水平 α，在 χ^2 分布表中查得 $\chi^2_\alpha(s-m-1)$；若 $\chi^2 > \chi^2_\alpha(s-m-1)$，否定原假设，可判断为实测样本不属于该种分布类型；反之则接受原假设，可判断为实测样本属于该种分布类型。

2. 独立性检验

独立性检验是关于两个定类变量是否相互独立的一种检验，其主要方法是交互分类方法，也称为列联表分析。交互分类首先需要根据两个变量（分别有 m 个取值和 n 个取值）列出 $m \times n$ 种不同的类别（单元），并将抽样所得的 N 个数据按照其在两个变量上的取值分别归为相应的类别；然后统计每个类别的数据，即单元频数 O_{ij}，得到一个 $n \times m$ 阶矩阵。该矩阵称为列联表，它是独立性检验的样本数据。

独立性检验的统计量，其中 $\chi^2 = \sum_{i=1}^{m}\sum_{j=1}^{n}[(O_{ij}-E_{ij})^2/E_{ij}]$。$\chi^2$ 服从自由度为 $(m-1)(n-1)$ 的 χ^2 分布。给定显著性水平 α，当样本统计值 $\chi^2 \leq \chi^2_\alpha(m-1)(n-1)$ 时，通过独立性检验，认为两个变量是相互独立的。

1.1.3 多元统计分析

对于两个或两个以上的随机变量，统计分析主要包含两个方面：一是对变量之间关系的分析，包括相关分析、回归分析等；二是降维分析，主要有聚类分析、主成分分析等，其目的是使多元的复杂问题得到简化。

1.1.3.1 相关分析

变量间的关系可以分为函数关系与相关关系，前者是确定性的，后者带有不确定性，因此这两种关系也被称为确定性关系和不确定性关系。函数关系是指变量之间存在着严格的依存关系，亦即当其他条件不变时，对于某一自变量或几个自变量的每一个或一组数值都有因变量的一个确定值与之相对应，并且这种关系一般可以用一个确定的函数表达式反映出来，如商品的销售额和销售量之间的关系（邱均平等，2016）。相关关系不同于函数关系，当重复观测时，观测点不是完全落在统计关系曲线上，而是围绕统计关系曲线散布，因此有学者称之为统计关系。相关关系可以表示为确定部分和随机性部分二者之和，这是回归分析的基础（贾俊平，2008）。

相关关系指两个事物之间的一种非确定的对应关系，如家庭收入和支出、子女身高和父母身高之间的关系等。从不同的角度可以对相关关系做如下不同的分类：按涉及变量的个数多少可分为（简）单相关、复相关和偏相关；按依存形式不同可分为线性相关和非线性相关；按变化方向不同可分为正相关和负相关；按相关程度可分为完全相关、不完全相关和不相关；按变量之间的因果关系的方向可分为单项因果相关、双向因果相关和虚假相关（束容与，2018）。

我们要注意相关关系与因果关系的区别和联系。两变量有较强的相关关系（相关系数较大），并不意味着两者之间有因果关系。例如，某年的降水量与出生率有很强的相关性，但不能说高降水量导致了高出生率，也不能说高出生率导致了高降水量。

对不同类型的变量应采用不同的相关系数来度量，常用的两个变量之间相关系数主要有 Pearson 简单相关系数、Spearman 等级相关系数等，多变量间相关系数的度量指标主要有复相关系数、偏相关系数等。

1. Pearson简单相关系数

Pearson 简单相关系数是测量两个变量之间线性相关的方向和程度的常用指标。总体相关系数的表达式为 $\rho = \dfrac{\text{cov}(X,Y)}{\sqrt{D(X)}\sqrt{D(Y)}}$，式中 $\text{cov}(X,Y)$ 为变量 X 与变量 Y 的协方差，$D(X)$ 为变量 X 的方差，$D(Y)$ 为变量 Y 的方差。

样本相关系数是总体相关系数的估计值 $r = \hat{\rho} = \dfrac{\sum(x-\bar{x})(y-\bar{y})}{\sqrt{\sum(x-\bar{x})^2(y-\bar{y})^2}}$。通常采用下面的计算公式 $r = \dfrac{n\sum xy - \sum x \sum y}{\sqrt{n\sum x^2 - (\sum x)^2} \times \sqrt{n\sum y^2 - (\sum y)^2}}$。

相关系数 r 的取值范围为闭区间 $[-1,1]$。$r>0$ 为正相关；$r<0$ 为负相关；$r=0$ 表示不存在线性关系；$|r|=1$ 表示完全线性相关；$0<|r|<1$ 表示存在不同程度的线性相关。

2. Spearman等级相关系数

Spearman 等级相关系数用来度量定序变量间的线性相关关系，设计思想与 Pearson 简单相关系数相同，只是数据为非定距的，故计算时并不直接采用原始数据 (x_i, y_i)，而是利用数据的秩，用两变量的秩 (U_i, V_i) 代替 (x_i, y_i) 代入 Pearson 简单相关系数计算公式中，于是其中的 U_i 和 V_i 的取值范围被限制在 1 和 n 之间，且公式可被简化为 $r = 1 - \dfrac{6\sum D_i^2}{n(n^2-1)}$，其中 $\sum\limits_{i=1}^{n} D_i^2 = \sum\limits_{i=1}^{n}(U_i - V_i)^2$。

如果两变量的正相关性较强，它们秩的变化具有同步性，于是 D 的值较小，r 趋向于 1；如果两变量的正相关性较弱，它们秩的变化不具有同步性，于是 D 的值较大，r 趋向于 0。在小样本下，Spearman 等级相关系数服从 Spearman 分布；

在大样本下,Spearman 等级相关系数的检验统计量为 Z 统计量($Z=r\sqrt{n-1}$),Z 统计量近似服从标准正态分布。

1.1.3.2 回归分析

相关分析是测度两个变量(向量)之间的线性关联度的,并用一些指数(相关系数)表示相关程度。回归分析是研究因变量对另一个或多个解释变量的依赖关系。相关分析与回归分析的区别有:相关分析中 x 与 y 对等,回归分析中 x 与 y 要明确自变量和因变量;相关分析中 x、y 均为随机变量,回归分析中只有 y 为随机变量;相关分析测定相关程度和方向,回归分析用回归模型进行预测和控制。当然,相关分析与回归分析也是有紧密联系的:相关分析是回归分析的基础和前提,回归分析是相关分析的深入和继续。

在回归分析中,最简单、最基本的单方程模型为一元线性回归模型。一元线性回归分析的总体回归模型为 $y_i = \beta_0 + \beta_1 x_i + u_i$。其中,$\beta_0$ 为常数项或截距项,β_1 为斜率系数,u_i 为随机误差项,又称随机干扰项。因此,线性回归模型由确定性部分和随机性部分组成。$\beta_0 + \beta_1 x_i$ 为确定性部分,称为对给定值的期望值,即 $E(y|x) = \beta_0 + \beta_1 x_i$,该式被称为总体线性回归方程。随机误差项是所有不包含在模型中的解释变量、模型的设定误差、测量误差以及其他随机因素的总影响。一般所应用的回归模型称为古典(或经典)线性回归模型,简称回归模型。

1. 一元线性回归模型参数的估计

一般用 $\hat{\beta}_0$ 和 $\hat{\beta}_1$ 表示参数的估计,称 $\hat{y} = \hat{\beta}_0 + \hat{\beta}_1 x$ 为样本回归方程。为了得到这些估计值而最为广泛使用的方法就是普通最小二乘法(OLS)。普通最小二乘法的思想在于确定参数 $\hat{\beta}_0$ 和 $\hat{\beta}_1$,使得 $Q = \sum(y_i - \hat{y}_i)^2 = \sum(y_i - \hat{\beta}_0 - \hat{\beta}_1 x_i)^2$ 达到最小。称 $e_i = y_i - \hat{y}_i$ 为回归残差,则估计参数使得残差平方和最小。

因此,根据微积分的极值定理,对 Q 求相应于 $\hat{\beta}_0$、$\hat{\beta}_1$ 的偏导数,并令其等于 0,即

$$\begin{cases} \dfrac{\delta Q}{\delta \hat{\beta}_0} = -2\sum(y_i - \hat{\beta}_0 - \hat{\beta}_1 x_i) = 0 \\ \dfrac{\delta Q}{\delta \hat{\beta}_1} = -2\sum(y_i - \hat{\beta}_0 - \hat{\beta}_1 x_i)x_i = 0 \end{cases}$$

,即可求得

$$\begin{cases} \hat{\beta}_1 = \dfrac{n\sum xy - \sum x \sum y}{n\sum x^2 - (\sum x)^2} \\ \hat{\beta}_0 = \dfrac{\sum y}{n} - \hat{\beta}_1 \dfrac{\sum x}{n} = \bar{y} - \hat{\beta}_1 \bar{x} \end{cases}$$

。

样本回归直线具有下述性质:第一,它通过 y 和 x 的样本平均数 $\bar{y}$ 和 $\bar{x}$ 来确定那一点 $(\bar{x}, \bar{y})$;第二,$\hat{y}_i$ 的平均值和 y_i 的平均值相等;第三,残差的平均值是零;第四,残差和 $\hat{y}_i$ 不相关;第五,残差与 x 不相关。通过普通最小二乘法得到的参数的估计值称为最小二乘估计,它有以下统计性质,即线性、无偏性、有效性、渐近性和一致性等。

2. 一元线性回归模型的拟合程度分析

回归模型容易建立，但所建的模型是否有意义要通过统计检验。

1）一元线性回归模型的判定系数

容易验证 $y_i - \bar{y} = (\hat{y} - \bar{y}) + (y_i - \hat{y})$。进一步可证明，对上式等号两边分别平方加总后等式仍然成立，即 $\sum(y_i - \bar{y})^2 = \sum(\hat{y} - \bar{y})^2 + \sum(y_i - \hat{y}_i)^2$。记 $RSS = \sum(\hat{y} - \bar{y})^2$，称其为回归平方和，它反映自变量 x 的变化对因变量 y 取值变化的影响。或者说，由 x 与 y 之间的线性关系引起的 y 的取值变化，也称为可解释的平方和。记 $ESS = \sum(y - \hat{y})^2$，称为残差平方和，反映除 x 以外的其他因素对 y 取值的影响，也称为不可解释的平方和或剩余平方和。记 $TSS = \sum(y - \bar{y})^2$，称为总平方和。反映因变量的 n 个观察值与其均值的总离差。则上式即可简写为 $TSS = RSS + ESS$。

将回归平方和与总平方和的比值称为判定系数，常用百分制表示。它测度了回归直线对观测数据的拟合程度，记为 R^2，即 $R^2 = \dfrac{\sum(\hat{y} - \bar{y})^2}{\sum(y - \bar{y})^2} = 1 - \dfrac{\sum(y - \hat{y})^2}{\sum(y - \bar{y})^2} = 1 - \dfrac{ESS}{TSS} = \dfrac{RSS}{TSS}$。不难得出，判定系数和相关系数的计算关系 $r = \operatorname{sgn}(b)\sqrt{R^2}$，因为 $R^2 = \dfrac{(n\sum xy - \sum x \sum y)^2}{(n\sum x^2 - (\sum x)^2)(n\sum y^2 - (\sum y)^2)}$，$r = \dfrac{n\sum xy - \sum x \sum y}{\sqrt{n\sum x^2 - (\sum x)^2}\sqrt{n\sum y^2 - (\sum y)^2}}$。

判定系数无方向性，而相关系数有方向性，其方向与样本回归系数 b 相同。判定系数说明变量值的总离差平方和中可以用回归线来解释的比例，相关系数只说明两变量间关联程度及方向。

2）一元线性回归模型的估计标准误差

估计标准误差是指实际值与估计值的平均离差，简称标准误差。其定义公式为：$S_e = \sqrt{\dfrac{\sum(y - \hat{y})^2}{n-2}} = \sqrt{\dfrac{\sum y^2 - a\sum y - b\sum xy}{n-2}}$。式中，$n-2$ 为自由度，2 代表有两个约束条件。估计标准误差越小，则变量间相关程度越高，回归线对 Y 的解释程度越高。

3. 一元线性回归模型的显著性检验

1）回归系数的显著性检验

回归系数的显著性检验就是要检验自变量对因变量的影响程度是否显著的问题。若总体回归系数 $\beta_1 = 0$，则总体回归线就是一条水平线，说明两个变量之间没有线性关系，即自变量的变化对因变量没有影响。

根据正态分布下最小二乘估计量的性质，可求出回归参数的抽样分布分别为

$$\hat{\beta}_0 \sim N\left(\beta_0, \frac{\sum x_i^2}{n\sum(x_i-\overline{x})^2}\sigma^2\right), \quad \hat{\beta}_1 \sim N\left(\beta_1, \frac{\sigma^2}{\sum(x_i-\overline{x})^2}\right)$$

因此，一般的假设检验过程如下：

（1）建立原假设和备择假设。假设样本从一个没有线性关系的总体中选出，即

$$H_0: \beta_1 = 0; \quad H_1: \beta_1 \neq 0$$

（2）计算检验统计量 t 的值。已知原假设成立时，$t = \frac{\hat{\beta}_1}{S_{\hat{\beta}_1}} \sim t(n-2)$，其中，$S_{\hat{\beta}_1} = \sqrt{\hat{\sigma}^2 / \sum(x_i-\overline{x})^2}$，$\hat{\sigma} = \sum e_i^2 / (n-2)$。

（3）确定显著性水平 α，并根据自由度 $n-2$ 查 t 分布表，找出相应的临界值 $t_{\alpha/2}$。

（4）得出检验结果。若 $|t| > t_{\alpha/2}$，拒绝 H_0，表明自变量 x 对因变量 y 的影响是显著的；若 $|t| \leqslant t_{\alpha/2}$，接受 H_0，表明自变量 x 对因变量 y 无显著影响。

2）回归方程总体显著性检验

回归方程总体显著性检验是对回归方程所有回归系数显著性的同时检验，采用 F 检验方法，其基本步骤如下：

（1）建立原假设与备择假设：$H_0: \beta_1 = \beta_2 = \cdots = \beta_k = 0$。由于备择假设和原假设是对立的，所以备择假设为：至少有一个 β_i 不为 0。

（2）计算 F 统计量的值：在原假设成立的条件下，已知 F 统计量服从第一个自由度为 k，第二个自由度为 $n-k-1$ 的 F 分布，即 $F = \frac{ESS/k}{RSS/(n-k-1)} = \frac{\sum(\hat{y}-\overline{y})^2/k}{\sum(y-\hat{y})^2/(n-k-1)}$。对于一元线性回归，$F$ 统计量简化为 $F = \frac{ESS/1}{RSS/(n-2)} = \frac{\sum(\hat{y}-\overline{y})^2/1}{\sum(y-\hat{y})^2/(n-2)}$。

（3）确定显著性水平 α，并根据两个自由度查 F 分布表，得到相应的临界值 F_α。

（4）得出检验结果。若 $F > F_\alpha$，则拒绝 H_0，说明回归方程在整体上是显著的；若 $F \leqslant F_\alpha$，则接受 H_0，说明回归方程在整体上不显著。

1.1.3.3 聚类分析

现实中经常会出现"物以类聚"的现象。例如，一个研究领域的众多学者中，往往存在多个小的学者群体。在小群体内部，学者们在研究对象、内容、方法以及背景知识等许多方面有相似性，而不同小群体的学者在上述方面存在明显差异。

小群体的形成受多种因素（多个变量）的影响，是由个体在多项指标上的表现共同决定的。聚类分析正是根据这些个体在多个变量（指标）上的观测值将它们分成若干类别的一种多元统计方法。

聚类分析也叫分类分析或数值分析，是一种将研究对象（样本或指标）分为相对同质的群组的统计分析技术。对样本进行分类称为 Q 型聚类分析，对指标进行分类称为 R 型聚类分析。聚类分析的基本思想是根据样本（或指标）之间的近似程度，把相近的样本（或指标）归入同一类，尽量使得同一类的样本（或指标）相近程度大，而不同类的样本（或指标）有较大的差异（陈建成和庞新生，2006）。

聚类分析有不同的方法，我们这里主要介绍系统聚类法（分层聚类法），其基本思想是开始时把每个样品作为一类，然后把最靠近的样品（即距离最小的样品）首先聚为小类，再将已聚合的小类按其类间距离合并，不断继续下去，最后把一切子类都聚合到一个大类中（林崇德，2003）。

在聚类分析中，相似是聚类的关键。为了衡量两个样本（或指标）之间或两个类之间的相似性，人们引入了"距离"这一度量指标，用距离的大和小来衡量相似程度的低和高。

1. 样本间的距离

样本间的距离有多种定义方法，这些距离可用于替代计量学有关集中与分散测度的研究。设有 m 个考察样本（数值变量），样本 x_i 的观测数据是 $(x_{i1}, x_{i2}, \cdots, x_{im})$，样本 x_j 的观测数据是 $(x_{j1}, x_{j2}, \cdots, x_{jm})$，常用的距离定义如表 1-3 所示。

表 1-3 常用的几种距离及其表示

距离名称	计算公式
0-1 距离（D_0）	$D_0(x_i, x_j) = 1$（当 $x_i \neq x_j$ 时） $D_0(x_i, x_j) = 0$（当 $x_i = x_j$ 时）
欧氏距离（d_2）	$d_2(x_i, x_j) = \sqrt{\sum_{k=1}^{m}(x_{ik} - x_{jk})^2}$
欧氏平方距离（d_2^2）	$d_2^2(x_i, x_j) = \sum_{k=1}^{m}(x_{ik} - x_{jk})^2$
绝对值距离（d_1）	$d_1(x_i, x_j) = \sum_{k=1}^{m}|x_{ik} - x_{jk}|$

2. 类间距离

类间距离即两类之间的距离，主要有最近距离、最远距离、平均距离、重心距离等，它们都是以个体间的距离为基础的。最近距离是指所有分别来自两类的两个个体其距离的最小值。最远距离是指所有分别来自两类的两个个体其距离的最大值。平均距离是指所有分别来自两类的两个个体其距离的平均值。重心距离是指两类重心之间的距离，其中每类的重心由各考察指标在该类个体上的平均值组成。

3. 类间距离的度量

选择距离最近的两个小类合为一类，这是很容易理解的。采用不同的类间距离定义，将导致不同的类聚合方法。对应上面的几种类间距离，类聚合方法分别称为最近连接法、最远连接法、平均连接法、重心连接法。

离差平方和法是另一种类聚合方法。与上述思路不同，它先计算每一类的类内离差平方和，各类相加得到总离差平方和；然后比较所有可能的两类合并，选择两类合并后总离差平方和的增加量最小的那两个类，将其合为一类。

在社会科学领域，应用较为广泛的是平均连接法和离差平方和法。

1.1.3.4 主成分分析

1. 主成分分析的定义

在实际中，为了对研究事物有比较全面、完整的认识和分析，往往提出很多与研究内容有关的变量（指标或因素），因为每个变量都在不同程度上反映这个研究的某些信息。在多数情形下，虽然变量个数众多，但彼此之间存在着一定的相关性，因而使得所观测的数据在一定程度上有信息的重叠。在变量较多的情况下，于高维空间中研究样本的分布规律就特别烦琐。主成分分析采取一种降维的方法，将多个变量通过线性变换以选出较少个数的综合因子来代表原来众多的变量，使这些综合因子尽可能地反映出原来变量的信息量，而且彼此之间互不相关，从而达到简化的目的（管宇，2011）。

主成分分析是设法将原来众多（比如 p 个指标）且具有一定相关性的指标，重新组合成一组新的互相无关的综合指标来代替原来的指标。数学上的处理通常就是将原来 p 个指标做线性组合，作为新的综合指标。最经典的做法就是用 F_1（选取的第一个线性组合，即第一个综合指标）的方差来表达，即 $\text{Var}(F_1)$ 越大，表示 F_1 包含的信息越多。因此，在所有的线性组合中选取的 F_1 应该是方差最大的，故称 F_1 为第一主成分。如果第一主成分不足以代表原来 p 个指标的信息，再考虑选取 F_2（即选第二个线性组合），为了有效地反映原来的信息，F_1 已有的信息就不需要再出现在 F_2 中，用数学语言表达就是要求 $\text{cov}(F_1, F_2) = 0$，则称 F_2 为第二主成分。依此类推，可以构造出第三、第四……第 p 个主成分（苏键等，2012）。

2. 主成分分析的基本步骤

主成分分析的目的是用较少的相互独立变量（主成分）来代替原有变量的绝大部分信息。它通常包括三个基本步骤，可以通过统计分析软件的相应操作来完成。

步骤1：确定原有变量是否适合做主成分分析。主成分分析的前提是原有变量之间具有较强的相关性，因此需要对原变量进行相关分析。

步骤2：求解主成分，并根据输出结果中它与各个原始变量的密切程度，分析其实际意义，以适当名称对该主成分命名。

步骤3：根据主成分得分，将原始变量数据转化为一组新变量（主成分）数据，以便进一步地统计分析和实际应用。

3. 主成分分析的应用

（1）综合评价。主成分分析的最主要应用是对某类具有众多变量的对象进行综合评价。利用前几个主成分分别做相关性评价，当某主成分明显与某几个变量相关联，而这些变量刚好能说明某件事时，那么我们就可以通过所有样品在该主成分上的得分排序，来描述样品在该件事上的表现程度。也可以将前几个主成分进行综合，通常是将各主成分得分系数乘以贡献率再相加，计算出所有样品的综合得分，再进行综合评价（肖明，2014）。

（2）主成分聚类分析。先利用主成分分析选择合适的主成分，计算每个样品的主成分分值，根据样品的主成分分值（作为变量）进行聚类分析。

（3）主成分判别分析。先利用主成分分析选择合适的主成分，计算每个样品的主成分分值，根据样品的主成分分值（作为变量）进行判别分析。

（4）主成分回归分析。在进行多元回归分析时，自变量之间是不允许存在多重共线性的。如果先对原始自变量进行主成分分析，将主成分作为新的自变量，那么这些新自变量不会再有共线性；再根据主成分分析得到的系数矩阵将原变量代回得到新的回归方程，这就是主成分回归分析。

1.2 替代计量学的网络科学基础

随着信息技术（IT）特别是网络技术的发展，信息形态及社会信息系统的组织与管理都发生了深刻的变化；新兴网络科学的出现和发展给学术交流和传播提供了广阔的发展空间。相关网络科学理论和方法为替代计量学的发展提供了基础和条件。这里主要对网络科学中的 Web 理论、复杂网络理论和社会网络分析进行介绍。

1.2.1 Web 理论

1.2.1.1 Web 概述

Web（world wide web）即全球广域网，也称万维网，它是一种基于超文本和超文本传输协议（HTTP）的、全球性的、动态交互的、跨平台的分布式图形信息系统。Web 是建立在 Internet（即因特网，或互联网、网际网）上的一种网络服务，为浏览者在 Internet 上查找和浏览信息提供了图形化的、易于访问的直观界面，其中的文档及超级链接将 Internet 上的信息节点组织成一个互为关联的网状结构（邱均平等，2016）。

Internet 是由广域网、局域网及单机按照一定的通信协议组成的国际计算机网络。1995 年 10 月 24 日，联合网络委员会（the Federal Networking Council，FNC）通过了一项关于"互联网定义"的决议。联合网络委员会认为互联网是全球性的信息系统，包含以下几个方面。

（1）通过全球性的唯一的地址，逻辑地连接在一起。这个地址是建立在互联网协议（IP）或今后其他协议基础之上的。

（2）可以通过"传输控制协议"和"互联网协议"（TCP/IP），或者今后其他接替的协议或与"互联网协议"兼容的协议来进行通信。

（3）可以让公共用户或者私人用户使用高水平的服务。这种服务是建立在上述通信协议及相关的基础设施之上的。

1.2.1.2 从 Web1.0 到 Web2.0

Web1.0 是在 Web2.0 出现之后才有的一个术语，主要是指网民通常所说的 Web，它是构成互联网的核心技术。从技术层面来看，Web 核心技术有三点：①用超文本传输协议实现分布式的信息共享；②用统一资源定位器（URL）实现全球信息的精准定位；③用超文本标记语言（HTML）实现信息的表示和存储。

2004 年，O'Reilly Media 公司的 Dale Dougherty 和 MediaLive 公司的 Craig Cline 在一次讨论互联网发展趋势的头脑风暴会议上提出了 Web2.0 的概念（董坚峰和肖丽艳，2011）。Web2.0 是相对于 Web1.0（2003 年以前的互联网模式）而言的新型互联网应用的统称（杨瑞仙，2013a）。相对于 Web1.0 技术，Web2.0 使得用户的操作更加简便、智能。随着网络技术的普及、发展和深入，Web2.0 把用户的需求和应用很好地结合起来，用户可以利用 Web2.0 技术创建自己喜欢的网页或网站，共享信息资源和知识，也可以共同协作、交友等（表 1-4）。

表1-4　Web1.0与Web2.0的区别

项目	Web1.0	Web2.0
发展时间	1990~2003年	2003年以后
信息传播目的	满足尽可能多的用户的共同需求	满足尽可能多的用户的个性需求
模式	只读取	读、写
主要内容单元	网页	发布/记录的信息
形态	静态	动态
浏览方式	Web浏览器	各类浏览器、RSS阅读器及其他
体系结构	客户服务器	网络服务器群
内容创建者	网络程序员	任何人
应用领域	计算机高水平玩家	业余人士

虽然Web2.0的概念诞生已久，但至今没有对其统一的定义。Wikipedia对Web2.0的定义为："Web2.0的支持者认为Web2.0的使用正日渐以交互性和未来的社会网络为导向，所提供的服务内容通过或不通过创建一个可视的、交互的网页来充分挖掘网络效应。"（林清，2009）Blogger Don在他的《Web2.0概念诠释》一文中提到，Web2.0是以Flickr、Craigslist、LinkedIn、Tribes、Ryze、Friendster、Del.icio.us、43Things.com等网站为代表，以Blog、TAG、SNS、RSS、Wiki等社会软件的应用为核心，依据六度分离、XML、AJAX等新理论和技术实现的互联网新一代模式（赵铁琴，2009）。Web2.0是一个开放的、复杂的、具有自组织功能的适应性知识系统，它的核心技术有Blog、Wiki、Tag、简易信息聚合(RSS)等。Web2.0使互联网用户的身份发生了改变，其是信息接收者的同时也是信息的制造者和传播者。在Web2.0平台中，受众转变为主体，单个个体转变为社群，形成了以用户为中心，开放、参与、互动、共享的互联网新景象（肖友国，2009）。

1.2.1.3　Web2.0的经典理论

Web2.0平台上的交流门槛低、约束规则简单，用户可以广泛参与交流，在知识生产和传播过程中可以实现自组织。Web2.0环境背景下的科学交流与传统环境下基于纸质文献的交流形式完全不同，引发了知识管理、信息资源管理、知识网络、科学评价等多个领域的新发展，所以引起了很多学者对Web2.0理论的关注（吴胜男，2015）。

1. 长尾理论

长尾理论（Long Tail Theory）是在美国《连线》（*Wired*）杂志总编辑克里斯·安

德森（Chris Anderson）于 2004 年 10 月发表的一篇名为"长尾"的文章中被提出的，它用来描述诸如亚马逊和 Netflix 之类网站的商业和经济模式。简单地说，所谓长尾理论是指，只要商品储存流通展示的场地和渠道足够宽广，需求不旺或销量不佳的产品所共同占据的市场份额可以和那些少数热销产品所占据的市场份额相匹敌甚至更大，即众多小市场汇聚成可与主流大市场相匹敌的市场能量。图 1-3 是长尾理论的示意图。

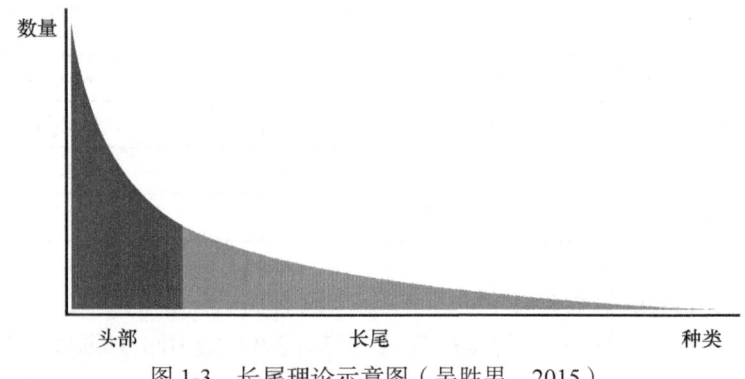

图 1-3　长尾理论示意图（吴胜男，2015）

长尾理论是对传统二八法则在某些领域内应用的挑战。人们往往一味地关注那些重要的人或事，将不重要的人或事忽略掉，殊不知重要的人或事所占比例比不重要的人或事要少得多，不重要的人或事占八成，重要的人或事仅占两成，这就是著名的二八法则（杨瑞仙，2013a）。在 Web2.0 环境背景下，长尾理论的应用主要表现在两个方面（吴胜男，2015）。

（1）Web2.0 用户不花任何费用就可以撰写博客文章，在微博、Twitter 及 Facebook 上发表动态，免费、快速地传播和分享自己所希望传播的内容。从而使得依托于 Web2.0 技术平台的在线科学交流活动呈现出低成本、高效率的特征，使得科研工作者利用社交媒体平台进行学术资源的分享传播的倾向性增强，由此为替代计量学的产生创造了条件。

（2）Web2.0 环境背景下的个性化定制和推荐服务。在 Web2.0 的应用平台上，用户可以随时搜索自己感兴趣的内容，从而实时获取自身所需的重要信息，这些个人所需的信息和知识就是处于长尾中的小众商品。Web2.0 的应用平台还利用 RSS 技术，根据用户搜索的历史，个性化推荐用户所需的信息和知识，从而满足用户的需求。在科学交流中，Web2.0 环境背景下的个性化定制和推荐服务可以让专家学者快速、免费地获取自身所需要的学术文献资源，从而降低了科学研究工作的时间和经济成本，提高了工作效率。

2. 六度分离理论

1967 年，美国哈佛大学心理学家 Stanley Milgram 提出六度分离理论（six degrees of separation），这个理论也叫作小世界理论。该理论认为：世界上的任何一个人和其他任何一个人之间的间隔人数是五个，最多通过五个中间人你就能够认识任何一个陌生人。六度分离理论并不是简单地告诉人们世界上任何一个人通过最多六个间隔的人就能认识任何一个陌生人，而是向我们传达了这样一个概念，即任何两个不认识的人之间，总能通过某种联系联系起来（邓肯·J. 瓦茨，2006）。六度分离理论广泛存在于信息生产、获取、传递、利用的过程和信息对象的分布特征中。根据六度分离理论，若将世界上某一处放置的信息传播开来的话，最多需要六次传递过程。

在 Web2.0 环境背景下，科学交流的途径和模式非常广泛。科研成果的传播受到了 Web2.0 技术下的社交媒体平台的影响，传播效率、传播内容和传播途径都发生了巨大的变化，进而使得学术影响力发生时间、影响范围都有了很大的变化。因此，需要对 Web2.0 环境背景下的在线科研交流所引发的学术影响力进行全面、综合的评估，替代计量学就是适应 Web2.0 环境背景的计量学领域进行相关革命而形成的产物。

3. 自组织理论

20 世纪 60 年代，在化学家 I. Prigogine 的耗散结构和物理学家 H. Haken 的协同论研究基础上，形成了自组织理论。自组织理论研究的对象主要是复杂自组织系统（生命系统、社会系统）的形成和发展机制问题，即在一定条件下，系统是如何自动地由无序走向有序，由低级有序走向高级有序的。自组织理论是研究一切系统的理论，包括无机系统和社会系统（刘七生，2011）。自组织理论具有开放性、远离平衡态、非线性相互作用、涨落的共同内涵，它们是一个系统通过自组织实现有序化不可缺少的条件。

Web2.0 与 Web1.0 的最大区别就是它具有自组织性质，Web2.0 环境背景下的网络社区是一个典型、复杂的自组织信息系统，究其原因：首先，参与者数量、发表内容数量不断增加，发表内容的更新速度也在加快，网络社区的开放性表现非常明显；其次，参与者的文化、知识水平等存在很大的差异，网络社区信息交流就会随之出现不平衡现象；再次，参与者发表内容具有自由性，再加上参与者群体性的特征，使得网络社区信息交流是非线性的；最后，信息交流的不平衡性会通过涨落的相互作用最终使网络社区信息系统趋于平衡。网络社区具有自我调节、自我完善以及自我平衡的作用，这就是网络社区的自组织原理（杨瑞仙，2013b）。

替代计量学是 Web2.0 环境背景下，计量学领域进行相关革命而形成的产物，因此替代计量学的出现与 Web2.0 有着密切的联系，Web2.0 理论是进行替代计量学研究的重要理论基础。

1.2.2 复杂网络理论

20世纪90年代以来，信息技术的迅猛发展使人类社会的发展进入了信息时代。人类社会的网络化，给人们带来了巨大便利，但同时也提出了人类对复杂网络认识的新需求。随着计算机网络技术的深入普及应用，研究复杂网络也受到了人们的关注。钱学森对复杂网络给出了一个较严格的定义：具有自组织、自相似、吸引子、小世界、无标度中部分或全部性质的网络（郭世泽和陆哲明，2012）。顾名思义，复杂网络就是呈现高度复杂性的网络。

1.2.2.1 复杂网络的类型

如果按模型结构来区分，可将复杂网络细分为以下四种类型。

1. 规则网络模型

规则网络是指系统各元素之间的关系可以用一些规则的结构来表示，也就是说，网络中任意两个节点之间的联系遵循既定的规则，通常每个节点的邻近数目都相同。规则网络包括常见的具有规则拓扑结构的网络，如完全图、星状图、邻近节点连接图和树等。完全图也称全局耦合网络，星状图也称星形耦合网络，邻近节点连接图也称最近耦合网络。除了星形耦合网络和树，规则网络的普遍特征是具有平移对称性，每个节点的度和集聚系数相同。由于大多数规则网络表现出较长的平均距离长度和较大的集聚系数，因此无法反映现实中结构的异质性及动态增长性（郭世泽和陆哲明，2012）。

2. 随机网络模型

20世纪50年代后期，匈牙利科学家Erdös和Rényi提出了经典的随机网络模型，称为Erdös-Rényi（ER）模型。在随机网络中，连接是随机设置的，大部分节点的连接数目会大致相同，即节点的分布方式遵循钟形的泊松分布，有一个特征性的"平均数"。连接数目比平均数高许多或低许多的节点都极少，随着连接数目的增大，其概率呈指数式迅速递减，故随机网络亦称指数网络。

3. 小世界网络模型

我们称具有短平均路径和高集聚系数的网络具有小世界特性。小世界网络模型是一类具有较短的平均路径长度，又具有较高的聚类系数的网络的总称（李东军等，2011）。1998年，美国康奈尔大学的Watts和Strogatz透过很多现实网络所表现出的集群现象，第一次提出了小世界网络模型，也称Watts-Strogatz（WS）模型。WS模型很好地描述了现实网络的小世界特性，即网络的平均路径长度随着"远程连接"的出现而减小。

4. 无标度网络模型

大量实际网络还存在着另一个突出的结构特征——幂律度分布，称其为无标度网络。无标度网络的特点是度分布的自相似结构及其高度弥散性。网络中的大部分节点度值都很低，但存在着度数非常高的中枢节点。幂律度分布使网络在小世界特征的基础上又具有了许多新的性质。如对网络攻击的研究结果表明，随机攻击基本上不会破坏无标度网络的连通性，但在有目的的最大度攻击下，很小比例的顶点移除就会对网络的连通性造成根本性的破坏。

1.2.2.2 复杂网络的特性

1. 小世界特性

小世界特性又被称为六度空间理论或六度分离理论。小世界特性指出：社交网络中的任何一个成员和任何一个陌生人之间所间隔的人不会超过六个。大多数复杂网络尽管规模很大，但任意两个节点间却有一条相当短的路径。简单地说，单个节点拥有的相互关系的数目可以很小，但却能够连接世界。复杂网络的小世界特性与网络中的信息传播有着密切的联系。实际的社会、生态网络都是小世界网络，在这样的系统里，信息传递速度快，并且改变少量几个连接就可以剧烈地改变网络的性能。

2. 无标度特性

许多实际的复杂网络的节点的度分布具有幂指数函数的规律，由于幂律分布没有明显的特征长度，故称为无标度网络。无标度特性反映了复杂网络具有严重的异质性，其各节点之间的连接状况（度数）具有严重的不均匀分布性：网络中少数称为中心点的节点拥有极其多的连接，而大多数节点只有很少量的连接。少数中心点对无标度网络的运行起着主导作用。从广义上说，无标度网络的无标度性是描述大量复杂系统整体上严重不均匀分布的一种内在性质。

3. 超家族特性

2004 年 Sheffer 和 Alon 等在《科学》（*Science*）上发表文章，比较了许多已有网络的局部结构和拓扑特性，观察到有一些不同类型的网络的特性在一定条件下具有相似性。尽管网络不同，但只要组成网络的基本单元（最小子图）相同，它们的拓扑性质的重大轮廓外形就可能具有相似性，这种现象被他们称为超家族特性。顾名思义，不同网络之间存在与某个家族的"血缘"相近联系，而出现与该家族相似的特性，究其原因在于它们拥有相同的或相似的网络"基因"（方锦清，2005）。

目前国内外的相关研究已经证明了传统环境下的作者合作网络和论文引用网络，以及网络环境下网络社区的科学交流网络等都是复杂网络，具有小世界特性、无标度特性以及超家族特性。随着科学交流的网络化逐渐兴起，替代计量学对复杂网络的研究可以帮助我们理解社交媒体中的科学交流的模式和规律，复杂网络的相关理论知识已成为替代计量学产生和发展的重要理论基础。

1.2.3 社会网络分析

1.2.3.1 社会网络分析概念

社会网络（social network）研究是一种观察社会行为和社会结构的新的视角。社会网络理论起源于20世纪二三十年代英国人类学的研究，由著名的英国人类学家布朗（R. Brown）提出。它从社会网络关系或人际关系的网络结构出发来分析解释社会现象，打破了以往社会由相互割裂的群体和阶层组成的先验理念，提供了一个结构主义分析的微观基础（邱均平，2010）。社会网络可以简单地称为社会关系所构成的结构，反映行动者之间的社会关系。社会网络由行动者、关系纽带、二人组、子群、群体几个要素构成。

社会网络分析（social network analysis，SNA）是在人类学、心理学、社会学、经验研究、数学以及统计学领域中发展起来的，SNA由于借助了邻接矩阵和图论等数学工具，而具有精确、定量、可视化的方法特征。SNA起源于20世纪30年代，经历了80多年的历史。作为社会学的一个分支，SNA现在已经正式进入社会学量化研究的行列，成为一种可以信赖的社会网络研究的通用方法（刘军，2004）。

社会网络分析是对社会网络的关系结构及其属性加以分析的一套规范和方法，又被称为结构分析法。因为在社会网络分析学者看来，社会学所研究的对象就是社会结构，而这种结构即表现为行动者之间的关系模式。社会网络分析家韦尔曼（Barry Wellman）指出："网络分析探究的是深层结构——隐藏在复杂的社会系统表面之下的一定的网络模式。"（Wellman，1988）例如，网络分析者特别关注特定网络中的关联模式如何通过提供不同的机会或限制，从而影响到人们的行动。社会网络分析法可以从多个不同角度对社会网络进行分析，包括中心性分析、凝聚子群分析、核心—边缘结构分析以及结构对等性分析等。

1.2.3.2 社会网络理论

根据分析的着眼点不同，社会网络理论有两大分析要素：关系要素和结构要素。关系要素关注行动者之间的社会性黏着关系，通过社会联结的密度、强度、对称性、规模等来说明特定的行为和过程。结构要素则关注网络参与者在网络中所处的位置，讨论两个或两个以上的行动者和第三方之间的关系所折射出来的社会结构，以及这种结构的形成和演进模式。具体来说，强弱联结、社会资本、结构洞是社会网络理论三大核心理论（王夏洁和刘红丽，2007）。

1. 联结的强度：强联结与弱联结

社会网络的节点依赖联结产生联系，联结是网络分析的最基本的分析单位。Granovetter（1973）在《美国社会学杂志》上发表的《弱关系的力量》一文，最先提出联结强度的概念。他将联结分成强联结（strong tie）和弱联结（weak tie）两种，认为联结强弱可以从互动的频率、情感强度、亲密关系和互惠交换四个维度测量。强联结和弱联结在知识和信息的传递中发挥着不同的作用。Granovetter 认为群体内部由于身份地位的相似性，导致所了解的事物、事件经常是相同的，使得通过强联结获得的信息出现了重叠。而由弱联结关联的不同群体跨越了不同的信息源，所以弱联结充当着信息桥的作用，是传递信息的有效桥梁。虽然弱联结不一定都能充当信息桥，但能够充当信息桥的必定是弱联结。弱联结的价值体现在信息的搜索和新信息的获取上，而对于知识，尤其是隐性知识的交流，沟通频繁、情感依附较多的环境则强联结效果较好。

2. 社会资本理论

法国社会学家 Bourdieu（1986）首先提出了"社会资本"的概念。其后 Coleman（1988）认为社会资本指个人所拥有的表现为社会结构资源的资本财产。它们由构成社会结构的要素组成，主要存在于社会团体和社会关系网之中。个人参加的社会团体越多，其社会资本越雄厚；个人的社会网络规模越大、异质性越强，其社会资本越丰富；社会资本越多，摄取资源的能力越强。不仅个人具有社会资本，企业也有"企业社会资本"，通过联结摄取稀缺资源的能力就是企业的社会资本。由于社会资本代表了一个组织或个体的社会关系，所以，在一个网络中，一个组织或个体的社会资本数量决定了其在网络结构中的地位。

3. 结构洞理论

美国学者 Burt（2009）在 1992 年提出了"结构洞"的概念。"结构洞"这个概念用来指称网络中某些行动者之间关系（联系）缺乏的现象。无论是个人还是组织，其社会网络均表现为两种形式：一种是网络中的任何主体与其他主体都发生联系，不存在关系间断现象，从整个网络来看就是"无洞"结构。这种形式只有在小群体中才会存在。另一种是社会网络中的某个或某些个体与有些个体发生直接联系，但与其他个体不发生直接联系，无直接联系或关系中断的现象，从网络整体来看好像网络结构中出现了洞穴，因而称作"结构洞"。

结构洞之所以重要，是因为结构洞通常构成了网络中信息折射和资源流动的

"阀门",是否折射或流动、如何折射或流动,这一切都可以掌控在占据结构洞的行动者手里。因此,在网络中占有的结构洞越多,行动者在结构上所占的优势就越大,通过这些优势获得回报的可能性就越高(张存刚等,2004)。

社会网络在计量学领域被广泛用于网络社区的结构分析、描述网站和网页间的链接结构和特征等。社会网络理论和社会网络分析技术相结合,可以发现网络社区内的活跃或关键社员、小团体或派系、信息传播的渠道和距离等。社会网络分析方法提出定量分析的指标,如中心度、弱相关结构、子群体结构、连通度等,大大提高了社会评估准确度(裴雷和马费成,2006)。社会网络分析是替代计量学研究的重要理论方法。

1.3 替代计量学的数据科学基础

随着信息时代的到来,学术交流方式不断发生变化,越来越多原创性的最新学术成果发表在互联网上。同时,越来越多的学者和公众应用社交网络工具交流信息;替代计量学是专门针对社交媒体环境而产生的,面对的是海量的、异构的、分布式的各种数据信息的计量分析(葛梦蕊和何开煦,2016)。随着数据科学的出现和大数据技术的应用,研究社交媒体下形成的多样化异构数据源,需要统一的框架联通各个孤立的网络交流数据源,这样才能进行数据关联与统计分析。所以一定程度上,替代计量学是社交媒体下产生的大数据计量学(任全娥,2019)。

1.3.1 开放科学

1.3.1.1 开放科学的概念

在科学知识生产模式的逻辑演化进程中,随着科学产出速度、数量和质量的不断变化,科学领域的开放程度日趋提高,科学范式正由传统的闭合科学走向开放科学。20世纪后期以来,学术界发起了一系列旨在克服传统科学弊端的学术运动。这些运动凸显了"自由、开放、合作、共享"的理念,与传统科学文化的封闭性形成了鲜明的对比,学术界将之称为开放科学运动。

开放是网络时代科研变革的重要特征,而开放科学这一概念更加充分地体现了这一特征。开放科学是一个广义的概念,用于描述科学进行方式的变化,包括运用技术使研究活动更具协作性和开放性(姚长青和田瑞强,2018)。其内涵边界十分模糊,开源软件、开放存取、开放数据、开放研究方法、开放同行评议、开放教育资源等概念都可纳入其中,但其最为核心的部分还是以开放存取和开放科学数据为基础的科研信息开放。当今科技正走向开放科学,开放科学意味着在知识创造、信息传播、成果共享、知识应用乃至科研组织、绩效评价等方面出现新利益、新模式、新规则、新政策、新机制。

1.3.1.2 开放科学的类型

1. 开源软件

开源软件,又称开放源代码软件(open source software),它被定义为描述其源码可以被公众使用的软件,并且此软件的使用、修改和分发也不受许可证的限制。开放源代码运动起源于斯托曼提出的"自由软件"概念,后因 Linux 操作系统的成功推广而迅速发展。目前世界上独立的开源软件项目数已达到百万量级,即使在信息技术设施更新迟缓的领域,如政府、医疗和媒体等部门,开源软件项目数也在逐年快速增长,相当多的商业公司都以各种形式参与到开源软件的生产和应用中(金芝等,2016)。

2. 开放存取

为了解决自 20 世纪 70 年代起就出现的"学术期刊危机",急需构建一个真正服务于科学研究的学术交流体系,因此开放存取(open access,OA)作为一种新的学术信息共享的理念和出版机制应运而生。开放存取是国际学术界、出版界、图书情报界为了推动利用互联网自由传播科研成果而发起的运动,旨在促进学术信息的广泛交流,促进利用互联网进行科学交流与出版,提升科学研究的公共利用度,保障科学信息的长期保存,提高科学研究的效率(黄如花,2017)。

开放存取运动(Open Access Movements)于 20 世纪 90 年代末在全球大规模兴起。联合国教育、科学及文化组织(United Nations Educational,Scientific and Cultural Organization,UNESCO)在 2012 年 4 月 6 日出版的《发展与促进开放存取的政策指南》中认为,开放存取是向所有人提供经同行评审的、学术和研究信息的免费存取。它要求权利持有人向全世界范围授予不可撤销的存取的权利,以便以合法的行动复制、分发、传输和产生任何形式的衍生作品,而给予原作者以适当的归属。按照《布达佩斯开放存取倡议》(*Budapest Open Access Initiative*,BOAI)中的定义,开放存取是指某文献在互联网公共领域里可以被免费获取,允许任何用户阅读、下载、拷贝、传递、打印、检索、超级链接该文献,并为之建立索引,用作软件的输入数据或其他任何合法用途。用户在使用该文献时不受财力、法律或技术的限制,而只需在存取时保持文献的完整性,对其复制和传递的唯一限制,或者说版权的唯一作用应是使作者有权控制其作品的完整性及作品被准确接受和引用（刘展，2018）。

3. 开放数据

英国开放知识基金会将开放数据定义为"任何人基于任何目的都可以使用、修改和分享的数据和内容"（刘艳红和罗健，2013）。2012年英国发布的开放数据战略性文件《开放数据白皮书：释放潜能》（Open Data White Paper: Unleashing the Potential）将满足以下标准的数据称为开放数据：可以以不超过复制成本的代价来获取（最好通过网络），且没有身份和目的的限制；以一种数字化的、机器可读的格式，且能够与其他数据实现互操作；在其许可条件下不受使用和重新分配的限制。

现如今，"自由、开放、合作、共享"的开放科学势不可当。大众可以在开放科学运动中，自由获取需要的信息，与科研人员自由平等地探讨问题。科研人员既能更加便捷地获取科研资料，也能通过与他人的合作不断拓宽自己的研究领域，提升个人研究造诣，等等（刘桂锋等，2018）。替代计量学活动是以开放科学为大背景展开的，越来越多的开放内容被纳入替代计量的研究指标中，开放科学成为替代计量学研究的重要基础。

1.3.2 数据科学

1.3.2.1 数据科学的概念

随着计算机技术和网络技术的发展，数据与人们生产生活的联系愈来愈紧密。人们工作生活的轨迹以及社会发展的进程都可以数据形式进行记录和存储。在大数据时代下，学术科研数据的来源、组成、价值以及处理技术等都发生了巨大的变化。这些变化也改变了学术信息的交流环境，使得科学研究向数据密集型科研方向转变。越来越多的科研工作是基于现有数据的重新分析、组织、认识、解析和利用，数据已经不再仅仅是科学领域研究获得的成果，还成了科学研究的重要基础（刘潇和杨建梅，2015）。

大数据的发展催生出数据科学学科。数据科学最早由彼得·诺尔在1960年提出，尽管已经提出了很多年，但是数据科学仍然是一门新兴的学科。数据科学是在计算机科学、数学、统计学等相关基础理论以及社会科学、自然科学等领域专业理论的基础上进行继承、扩展与创新而兴起的一个交叉性科学领域（巴志超等，2018），具有很强的跨学科特性。目前，学术界对数据科学的定义基本达成共识，认为数据科学是研究数据的科学或关于数据的科学，是探索网络空间数据奥秘的理论、方法和技术（刘潇和杨建梅，2015）。数据科学的内涵一方面是研究数据本身，另一方面是为数据自然科学和社会科学研究提供新理论、新方法。图1-4是与数据科学相关的学科和理论。

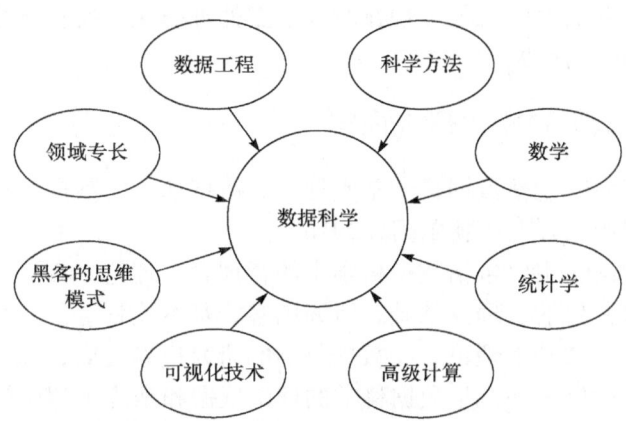

图 1-4　数据科学相关的学科和理论（杨旭等，2017）

1.3.2.2　大数据的定义和特征

数据科学是大数据背后的科学，大数据时代已降临，所以我们需要对大数据有一个整体的认识。大数据是一个比较宽泛的概念，至今还没有公认的定义，下面列举一些常见的关于大数据的定义。

麦肯锡全球研究所对大数据的定义是：一种规模大到在获取、存储、管理、分析方面大大超出传统数据库软件工具能力范围的数据集合，具有数据规模海量、数据流转快速、数据类型多样和价值密度低四大特征（陆庆，2018）。美国国家标准与技术研究院（National Institute of Standards and Technology，NIST）的大数据工作组在《大数据：定义和分类》中认为：大数据是指那些传统数据架构无法有效地处理的新数据集。目前国内普遍认为大数据是"具有数据量大、来源多样、生成极快且多变等特征并且难以用传统数据体系结构有效处理的包含大数据集的数据"。

对大数据的数据特征，通常引用国际数据公司（IDC）定义的4V来进行描述。

（1）volume（数据量大）：大数据的起始计量单位至少是P（1000个T）、E（100万个T）或Z（10亿个T）。

（2）variety（类型繁多）：除了结构化数据外，大数据还包括各类非结构化数据，例如文本、音频、视频、点击流量、文件记录等，以及半结构化数据，例如电子邮件、办公处理文档等。

（3）value（价值密度低）：在大数据中，价值密度的高低与数据总量的大小之间并不存在线性关系，有价值的数据被淹没在海量的无用数据中，如何从海量的数据中迅速完成数据的价值"提纯"是数据科学亟待解决的问题。

（4）velocity（速度快、时效高）：处理速度快、时效性要求高，是大数据区别于传统数据挖掘的显著特征。现在对大数据处理的速度要求越来越高，大数据实时分析已成为热门话题。

1.3.2.3 数据科学的研究内容

其主要研究内容包括数据科学基础理论、数据加工、数据计算、数据管理、数据分析和数据产品开发（朝乐门，2016）。

（1）基础理论。主要包括数据科学中的新理念、理论、方法、技术、工具以及数据科学的研究目的、理论基础、研究内容、基本流程等。"基础理论"不同于"理论基础"，"基础理论"在数据科学的研究边界之内，而"理论基础"在数据科学的研究边界之外，是数据科学的理论依据和来源（朝乐门等，2018）。

（2）数据加工。为了提升数据质量、降低数据计算的复杂度、减少数据计算量以及提升数据处理的准确性，数据科学项目需要对原始数据进行一定的加工处理工作——数据审计、数据清洗、数据变换、数据集成、数据脱敏、数据归约和数据标注等。

（3）数据计算。在数据科学中，计算模式发生了根本性的变化——从集中式计算、分布式计算、网格计算等传统计算过渡至云计算。比较有代表性的是 Google 三大云计算技术（GFS、BigTable 和 MapReduce）、Hadoop、Spark 和 YARN 等。数据计算模式的变化意味着数据科学中所关注的数据计算的常见瓶颈、关注焦点、主要矛盾和思维模式发生了根本性变化。

（4）数据管理。在完成"数据加工"和"数据计算"之后，还需要对数据进行管理与维护，以便进行（再次进行）"数据分析"以及数据的再利用和长久存储。在数据科学中，数据管理方法与技术也发生了重要变革——不但包括传统关系型数据库，而且还出现了一些新兴数据管理技术，如 NoSQL、NewSQL 技术和关系云等。

（5）数据分析。数据科学中采用的数据分析方法具有较为明显的专业性，通常以开源工具为主，与传统数据分析有着较为显著的差异。目前，R 语言和 Python 语言已成为数据科学应用最为普遍的数据分析工具。

（6）数据产品开发。数据产品开发是数据科学的重要研究任务之一，也是数据科学区别于其他科学的重要研究任务。与传统产品开发不同的是，数据产品开发具有以数据为中心、多样性、层次性和增值性等特征。

数据科学为人文社会科学的研究模式、思维、方法和手段等方面带来根本性的变革与创新，为社会科学在量化的实证性研究与非量化的解释性研究之间提供了强大张力。计量学科需要结合自己的历史使命、时代特征与发展，寻求践行大数据的最佳范式，通过引入数据科学的相关基础理论、技术与方法，推动计量学的变革与发展。

1.3.3 大数据技术

随着网络技术的发展，大数据已经走进我们的生活，成了整个人类社会所关注的热点问题。在科学研究领域，大数据产生了重要影响。随着大数据技术的发展和应用，科研模式在不断更新，科学数据呈爆炸式增长，这就对传统的计量研究方法提出了挑战。替代计量学正是一种大数据计量学，其明显的特征是社交媒体下形成的多样化异构数据源，需要统一的框架联通各个孤立的网络交流数据源才能进行数据关联与统计分析（任全娥，2019）。

大数据关键技术已经应用到当今的各行各业，大数据技术是使大数据中所蕴含的价值得以挖掘和展现的一系列技术和方法。全国信息技术标准化技术委员会大数据标准工作组（2015）编写的《大数据标准化白皮书 V2.0》指出，大数据关键技术主要包括数据收集、数据预处理、数据存储、数据处理、数据分析、数据可视化。

1.3.3.1 数据收集

大数据时代，数据的来源极其广泛，数据有不同的类型和格式，同时呈现爆发性增长的态势，这些特性对数据收集技术也提出了更高的要求。数据收集需要从不同的数据源实时地或及时地收集不同类型的数据并发送给存储系统或数据中间件系统进行后续处理。

大数据收集的技术实现一般分为大数据智能感知层和基础支撑层（周艾，2015）。智能感知层主要包括数据传感体系、网络通信体系、传感适配体系、智能识别体系及软硬件资源接入系统，实现对结构化、非结构化的海量数据的智能化识别、定位、跟踪、接入、传输、信号转换、监控、初步处理和管理等。基础支撑层提供大数据服务平台所需的虚拟服务器，结构化、半结构化及非结构化数据的数据库及物联网络资源等基础支撑环境。数据收集一般可分为设备数据收集和 Web 数据爬取两类，常用的数据收集软件有 Splunk、Sqoop、Flume、Logstash、Kettle 以及各种网络爬虫，如 Heritrix、Nutch 等。

1.3.3.2 数据预处理

数据的质量高低对数据的价值大小有直接影响，低质量的数据会导致低质量的分析和挖掘结果。广义的数据质量涉及许多因素，如数据的准确性、完整性、一致性、时效性、可信性与可解释性等。大数据系统中的数据通常具有一个或多个数据源,这些数据源可以包括同构/异构的数据库、文件系统、服务接口等。这些数据源中的数据来源于现实世界,容易受到噪声数据、数据值缺失与数据冲突等的影响。

数据预处理的引入,有助于提升数据质量,并使得后续数据处理、分析、可视化过程更加容易、有效,有利于获得更好的用户体验。如图 1-5 所示,数据预处理包括数据清洗、数据集成、数据变换与数据归约四个步骤。

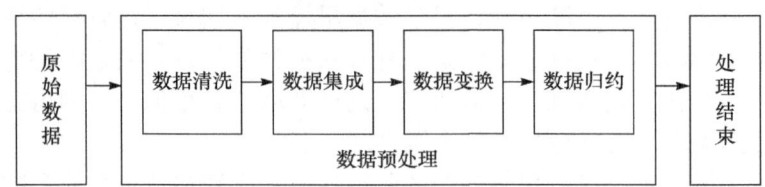

图 1-5 数据预处理流程(娄岩,2017)

数据清洗技术包括数据不一致性检测技术、脏数据识别技术、数据过滤技术、数据修正技术、数据噪声识别与平滑技术等。

数据集成是把来自多个数据源的数据进行集成,缩短数据之间的物理距离,形成一个集中统一的(同构/异构)数据库、数据立方体、数据宽表与文件等。

数据变换处理后,数据被变换或统一。数据变换不仅简化处理与分析过程,提升时效性,而且使得分析挖掘的模式更容易被理解。数据变换处理技术包括基于规则或元数据的变换技术、基于模型和学习的变换技术等。

数据归约技术可以在不损害挖掘结果准确性的前提下,降低数据集的规模,得到简化的数据集。归约策略与技术包括维归约技术、数值归约技术、数据抽样技术等。

1.3.3.3 数据存储

大数据存储是要用存储器把收集到的数据存储起来,建立相应的数据库,并进行管理和调用(雷远东,2016)。大数据存储技术通常有以下处理方式,一种是 MPP(大规模并行处理)架构的新型数据库集群,在 MPP 架构中,每个 SMP(对称多处理)节点可以运行自己的操作系统、数据库等,即每个节点内的中央处理器(CPU)不能访问另一个节点的内存架构的新型数据库集群。另一种数据构架是基于 Hadoop 技术。Hadoop 是分布式文件系统,具有高容错性的特点,可以部署在低廉的硬件上,它通过提供高吞吐量来访问应用程序的数据,适合那些有着超大数据集的应用程序。此种架构可以以流的形式访问文件系统中的数据,解决非结构化数据的存储和计算等。

1.3.3.4 数据处理

大数据的处理模式分为流处理和批处理两种（刘潇和杨建梅，2015）。

流处理将源源不断的数据视为数据流，当新的数据到来时就立刻处理并返回所需的结果，应用场景主要有网页点击量的实时统计、传感器网络等。由于数据流持续到达、速度快且规模巨大，所以通常不会对所有数据进行永久化存储，而是直接立即在内存中处理。

批处理是先存储后处理。Google 于 2004 年推出的 MapReduce 是最具代表性的批处理模式，MapReduce 模式的核心思想在于：①利用局部性原理将整个问题分而治之，解决大规模数据处理问题。具体来说在数据被分割后通过 Map 函数的程序将数据映射成不同的区块，分配给计算机机群处理达到分布式运算的效果，再通过 Reduce 函数的程序将结果汇整，从而输出开发者需要的结果。②用计算推导数据而不是用数据推导计算，有效地避免了数据传输过程中产生的大量通信开销。目前 MapReduce 已经在各个行业取得了广泛应用，是最成熟和最流行的大数据处理技术。

1.3.3.5 数据分析

大数据分析技术包括已有数据信息的分布式统计分析技术，以及未知数据信息的分布式挖掘和深度学习技术。分布式统计分析技术基本都可借由数据处理技术直接完成，分布式挖掘和深度学习技术则可以进一步细分为以下四种。

1. 聚类

聚类是指将物理或抽象对象的集合分组成为由类似的对象组成的多个类的过程。聚类是数据挖掘中的一个很活跃的研究领域，传统的聚类算法可以分为五类：划分方法、层次方法、基于密度方法、基于网格方法和基于模型方法。传统的聚类算法已经比较成功地解决了低维数据的聚类问题。但是由于实际应用中数据的复杂性，在处理许多问题时，现有的算法经常失效，特别是对于高维数据和大型数据的情况。数据挖掘中的聚类研究主要集中在针对海量数据的有效性和实用性的聚类方法上，聚类方法的可伸缩性、高维聚类分析、分类属性数据聚类、具有混合属性数据的聚类和非距离模糊聚类等问题是目前数据挖掘研究人员最为感兴趣的研究方向（王勇，2018）。

2. 分类

分类是指在一定的有监督的学习前提下，将物体或抽象对象的集合分成多个类的过程。也可以认为，分类是一种基于训练样本数据（这些数据已经被预先贴上了标签）区分另外的样本数据标签的过程，即另外的样本数据应该如何贴标签。

用于解决分类问题的方法非常多,常用的分类方法主要有决策树、贝叶斯、人工神经网络、K-近邻、支持向量机、逻辑回归、随机森林等。

3. 关联分析

关联分析是一种简单、实用的分析技术,用来发现存在于大量数据集中的关联性或相关性,从而描述一个事物中某些属性同时出现的规律和模式。关联分析在数据挖掘领域也称为关联规则挖掘。关联分析是从大量数据中发现项集之间有趣的关联和相关联系。关联分析的算法主要分为广度优先算法和深度优先算法两大类。应用最广泛的广度优先算法有Apriori、AprioriTid、AprioriHybrid、Partition、Sampling、DIC(Dynamic Itemset Counting)等,主要的深度优先算法有FP-growth、Eclat(Equivalence Class Transformation)、H-Mine等。

4. 深度学习

深度学习是机器学习研究中的一个新的领域,其动机在于建立模拟人脑进行分析学习的神经网络,它模仿人脑的机制来解释数据,例如图像、声音和文本。深度学习的实质是,通过构建具有很多隐层的机器学习模型和海量的训练数据,来学习更有用的特征,从而最终提升分类或预测的准确性。深度学习(deep learning,DL)的概念由Hinton(2005)于2005年提出,是一种使用深层神经网络的机器学习模型。深层神经网络是指包含很多隐层的人工神经网络,它具有优异的特征学习能力,学习得到的特征对数据有更本质的刻画,从而有利于可视化或分类。

当前深度学习被应用于计算机视觉、语音识别、自然语言处理等领域,并取得了大量突破性的成果。运用深度学习技术,我们能从大数据中发掘出更多有价值的信息和知识。

1.3.3.6 数据可视化

数据可视化(data visualization)是运用计算机图形学和图像处理技术,将数据转换为图形或图像在屏幕上显示出来,并进行交互处理。它涉及计算机图形学、图像处理、计算机辅助设计、计算机视觉及人机交互等多个技术领域。数据可视化概念首先来自科学计算可视化(visualization in scientific computing),科学家们不仅需要通过图形、图像来分析由计算机算出的数据,而且需要了解计算过程中数据的变化。

大数据可视化与传统数据可视化不同。传统数据可视化技术和软件工具(如BI)通常对数据库中的数据进行抽取、归纳和组合,通过不同的展现方式提供给用户,用于发现数据之间的关联信息。而大数据时代的数据可视化技术则需要结合大数据多类型、大体量、高速率、易变化等特征,能够快速地收集、筛选、分析、归纳、展现决策者所需要的信息，支持交互式可视化分析，并根据新增的数据进行实时更新。

数据可视化技术在当前是一个正在迅速发展的新兴领域，已经出现了众多的数据可视化软件和工具，如 Tableau、Datawatch、Platfora、Gephi、ECharts、大数据魔镜等。许多商业的大数据挖掘和分析软件，如 IBM SPSS、SAS Enterprise Miner 等，也具有数据可视化功能。

大数据技术的兴起对传统的科学方法论带来了挑战和革命。随着计算技术和网络技术的发展，采集、存储、传输和处理数据都成了容易实现的事情。面对复杂的对象，我们没有必要再做过多的还原和精简，而是可以通过大量数据甚至是海量数据来全面、完整地刻画对象，通过处理海量数据来找到研究对象的规律或本质。当数据处理技术已经发生翻天覆地的变化时，在大数据时代我们需要的是所有数据，即"样本=总体"。相比依赖于小数据和精确性的时代，大数据因为更强调数据的完整性和混杂性，突出事物的关联性，为我们解决问题提供新的视角，帮助我们进一步接近事实的真相（黄欣荣，2014）。

1.4 替代计量学的传播学基础

随着计算机技术的发展以及互联网的普及，Web2.0 时代到来了，同时社交媒体技术的进步和网络出版模式的发展，也使得信息传播的方式发生了根本性的改变。替代计量学就是在这样的背景下产生的。在一定程度上，可以说传播学的发展促进了替代计量学的产生。因此，传播学是替代计量学重要的理论基础之一。

1.4.1 社交媒体

随着以 Web2.0 为代表的新一代网络技术的迅速发展，互联网进入了新的历史时期，社交媒体的出现更是改变了传统的信息传播方式。社交媒体（social media）也称为社会化媒体，是一类便于用户信息共享以及参与创建或传播内容的平台（Steenkamp and Hyde-Clarke, 2014），指以网络技术为根本，依附技术进入关系网络的，并赋予使用主体内容生产自由的一种网络媒介关系体（秦琼，2018），是一类便于用户信息共享以及参与创建或传播内容的平台。

社交媒体给用户带来了极大的参与空间。其强调的是"社交"。社交指的是社会上的人际交往，其核心的内容正是人们各自的信息以及思想、感情的交流，是具有一定公开性的沟通活动（赵云泽等，2015）。例如，用户必须要在完成自我介绍、添加好友和内容生产等步骤之后才能进入社交媒体。社交媒体改变了传统媒体一对多的方式，是一种多对多的传播方式，并且模糊了媒体和用户之间的界限，每个人都可以是内容的生产者，也是信息的接收者，从而使信息可以在媒体和用户之间实现双向传播，形成互动交流，因此信息传播的效率可以成倍地提高（王明会等，2011）。

目前，社交媒体已经成为人们生活中用来获取信息以及分享经验、观点不可或缺的重要平台，大大改变了人们的交流方式，常见的社交媒体主要包括博客、论坛、微信和微博等。同时社交媒体也深刻地影响了科学交流和科技评价的各个方面。在 Web2.0 的环境下，大量涌现的线上的学术社区逐渐成为学术科学新的传播出版渠道，除了原有的一些权威的学术信息源，作为非正式信息源的社交媒体平台也为学者们提供了丰富的信息资源。因此，社交网络也逐渐成为学术研究人员进行学术交流，分享见解、经验和观点的工具和平台，学者们在社交媒体上进行公共学科交流活动和科学研究成果的分享。在学者们的学术活动中，社交媒体可用于建立和维持同行间的关系网、获取相关的学术研究主题、扩散最终的研究成果等，支持学者们开展研究工作（张晋朝等，2018）。学术研究成果的载体也不再局限于传统的文献及图书的形式，逐渐向多元化发展，学术博客、软件都成了新的学术成果载体。在这种情况下，传统的文献计量方法已经不再适用于数字环境下学术成果的评价，对这些新兴的学术成果影响力的分析、计量和研究的需求促进了替代计量学的发展。替代计量学正是基于学术研究成果在社交媒体上传播的深度和广度来对学者的学术影响力进行评价的一种计量方法。

社交媒体主要有三个特点，一是以"关系"为驱动力，二是日常性，三是传播主体的人格化（秦琼，2018）。

首先，社交媒体的本质在于"社会交往"，即人们以社交媒体为媒介与其他个体和组织产生关系。所以，社交媒体具有以"关系"为驱动力的特点，以网络的形式将用户联系在一起。第一，人与人、人与组织以关系的形式存在于社交媒体中，因此社交媒体不仅可以巩固现实中的关系，甚至可以发展潜在的关系。第二，在社交媒体上生产的内容是围绕"关系"展开的。第三，用户在社交媒体上生产的内容之间会存在一定的联系。虽然每个内容都是以碎片化的形式存在的，但是所有内容都是对用户现实生活方方面面的映射。

其次，社交媒体的日常性主要体现在以下两个方面：一方面是内容生产的日常性，另一方面是社会交往的日常性。社交媒体内容生产的日常性指在社交媒体上对日常事件的记录和传播要强于在大众传播时代所着重的对重大事件的记录和传播。虽然社交媒体上也存在着重大事件，但是这些重大事件要和众多的日常琐事共存。另外，虽然社交媒体上存在着很多不同方面、不同领域的话题，但是却很少有涉及政治、经济方面的话题，这也从另一方面体现了社交媒体的日常性。

社会交往的日常性指社交媒体抹平了社会高层在传播能力上的先天优势并且给了普通群众近乎同等的传播能力，甚至普通群众有可能通过社交媒体获得名望。在社交媒体中，社会高层与普通群众处于同一个虚拟的空间中，并且享有同等的传播能力。普通人也有机会在社交媒体中和社会高层产生联系，甚至有可能成为网络红人，收获名望。

最后，传播主体的人格化也是社交媒体一个很显著的特点，具体指用户在使用社交媒体时会具有主体性，会有意无意地构建出一个虚拟形象，这个虚拟形象会表现出一些类人的属性，例如情绪化。"人格"作为人的一种稳定的心理特质，具有跨越情境的一致性，即面对不同的情境和事物，人的言行表现都具有很强的稳定性。因此，用户所构建的虚拟形象一般来说都是现实中的一种映射。另外，这个虚拟形象还会具有社会交往的特点，虚拟形象作为承载用户"人格"的一个载体，在社交网络代替用户本身进行社会交往。

综上所述，在当今的信息时代中，互联网技术颠覆了传统的信息传播途径和方式。日新月异的社交媒体，改变了人们原有的信息利用方式，给人们的工作和生活都带来了极大的便利，同时对学术研究领域也有很大的帮助。社交媒体有助于学术信息的扩散和传播，可以增进科研人员之间的信息交互、促进学术知识的传播共享。同时，移动互联网也大大提高了学术信息的传播效率，使得学术信息可以及时传递，以此促进学术知识的共享，拓展学术组织的信息传播范围，从而为科学研究提供极大的便利（朱继朋，2018）。

1.4.2 知识交流

知识交流、知识转移、知识共享、知识传播和知识扩散这几个概念虽然表述有所不同，但其含义却互相交叉、重叠，基本都是关于知识的传播和转移的内容。目前对知识交流的含义还没有一个统一且清晰的概念，但是被学者们广泛认同的主要有以下几种：知识交流指不同的思想和观念之间进行相互影响、相互作用的过程（姜霁，1993）；知识交流指的是借助某种符号系统，围绕知识所进行的一切知识加工与知识交往的活动（翟杰全，2002）。笔者认为，知识交流是知识的提供者将知识与他人分享，然后他人将知识消化、吸收并转化为自己的知识的过程，目的是实现知识的共享和创新。

知识交流是一个双向的过程，可以分为知识贡献和知识获取两个方面（杨瑞仙，2014）。知识交流活动的开展依靠的是知识交流主体，知识交流主体又可以分为知识的提供者和知识的需求者，也可以称为知识发送方和知识接收方。知识的提供者借助交流平台将自己的知识分享出来，知识的需求者通过浏览和阅读来吸取别人的知识，然后消化、吸收成为自己的知识（Hendriks，1999）。在知识交流的过程中，知识的提供者和需求者的角色会不停地进行转换。

传统的知识交流模式是在书面和实体环境中进行的正式交流，具体的交流和共享方式包括期刊、专著、会议、电话以及面对面交流等。在知识交流的发展过程中，正式交流仍然是科学知识交流的主要途径，但是非正式交流也逐渐开始发挥不可替代的作用（翟姗姗等，2015）。随着网络技术的飞速发展，全球进入了Web2.0时代，Web2.0最大的特点在于交流的相互性，而这恰恰是知识交流最重要的特征，因此Web2.0环境下的知识交流在形态上与传统的知识交流相比出现了很大的变化。例如，社交媒体逐渐成为知识交流的重要媒介，学者之间的知识网络关系从以"引用"和"被引"为指标到以"点赞"、"转播"和"下载量"等为指标。替代计量学将会逐渐成为新型知识交流背景下重要的学术影响力评价工具。同时，Web2.0环境下的知识交流具有互动性、个性化和自组织性等特点，具有传统纸质文献环境下的知识交流无法取代的优点。例如，Web2.0环境下知识交流成本低且效率高，知识的交流不受时空限制，知识交流的互动性增强以及知识交流者身份虚拟化等。

但是，Web2.0环境下的知识交流模式和传统的知识交流模式相比也有所区别，以学术社区为例，丁敬达等（2013）认为，从计量学的角度来看，学术社区的知识包括基于会话关系的知识交流模式、基于链接关系的知识交流模式和基于引证关系的知识交流模式三种交流模式。

1. 基于会话关系的知识交流模式

因为所有复杂的会话关系的知识交流网络都可以分解为最基本的三人会话的关系，所以如果以用户为节点、以用户之间的会话关系为弧，那么学术社区中的基本会话关系的三人知识交流模式可以归纳为16种结构，学术社区中各种复杂的知识交流网络都是由几种最基本的模式通过中介用户的连接、传递和组合而形成的，如图1-6所示。

2. 基于链接关系的知识交流模式

在网络环境中，知识交流的关系以"链接"的形式存在，根据链接的对象和模式的不同又可以分为关联链接知识交流模式、推荐链接知识交流模式和好友链接知识交流模式三种类型。

3. 基于引证关系的知识交流模式

基于引证关系的知识交流模式可以继续分为施引模式和被引模式两种。施引模式指的是用户在学术社区发布的知识信息施引已经正式发表的学术信息；被引模式指的是用户在学术社区发布的知识信息被正式发表的学术信息所引用，其中正式发表的学术信息包括网络或纸质学术文献和非正式发表的博文、帖子、教学课件、Wikipedia 词条等。

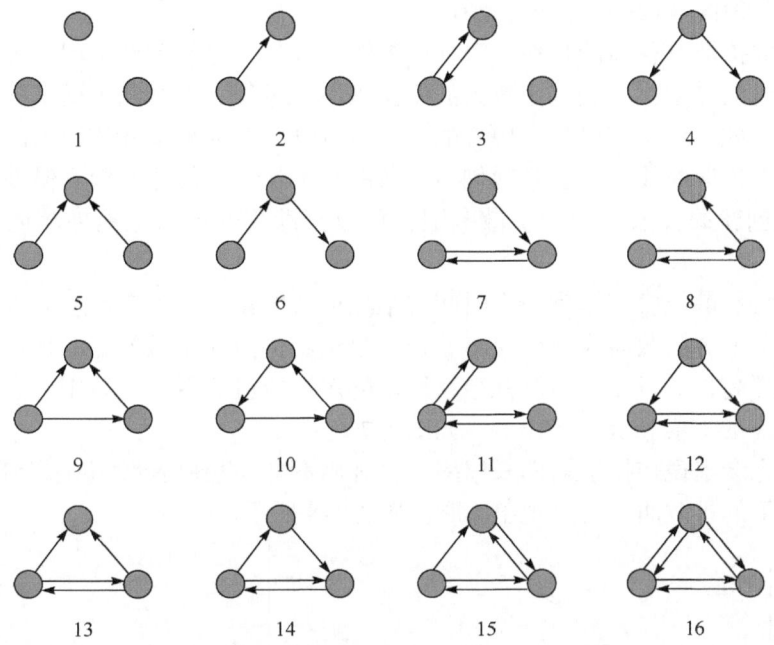

图 1-6　基于会话关系的知识交流模式（丁敬达等，2013）

1.4.3　创新扩散理论

知识扩散是知识传播的一种基本形式，学界对知识扩散的研究也从未停止，其中最具影响力的一项研究成果——创新扩散理论，是由美国学者埃弗雷特·罗杰斯（E. M. Rogers）于 20 世纪 60 年代提出的一个关于通过劝服人们接受新观念、新事物、新产品的理论。创新扩散指的是某项创新经过一段时间，经由特定的渠道，在某一社会系统的成员间传播的过程（埃弗雷特·M. 罗杰斯，2002）。知识扩散与人际传播和大众传播密不可分，随着社交媒体的出现，其已经成为知识扩散的又一重要渠道。

罗杰斯认为，个体采纳创新需要经过获知、说服、决定、实施和确认五个阶段。个体采纳者接触某项创新并对其作用有所了解的阶段称为获知阶段；个体采纳者形成对此创新的态度的阶段称为说服阶段；个体采纳者确定采用或者拒绝此创新的行为的阶段称为决定阶段；将此创新投入使用的阶段称为实施阶段；对该创新运用的结果进行评估的阶段称为确认阶段（张淑玲，2018）。获知与个体的某种需求有关，而新产品或技术具有满足这种需求的潜力。如果某个人获知了某项创新，则兴趣有可能被唤起；如果没有被唤起，则这个过程会在第二阶段终止

（希伦·A. 洛厄里和梅尔文·L. 德弗勒，2009）。随着社交媒体的发展，学术成果的获知和说服被加强（任成，2013）。

创新的扩散过程指的是在一个社会系统内人与人之间创新采用行为的扩散，即由少数人的采用，发展到多数人的广泛采用的过程。以时间为横坐标，以一定时间内的扩散规模（一般是采用者的数量或百分率）为纵坐标描绘出的曲线称为扩散曲线。扩散曲线描述了某项创新扩散的基本趋势和规律，因此借助扩散曲线分析某项创新的扩散速度和扩散范围，可以帮助我们更形象地理解创新的扩散过程。

如果将扩散规模表示为一定时间内某项创新的累计采用者数量或百分率，那么一般情况下的扩散曲线会呈现出 S 形，这说明创新在扩散初期的采用率很低，后来逐渐提高，一旦该创新被社会系统里的多数成员所采用，采用率会再度下降然后直至终结（黎舒曼，2016），如图 1-7 所示。

有时也会出现在扩散初期采用率一直徘徊不升，直到后期才急剧上升的情况，这种情况下的扩散曲线会呈现出 J 形，如图 1-8 所示。

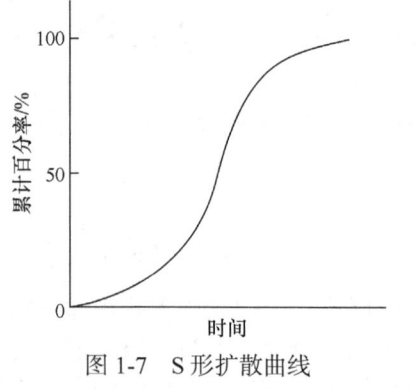

图 1-7　S 形扩散曲线

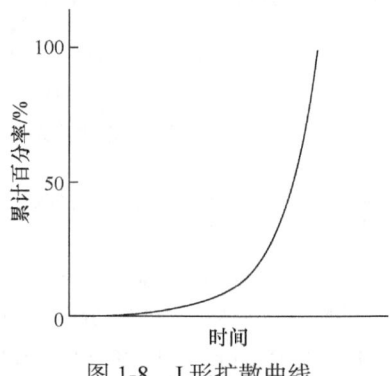

图 1-8　J 形扩散曲线

需要注意的是，无论是在发达国家还是在发展中国家，传播的过程通常都呈现 S 形曲线。即在采用初期增长很慢，后来逐渐提高，但是会在其接近最大饱和点时又慢下来。

如果把扩散规模看作采用者的非累计数量或百分率，那么反映采用者分布频率的扩散曲线一般呈现为铃形。从创新者最初采用创新到社会系统越来越多的成员改变认识逐步采用创新的过程一般可以划分为四个阶段，即突破阶段、关键阶段、自我推动阶段和浪峰减退阶段，如图 1-9 所示。

从创新本身的特征来说，影响其传播普及速度的因素主要有五个，即先进性、兼容性、复杂性、易用性和显示性（希伦·A. 洛厄里和梅尔文·L. 德弗勒，2009）。先进性指创新是否比它所取代的方法具有优势。兼容性指创新是否与健在用户现

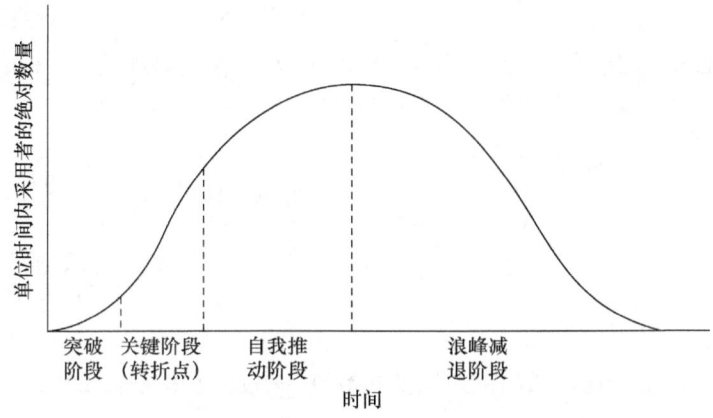

图 1-9 创新扩散的四个阶段（薛庆林，2009）

有的价值观、过去的经验和需求具有一致性。复杂性指创新被理解和使用是否有困难。易用性指创新是否易于在有限的基础上尝试。显示性指创新的结果是否能被公众所了解。

目前，利用创新扩散理论进行的研究包括对宏观上的创新扩散理论和微观个体的创新采纳决策进行研究两个方面。其具体的研究方向有：社会各行业新事物、新观念的扩散现象；扩展创新扩散理论模型的适用性；对新媒体技术下创新扩散的研究及其与传统创新扩散过程的差异性；研究、探讨媒体在新事物普及扩散中的作用等。

然而，创新扩散理论在应用时也会存在一定的局限性。该理论通常是为了进行有计划的变革而进行创新扩散，对新技术或应用进行推广，更加适合自上而下、从外向内的推动性传播，而如果是自下而上，采纳创新是应用者的主动行为，此时该模式的适应性会比较差。另外，该理论对创新扩散的影响因素考虑不全，例如对于发展中国家来说，新技术的使用会在很大程度上影响新技术的传播普及（焦硕等，2004）。

随着研究和实践活动的逐渐深入，知识扩散理论逐渐扩展到更多的研究领域，国内外对社交网络环境下的知识扩散的研究也逐渐深入。社交网络具有良好的互动性并且传播速度快，因此一旦知识发布，就会随着人际关系网络不断地扩散直至其影响力彻底消失，可以说社交网络环境下的知识扩散是依托于强大的人际关系网络实现的。网络上的每一个节点都能够接收知识，并且拥有决策和采纳的权利。李亚娇（2014）对社交网络中的知识扩散这一概念给出了具体的解释，指的是节点在基于社交网络平台的人际交互过程中，彼此间有意或无意相互影响所导致的知识分享以及知识流动的过程。在社交网络环境下的知识扩散的一般过程如图 1-10 所示。

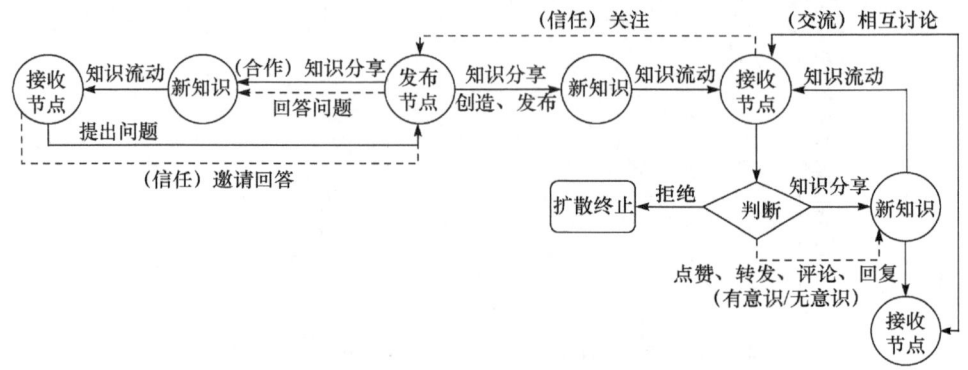

图 1-10　社交网络环境下知识扩散的一般过程（李亚娇，2014）

1.5　替代计量学的图书情报学基础

图书情报学主要是对文献和信息进行研究的一门学科。随着信息革命浪潮的到来，信息已经成为继物质、能源之后的第三级资源，成为与物质和能源同等重要甚至更重要的资源，是人类宝贵的财富。但是伴随着信息数量的急剧增加，信息分布散乱、质量参差不齐现象的加剧，能够及时、快速地获取和利用信息成为组织和个人在竞争中取胜的关键（胡逸岚，2018）。因此，相对于学术信息的组织和检索，图书情报领域的信息组织、信息检索和信息服务等也是替代计量学重要的理论基础。

1.5.1　信息组织

信息组织也可以称为信息整序，是利用一定的规则、方法和技术对信息的外在特征和内容特征进行揭示和描述，并按给定的参数和序列公式排列，从而使处于无序状态的特定信息转换为有序状态的过程（谢映萍，2013）。无论是传统的信息组织还是网络信息组织，都是对信息进行管理，利用一定的科学规则和方法来满足用户的需求（欧阳剑，2009）。信息组织的目的是将无序的信息转化为有序的信息，具体可以减少社会信息流的混乱程度、提高信息产品的质量和价值、建立信息产品与用户的联系、节省社会信息活动的总成本等（冷伏海等，2008）。

为了避免信息组织工作的随意、无计划且盲目等现象的出现，在信息组织的过程中必须要遵循客观性原则、系统性原则、目的性原则和现代化原则四项基本原则（党跃武，1997）。因为在信息组织过程中进行描述和揭示的依据就是信息本身，所以在进行信息的描述和揭示时必须客观且准确。首先要保证数据的来源必须是客观存在的信息本身，不能毫无依据地添加或删除不准确的思想观点，也不能歪曲和肢解信息。只有拥有系统性的信息组织工作才有可能实现整体的目标。而要达到信息组织系统性的目的，就必须把握好四个关系：宏观信息组织和微观信息组织之间的关系、信息组织部门与其他部门的关系、信息组织工作各个环节之间的关系、不同信息处理方法之间的关系（钱杨等，2009）。信息组织工作要有明确的目的，必须围绕用户的信息需求来开展工作，同时也要充分了解用户需求，使得信息组织的成果尽可能地便于用户选择和利用。信息组织的现代化原则主要体现在两个方面，即思想观念上的现代化和技术手段上的现代化。其中信息组织的思想观念现代化主要集中体现在信息组织的标准化上，如信息组织工作的统一性、信息组织方法的规范性、信息组织系统的兼容性和信息组织成果的通用性。信息组织技术手段现代化改变了传统的手工方式，极大地提高了工作效率和质量，也可以更好地满足用户多样化的信息需求（罗铮，2005）。

此外，由于信息的复杂性和用户需求的多样性，信息组织的方式方法也非常丰富。一般来说，信息组织的内容包括信息选择、信息分析、信息描述与揭示和信息存储四个部分（储节旺等，2007）。信息选择指从采集到的处于无序状态的信息流中剔除无用的信息，筛选出有用的信息。信息分析指按照一定的逻辑关系从语法和语义、语用和语法上对已经筛选出的信息从内容和外在特征上进行细化、挖掘、加工整理并归类的信息活动。信息描述与揭示指根据信息组织和检索的需求，对信息资源的主题内容、形式特征和物质形态等方面进行分析、选择和记录，一般包括著录和标引两个内容，其中著录主要描述的是文献信息的形式特征；标引主要揭示的是文献信息的内容特征。信息存储指将经过加工整理序化之后的信息按照一定的格式和顺序存储在特定的载体中。

网络技术的迅速兴起对信息传播和信息组织方式也产生了巨大的影响。在当前的网络环境下，一些传统的信息组织、分类和整理的方法已经不再适用于新形势下的网络信息组织，但是通过借助网络技术，经过修正和扩展后其仍然可以发挥作用（范敏，2011）。例如，为了适应处理网络资源的需要，图书馆机读目录格式（MARC）增设了专门用于记录电子信息资源定位与存取信息的字段，并且对相关字段及其子字段都进行了个别的调整，从而使得以 MARC 对网络信息资源进行编目成为网络资源组织的一种重要方式。

同时大量涌现的各种社交和电商平台也都有其特有的信息组织方式，如微博、微信和各种电商平台等。微博作为我国目前最大的信息交流平台之一，其中存在着巨大的数据，因此对微博数据进行信息组织显得很重要。目前，微博所使用的信息组织方式主要有三种，即微博的分类组织、个人微博的自我组织和微博的信息自组织（侯汝秋和王雨卉，2014）。此外，微博用户个性化标签提取技术的使用也对用户的聚类、分类和查找带来了很大的帮助（刘春伟，2016）。

1.5.2 信息检索

目前，我们正处于信息时代，在生活、工作和学习中无时无刻不在进行信息的感知、传递、交流和运用。对于人们来说，信息的收集获取已经成为一种不可或缺的能力，在科研工作中对信息的检索需求也显得尤为重要。

"信息检索"这一概念是由莫尔斯（Calvin Mooers）于 1949 年首先提出的（焦玉英，2003）。信息检索具有狭义和广义两重含义。狭义的信息检索仅仅指信息查询，指根据一定方法从已经组织好的信息集合中查找然后得到特定需求的信息。广义的信息检索包括信息存储和信息检索两个方面，指信息按一定的方式进行加工、整理、组织并存储起来，然后再根据信息用户特定的需要将相关信息准确地查找出来的过程（曼宁等，2010）。信息检索是从任何信息集合中识别和获取所需信息的过程以及其所采取的一系列方法和策略。一般来说，信息检索指的是广义上的信息检索。

信息检索的前提是信息存储的有序化，因此也可以说信息组织是信息检索的基础（张帆，2005）。信息检索包括"存"和"取"两个环节。在"存"的环节中，检索系统会先对收集到的数据进行分析、选择、标引、描述以及组织加工转换，从而形成供用户检索使用的系统信息库。在"取"的环节，当用户产生信息需求时，需要根据自己的需求特征挑选适合的检索系统，采用一定的检索策略从信息库中对所需信息进行查询。如果用户提问的检索式与系统信息库的特定内容匹配，则命中的信息就会形成初步检索集。接下来，用户需要结合自己的需求对检索到的内容进行相关性判断，如果认为信息符合需求，则打印输出，从而获取信息；如果用户对检索结果不满意，则可以对检索式进行修改或者重构，然后重新检索，直至可以得到满意的结果（焦玉英和符绍宏，2008），信息检索的过程细化如图 1-11 所示。

随着因特网的迅猛发展，信息数字化水平日益提高，庞大的数据信息涌现，为了更好地利用网络信息，网络信息检索显得尤为重要。现阶段主要采用 Web 检索和非 Web 检索两种方式进行网络信息检索（毕欢，2018）。Web 检索的主要检索对象为 Web 信息，同时该方式也运用了 Web，在该检索方式的支持下主要有搜索引擎和浏览器两种检索方式。非 Web 检索主要针对的检索对象为非 Web 资源，如 Usenet、FTP、Gopher 等，使用的检索工具也是非 Web 工具，如广域信息服务器工具、文件检索服务器工具、Gopher 工具等。

进行网络信息检索时主要运用的还是搜索引擎。搜索引擎指的是运用一定的策略以及特定的计算机程序在互联网中搜集相关信息，在对信息进行组织和处理之后将用户检索相关的信息展示给用户的系统（曹晓璐，2018）。一个完整的搜索引擎由搜索器、索引器、检索器和用户接口四部分组成（王继成等，2001）。

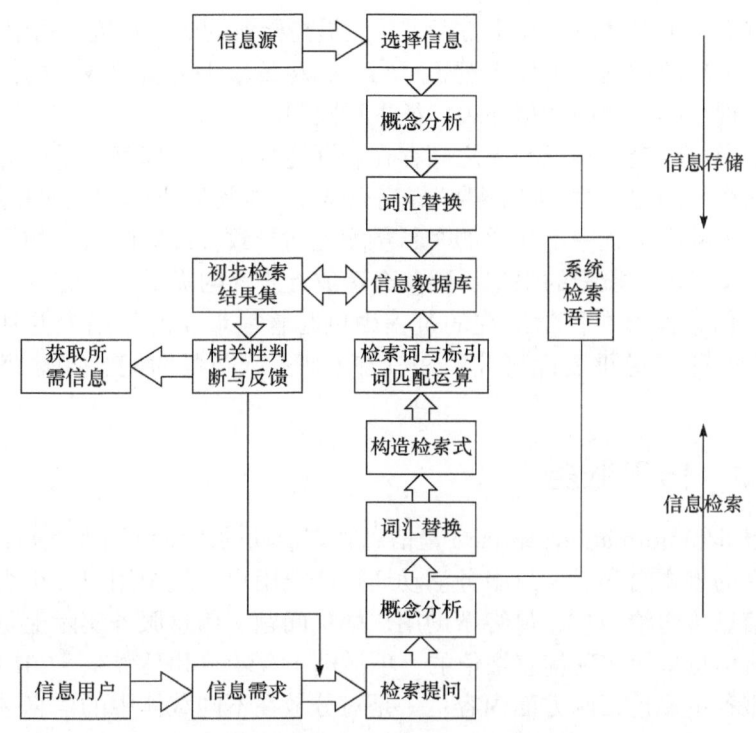

图 1-11　信息检索的细化过程（焦玉英和符绍宏，2008）

搜索引擎可以分为基于分类目录的搜索引擎、基于关键词的搜索引擎和综合式的搜索引擎。目前最常见的搜索引擎主要有 Google、百度、Yahoo、MSN、网易、新浪等。

对于某次检索效果量化评价的指标主要是查全率和查准率，另外还有漏检率和误检率。查全率是对所需信息被检出程度的量度，表示某信息系统满足用户需求的完备程度；查准率是衡量信息系统拒绝非相关信息能力的量度。表达式分别如下：

查全率（R）=检出相关文献量/检索系统中相关文献总量×100%

查准率（P）=被检出相关文献量/被检出文献总量×100%

提高查全率可以从以下几个方面着手：要注意相关领域的检索，扩大检索范围；采用分类法或规范化词检索；在分类检索式采用更加宽泛的上位类号进行检索；增加检索词的同义词或近义词；在计算机检索时采用模糊检索或者运用逻辑"或"检索，尽量减少逻辑"与"和逻辑"非"的使用；尽可能选择信息查全率高的检索工具。

提高查准率可以从以下几个方面着手：提高检索词的专指度；利用逻辑"非"剔除不需要出现的词语；多使用逻辑"与"，尽量减少逻辑"或"的使用；限制检索词的出现字段；利用文献外表特征进行限制。

一般来说，查全率和查准率之间存在着互逆的关系，即某一系统的查全率和查准率处在最佳的比例时，如果继续提高查全率，则检索出的相关文献量会增加，但是同时因为检出文献中不相关的文献量增加而导致查准率降低；如果继续提高查准率，引文增加了检索的限定，因此会造成查全率的降低。

此外，信息检索在科学研究的过程中也起着很重要的作用，主要体现在以下三个方面：①规避重复性研究；②节省了研究人员的时间；③是获取新知识的捷径。

1.5.3 信息服务

信息服务（information service）是信息管理活动的出发点和最终归宿，是信息管理学研究的重要内容。信息服务活动通过研究用户、组织用户、组织服务而将有价值的信息传递给用户，最终帮助用户解决问题。信息服务实际上是完成传播信息、交流信息从而实现信息增值的一项活动（金新政和马敬东，2014）。

信息服务主要包括两方面内容：一是对分散在不同载体中的信息进行收集、评价、选择、组织、存贮从而使信息成为有序化、便于使用的形式；二是对用户及其信息需求进行深入的研究，便于向用户提供有价值的信息。信息服务的开展是以信息与用户的关系为前提的，对信息有客观需求的用户才会接受信息服务以满足其全方位的信息需求。从理论上看，信息服务是面向大众的，但是由于服务方式和内容的局限性，传统的信息服务对象主要是科研人员，服务内容也主要针对科学研究方面。此外，随着计算机技术的迅速更新发展，使用计算机的门槛大大降低，用户的成分变得多样化，并且用户的信息需求也变得丰富，信息服务的内容变得丰富起来（王知津和肖洪，2003），具体包括信息检索服务、信息报道与发布服务、信息咨询服务和网络信息服务，如网络教育、电子商务、远程医疗等。

在进行信息服务的过程中要遵循四项基本原则，即针对性原则、及时性原则、易用性原则和成本/效益原则。"满足特定用户在特定时间的特定需求是信息服务的基本出发点"，即信息服务要满足针对性原则。信息具有时效性，只有在特定的时间范围里才可以发挥最大的效用，因此信息服务要满足及时性。在选择和利用信息时，人们常常受信息是否易获得和利用的影响，因此在信息服务中要追求易用性。在进行信息服务的过程中会耗费大量的人力、物力和财力，因此信息服务很注重成本和效益（陈永生，2004）。

随着互联网的发展，信息服务的方式也随之改变，人们在获取信息的过程中对互联网的依赖程度也越来越高，网络信息服务已经成为现阶段信息服务的主要方式。网络信息服务是指以网络信息查询为基础，以提供信息内容为主要手段的因特网信息业务（杜骏飞，2010）。目前，基于互联网的信息服务主要可以分为两类：一类包括电子邮件、文件传输、远程登录等基本信息服务；另一类包括名录、索引、交互式服务和数字图书馆服务等网络信息检索服务。

受服务方式和服务内容所限，传统的高度专业化、规范化信息服务事实上的服务对象基本是有一定文化基础或者进行科研任务的人员。但是随着技术的发展，普通用户也可以通过简便的操作来实现网络信息的获取，网络信息服务所服务的对象也趋向于全民化。另一方面，在传统信息服务内容的基础上，网络信息服务已经实现从科研教育的服务逐渐扩展到商业、金融以及日常生活的领域。网络信息服务已经显著地改变了我们的生活方式和生活习惯。此外，网络信息服务还打破了传统信息服务严重受时空限制的问题，在网络环境下，用户可以随时随地进行信息查询。网络信息服务可以在服务提供者和用户之间双向获取信息，使得用户可以自行选择自己所需要的信息，从而可以开发用户潜在的信息需求。由此可见，网络信息服务可以更好地开发利用网络信息资源，从而可以为我们的工作生活提供更好的服务。

1.6 替代计量学的"五计学"基础

"五计学"是对计量学领域的文献计量学、科学计量学、信息计量学、网络计量学、知识计量学的简称。它们之间相互交叉、关联但又有所区别（赵蓉英和魏明坤，2017）。"五计学"所运用的原理、工具与方法都有很大的相似性和重合性。替代计量学是在当前特定社会和技术环境下计量学的一个新的发展方向和重要的研究领域，是对"五计学"发展的完善与补充。因此，替代计量学与"五计学"之间有着紧密的联系，"五计学"也为替代计量学提供了理论、方法和基础，基本原理和方法都被替代计量学所运用，如信息的增长与老化规律、布齐洛三大定律、引文分析等。

1.6.1 信息的增长与老化规律

信息的增长与老化规律包括文献信息的增长与老化规律和网络信息的增长与老化规律两个方面。文献信息和网络信息是计量学发展中不同阶段的主要研究对象，因此二者在一定程度上具有相似性，但是由于网络信息的特殊性和复杂性，网络信息的增长和老化与文献信息的变化规律还是有着一定的差别。

在研究对象上，文献信息变化规律主要研究的是文献或图书信息，而网络信息变化规律的研究对象多种多样，如网络简介、网络文献等。在研究方法上，文献信息变化规律常常使用的是科学文献计量和数学方法，而网络信息变化规律经常使用链接分析法，还会借助特殊的统计工具对信息进行分析（曾雪鹃，2008）。

网络信息从层次上可以大致分为三类：第一类是网络信息本身，如文字、图像、视频和音频等；第二类是网络文献和文献相关信息等，如各种数据库和数字图书馆等；第三类是网络结构单元，如网页、网站、域名、知识单元、链接结构等。网络信息和文献信息都存在着萌芽、增长、成熟、老化直至消亡的生命周期。

1.6.1.1 文献信息的增长与老化规律

文献信息的增长模型主要有指数增长模型、舍-布模型、洛特卡模型和 Leo Egghe 对洛特卡模型的扩展模型，另外还有线性增长模型、超越函数模型等。文献信息的老化规律一般采用半衰期和普赖斯指数两个指标来进行测度，老化模型主要有负指数函数模型、靖-康模型、巴尔顿-开普勒老化方程等（林辉和林伟，2010）。

由于替代计量学主要是从网络角度对科研成果的影响力进行计量研究，所以接下来主要从网络信息的增长与老化规律进行论述。

1.6.1.2 网络信息的增长与老化规律

1. 网络信息的增长规律

网络信息的增长模型可以分为两类：一类是在传统文献增长模型的基础上发展起来的，目前较为成熟的有指数增长模型、乘数扩张模型、二次曲线规律增长模型等；另一类是基于网络信息分布模型发展起来的，主要研究的是网络结构单元和链接结构的增长规律，目前较为成熟的模型有幂定律模型、网络拓扑模型、Yule 模型等。下面选取比较有代表性的乘数扩张模型来进行阐述。

网络信息增长的乘数扩张模型是由国内学者侯经川等人在"信息转发"假设和"信息创新"假设的基础上将银行货币的乘数机制和网络信息增长机制进行类比研究后提出的（侯经川和赵蓉英，2003）。网络信息的增长主要是由旧信息的重复扩张和新信息的不断产生两部分组成的。网络信息增长规律的假设条件有以下两点。①"信息转发"假设：假设网络上有 n 个节点，其中每个节点都可以接收并发布来自其他任何一个节点的信息，但每个节点都不会重复发布之前已经发布过的信息。②"信息创新"假设：假设每个节点每次在接收到来自网络内外的信息后都能产生信息综合创新，得到并发布 A 条互不重复的新信息。

网络信息的增长机制可以概括如下：

网络信息总量增长模型：$I_m = n\left[(m-1)n+1\right]A$

网络真实信息量的增长模型：$I_r = mnA$

网络泡沫信息量的增长模型：$I_f = I_m - I_r = n(n-1)(m-1)A$

网络信息的乘数扩张律：$I_m / I_r = \left[(m-1)n+1\right]/m$

其中，n 表示网络的节点，m 表示网络信息传递的轮次（即时间节点），A 为每个网络节点在每一轮次的平均信息创新能力，I_m 表示网络信息总量，I_r 表示网络真实信息量（即非重复信息量），I_f 表示网络泡沫信息量（即重复发布的信息量）（佘滢等，2018）。

该模型并不是直接对信息进行实证计量研究而得出结论的，而是通过类比的方法将货币银行学中的理论类比到信息中，创新性地对网络信息进行计量，具有一定的适用性。另外，该模型独特地将计量重点放在泡沫信息上，因此也可以用于对网络垃圾信息的控制。

2. 网络信息的老化规律

网络信息的老化规律比文献信息更为复杂，其是随时间的推移被利用情况逐渐下降的过程，另外还需要考虑网络信息自身的生存周期和被访问情况的变化（罗力，2011）。网络信息的老化指的是网络信息资源中情报的有效价值随着时间的流逝而逐渐衰减、利用率逐渐变低直到存档甚至销毁。造成网络信息老化的因素有很多，一般可以将其归纳为以下几个方面：①网络信息资源的增长；②网络信息的更新；③网络信息的消失；④网络信息的语用衰减；⑤替代性网络信息的出现；⑥网络信息的吸引力（段宇锋，2005）。因此，文献信息的老化模型是否适用于网络信息的老化目前来说还没有定论。

网络信息老化的测度指标是借鉴文献信息老化的测度指标然后经过修正和改正来使用的。对网络信息老化的测度主要分为两种情况，每种情况所使用的测度指标如下。①网络信息自身生命周期测度指标：静态半衰期、动态半衰期、生存期。②网络信息价值周期测度指标：微观网络资源半衰期、宏观网络资源半衰期、普赖斯指数、链接衰减率（张瑞，2008）。

认识网络信息老化规律可以更有效地指导科研人员的实践，更好地完成对网络站点资源的建设，还可以帮助情报信息人员搜集与定向传播网络信息（王宏鑫和邱均平，2004）。例如，评价同一学科各站点在学术界的影响程度；评价某站点在不同时期内发展的程度及质量；指导网络站点的信息更新，从而帮助科研人员在科研活动中获得最新的一手资料。

1.6.2　布齐洛三大定律

在文献计量学中最重要的三大定律分别是布拉德福定律、齐普夫定律和洛特卡定律，它们彼此不同但是又有着一定的联系。

1. 布拉德福定律

布拉德福定律，也称为"布拉德福文献分散定律"，是在1934年由英国著名文献学家布拉德福（S. C. Bradford）首先提出的用来描述文献分散规律的文献计量学经验定律。该定律定量地揭示了科学论文在期刊中的集中与离散分布规律，至今仍然具有不可替代的理论价值和实际意义。

布拉德福采用区域分析、图像观察和数学推导三种不同的方法对科学文献进行大量的统计研究，并在1948年发表的专著《文献工作》中再一次阐述了布拉德福定律。具体内容如下：如果将科学期刊按其刊载某一学科专业论文的数量多少，以递减顺序排列，那么可以把期刊分为专门面对这个学科的核心区、相关区和非相关区。各个区的文章数量相等，此时核心区、相关区、非相关区期刊数量成 $1:n:n^2$ 的关系（刘浩，2018）。

但是布拉德福所提出的布拉德福定律并不够完整，之后的很多文献学家和情报学家都对布拉德福定律进行了深入研究和补充，才使得布拉德福定律更加完整。同年，英国的文献学家维克利（Vickery）经过研究，创造性地对布拉德福定律提出了自己的补充和修正，将杂志分区的数目推广到大于3个的更普遍的情形，同时提出了布拉德福定律的维克利修正式：$T_1:T_2:T_3:\cdots:T_j=1:b:b^2:\cdots:b^{j-1}$（$b$ 为常数，称为维氏分布系数，T_j 为前 j 个区的杂志数量之和）。维克利对布拉德福定律的补充和修正的具体见解如下：布拉德福分布图形是曲线，不是直线；布拉德福定律不仅仅局限于划分为3个区，同样适用于多个区的情形；布拉德福定律的实际组成为语言描述和图像描述。维克利对布拉德福定律的补充和修正使布拉德福定律更加完整，为布拉德福定律的确立和发展做出了重要的贡献，也大大提高了人们对布拉德福定律的认可度和接受度。

对布拉德福定律的描述一般可以从区域描述和图像描述两个方面进行（邱均平，2000a）。具体描述如下。

（1）区域描述。早期布拉德福定律的区域描述为：如果将科学期刊按其登载某个学科的论文数量的大小，以渐减顺序排列，那么可以把期刊分为专门面向这个学科的核心区和包含着与核心区同等数量论文的几个区。这时核心区与相继各区的期刊数量成 $1:a:a^2:\cdots$ 的关系（张莹，2015）。

后来的研究表明，如果将一段时间内的按某学科载文量等级排列的期刊划分为3个区，使每一个区所包含的相关论文数量相等，即恰好等于全部期刊发表的该学科文章总数的1/3，可发现：第一区（核心区）所涉及的文章来自数量不多但效率最高的n_1种期刊；第二区（相关区）包括数量较大、效率中等的n_2种期刊；第三区（非相关区）包括数量最大而效率很低的n_3种期刊。那么3个区中的期刊数量成下列关系：

$$n_1 : n_2 : n_3 = 1 : a : a^2 (a > 1)$$

其中，a是布拉德福常数（也称为比例系数）（王宏鑫，2003）。

（2）图像描述。取期刊数量的对数（$\lg n$）为横坐标，以对应论文的累积数$R(n)$为纵坐标进行图像描述，便可得到一条曲线（布拉德福分布曲线）。早期的布拉德福定律的曲线AB是由对应核心区的上升的一段曲线AC和对应相继各区的直线CB两部分组成的。后来的研究表明，拐点C点为核心区的分界点。

2. 齐普夫定律

齐普夫定律是由美国哈佛大学语言学教授齐普夫（George Kingsye Zipf）对前人有关词频分布规律的研究成果验证并进行系统研究之后提出的。齐普夫定律定量地揭示了文献中单词出现频率的分布规律，是文献信息计量学的基本定律之一，在图书情报领域具有重要的意义（邱均平，2000b）。

该定律指出，文章中单词的频次（f）与其排列的序号（r）之间存在着某种定量关系。齐普夫认为：如果有一篇包含n个词的文章，将这些词按其出现的频次递减排序，那么序号r和其出现的频次f之积fr，将近似地为一个常数，即$fr = C$（常数）（$r = 1, 2, 3, \cdots$）。

根据文献中出现的词频与等级序号的统计数据建立f与r的直角坐标系，取词的等级序号（r）为横坐标，以对应的频次（f）为纵坐标，就可以得到一条双曲线（齐普夫分布曲线）。如果将等级序号（r）和频次（f）都取对数坐标，则图像会变成一条直线（齐普夫分布对数曲线）。

3. 洛特卡定律

洛特卡定律是在20世纪20年代由美国学者洛特卡（A. J. Lotka）提出的用来描述科学生产率的经验规律，也称为"倒数平方定律"（龚浩等，2018）。早在1926年，洛特卡在大量的统计和研究之后就在《华盛顿科学院报》上发表了一篇名为"科学生产率的频率分布"的论文，旨在通过对发表论著的统计来探明科技工作者的生产能力及对科技进步和社会发展所作的贡献。但在当时并未引起很大的反响，直到1949年这一学术成果才引起学术界的关注，并被命名为"洛特卡定律"。

如果假设著者科学文献量的多少是衡量其科学贡献大小的指标，每篇科学论文对该学科的贡献量大小是一样的，那么就可以通过科学论文的数量来判断科学工作者对科学的贡献了。洛特卡定律描述的是科学工作者人数与其所著论文之间的关系：写两篇论文的作者数量约为写一篇论文的作者数量的1/4；写三篇论文的作者数量约为写一篇论文作者数量的1/9；写 n 篇论文的作者数量约为写一篇论文作者数量的 $1/n^2$……而写一篇论文作者的数量约占所有作者数量的60%（王存斌，2018）。该定律被认为是第一次解释了作者频率与文献数量之间的关系，描述科学生产率的频率分布规律。

洛特卡定律的一般表达公式为 $f(n)=c/n^a$。其中，n 为单个作者发文数，且 $1 \leqslant n \leqslant T$；$T$ 为单个作者最大发文数；$f(n)$ 为发表 n 篇论文的作者的比例；a 与 c 为常数，根据洛特卡统计的数据，a 大约等于2。

对洛特卡定律的应用一般有以下几个方面。①在信息科学、图书馆学方面，测定各学科的"平均文献作者数"，合理编制著者索引、规划检索刊物体系的参考价值和指导意义。②在预测科学方面，预测文献数量的增长速度和文献流动的动向，预测科学家数量的增长和科学发展规模。③在科学学和人才学方面，描述科学家的活动规律、研究著述特征，便于科学学的理论研究和科学史的探讨。

洛特卡定律在使用时也存在着一定的局限性。首先与其研究的学科领域有关。其次洛特卡定律本身具有一定的局限性，例如，洛特卡的倒平方经验法则只是对两个学科领域抽样的简单推广而建立起来的一个通式，而并非精确的统计分析。另外，统计的数据也具有一定的局限性，只有在研究时间的跨度够长、作者数目够大时，才能近似地表示为平方反比率。

在 Web2.0 的网络环境下，随着学术资源的网络化，布齐洛三大定律仍然发挥着重大的作用。例如，布拉德福定律依然可以适用于解读网络中学术资源的分布，并且可以有效地指导网络环境下学术资源的发现工作，但同时也具有一些新的特点，比如布拉德福定律常数的取值有着一定的波动范围，拟合的多项式曲线与布拉德福分散曲线也有一定的差别（杨磊，2015）。

1.6.3　引文分析

1.6.3.1　引文分析概述

在科学文献体系中，科学文献之间通过相互引用联系在一起（安源和张玲，2014）。引文分析（citation analysis）指利用各种数学、统计学的方法和比较、归纳、抽象、概括等逻辑方法，对科学期刊、论文、著者等各种分析对象的引用与被引用现象进行分析，以便揭示其数量特征和内在规律，从而可以实现对科学发展趋势进行预测和评价的一种文献计量分析方法（张慧敏，2006）。文献间的引证是科学发展规律的一种表现,体现了科学知识的累积性、连续性、继承性和一致性原则。

1979 年,加菲尔德(E. Garfield)提出了加菲尔德文献集中定律(邱均平,1988)。他认为一个学科的非核心期刊在很大程度上是由其他学科的核心期刊构成的。实际上,对于整个自然科学来说,各学科的核心期刊总和不会超过 1000 种,甚至有可能不超过 500 种。对于单一的学科来说,集中的程度也会随着学科、专业的不同而不一样。

引文分析建立在以下的假设前提下:文献的引用表示作者确实使用过该文献;文献的引用是文献价值、重要性及影响力的指标;有价值的文献才可能被引用;原始文献和引用文献之间有必然的相关性;所有的引用都是同等重要的;期刊引用报告收录的期刊能正确代表整个学科领域并支援其研究目标;引用次数是衡量引用文献是否有意义的有效指标。

科学引文的指标分析,在改善文献信息工作和管理、提高文献信息定量研究的水平方面有重要意义(邱均平,2001)。引文分析有很多测度指标,一般可以把它们分为两种类型:一种是将引文款目作为独立计量单位的链状指标,如引文量、引文率、影响因子等;另一种是把引文间关系作为计量单位的引文网状指标,如共引强度、耦合强度等(庞龙,2006)。在进行引文分析时,根据研究对象的不同选用不同的测度指标。科学论文之间存在一种"引用链",例如文献 A 被文献 B 引用,文献 B 被文献 C 引用,文献 C 又被文献 D 引用,引文链状分析就是通过引用链来揭示学科的发展与联系的,用于绩效评价和科研管理,甚至可以用来展望学科的未来前景。引文网状分析主要是从引文所反映出的主题相关性入手的,用来揭示科学的结构、学科相关程度和文献检索等问题,还可以反映科学结构和科学研究的热点。

另外,在科学评价方面引文分析也发挥着很重要的地位,在测定学科的影响力和重要性、研究学科结构、确定核心期刊、研究信息和情报传递规律、研究情报用户的需求特点、评价科学水平的人才等方面都起着重要的作用。

利用引文分析方法进行研究的步骤一般如下:首先是选取统计对象,根据所要研究学科的具体情况选择该学科中较权威的具有代表性的杂志,确定若干期或若干篇相关论文作为统计对象;然后对引文数据进行统计,在所选的论文中分项统计每篇论文后引文的相关数据,如引文的数量、出版年代、语种、类型和论文作者的自引量等;接着可以开始进行引文分析,在得到引文相关数据的基础上,依据研究目的从引文的各种指标或其他方面进行分析,如引文量的理论分布分析、引文量的集中和离散趋势分析等;最后得出结论,根据引文分析的原理和其他原则进行结果的判断和预测,从而做出相应的分析。

不过引文分析也存在着一定的局限性,比如引文关系存在假联系,文献引用也并不完全等于重要，著者选用引文常常会受到可获得性的影响，还有马太效应的影响等因素都会对引文分析的结果产生一定程度的影响。

利用引文分析法进行研究的前提是引文行为的发生，文献之间的引用是联系引文分析法和期刊论文唯一的纽带，对于替代计量学来说，数据的贡献者和期刊论文之间的联系形式更加多样化。基于社交网络的替代计量学更关注的是期刊的社会影响力，而传统的引文分析关注的重点是期刊论文的学术影响力，二者是从不同的方面对期刊的影响力进行测量的，在使用时可以相互补充（何文，2015）。

1.6.3.2 引文分析基本理论

对引用行为的理论分析是进行引文研究的前提与基础（杨思洛，2011a）。由于引证行为与社交环境下的相关学术行为具有相似性，引文分析的相关理论可为替代计量学提供借鉴与参考。

1. 引文规范理论

1965年，Kaplan（1965）首先阐述了这一理论，基于特定的社会控制机制，他认为引用行为是通过教授对学生的口授和不同期刊的不断检验调整两方面而推广的，其主要功能是科学行为潜在准则的重申。引文规范理论基于以下假设：科学是一个由内部奖励和惩罚机制进行治理的规范机构；科学家为获得承认（以奖励或引文的形式）而交换信息（以出版物的形式）。引文是用于偿还智力债务的一种形式，"引文是学者付给同行的硬币工资"。后来许多学者企图从科学社会学的角度构建引文规范理论。但是该理论认为，当作者引用文献资料时，则证明资料对他们有价值；而且，科学行为具有一致性，即他们引用的决定不会受功能上不相关的特征影响，这些特征包括作者性别、种族、宗教和级别等；它也假定科学家们是无私的，不寻求通过奉承他人或自引来获得个人的利益；此外，它还认为科学家们对待他们自己的作品，持有和对待他人作品相同的怀疑态度（Nicolaisen，2007）。这些假设促进了引文分析的发展，Smith（1981）对假设做了进一步总结：文献被引用表示文献确实被作者利用；文献被引用是文献价值的反映（质量、意义与影响）；好的作品才会被引用；施引文献与被引文献之间是内容相关的；所有引文的价值相等。显然，该理论是一种理想的状态，与现实情况存在很大差距，也反映了这一理论的局限性。

2. 社会结构理论

从社会结构角度关注科学交流和科学研究，社会结构领域学者认为科学的形成是协商过程的结果，在此过程中一方单靠劝说的手段使其他人信服。科学是说服的艺术，从此角度，当作者引用文献时，他们通过组编以前的文献，来说服读者相信他们观点的合理性。大多情况下,作者常常仅仅是为了自身的需要而选择引用文献,就像推销和广告商品一样。White(2004)从两方面对此理论做了总结:作者引用是为了达到自己的目的而特意歪曲文献的本意;为获得认同,作者不成比例地引用已有的权威作品。M. H. MacRoberts 等也认为引用的主要动机是说服而不是引文规范理论所宣称的"致谢"或"还债"(Macroberts M H and Macroberts B R,1987)。尽管此理论受到了许多学者的赞同,但也有众多学者从实证的角度加以反对。例如 White 通过对文献被引频次的研究表明,引文呈正态分布,即引用名人和引用不知名人的著作都较少,大多数引文来自中等声誉作者的文献。这与结构主义学者所宣称的作者为了说服而喜欢引用"大牌"作者的文献的说法矛盾。Moed 和 Garfield(2003)在系列论证基础上,也认为"说服不是主要的引用动机"。

3. 心理过程理论

众多学者认为引用行为可当作一种心理认知的过程,相应地,引文理论的构建应该基于对个体引用者的研究,具体可通过访谈技术、出声思维(thinking aloud)、行为模式记录等方法实现(Nicolaisen,2007)。Harter(2010)认为"引文活动是一个动态、复杂的认知过程"。他提出在科学研究中,通过检索系统或其他途径获取文献是一个相关性判断的过程,引起了研究者认知的变化;研究过程中,参考的文献及其中的知识对作者造成影响(包括对研究的概念构架、问题的提出、研究方法及结果的解释);最后,这些参考过的文献与研究是特别相关的,它们被整合到呈现研究结果的论文参考文献列表中。作者在参考文献列表中包括特定的引文,用于告知读者引文与研究的历史相关性。虽然 Harter 的观点得到了一些后续研究者的支持,但也出现了很多的反对者,批评他无视社会文化的影响,如认知能力、教育背景和所处物理环境的差异等。正如 Nicolaisen 所评论的:"Harter 没有研究为什么最初文献被认为是相关的;当作者在后来的论文中参考这些文献,他们使用了什么标准。"因为缺乏广泛深入的研究,降低了 Harter 引用理论的说服力。

4. 自反引文理论

一些学者关注引文的表征特征,探究引文如何反映和代表科学,而不是关注为什么作者引用文献。P. Wouters 在其博士论文及系列著作中对这一观点进行了深入分析,他认为从作者引用行为角度来寻找解释引文理论将进入死胡同[①],因此必须放弃这种追求,转而集中精力研究引文的象征特点和指示能力。类似于信息语义学理论,他的理论基于"参考"和"引文"是两种不同标志的解释。不同于"参

---

① Wouters P. 2010. The citation culture. http://www.garfield.library.upenn.edu/wouters/wouters.pdf[2018-12-01].

考"，"引文"是无量纲的，也是无意义的。只有在引文分析家的手中，引文才有意义，因此对作者引用行为的研究，有利于解释参考模式，而不是引用模式。但是，自反引文理论（the reflexive citation theory）带有和语义信息学同样无法解决的问题，即它无法处理误报（false positives）。例如，在文献计量学领域，一般认为引文是衡量质量的指标，这种方法假定被引量和文献质量齐头并进，因而是线性相关的。引文分析的合法性研究也因此寻求：科研质量和被引用的频次间表现一种线性关系。但许多研究表明，两者并非如此理想的关系（Nicolaisen，2007）。

5. 引文进化理论

基于生物进化角度，1970年以色列生物学家扎哈维发表"不利条件原理"（handicap principle），意思是：动物和人类不是在做出最冒险、最过分的行为之余侥幸能兴旺，而正是因为有这类行为而兴旺。引文的引用行为也可从这个角度进行理论的探究，Nicolaisen（2010）在其博士论文中对此原理引入引文理论中进行了深入研究，但也受到了一些学者的质疑。

目前引文分析基础理论仍远未完善。影响最大的是引文规范理论和社会结构理论，但这两种理论恰好存在对立性，两种理论都有系列支持者，其理论都有合理的一面，同时又有许多不足。形成此现象的原因主要有：一是由于理论提出的目的不同、角度不同、方法不同、对本质认识的不同，从而产生不同的看法；二是引文的形式及所处的外部环境在不断发展、变化，在不同发展的阶段，人们对它的认识也是发展变化着的；三是由于引文现象的复杂性，研究者因各人所涉及的学科领域、所使用的杂志和论文类型、出版物的可获取性及技术因素的不同，都会影响到研究者的认知与结论。

1.6.3.3 网络引文分析

网络环境下文献发生了巨大变化，主要形成了传统文献（print，P）和网络文献（web，W）两大类型。一方面，传统文献仍是人们进行知识交流的主阵地，另一方面，网络资源和网络交流手段以其无可比拟的优点受到人们的青睐，它们之间组成的网络引证关系如图1-12所示（杨思洛，2012）。传统引证是传统环境下纸质文献间的参考行为的结果。网络引证是在传统引证基础上发展而来的，但与传统引证有显著不同：在施引过程中，网络引证的作者主体、文献对象及引证行为都存在于网络环境中；网络引证分析通过各种网络数据库或搜索引擎进行。网络引证与一般网络链接也有区别：首先网络引证表征了文献之间的引证关系，突出特点是其知识性、学术性；还有网络链接通过超链接实现，而网络引证虽可以超链接形式出现，但大多为引文格式并通过引文分析方法进行研究。

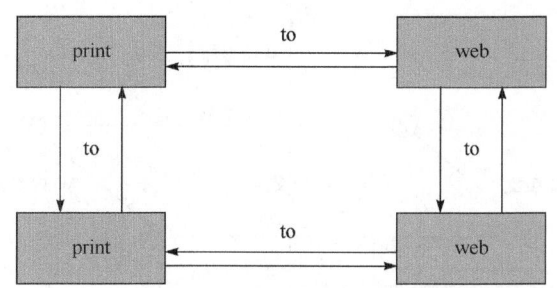

图 1-12　网络环境下网络引证关系模型（杨思洛，2012）

网络环境下，从传统文献与网络文献两个角度，网络引证关系可分为四大类。①print-to-print（P-P）网络引证是指网络环境下的传统论文间的引证关系，主要集中在各类网络传统论文数据库中引证关系的研究。②print-to-web（P-W）网络引证更多的是探讨传统论文参考文献中的网络成分，突出表现是参考文献中有网址。③web-to-print（W-P）网络引证是指网络文献引证纸质文献（包括期刊论文、会议文献、手册指南、专著等）（Vaughan and Shaw，2005）。④web-to-web（W-W）网络引证则是指源文献和引证文献都属于网络文献，在早期被认为属于链接分析的概念范畴，但它们与一般的链接有显著不同，虽然有些 W-W 引证以超链接形式出现，但它以引文分析为基础，是一种"情报学视角的链接分析"（孙建军和李江，2009）。需要说明的是，网络引证复杂的关系远非这四种类型所能概括的，在一定程度上它们有交叉和重合：一方面，有许多文献既以传统形式存在也以网络文献形式存在，显著特点就是在被引时传统格式和网络引用格式两者都有著录；另一方面，许多网络文献仍以传统形式进行引用，例如网络开放存取文献的著录。

从信息计量学角度来看，知识交流规律又分为两大类：分布规律与变化规律。因此，基于网络引证关系的知识交流规律研究，可以网络和传统两大文献为基点，从四种网络引文形式、两大规律入手进行展开，相应的分布如图 1-13 所示。

网络引证是传统引证在网络环境下发展的产物，基于网络引证关系的知识交流规律主要来源于传统"三计学"规律、网络信息分布与变化规律，在借鉴传统引证规律及一般链接规律基础上做改进或创新。基于网络引证关系的知识交流规律类型来源于三种方式：①从整体上，通过一般的描述归纳和人工判断得出网络知识交流的总体趋势与规律；②改进与验证信息计量学已有的引文分析经典定律；③对其他领域规律的借鉴与创新，集中在对引文网络的研究，例如，生物学中的"生长曲线""传染病模型"，经济学中的"人口增长模型""财产收入分布"，物理学中的"半衰期""复杂网络模型"等。

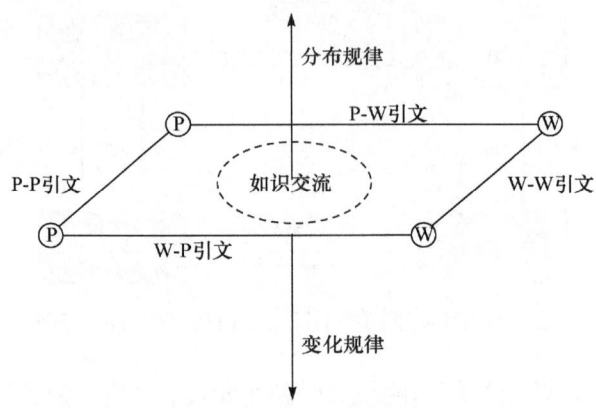

图 1-13 基于网络引证关系的知识交流规律分布(杨思洛,2012)

第二章

替代计量学的理论体系

2.1 替代计量学的产生背景

科学史告诉我们,任何科学的产生和发展都是由一定的科学背景和特定条件所决定的,社会实践需要是学科产生的根本动力(邱均平,1988)。替代计量学的产生就是受其他学科解决不了的问题和任务所驱动,在特定的社会背景、学术背景以及技术背景下形成和发展起来的,是社会发展的需要和必然产物。

2.1.1 社会背景

Web2.0环境下,学术交流体系由文献印刷型向互联网开放出版模式转变,这是促进替代计量学形成的社会条件和动力。随着社交媒体技术的不断进步、开放存取运动的长足发展,网络出版形势日趋盛行(钟灿涛,2011)。科学交流从传统交流方式转向在线社交网络,科学交流的模式发生了新的变化,主要表现为:①科学交流的在线化、学术成果传播的快速化和实时化必然会影响到学科研究与发展,科学工作者们越来越倾向于利用博客、微博等社交媒体工具进行学术成果的追踪和学术交流。②在线科学交流呈现出扩大化的趋势。由于社交媒体工具的低技术门槛与低成本特征,普通社会公众的参与度与活跃度逐渐提高(杨思洛和毕艳娜,2007),科学交流不再仅局限于学术圈内,社会大众也逐渐参与进来。③在线科学交流提高科学交流效率,降低交流成本。开放存取运动为科研工作者在网络平台上免费自由传播和获取学术资源提供了极大的便利条件;网络出版的盛行使得电子期刊、电子文献等资源迅速扩展,为科学交流效率的提高和学术成果的快速传播提供了新的思路。图2-1按学术交流的六个流程,分三个5年时段,对常使用的101种社交媒体工具平台进行了总结。根据国外相关研究,用于学术交流的社交媒体工具或平台已有675种,并且还在不断增加;其中425种是在2011年以后出现的(Bosman and Kramer,2015)。基于这种社会背景,计量学领域迫切需要一次革新来丰富与发展计量学内容。

2.1.2 学术背景

替代计量学是在传统计量学的基础上,旨在弥补传统计量学不足与缺陷的学术背景下分化、发展而来的。传统计量学的评价方式主要有两种:一种是通过期刊影响因子对期刊进行评价;另一种是通过引用频次等相关指标对文献进行评价。面对科学交流方式及学术成果传播方式产生的新变化,传统计量学的评价方式已经不能满足时代发展提出的新要求,传统引文评价主要问题有:①时滞过长。经

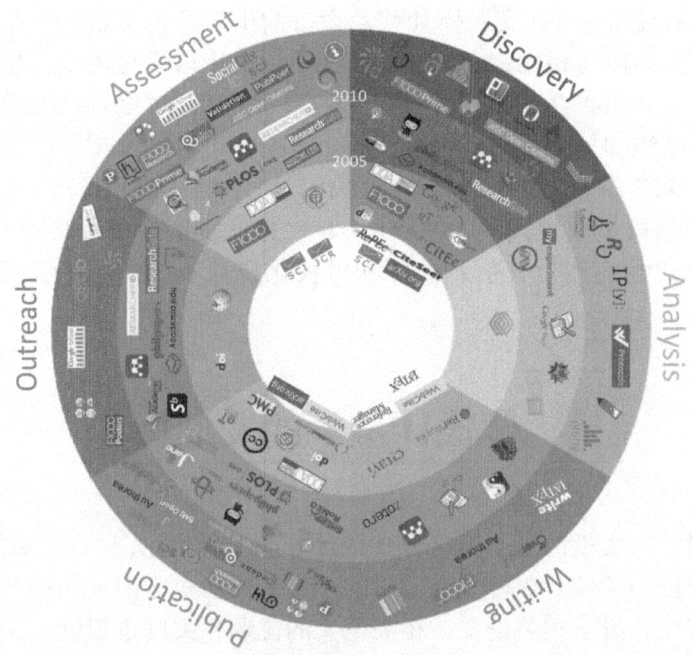

图 2-1 学术交流过程中常使用的社交媒体工具（Bosman and Kramer，2015）

统计，从论文发表到被引用一般需要 1～3 年甚至更长时间，无法即时地反映出论文的影响力（Buschman M H and Michalek B R，2013）。②影响力评价不全面。一方面，引用评价指标不能代表文章的全部影响力，研究显示引用评价只能表现出原文影响力的 30%（Macroberts M H and Macroberts B R，2010）。另一方面，学术成果载体从传统的文献载体形式向多样化发展，微博、博客、视频、代码、数据集、软件等都成了学术成果的载体或载体形式。③引文分析的缺陷。引文分析的前提是引用规范、动机正确，而引文分析法无法自动识别引用动机且存在马太效应（Macroberts M H and Macroberts B R，1996）。基于此，替代计量学应运而生，其数据的时效性、评价指标的全面化、评价对象的多元化以及社会公众参与广泛性这四大主要优势，弥补了传统计量学评价的局限性。

2.1.3 技术背景

科学的进步与技术的发展是相互依赖、相互渗透的辩证过程。技术进步促使计量学领域的发展路径越来越广阔，替代计量学依靠和运用先进的设备和技术手段逐步演进。计算机技术、网络技术、可视化技术、数据挖掘技术、信息处理技术及数据追踪技术等各种先进技术取得的重要进展，特别是在计量学领域、评价学领域及传播学领域的综合应用为替代计量学的产生提供了技术支撑（吴胜男，

2015）。主要表现为：①社交媒体和移动设备的出现开拓了新的科学研究传播途径，与传统的科学传播相比，社交媒体和移动设备让科学传播变得更加多元和便捷，为替代计量学的产生提供了坚实的数据基础和条件；②面对数量庞大、类型多样、更新速度快的复杂数据，出现了多个跟踪收集各种类型社会网络数据源和指标的工具和软件平台，进一步推动了替代计量学的研究和发展；③作为计量学研究样本的数据数量激增，数据格式也由单一格式发展为多种格式的混合，新的信息处理技术也相应产生，信息处理和可视化技术为替代计量学研究提供了有效的工具。

2.2 替代计量学的发展历程

替代计量学与文献计量学等许多传统计量学学科相比，只有较短的发展历史，是一个相对年轻的领域。在替代计量学的理论研究历史方面，2010年以前，国内外几乎没有替代计量学相关论文，相关论文的主题相关度也很低；2010年后，国内外替代计量学相关研究论文数量呈直线增长，研究进入一个快速发展的高峰期。而在替代计量学的实践进展方面，2010年的研究工作和成果已被认为是替代计量学领域的里程碑和分水岭。基于此，纵观替代计量学的理论研究与实践进程，将替代计量学的发展历史划分为2010年以前的酝酿阶段与2010年至今的成长阶段。

2.2.1 酝酿阶段（2010年以前）

在酝酿阶段，替代计量学的研究主题数量少且规模小，呈分散性分布，且大多是一些基础性的探索研究。尽管如此，这些研究却开启了替代计量学的源头，拉开了替代计量学研究的序幕，起到了抛砖引玉的作用，为替代计量学的诞生和发展奠定了基础。在酝酿时期出现的代表性研究成果如下所示。

2.2.1.1 MESUR项目

2006年，美国梅隆基金会支持开展信息资源学术利用测度（Metrics from Scholarly Usage of Resources，MESUR）项目，该项目基于使用数据开发评价了多种学术交流载体（如文章、期刊、会议文献等）价值的定量化指标。项目的研究对象主要是使用数据。项目的实施过程主要包括四个步骤，即构建学术交流模型、创建和收集相关的参考数据集、研究分析以数据集为基础的语义网络的结构和特性、定义各种基于使用数据的指标去评价多种学术交流载体（Bollen et al.，2007）。

2.2.1.2 基于社会网络软件的分布式科学评价

2008 年，D. Taraborelli 将社会网络软件与分布式科学评价结合起来提出"软同行评议"（soft peer review），认为开放在线评议可能取代预印本的同行评议，提出建立基于社会网络软件的分布式科学评价，成为替代计量学萌芽时期的经典文献。D. Taraborelli 发现，互联网时代人们对以同行评议和影响因子为主的传统评价方式的争议越来越多，而第一代搜索引擎的不可靠性也给内容评估的科学性带来了难题。因此，他在分析了社会化标签系统在基于使用数据的科学评价中所作出的贡献后，提出了一种自上而下分布式的评估模型。他认为，这种基于社会网络软件的分布式科学评价模型将解决传统评价模型在覆盖率、评价效率等方面的问题（Taraborelli，2008）。

2.2.1.3 单篇论文评价

2009 年，Cameron Neylon 与 Shirley Wu 以公共科学图书馆（Public Library of Science，PLoS）和 Faculty of 1000（以下简称 F1000）为例，提出了一种新的科学评价方式，即单篇论文评价（article-level metrics），成了替代计量学萌芽时期影响力和知名度较大的文献。他们认为，传统的计量评价方法时滞过长，且评价的过程缺乏客观性，而单篇论文评价弥补了这些缺陷。最后，他们分别从计量数据的来源和专家评论的激励机制两个角度指出论文层面的科学影响力计量方案的可行性（Neylon and Wu，2009）。

2.2.2 成长阶段（2010 年至今）

从 2010 年开始，替代计量学由萌芽阶段进入学科正式确立的成长阶段，在这一时期，替代计量学得到了广大学者的关注，取得了实质性的成长，代表性的进展从以下三个方面展开。

2.2.2.1 Altmetrics 正式提出

2010 年，J. Priem 等人的研究工作和成果被认为是替代计量学领域的里程碑和分水岭。J. Priem 最先在 Twitter 上使用 Altmetrics 一词，认为相较于 article-level metrics 这一术语内涵的局限性，Altmetrics 更能体现出计量指标或计量方法的多样性（Neylon and Wu，2009）。随后，J. Priem 联同 D. Taraborelli 等人在专门设立的网站（http://altmetrics.org/manifesto）上发表 *Altmetrics: A Manifesto*，标志着 Altmetrics 的正式提出。宣言中对 Altmetrics 的愿景描绘得非常清晰和鼓舞人心，呼吁开展基于社交媒体整合在线交流数据、定量评估学术论文影响力的研究，受到了学者们的热议和广泛认可。J. Priem 等人的工作使得 Altmetrics 得到普遍关注与认同，并促进 Altmetrics 走向正式确立的成长阶段。

2.2.2.2 替代计量学会议涌现

2011 年，第一次替代计量学学术研讨会在美国加利福尼亚大学圣迭戈分校召开，具有标志性的意义。这次研讨会的主要特征有两点：①多样化的主题，包括对新工具、标注模式、论文格式，以及如何引导人们使用新工具和方法的探讨主题；②多种身份的参与者，这次研讨会的参会者除了包括替代计量学的研究人员及评价学者，还包括出版商、网站开发者、媒体工作者等多种参与者（吴胜男，2015）。在这一过程中，替代计量学研究的理论与实践意义、发展中可能遇到的问题都得到了充分的讨论，替代计量学引发了各个相关行业工作者的研究和热议，并形成了一种热潮，被称为替代计量学运动（Altmetrics Movement）。

第一次替代计量学学术研讨会的顺利召开，极大地鼓舞了替代计量学研究者的学术热情，以替代计量学为主题的各种学术会议逐渐兴起，早期的相关重要会议见表 2-1。如表 2-1 所示，替代计量学会议活动是以开放科学、开放存取为大背景，其共同主题是探究科学交流在网络时代的变革方向，围绕三个重点来展开：一是在传统论文形式之外，其他形式的科研成果的评价和认可问题；二是网络上整个科学交流过程的重构，包括平台、媒体、资源、文献、工具等方面的改革；三是为实现开放科学、科学民主化等目标而制定的标准、规则和模型（邱均平和余厚强，2013）。其中，在 2013 年，国际科学计量学与信息计量学学会（International Society for Scientometrics and Informetrics，ISSI）会议对替代计量学研究展开了专门的交流讨论，并设立了"Altmetrics 1" "Altmetrics 2"两个分会场，另外"Usage Metrics"分会场也与替代计量学高度相关，体现了传统计量学已将替代计量学作为计量学的研究领域之一，并予以认可与加以重视研究。至此，以替代计量学为主题的专门学术会议，或其他相关领域学术会议为替代计量学设置的分会场专题会议，皆如雨后春笋般不断涌现，本书不再予以一一罗列，一系列相关会议的召开促进替代计量学研究达到了一个新的高度，理论研究与实际应用全面展开。

表 2-1 替代计量学主要学术活动主题分布（邱均平和余厚强，2013）

时间	地点	名称	主题
2011.1	美国加利福尼亚大学圣迭戈分校	Beyond the PDF Workshop	①新的著作工具、科学工作流工具、文献管理工具；②新的标注模式和论文格式；③激励人们使用这些新格式和新工具的方法
2011.3	法国巴黎	Mining the Digital Traces of Science	①科学数据库可视化数字交互界面的方法论和工具；②从数字追踪到科学政策；③科学动态的重建；④科学演进的建模

续表

时间	地点	名称	主题
2011.5	英国伦敦	Beyond Impact Workshop	①非传统科研成果的认可问题；②科研成果的全面收集问题；③上述问题的解决方案；④展示已有可用和正在开发的服务与系统
2011.10	美国加利福尼亚山景城	Open Science Summit	①科学交流过程；②分布式的、去核心（平民化）的科学，以及自主生物学；③开放创新范式；④知识产权管理以促进合作创新；⑤大学扮演的角色
2011.10	美国哈佛大学微软研究院	Transforming Scholarly Communication	科学交流的六个方面：①新型科学合作平台，如项目合作软件等；②新型交流媒体的生产、分布、存档，如视频、3D模型；③新型文献的创建、评审、传播、存档和再生产；④新的综述系统，如替代评分系统等；⑤文献资源和数据资源的无缝技术，如基于云、群体共享的获取；⑥新的评价方式以促进合作和对新方式的采用
2012.6	美国旧金山	Disrupting Scientific Communication Startup Science	①变革科学交流；②开放存取；③数字科学环境下的电子商务；④大数据、大科学和开放硬件
2012.6	美国伊利诺伊	Altmetrics12 Workshop	①基于社会媒体的新计量指标；②追踪网上的科学交流；③传统计量学和替代计量学的关系；④同行评议和替代计量学；⑤收集、分析、传播替代计量学的工具
2012.11	美国旧金山	ALM Workshop and Hackathon	①建立替代计量学的最佳实践、开发工具，并拓展其外延与宣传；②替代计量学具体应用面临的技术问题和挑战；③设计满足这些需求的方案；④不同论文层面计量应用的数据集成
2012.12	英国伦敦	Future of Academic Impacts	①学术研究的经济影响；②学术影响力和新的数字范式；③评估学术影响力的方法；④影响力作为开放存取的驱动力
2013.2	美国波士顿	A New Social（Media）Contract for Science	①专家作为贡献者和贡献者作为专家：填补维基和学术界的鸿沟；②对科学的群体资助；③在线科学的全球对话；④替代计量学度量社会网络的学术影响力
2013.3	荷兰阿姆斯特丹	Beyond the PDF2	①有计划的老化：出版、技术和学术的未来；②创立内容的新模型；③传播内容的新模型；④建立学术交流的未来；⑤研究和学者评价的新模型
2013.7	奥地利维也纳	ISSI 2013	Altmetrics1、Altmetrics2、Usage Metrics 三个分会场的主要内容概括为：①替代计量学的发展问题；②期刊层面的替代计量学的不同指标比较或评估；③学科领域层面的替代计量指标评估；④替代计量指标与引文指标的关系探讨

2.2.2.3 替代计量学研究深化

频繁的替代计量学学术活动促进了替代计量学理论、工具、实证三个方面的深化发展。替代计量学成长阶段的研究主题是多方位的，但都围绕着一条主线，即在开放存取与开放科学的大背景下，探讨替代计量的新思路和新媒体，并实际建立相应网站平台，进而对网站的数据进行分析，进行质量控制，将这些替代计量指标与传统计量指标进行对比分析，对替代计量发展进行一些反思（邱均平和余厚强，2013）。具体表现为以下几方面。首先，在理论方面，替代计量学的代表作有倡导替代计量学运动的思辨性文章，例如 *Altmetrics:A Manifesto*，以及两届替代计量学研讨会论文集和 *PLoS ONE* 上出版的替代计量学专辑。目前，替代计量学研究的重点已经从探索性、介绍性的研究转移到替代计量指标的探讨及与传统计量指标的关系研究等深层次的内容。其次，在工具方面，研究人员们结合网络环境下科学交流的模式，开发了 Impact Factory、Altmetrics.com 等集成平台，搜集和分析网上各大开放存取平台和社交网站的数据，提供替代计量指标，已经被部分科学家用以辅助过滤和评价文献，国内也有部分研究人员非正式地采用其替代计量指标来评估自己的学术影响力。最后，在实证方面，学者研究了 Mendeley、PLoS、Peer Evaluation、CiteULike、Twitter 等网站的数据，验证各个工具及数据源网站的优势和不足等内容。

2.3 替代计量学的学科体系

2.3.1 替代计量学研究的目的与意义

从理论的角度来说，替代计量学研究的基本目的，是在 Web2.0 环境下，通过对科学交流过程中各种网络动态数据的计量研究，揭示其新的内涵、特征与规律，为评估和衡量学术影响力提供必要的定量依据与理论支持，从理论上丰富并完善原有的评价体系，促进计量学在新环境下的全面发展。从实践的角度来说，替代计量学研究的基本目的，是优化科研管理和资源的组织与分配，发挥在线交流效益的最大化，进一步促进科学交流的网络化和社会的信息化。总体来说，替代计量学的研究意义在于提高了学术成果能见度，有力地促进了科研成果的传播与交流，丰富并完善了传统评价体系，拓展了学术成果影响力的内涵。此外，针对替代计量学的理论和方法应用于不同的主体，具有以下意义。

对科研人员而言，一方面，替代计量学相当于提供了一个开放、即时和个性化的过滤器，帮助读者选择影响力较大的优质研究成果；另一方面，替代计量学展现出更丰富、更细致的影响力地图,其科研成果可在第一时间与学者及公众分享、探讨,在这一过程中思维的碰撞也很有可能促进新一轮的研究成果转化,并产生社会影响力。

对图书馆而言,一是图书馆可利用替代计量工具活化知识库的功能,如利用替代计量工具,加速科研人员学术发现进程,将知识库中成果更好地推广出去,并拉动新一轮的知识库存储量增长。二是替代计量工具为优化图书馆馆藏提供了新路径,如通过关注度、使用量等替代计量指标,可了解到用户对某种信息资源的需求程度,而图书馆可通过检查高关注度信息资源是否被纳入馆藏体系,进而优化馆藏建设。三是图书馆利用替代计量工具提升科研服务水平,如高校图书馆协助科研人员在基金申请报告及项目报告中加入替代计量学内容等(王瑛瑛,2016)。

对科研机构或院校而言,一方面,替代计量工具构建了科研人员与管理人员沟通的桥梁,协助管理人员对学术活动的了解及对科研人员建立全面有效的考核、晋升机制,有利于营造机构内部充满活力的学术氛围;另一方面,替代计量工具应用带来的机构学术影响力、社会影响力提升可为其带来更为优越的生源及基金扶持(王瑛瑛,2016)。

对相关科研项目基金管理机构而言,一方面,替代计量工具提供了追踪其资金资助研究成果影响力的全新途径;另一方面,众多基金机构意识到公众参与科学研究、与科研人员合作模式可能为其资助项目带来巨大的潜在收益,替代计量学方法的应用将进一步推进研究成果的公开流通、研究数据的复用及科研的大众参与进程(王瑛瑛,2016)。

2.3.2 替代计量学的研究对象

研究对象是一门学科区别于其他学科的根本特点之一,是一门学科之所以能够成为一门独立学科的最根本的前提。对于替代计量学的研究对象,不同的学者从不同的角度做出了各自的总结和归纳,主要有以下几类观点。①J. Priem 等认为替代计量学的研究对象包括社交网络工具上的科学交流活动和开放存取平台上广泛应用的科学成果(Priem and Hemminger, 2010)。国内学者刘春丽的观点与其类似,认为替代计量学的研究对象可以概括为开放存取平台与学术社交网络中科技论文的各种使用、交流活动,且替代计量学中的学术影响力评价拓展了先验和后验科学质量评价的内涵。②D. Taraborelli 等则认为替代计量学的研究对象为科学文献在网络环境下的各种应用数据资源。③Heather Piwowar 则指出替代计量学的研究对象是影响力,具体为影响力的细致行为研究(如浏览、下载等行为)、影响力的实时研究、影响力的不同受众以及影响力的不同形式(如论文、视频、代码等）四个方面。④Zohreh Zahedi 等学者认为替代计量学的研究对象应该非常广泛，包括以下载量和浏览量为指标的使用数据分析、网络引用和链接分析、社交网络分析三个方面（吴胜男，2015）。⑤2016年，美国国家信息标准协会（NISO）发布了推荐标准报告 *Outputs of the NISO Alternative Assessment Metrics Project*，该报告对替代计量学的研究对象定义可总结为：学术生态系统（包括公共空间）中，各种不同利益相关者和学术成果之间的活动和交互（余厚强等，2019）。

2.3.3 替代计量学的概念

2.3.3.1 替代计量学的名称由来

1. 替代计量学的英文名称演变

替代计量学的英文名称本身经过了不断的演化，在演化过程中相关名称相继出现，并有所差异，主要包括 usage metrics、article-level metrics、social media metrics、influmetrics 等。其中，usage metrics 有着更悠久的历史，体系较成熟，尤其在图书馆工作中发挥着重要作用，它偏向于下载量和阅读量；article-level metrics 着重于单篇论文影响力的评价；social media metrics 侧重于社交媒体类计量；influmetrics 则着重于影响力的测度。

2010年，J. Priem 提出 Altmetrics 一词，以弥补 article-level metrics 等名称缺乏内涵多样性的局限，Altmetrics 是 alternative metrics 的缩写，最初拟用 alt-metrics。-metrics 的含义比较明确，是指"计量学"，仿照 Informetrics、Webometrics 等以-metrics 结尾。alt-是20世纪90年代计算机科学家在使用文件夹时的一种习惯，将不能归类到既有文件夹中的新文件放到名为 alt-的文件夹中，所以 alt-metrics 可以说是个中间阶段的词，是个"半成品"，是指基于新数据源的新计量（余厚强等，2019）。为了简洁起见，J. Priem 等人在第二版 *Altmetrics: A Manifesto* 中去除了中间的短线，成为现在广泛使用的 Altmetrics。Altmetrics 一词一经提出，就受到了替代计量学领域学者的广泛热议。Altmetrics 一词虽然不够完美，但是发挥了重要作用，提出者的初衷是发展新的指标、新的解决方案、新的科学交流体系。尽管还有一些学者对该命名词存在一些争议，但是相较其他相关的英文单词，Altmetrics 更为大家所接受，使用范围要广泛得多，且为所有新型数据来源和计量研究提供了讨论的平台。因此，Altmetrics 成为国内外学术界代表"替代计量学"这一新兴研究主题的英文标准名称。

2. 替代计量学的中文名称争议

关于 Altmetrics 的中文名称，国内学者对其看法不尽一致。2012年，刘春丽将 Altmetrics 引入国内，译为"选择性计量学"，引起业内的关注，但该译法被采纳的较少。2013年,邱均平等人和由庆斌等人先后从不同的角度综述了Altmetrics,并分别译为"替代计量学"和"补充计量学"。基于以下情况考虑,本书采用"替代计量学"作为Altmetrics的中文译名。①从使用情况来看,在中国知网(CNKI)中检索Altmetrics的相关学术论文数据,结果表明:英文原词的使用频次最高,其次是"替代计量学",接着是"补充计量学","选择性计量学"使用较少。②从英文原词、单词释义来看,"替代"和"补充"都不能完美地反映原义,最切合的含义是"另类的,非传统的";从翻译角度而言,Alternative没有"补充"的含义,但是有"在特定情境下替代"的含义,Altmetrics蕴含的"替代"不排斥共存和合作。③从循例借鉴的角度来看,Alternative 早已在国内学术界若干学科的科技术语中出现,并译为"替代"。例如,医学领域有"替代医学"(alternative medicine),农学领域有"替代农学"(alternative agriculture),旅游学领域有"替代性旅游"(alternative tourism),这些"替代"本质上都是指相对传统形式而产生的新形式,提供"替代性方案",旨在完善和发展相应领域。④虽然国内直接使用altmetrics一词的较多,但不太符合学术规范,也不符合出版规范(余厚强等,2019)。

2.3.3.2 替代计量学的定义

随着研究和认识的发展,替代计量学已经发展成一门新兴的独立的计量学分支学科。在替代计量学的发展过程中,许多学者对替代计量学的定义有过不同的见解,但是随着NISO于2016年发布了推荐标准报告 *Outputs of the NISO Alternative Assessment Metrics Project*,各方主体都做了积极响应,因为制定该标准的委员会中既有世界范围内替代计量学领域的著名学者、高校和图书馆代表,也有提供替代计量服务的业内知名企业家和出版商代表,其结果具有相当高的权威性。该报告对替代计量学的定义为:替代计量学是个宽泛的术语,囊括与学术成果相关的一系列多样化的数字化指标,这些指标来源于学术生态系统(包括公共空间)中各种不同利益相关者和学术成果的活动和交互(余厚强等,2019)。基于此,从学科的角度,替代计量学可以被定义为:在网络环境下,采用数学、统计学等各种定量方法,以学术生态系统(包括公共空间)中不同利益相关者和学术成果之间的活动和交互为研究对象,以包含多样化、数字化指标的社交媒体工具为途径,对各类学术成果的分布、阅读以及利用情况进行定量描述和分析,旨在全面揭示其影响力特征和规律的一门新兴分支学科。

按照研究内容涵盖的范围,替代计量学又可划分为广义替代计量学和狭义替代计量学。广义的替代计量学强调研究视角的变化,旨在用面向学术成果全面影响力的指标体系,替代传统的、片面的依靠引文指标的定量科研评价体系,同时促进开放科学和在线科学交流的全面发展。狭义的替代计量学专门研究相对传统引文指标的在线新型计量指标及其应用，尤其重视基于社交网络数据的计量指标，包含诸如使用（下载率、浏览量、图书馆藏、馆际互借和原文传递）、获取（喜欢、收藏、保存、读者）、提及（博客帖子、新闻报道、Wikipedia 文章、评论和评议）和社交媒体（推文、朋友、赞扬、共享和评级）等（吴胜男，2015）。

2.3.4 替代计量学的研究内容

替代计量学研究内容体系一般由理论、方法、应用三个部分构成，理论部分即替代计量学的理论基础和理论体系；方法部分即替代计量学的数据来源、指标体系、方法体系和工具体系；应用部分即替代计量学的应用体系和相关案例分析。具体来说，其内容体系主要包括以下几个方面。

（1）替代计量学的理论基础研究，探讨替代计量学所依赖的学科理论基础，如替代计量学的产生与 Web2.0 技术、社交媒体、科学交流的在线化及学术成果的网络传播的关系；此外还包括网络计量学、信息行为理论、开放数据与大数据科学等学科理论基础。

（2）替代计量学的理论体系研究，包括：替代计量学的产生背景与发展阶段研究；研究目的与意义、研究对象、名称争议、学科定义、研究内容及"五计学"之间关系等学科体系研究；替代计量学的国内外发展现状、问题与趋势研究。

（3）替代计量学的数据来源研究，包括：各种类型数据源平台的基本创建情况、功能使用情况、数据类型、数据获取方式等。研究对象的数据源平台，包括：替代计量学的专业文献数据库；Mendely、CiteULike、微博、微信等在线文献管理工具；F1000 等同行评议平台、Google+、ResearchGate、科学网等学术社交网站等其他数据来源平台。

（4）替代计量学的指标体系研究，与传统计量学相比，替代计量学学科优势体现的最终落脚点就是替代计量学众多的指标及其相关研究。指标体系研究包括：指标类型分类、指标的作用、指标的适用范围、替代计量可信度研究等。

（5）替代计量学的方法体系研究，包括：信息计量学方法、网络数据采集方法、数据挖掘方法、数据统计方法、数据可视化方法在替代计量分析中应用的原理、适用性和操作程序，以及必要的修正、改进和完善等。

（6）替代计量学的应用体系研究，包括：①替代计量学在科学评价中的应用，如应用于单篇论文、期刊、大学评价、学者影响力评价的研究；②替代计量学在信息资源管理方面的应用，如应用于信息发现、信息检索、信息收集与整理、用户研究等；③在信息检索与服务方面的应用；④在科技管理与预测方面的应用，如应用于学术成果推荐、科技预测、学科发展预测等研究。

2.4 替代计量学与"五计学"的关系

20世纪60年代以来,在图书馆学、文献学、科学学、情报学领域相继出现三个类似术语,即Bibliometrics、Scientometrics和Informetrics,分别代表三个定量性分支学科,即文献计量学、科学计量学和信息计量学(情报计量学)(简称"三计学")。经过几十年的努力研究和推动,"三计学"都不同程度地取得了一定进展,得到了学术界的普遍认可和广泛应用(张洋和邱均平,2005)。

20世纪90年代以来,随着计算机网络技术的迅速发展和广泛普及,以及知识经济与知识管理的兴起,数字化、网络化和知识化成为信息社会和知识经济时代的显著特征,"三计学"研究的广度和深度不断扩展。图书情报领域又相继出现了以网络信息和数据为计量对象的网络信息计量学或称为网络计量学和以知识单元为计量对象的知识计量学,与"三计学"一起并称为"五计学"(邱均平等,2014)。

自2010年J. Priem提出Altmetrics后,替代计量学与"五计学"之间相互交叉、渗透,既有许多共同的研究内容,又有不尽相同的地方。从某种程度上说,替代计量学是在互联网时代背景下"五计学"的基础上演化出来的新学科。替代计量学与"五计学"之间的关系如图2-2所示。

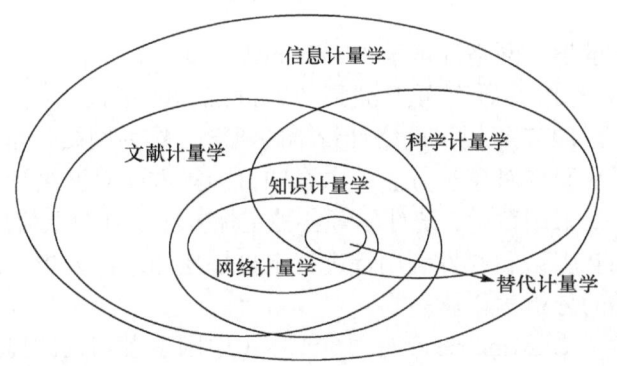

图2-2 替代计量学与"五计学"的关系(邱均平等,2014)

文献计量学(Bibliometrics)的发展最早可追溯到20世纪初,以1917年文献学家科尔和伊尔斯进行的文献统计工作为起点;1922年英国图书馆学家 E. W. Hulme 首先提出统计书目学(Statistical Bibliography);1969年英国学者 Alan Pritchard 首次提出术语 Bibliometrics 被视为文献计量学的诞生标志。文献计量学是图书馆学、情报学领域以测量为基础的最古老的一门学科。文献计量学主要是以文献体系和文献计量特征为研究对象，是一门采用数学、统计学等计量方法，研究文献情报的分布结构、数量关系、变化规律和定量管理，并进而探讨科学技术的结构、特征和规律的学科，主要以作为情报载体的"文献"作为计量对象（有时也涉及文献情报）（邱均平，1988）。

科学计量学（Scientometrics）这一学科术语最早由苏联科学家 V. V. Nalimov 等人于1969年正式提出，并将其定义为：应用定量方法研究科学学的一门学科。科学计量学主要是从定量的角度来探讨科学发展的内在规律或准规律，并为更有效地开展科研活动提供指导。研究对象是科学，主要研究科学的定量方面。研究目的是"研究并验证科学的产生、传播和利用的量的规律性"（赵蓉英和魏明坤，2017）。

信息计量学（Informetrics）由德国学者Otto Nacke于1979年首先提出。信息计量学研究的基本目的，就是要引进量的概念和定量分析方法，进一步揭示信息单元（包括文献、数据、实物、消息、事件等）的体系结构和数量变化规律，从理论上提高情报学及信息管理学科的科学性和精确性，促进这些学科向定量阶段发展。最大意义在于从理论上继续总结各种经验定律，使经验层次上的信息（情报）"工作"上升到理论层次的各种信息（情报）"科学"，从而充实其理论的广度和深度，同时将各种经验定律在新的信息单元条件下进行检验和修正，探讨它的新的适用性，从而大大提高情报学的科学性，为实际工作提供理论指导。研究对象主要是各种事物信息的数量方面，包括消息、数据、事件、实物、文本和文献等。

网络信息计量学或网络计量学（Webometrics），是在因特网环境下发展起来的，网络计量学的相关研究可追溯到20世纪90年代后期。T. C. Amind 和 Peter Ingwersen 于1977年提出网络计量学的概念，作为网络计量学发展的标志。国内学者邱均平从研究对象、方法、内容和目标等方面对网络计量学进行定义，提出网络计量学是采用数学、统计学等各种定量方法，对网上信息的组织、存储、分布、传递、相互引证和开发利用等进行定量描述和统计分析，以便揭示其数量特征和内在规律的分析学科。

知识计量学（Knowmetrics）于1998年由中国学者刘则渊提出。当前已经进入知识经济时代，人们逐渐意识到知识战略地位的重要性，知识经济和知识管理在全球普遍兴起，以知识单元为计量对象的知识计量学从此诞生。知识计量学是以整个人类知识体系和知识活动作为研究对象，采用计量学方法对知识载体、知识内容、知识活动及其影响等进行定量研究的交叉性学科。

替代计量学是由 Web2.0 技术、社交媒体、在线科学交流与计量学等相互结合、交叉渗透而形成的一门交叉性研究学科，也是计量学的一个新的发展方向和重要的研究领域。在前网络时期，科学成果的传播及科学交流主要依靠图书、期刊等载体，因此文献计量学、科学计量学及信息计量学是计量学领域的研究重点。从研究内容上来看，三者既相互独立，又存在着一定程度的交叉；从发展趋势上来看，信息计量学的研究范围更加广泛，"三计学"将融合到"信息计量学"学科体系之下。随着网络时代的到来，信息资源由实物化、纸质化阶段进入电子化、数字化和网络化阶段，计量学进入 Web1.0 时期，主要以网络计量学为研究重点。Web2.0 技术的发展引发了科学交流模式的变化，导致了计量学 Web2.0 的革命，替代计量学在这一时期成了计量学研究的关注点。

替代计量学与"五计学"在概念内涵、研究对象、研究方法的区别详见表 2-2。与"五计学"相比，替代计量学的影响力范围不同。传统计量学的研究对象通常是期刊及图书文献，但这些只是学者学术成果的部分表现。随着科学技术和交流方式的改变，学者们的学术成果也以更多的形式呈现，如开放数据集、软件工具、算法代码等，替代计量学的出现使得衡量这些新形式的学术成果价值成了可能。根据普赖斯的观点，科研工作者们通过非正式交流获得 80% 的信息，科研的重要信息多是通过谈话等直接交流方式获得的，互联网技术的发展使得普赖斯的思想变成了现实。替代计量学的出现弥补了传统计量学的缺陷，实现了对在线读者行为、网络交互情况、社交媒体、在线内容管理等的有效测量。替代计量学的速度为创建实时推荐和协同过滤系统提供了可能（吴胜男，2015）。

表 2-2 替代计量学与"五计学"比较

名称	概念内涵	研究对象	研究方法
文献计量学	应用数学、统计学的方法定量研究科技文献数量关系	书目、文摘、索引、科技文献、科技期刊、文献机构	数学、统计学
科学计量学	定量分析科学活动的投入、产出、过程以及规律等数量关系	科学活动	数学、统计学
信息计量学	定量分析信息活动的现象、过程和规律等数量关系	信息单元、信息活动	数学、统计学
网络计量学	定量分析网络信息资源及其载体间的数量关系	网络信息及其载体	数学、统计学、网络技术、计算机科学
知识计量学	定量分析知识及知识活动间的数量关系	人类知识体系与知识活动；知识载体、知识内容、知识活动	数学、统计学
替代计量学	社交网络工具为途径，在网络背景环境下为测量和评价学术影响力而展开的研究	科学交流传播的过程、影响因素和规律	数学、统计学、传播学、网络技术

2.5 替代计量学的发展现状与趋势

2.5.1 国内外研究现状

CiteSpace 软件是一款科学文献分析与知识图谱分析工具,它由美国德雷塞尔大学信息科学和技术学院陈超美教授开发,是一款适合多元、分时、动态复杂网络分析的可视化知识分析工具。该工具运行于 Java 平台,可在软件官网中进行免费下载。CiteSpace 提供多种功能,可以展示某一知识领域的核心作者、核心结构、研究热点和前沿领域的方法,具有知识导航作用,便于我们对构建的知识网络和历史模式进行解释。其中包含查明快速增长的主题词的功能,该功能主要依赖于突变检测算法来实现,这些主题词被定义为研究前沿。基本原理是统计领域论文的标题和摘要中单词频率,根据这些单词的增长率来确定哪些是研究前沿的热点;通过时间分区的方式展现研究前沿随时间变化的过程以此探究不同的时间段中涌现出的不同的研究前沿(宋艳辉和杨思洛,2014)。

笔者利用文献计量法对相关文献进行统计和整理,利用 CiteSpace 软件 5.0.R7.SE.4.24.2017 版本,对 CNKI 与 Web of Science(WoS)上有关替代计量学的相关文献进行了可视化分析,从研究的作者与机构合作情况、研究的演化趋势、研究热点等方面进行了揭示,于下文详述。

2.5.1.1 国内研究现状

国内自 2012 年拉开了替代计量学的研究序幕。引入者刘春丽对替代计量学的定义、研究对象、研究意义、具体指标、与传统计量学的异同等基本思想进行了介绍。自此,国内各界专家学者就从替代计量学不同角度对其进行了深入的剖析,取得了大量的研究成果和实证结论。

在 CNKI 上以"主题='替代计量学'+'补充计量学'+'Altmetrics'"(精确匹配)为检索式进行检索,检索时间段为 2012~2018 年,检索日期为 2018 年 11 月 16 日,经筛选得到相关结果共 227 条。数据按照年份进行下载,保存为"download_年份"的格式,在 CiteSpace 软件中,对数据格式进行转化。

其后,利用 CiteSpace 软件绘制作者共现图谱,设置阈值 Top100%,通过 Pathfinder 算法进行剪枝,进行可视化,调整阈值为 2,调节节点与标签大小,得到结果如图 2-3 所示。字体大小代表发文量的多少,节点间连线表示作者之间的合作关系,颜色的灰度差异表示不同年份。学术合作是提升科研人员产能、推动科研创新的重要途径,对科研人员合作群体关系与合作强度进行分析,有助于识别我国替代计量学领域的重要科研力量。

由图 2-3 可知,国内替代计量学领域作者间的合作情况较为明显,合著模式以小团体为主。重要合作群体主要包括以下五个:①邱均平、余厚强均来自武汉大学,两人是我国替代计量学研究第一梯队的重要领军人物,研究具有持续性,文章被引次数高,影响力强。研究主题包含了替代计量学的提出过程与研究进展;指标的理论研究;学科差异的实证分析;替代计量学视角下的在线交流模式研究;替代计量学在图书馆服务中的应用等。②以赵蓉英为首的合作团体(武汉大学中国科学评价研究中心)基于知识图谱对国内外替代计量学的发展趋势进行了分析,介绍了替代计量学的工具。③刘春丽、王聪均来自中国医科大学图书馆,主要围绕替代计量学在中美医学高校机构知识库进行研究,刘春丽还从理论层面替代计量学的假说、术语提出、内涵等方面进行了研究。④刘丽敏与王晴分别来自南开大学和山西大学,对国内外有关替代计量学的相关研究进行了梳理与评述,同时提出了替代计量学在图书馆服务中的应用。⑤孟伟花、向菲来自华中科技大学同济医学院医药卫生管理学院,两人对替代计量学在医学领域的指标体系、测量工具、实证与应用进行了研究分析。

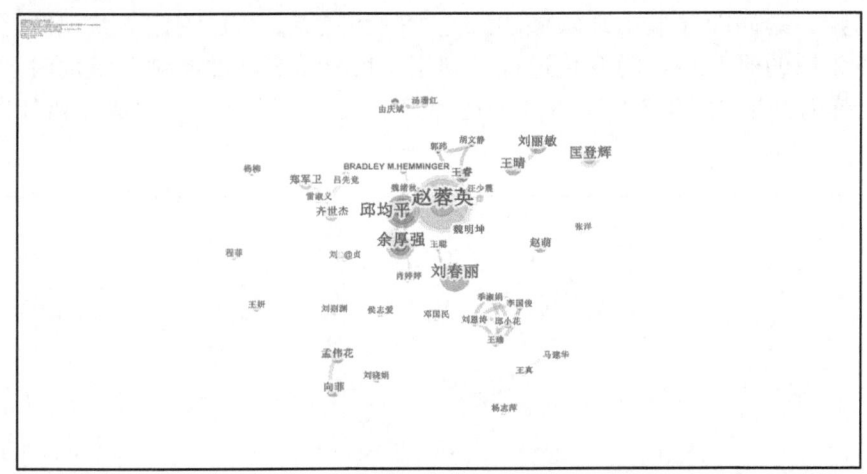

图 2-3 国内替代计量学作者合作图

在 CiteSpace 软件中选择节点类型为机构,阈值为 Top50%,生成的我国机构合作图谱如图 2-4 所示。节点最大的是武汉大学信息管理学院,频次值达到 26,学术产量大,影响力强。武汉大学中国科学评价研究中心挂靠于信息管理学院,故两者关系较强。中国科学院大学节点也较大,频次值达 14,与相关机构有紧密联系,其中包括中国科学院文献情报中心、北京师范大学政府管理学院、中国科学院兰州文献情报中心。可见,我国当前对替代计量学的研究多局限于同一机构,缺乏跨学科、跨机构的交叉合作，研究领域多集中于图书情报学。

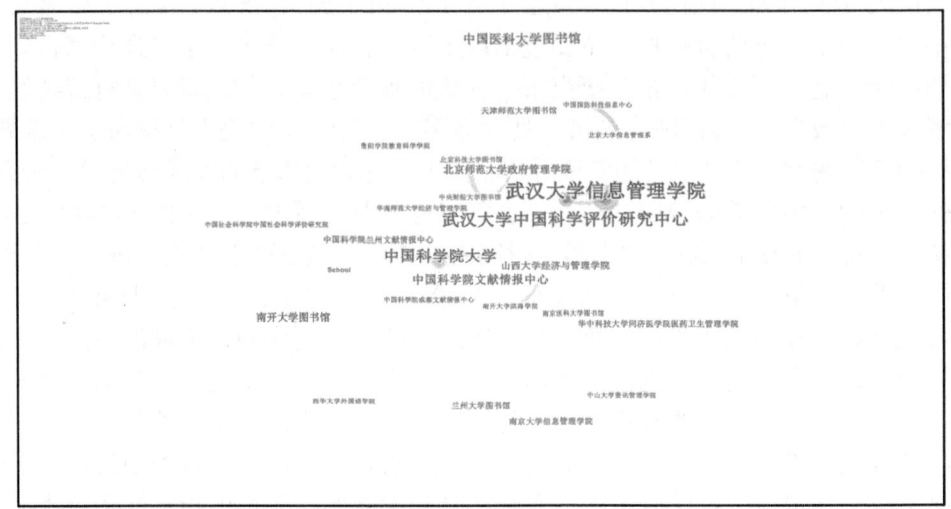

图 2-4　国内替代计量学机构合作图

高频关键词能够显示某领域的研究主题和热点，通过关键词共现图谱可以揭示该领域的研究热点的变化过程。利用 CiteSpace 软件绘制关键词时区共现图，选择时间段为 2013～2018 年，选择节点类型为关键词，生成图谱如图 2-5 所示。

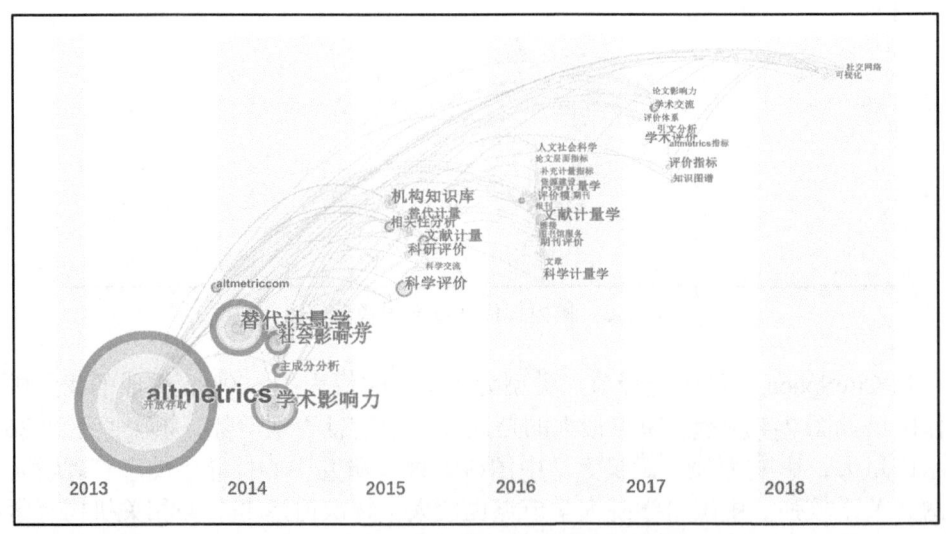

图 2-5　替代计量学研究关键词时区共现图

由图 2-5 可知，我国有关替代计量学的研究是在不断演化的，结合定性分析可将其分成以下三个阶段：①2013 年关键词为 Altmetrics、开放存取，在这一阶段主要是从理论层面探讨替代计量学的概念，以及在开放存取、社交网络背景下学科的诞生过程。②2014 年关键词为替代计量学、补充计量学、社会影响力、主成分分析、Altmetrics.com。在这一阶段除了我国学者对国外替代计量学发展情况的介绍外，研究主要进入了方法阶段，如数据来源、指标构建等方面。③2015 年后在理论研究的基础上向应用方面的研究发展，将替代计量学进行实践应用是该领域的未来发展趋势。2015 年关键词为机构知识库、文献计量、科研评级、科学评价、相关性分析；2016 年关键词为文献计量学、科学计量学、人文社会科学、期刊评价、论文层面指标、评价模型、资源建设、图书馆服务；2017 年关键词为学术评价、评价指标、学术交流、引文分析、论文影响力、知识图谱、Altmetrics 指标、评价体系；2018 年关键词为社交网络、可视化。在这个时段，一方面，探究替代计量学在机构知识库、图书馆服务领域的应用；另一方面，探究替代计量学在期刊评价、学术评价、学术交流中的应用。

高被引文献是一个研究领域中重要的文献基础与知识来源，具有较高的学术价值，可以从中探究该领域的研究现状与前沿内容。表 2-3 列举了我国替代计量学领域高被引文献，为表述便利对文献进行编号，下文即以文献编号指代文献。从高被引文献可见，我国当前替代计量学研究内容广泛，大致可以归为以下三类。

1. 替代计量学的起源、内涵与发展过程

由于传统文献计量学的局限和在线科研环境带来的机遇，替代计量学应运而生，它开启了基于科学交流过程的评价模式。相较于传统计量学，替代计量学的开放性、即时性显现出多重价值，其测度视角聚焦于公开、透明的评审环境中的学术交流过程，有助于激发科研人员的学术热情，督促学术活动的公正性，也为更细致的科研评价创造了条件。面对替代计量学的众多优势，其内涵的确定、系统理论体系的完善与学科化发展是发挥其巨大潜力的重要前提。

文献 A 梳理了替代计量学的产生背景，将替代计量学发展过程划分为酝酿阶段、提出与热议阶段和理论应用研究的深化阶段三个阶段；从主要学术活动主题、代表人物群体、代表作品内容等角度，综述替代计量学的研究进展，并在此基础上对替代计量学的进一步发展进行讨论（邱均平和余厚强，2013）。文献 B 介绍了替代计量的定义、研究对象、研究意义、具体指标、与传统计量学的异同等基本思想（刘春丽，2012）。文献 C 指出补充计量学主要研究开放平台的使用情况以及读者在社交媒体中的交流活动；补充性指标目前主要可分为被使用情况、被获取情况、被提及情况、社交媒介和引用情况五类；分析了补充计量学仍存在的问题和研究意义，指出了补充计量学的应用前景（由庆斌和汤珊红，2013）。文献 E 认为替代计量学是基于社会网络的文献计量学的新发展，具有丰富影响力内涵、即时遴选高影响力论文的优势（崔宇红，2013）。文献 I 认为论文本身的内容机制和传播过程中的名人效应对促进科学论文的传播非常重要，替代计量学是大势所趋。替代计量学的理论研究为国内替代计量学的研究拉开了序幕，在该领域发挥了奠基性与启发性的作用（王贤文等，2013）。

2. 替代计量学的数据、指标与分析工具相关研究

随着研究的深入，对替代计量学数据的获取、指标构建、工具分析的探讨成为关乎其发展前景的重要问题。文献 D 从规避数据操纵、数据严谨性和一致性角度详细论述了替代计量学的可信度和实用性，肯定了替代计量学在计量学中的地位（邱均平和余厚强，2015a）。文献 H 首次尝试对繁杂的替代计量指标进行体系化，从学术成果影响力的产生机制入手将替代计量指标分层，分为传播层、获取层和利用层三个维度，深入分析了各层之间的特点与转化关系（余厚强和邱均平，2014a）。显然，指标的可用性是发挥其价值与效用的前提，而以上研究是推动理论研究转向实证研究的重要学术成果，对该领域发展具有突出的贡献与强大的影响力。

3. 替代计量学的实践与应用探究

经过理论研究的铺垫，越来越多的学者将替代计量学运用到实践中，通过实例研究了替代计量学的方法在科研体系构建与信息资源平台管理建设等方面的应用。文献 F 通过分析国外实践案例，归纳出 Altmetric.com 的开放数据框架，为国内类似研究与工具开发提供了借鉴（顾立平，2013）。文献 G 用替代计量学模型与传统引文指标评价方法对汉语言文学学科的学术影响力进行分析，发现两种方法结果存在差异，替代计量学不能完全取代传统计量方法（赵蓉英等，2016）。文献 J 描绘了替代计量学在图书馆与机构知识库的应用前景，并指出其全面应用将会面临的挑战（王睿等，2014）。综上，该类研究初步探究了替代计量学在文献、数据资源平台中的应用前景与问题，是指导未来实践与操作的理论基础，对国内实践研究及验证理论研究发挥着关键性作用。

表 2-3 我国替代计量学领域高被引文献（前 10 位）

编号	文章标题	作者	年份	被引频次
A	替代计量学的提出过程与研究进展	邱均平、余厚强	2013	110
B	Web2.0 环境下的科学计量学：选择性计量学	刘春丽	2012	87
C	补充计量学及应用前景	由庆斌、汤珊红	2013	68
D	论推动替代计量学发展的若干基本问题	邱均平、余厚强	2014	67

续表

编号	文章标题	作者	年份	被引频次
E	从文献计量学到 Altmetrics：基于社会网络的学术影响力评价研究	崔宇红	2013	41
F	开放数据计量研究综述：计算网络用户行为和科学社群影响力的 Altmetrics 计量	顾立平	2013	43
G	基于 Altmetrics 的学术论文影响力评价研究——以汉语言文学学科为例	赵蓉英、郭凤娇、谭洁	2015	37
H	替代计量指标分层与聚合的理论研究	余厚强、邱均平	2014	42
I	科学论文在社交网络中的传播机制研究	王贤文、张春博、毛文莉、郭奕	2013	33
J	高 Altmetrics 指标科技论文学术影响力研究	王睿、胡文静、郭玮	2014	41

2.5.1.2 国外研究现状

2010 年北卡罗来纳大学博士生 J. Priem 在社交软件 Twitter 上首次提出 Altmetrics 一词，便立即引起了国外学者对这个新学科的兴趣与关注。2011 年《自然》杂志撰文介绍科学家通过博客等社交网络工具展示自己的文献，在文献发表的几日便有学者通过转发或评论来表达对自己的质疑，从而有效地推进了研究的快速发展。随着社会网络与科学技术的发展，替代计量学无疑已经成为计量学领域的研究热点。

在 WoS 中以 Altmetrics 为主题词进行检索，检索日期为 2018 年 10 月 29 日。经筛选得到有效结果 469 条，其中 278 条属于信息科学与图书馆科学，188 篇属于计算机科学，另外，化学、生命科学、生物工程、政法、管理学、心理学、经济学等多个领域均有涉及，呈现多学科分布特点。由此可见，替代计量学作为一种新型的计量方法引起了各个学科的注意。

利用 CiteSpace 软件绘制作者共现图谱，设置阈值 Top10%，通过 Pathfinder 算法进行剪枝，进行可视化，调节节点与标签大小，得到结果图 2-6。可见，作者间的合作关系明显。合作频次最高的是英国沃尔夫汉普顿大学教授 Mike Thelwall，与其合作密切的是加拿大研究人员 Stefanie Haustein、Vincent Larivière 等学者；其余节点较大的是德国信息计量学家 Lutz Bornmann 与 Robin Haunschild，可见二人的合作也十分密切。

在 CiteSpace 软件中选择节点类型为机构，阈值为 Top50%，生成的国外机构合作图谱如图 2-7 所示。其中关键节点是加拿大的蒙特利尔大学（University of Montreal），频次达到 17，中心性为 0.13。节点最大的为英国的伍尔弗汉普顿大学（University of Wolverhampton），该机构与蒙特利尔大学合作密切。马克斯·普朗克学会（Max Planck Gesellschaft）与马克斯·普朗克固体研究所（Max Planck Institute for Solid State Research）两者的合作密切，且发文量大。替代计量学研究活跃的区域多在欧美地区，跨国跨洲现象较为明显。亚洲地区的国家很少有跨国合作现象，这可能与语言交流、信息和资源共享障碍有关。

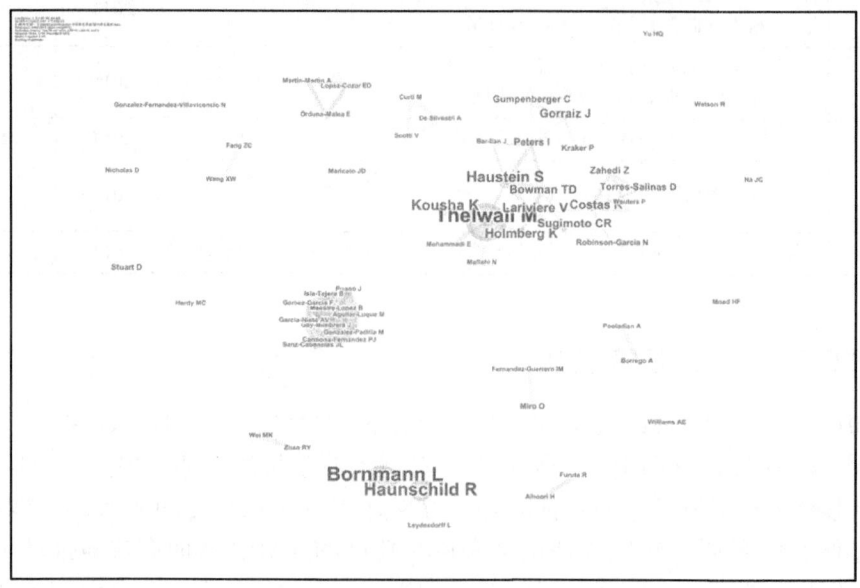

图 2-6　国外替代计量学作者合作图

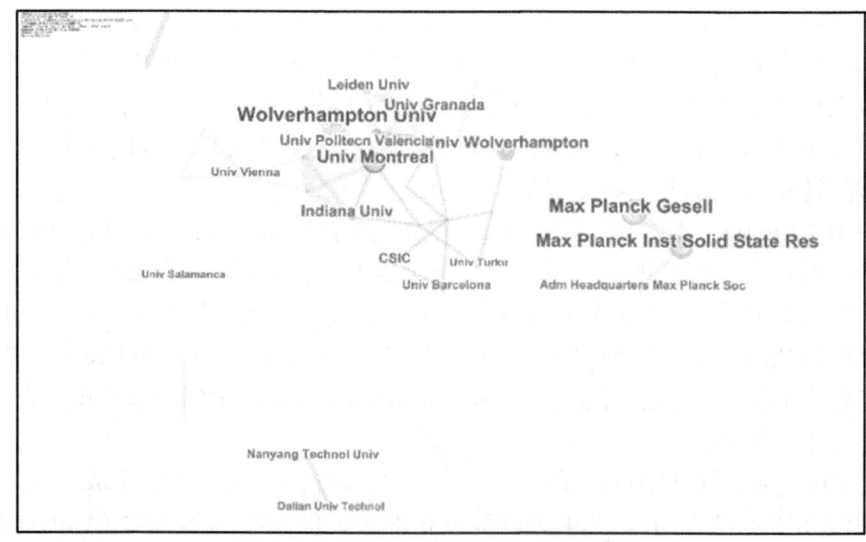

图 2-7　国外替代计量学机构合作图

虽然 Altmetrics 成词于 2010 年，但是从文献的参考文献中可以看出，在此之前已有一部分关于如何改进传统计量学指标、社交媒体背景下如何测评科研成果影响力的前期探索。自替代计量学概念被正式提出后，2013 年《自然》杂志发表的《Altmetrics：评价所有研究成果》推动了这一学科的发展，该文提到美国国家科学基金会（NSF）在基金申请过程中已经开始认可多种形式的科研成果，而不再局限于发表的文献，由此提出了针对各类型的研究成果进行评价的问题。利用 CiteSpace 软件，生成参考文献共被引图谱，节点阈值设为 100%，选择 Pathfinder 算法进行剪枝，生成的图谱如图 2-8 所示。共生成 330 个节点，其中按被引量排序前十的文献如表 2-4 所示。

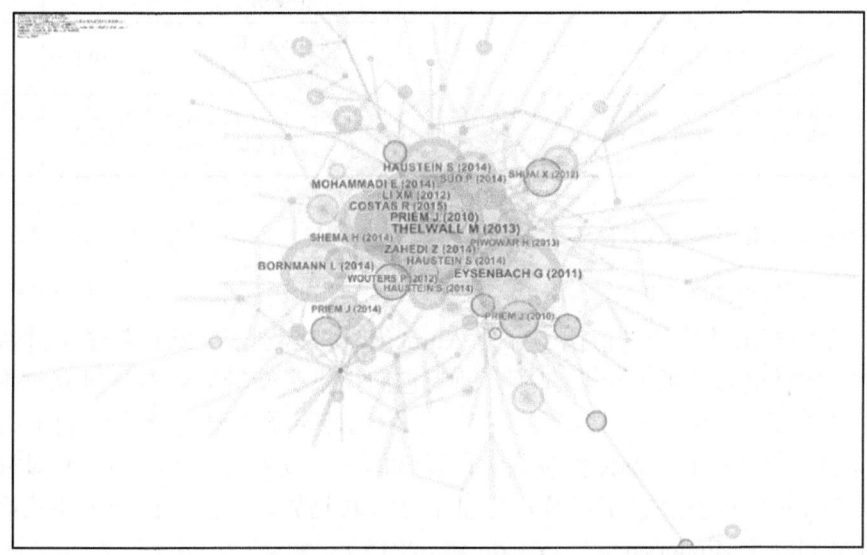

图 2-8　国外替代计量学研究的参考文献共被引网络图

表 2-4　国外替代计量学领域高被引文献（前 10 位）

序号	文章标题	作者	年份	被引次数
K	Do Altmetrics Work? Twitter and Ten Other Social Web Services	Thelwall, M.；Haustein, S.；Larivière, V.；Sugimoto, C. R.	2013	283
L	Do "Altmetrics" Correlate with Citations? Extensive Comparison of Altmetric Indicators with Citations from a Multidisciplinary Perspective	Costas, R.；Zahedi, Z.；Wouters, P.	2015	129
M	How well Developed are Altmetrics? A Cross-disciplinary Analysis of the Presence of "Alternative Metrics" in Scientific Publications	Zahedi, Z.；Costas, R.；Wouters, P.	2014	117
N	Do Altmetrics Point to the Broader Impact of Research? An Overview of Benefits and Disadvantages of Altmetrics	Bornmann, L.	2014	93

续表

序号	文章标题	作者	年份	被引次数
O	Coverage and Adoption of Altmetrics Sources in the Bibliometric Community	Haustein, S.; Peters, I.; Bar-Ilan, J.; Priem, J.; Shema, H.; Terliesner, J.	2014	88
P	Mendeley Readership Altmetrics for the Social Sciences and Humanities: Research Evaluation and Knowledge Flows	Mohammadi, E.; Thelwall, M.	2014	87
Q	Evaluating Altmetrics	Sud, P.; Thelwall, M.	2014	76
R	A Review of Theory and Practice in Scientometrics	Mingers, J.; Leydesdorff, L.	2015	73
S	Disciplinary Differences in Twitter Scholarly Communication	Holmberg, K.; Thelwall, M.	2014	72
T	Characterizing Social Media Metrics of Scholarly Papers: The Effect of Document Properties and Collaboration Patterns	Haustein, S.; Costas, R.; Larivière, V.	2015	71

研究内容可以分为以下几类：

1. 替代计量学的产生背景

文献 N 指出替代计量指标（称为 Altmetrics 以区别于文献计量学）被认为是评估研究的社会影响的一个新选择，因为它们提供了衡量群众参与研究成果的新方法，介绍了 Altmetrics 的定义，探讨了替代计量学在测量社会影响中的潜力（Bornmann，2014a）。文献 R 对科学计量学的研究发展进行了综述，并对社交网络下科学计量学的发展提出了替代计量学这一新趋势，当前其仍处于婴儿期，还存在许多问题（Mingers and Leydesdorff，2015）。

2. 替代计量学评价的有效性分析

文献 K 将 11 个替代计量指标与 WoS 引文进行了比较，对 76~208 739 篇 PubMed 文章进行了比较，除 Twitter 之外的所有替代计量指标的覆盖率似乎都很低，因此不清楚它们是否足够普遍（Thelwall et al.，2013a）。文献 T 认为推动社交媒体和引用的因素是不同的。因此，社交媒体指标实际上不能被视为引用的替代方案；它们最多可以作为其他类型指标的补充，文章分析了五种社交媒体指标的主要模式作为文档特征和协作实践的函数，并将它们与引用已知的模式进行比较。结果显示，社交媒体上的论文数量很少，引用和社交媒体指标随着协作的程度和参考列表的长度而增加。社论、新闻、短文章在 Twitter 上最受欢迎。与引文所观察到的相反，社会科学和人文学科中的论文是社交媒体平台上最常见的论文。社交媒体的计量存在和密度仍然非常低（Haustein et al.，2015b）。文献 O 对学者利用在线平台进行科研文献管理的覆盖程度进行调查,来验证学者实际上填充了在线社交环境,并与社交网络中的学术产品进行交互这一假设(Haustein et al., 2014a)。

3. 替代计量学实例研究

文献 L 对 Altmetric.com 在科学领域提供的不同替代计量指标进行了广泛的分析,发现社交媒体的计量指标存在及密度仍然非常低(Costas et al., 2015)。文献 M 进行了替代计量的存在和可能性的分析,利用 ImpactStory 收集 WoS 上的数据,研究了出版物集、跨领域、文档类型和出版年份的替代计量的存在和分布,以及替代计量指标与引用指标相关的程度(Zahedi et al., 2014a)。文献 S 研究了研究人员使用微社交网站 Twitter 存在的学科差异,收集分析来自十个学科的研究人员的推文,发现在研究早期,研究人员倾向于分享更多的链接和转发;科研人员用 Twitter 有明显的学科差异。例如,生化学家转发的信息远远超过其他学科的研究人员;数字人文和认知科学的研究人员更多地使用 Twitter 进行对话;经济学研究人员分享了最多的链接;虽然生物化学、天体物理学、化学信息学和数字人文学科的研究人员存在使用 Twitter 进行学术交流的情况,但经济学、社会学和科学史领域对 Twitter 的科学使用几乎是微不足道的(Holmberg and Thelwall, 2014)。

利用 CiteSpace 软件绘制关键词时区共现图,选择时间段为 2013~2018 年,选择节点类型为关键词,生成图谱如图 2-9 所示。由于发展较早,该方向研究基础稳固,所以年代较早的节点较大,而年代较晚的节点小。由于其出现时间较短,所以代表着该领域的新思路与新方向。列举国外替代计量学期刊论文关键词频次较高、中心性较强的节点,如表 2-5 所示。

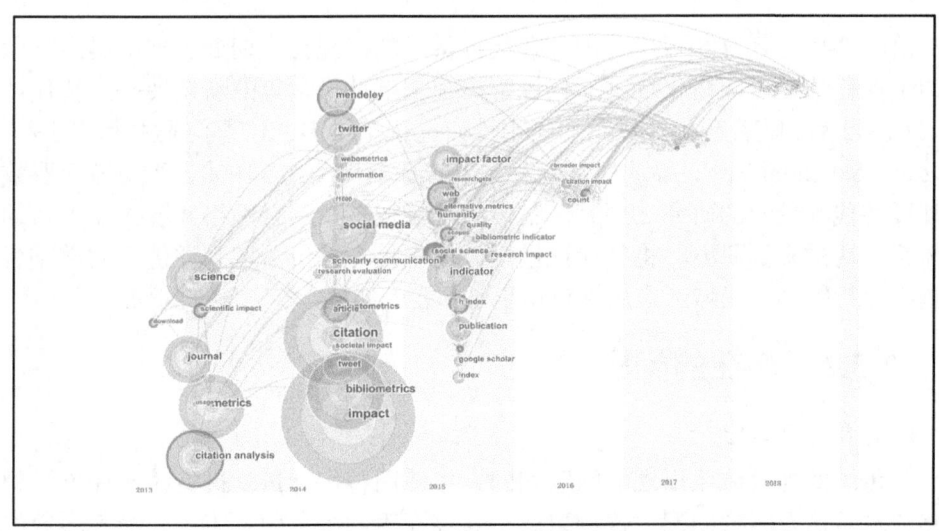

图 2-9 国外替代计量学研究关键词时区共现图

表 2-5　国外替代计量学研究年度关键词（2013～2018 年）

年份	关键词
2013	citation analysis（引文分析）、Altmetrics journal（替代计量学期刊）、science usage（科学用法）、download（下载）、scientific impact（科学影响）
2014	impact（影响）、citation（引用）、Mendeley、social media（社交媒体）、Twitter（推特）、Bibliometrics（文献计量学）、societal impact（社会影响）、F1000、information（信息）、Webometrics（网络计量学）、research evaluation（研究评估）、scholarly communication（学术交流）
2015	indicator（指示符）、impact factor（影响因子）、publication（出版物）、web（互联网）、open access（开放存取）、humanity（人类）、alternative metrics（替代指标）、h index（h 指数）、index（指数）、social science（社会科学）、research impact（研究影响）、Google scholar（谷歌学术）、quality（质量）、bibliometric indicator（文献计量指标）、Scopus、ResearchGate
2016	social media metrics（社交媒体指标）、F1000prime、research（研究）、library（图书馆）、social network（社会网络）、scientific publication（科学出版物）、correlation（关联）、Wikipedia（维基百科）、scholarly communication（学术交流）、evolution（演化）、performance（性能）
2017	scientist（科学家）、usage statistics（用法统计）、Mendeley reader（Mendeley 读者）、readership count（阅读人数）、equity（公平）、social network（社交网络）、social media（社交媒体）、Mendeley readership（Mendeley 读者阶层）、open science（开放科学）、medicine（医学）、power law distribution（权力法律分配）、prediction（预测）、neurosurgery（神经外科）、Web2.0、validity（合法性）
2018	google scholar citation（谷歌学术引文）、scientific journal（科学期刊）、discipline（学科）、institutional repository（机构知识库）、ranking（排行）、authorship（作者）、Informetrics（信息计量学）、regression（回归）、PlumX、Altmetric.com、science evaluation（科学评估）、scholarly reputation（学术声誉）、health care（卫生保健）

由图 2-9 与表 2-5 可见，国外替代计量学的研究在早期处于理论提出阶段，介绍了在科学交流网络化背景下相较于传统文献计量学等的新发展——替代计量学。2015 年后，随着替代计量学的应用性研究逐渐增多，出现了通过社交网站（如 Twitter、ResearchGate、谷歌学术）及文献管理软件（如 F1000）等渠道获取数据来开展替代计量学的研究。同时借鉴传统计量指标，结合网络环境构建了新的指标体系。通过实例研究，将替代计量学应用于科学评价、期刊评价、大学排名、影响力分析等多个领域，应用学科也更加广泛，如医学、生命科学等。

2.5.2　存在的问题

1. 存在使用偏见

与传统的评价体系出现的问题相同，在使用替代计量学进行科研评价过程中仍然存在着语言阻碍问题。这种阻碍主要存在于两个方面：①当前绝大多数的替代计量均是面向英语使用者，如 Altmetric.com 等，但并非所有人都精通英语，使用起来会存在阻碍。②替代计量工具收录科研或学术成果时，成果语言的比例存在很大的倾斜，非英语类的学术成果很少被收录。此外，不同人群中社交媒体的使用存在差异性，例如，年轻人往往更乐于尝试，并对新兴的一些网络交流平台感兴趣。相同的人群也存在不同的使用习惯和认知，根据 Sugimoto 等（2017）对相关负面认知的总结："有些医学政策研究者将社交媒体评为差劲的传播方法，认为其与学术研究不相合，具有高风险、有效性不明等缺陷；ResearchGate 是一种流行的学术社交网络，被称为压力源泉；Facebook 被认为没有任何可靠性；等等。"

2. 分析标准的缺失

替代计量学具有众多指标，各指标都有自己的侧重面，不同的人由于身份不同对指标重要程度的理解也不一样，所以人们研究的时候会偏向选择自己认为重要的指标，这样得出的结论可能就存在较大的差异。此外，指标的数据来源广泛，同一指标可有多方来源数据，如微博有提到数、评论数、转发数等；而浏览量有点击量和下载量等，点击量和下载量可以来自 WoS、PMC 等不同平台，下载量又包括网页浏览、PDF 浏览、数据库浏览、机构浏览等。而替代计量学进行学术评价时公认计算方法的缺失，在一定程度上限制了其应用与推广。因此，在利用替代计量学时到底应测量哪些指标，怎样对指标进行组合，并对各指标进行权重赋值才能达到最好的效果呢？目前还有待进一步研究。

目前有 Altmetric.com、PlumX、ImpactStory、PLoS ALM、Readermeter、ScienceCard 工具平台，聚合与集成了主流社交媒体中的数据，但是不同的工具收集不同的数据源，并且各自将数据源分为不同的类型体系。各平台的数据具有不一致性，包括更新时间、策略和内容标准的不统一，例如 Altmetric.com 仅跟踪和抓取 public Facebook wall posts，而 PLoS ALM 也考虑 private posts、shares、likes。尽管各工具平台尽量通过不同手段收集数据，例如除了通过主流的数字对象标识符（DOI）追踪外，也结合 PubMedID、arXiv ID、ADS ID、SSRN ID、RePEC ID、Handle.net ID、URN、ISBN 等多种工具进行追踪，但是仍存在大量研究成果不可识别和追踪的情况。而且，像 Academia.edu 和 ResearchGate 等社交媒体不提供应用程序接口（API），也使得收集这些网站的数据变得困难。

3. 数据的可信性存疑

数据的真实性是进行学术评价的前提。替代计量学是在互联网环境下兴起的，各种数据都于网络环境下产生，因此，可能出现"机器人账户"，即数据由机器大规模自动生成的现象。并且对于在传统环境下影响力较大的老一辈学者来说，由于种种原因，他们各方面的替代计量数据值并不高，使得评价存在偏差。同时，社交网络上的一些数据如点赞量、转发量等，可以通过购买的方式获得，影响了数据的真实性。另外，替代计量数据与引文不同，引文是文献的重要组成部分，相对固定可靠，引文量会随着年份的增加而逐渐累积；但在社交网络环境下，替代计量数据时效性较短，同时存在被商业资本控制的可能。账户信息的缺乏和隐私的保护也影响到相关数据的深入分析、得出普适结果。

4. 学术行为的不确定性

替代计量指标众多，在网络环境下，缺少某种制约手段，使人们的行为缺少思考性，可能会凭直觉而对某次学术或科研成果进行评价和传播，而缺少严谨性。并且网络环境下的学术成果有一个特点，那就是作者可以对发表的相关内容进行删除操作，影响了他人对该学术成果的判断。在没有制约的环境下，还有可能出现人为炒作的情况，到底是由于什么原因对某成果进行评价、传播、发布、删除等活动呢？这也是一个值得深入分析的问题（杨思洛，2015）。目前相关研究集中在分析学者使用社交媒体的程度和范围及认知方面，但是都采用非概率抽样，结论的普适性存在问题，例如对推文的非介入性研究也存在样本偏差。影响社交媒体使用的因素分析是重要内容，包括年龄、学术地位、身份、性别、学科、国家和语言等众多变量，但是一些研究结果间存在矛盾之处，例如有些研究表明年轻的博士生使用社交媒体的比例和意愿最高，但是也有些研究表明博士生不太愿意使用社交媒体，而另外的研究表明使用社交媒体进行学术研究与身份没有显著相关性。

2.5.3　发展趋势

针对新的大数据技术、人工智能和云计算环境，未来替代计量学研究需要着重解决数据与数据源的规范与控制、工具的改进与突破、评价体系的完善、应用的深化与推广、与已有计量学的融合与超越等问题。

1. 数据与数据源的规范与控制

拥有规范、可信的数据是保证替代计量学研究结果有效的重要前提，数据的规范起着至关重要的作用。首先，针对数据存在机器大量自动生成的问题，开发一个数据检测及监测平台，对替代计量数据进行检测、校准，并对数据产生的过程进行监测，规避数据由机器自动生成的风险。其次，为使数据标准化，应统一数据的版本，给各成果配置固定的 DOI，避免资源重复建设。最后，不同国家之间网络存在阻碍，而目前学术交流平台大多是发达国家在开发和维护，因此，要积极挖掘新的替代计量数据源，开发具备创新科学交流模式的新数据源。

2. 工具的改进与突破

目前，大多替代计量工具中展示的是各指标的数值情况，成果好坏存在差异，数值并不能全面反映成果质量，需要进行以下改进。首先，拓宽工具功能，当前各工具在保存现有版块的同时，应该开发更多具备分析功能的模块，从而突出各指标内容映射的方面，表明不同种类成果的用处。其次，按用户需求划分模块，让用户根据自己的身份，选择进入不同的模块操作；建立问题讨论区、资源分享区等，让用户根据自己的目的选择进入不同的模块。再次，加强工具的专指度，使工具收录的内容形式由全面兼顾到重点培养，使工具在特定的方面形成自己的核心优势。最后，当前替代计量工具以英文为主，要突破语言阻碍，除了英文平台外，开发其他语言平台，如中文、法文、德文等，从而吸引更多用户参与到替代计量学活动中，加大使用覆盖面，增加非英文成果的收录。

3. 评价体系的完善

并不是所有的替代计量指标在进行学术或科研评价时都能达到良好的效果，有些指标并不能得出有用的结论，因此，在未来的发展中，要致力于评价体系的改进与完善。首先，进一步分析网络信息交流和利用行为的机理、动因，在掌握规律的基础上利用各替代计量指标。其次，根据所要达到的目的，对各指标进行删选。最后，对选择的各指标进行权重赋值，构建综合模型，再通过大量的实证研究来论证模型，从而形成一套系统、成熟的评价体系，能够针对不同的要求进行学术评价，使替代计量学从定性走向定量，从理论探讨走向实践应用。

4. 应用的深化与推广

在社交网络环境下，替代计量学有着得天独厚的优势，因此，应积极对其应用进行深化与推广。首先，立足于发达的互联网技术和庞大的数据网络，构建更加便捷的替代计量学检索平台，实现对资源的快速定位，提高检索效率，从而获得更多用户的关注与支持。其次，替代计量学要积极地融入科学交流过程中。一方面，可与各种学术活动相挂钩，发挥其对学术活动追踪的功能，从前期对学术活动的宣传，中期对学术活动的及时传播到后期对学术活动的评价，实现全面把握，为学术活动提供快速获取、广泛推广以及及时评价与反馈的平台。另一方面，与各学科形成密切联系，成为学科内部知识的翅膀，使最新的成果能够最大限度地突破各种限制，达到学科内部甚至不同学科之间高效交流的效果。最后，替代计量学的应用不应局限于评价学术影响力，不应限制在信息情报领域，而应该放眼于更加广阔的世界，形成独立完整、广泛认可的评价体系之后，努力将其推广到社会影响力、文化影响力、经济影响力的评价之中。

5. 与已有计量学的融合与超越

替代计量学作为一个新兴事物，目前还未形成广泛被认同的研究和应用体系，需要大量借鉴和吸收"五计学"的理论和方法。在现阶段，替代计量学可以作为已有计量学的补充，发挥其科研交流效率高、速度快、民主化等优势，在成果完成后到被发表至拥有引文这一段时间内,成为在线科研评价的主要手段,以弥补传统文献计量学用于科研评价周期长等缺陷。其次,要立足于自身充足的数据优势,利用替代计量指标分析其数据背后的社交网络,进一步对各种研究团体进行对比,发掘成果之间的思想传递过程以及作者或团体之间各种关系,促进学者之间思想传承和知识网络的构建。最后,替代计量学成为筛选成果的高效过滤器的同时,要努力寻求一种制度,使知识生产过程得到重视,并在评价的过程中具备同行评议社会、经济、政治以及认知上的功能,使建立高效过滤器与实现评议民主化并存。从而在成果产生到及时高效评价,再到构建网络学术网,在整个过程中,形成自己的优势,使得替代计量学方式成为业界主流,从而完成超越(吴胜男,2015)。

第三章

替代计量学的数据来源

3.1 替代计量学的数据来源概述

3.1.1 新媒体环境下的学术信息传播

随着计算机和网络技术的发展,以互联网、手机媒体等为代表的数字化新媒体陆续出现并对报纸、杂志等传统媒体产生了巨大冲击。新媒体的迅速渗透,全方位地影响着人们的生活方式和思维方式。同时,新媒体带来的学术信息传播新模式也成为学术界的关注热点。

中国人民大学新闻学院匡文波(2008)教授认为,新媒体的根本特征是技术上的数字化和传播上的互动性,据此将新媒体定义为"借助计算机(或具有计算机本质特征的数字设备)传播信息的载体"。根据定义,他对新媒体类别做了梳理,并于2012年对该分类进行了修改(匡文波,2012)(图3-1)。

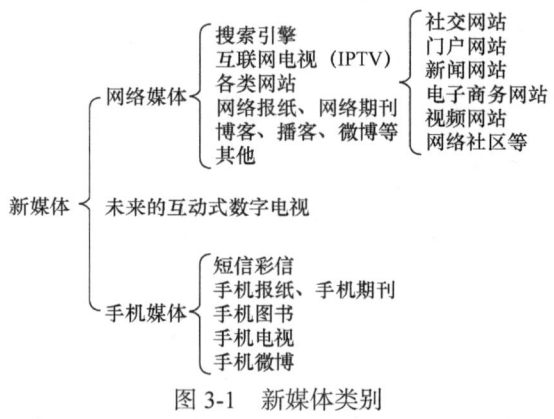

图 3-1 新媒体类别

景东和苏宝华(2008)将新媒体定义为"所有人向大众实时交互地传递个性化数字复合信息的传播介质"。廖祥忠(2008)对各种新媒体学说进行了深入研究和剖析,总结出新媒体的即时交互、无限兼容等数字媒体特性,并将当下的新媒体定义为"以数字媒体为核心的新媒体"。

总体而言,新媒体即以数字化和互动性为根本特征的依托于计算机技术和网络技术的信息传播介质,新媒体环境下的学术信息传播即以新媒体平台为传播渠道、以学术信息为传播内容的信息传播形式。

新媒体的出现,使得学术信息又多了一种传播渠道。科研人员可以通过博客、论坛、社交网站等新媒体平台发布自己的学术成果,同时也可以获取、传播他人的学术成果,还可以与学术信息发布者或信息接受者进行实时的交流。新媒体平台作为一种学术信息传播渠道已得到很多学者的认可，如 Glenn（2003）认为，学者可以利用学术博客传播自己的学术研究，来让更多的人阅读和评价。

新媒体环境下的学术信息传播主要有社交平台的学术信息传播、搜索引擎和新闻等其他新媒体平台中的学术信息传播，其中社交平台的学术信息传播主要包括博客的学术信息传播和一些其他社交平台的学术信息传播。如图 3-2 所示，在不同环境下，学术信息产生和传播的过程中，使用的工具平台存在很大不同，从传统、现代、创新到开放科学时代经历着不断的变革，像爱思唯尔（Elsevier）这样的公司都是有系列工具支持学术信息传播整个流程（Bosman and Kramer, 2015）。

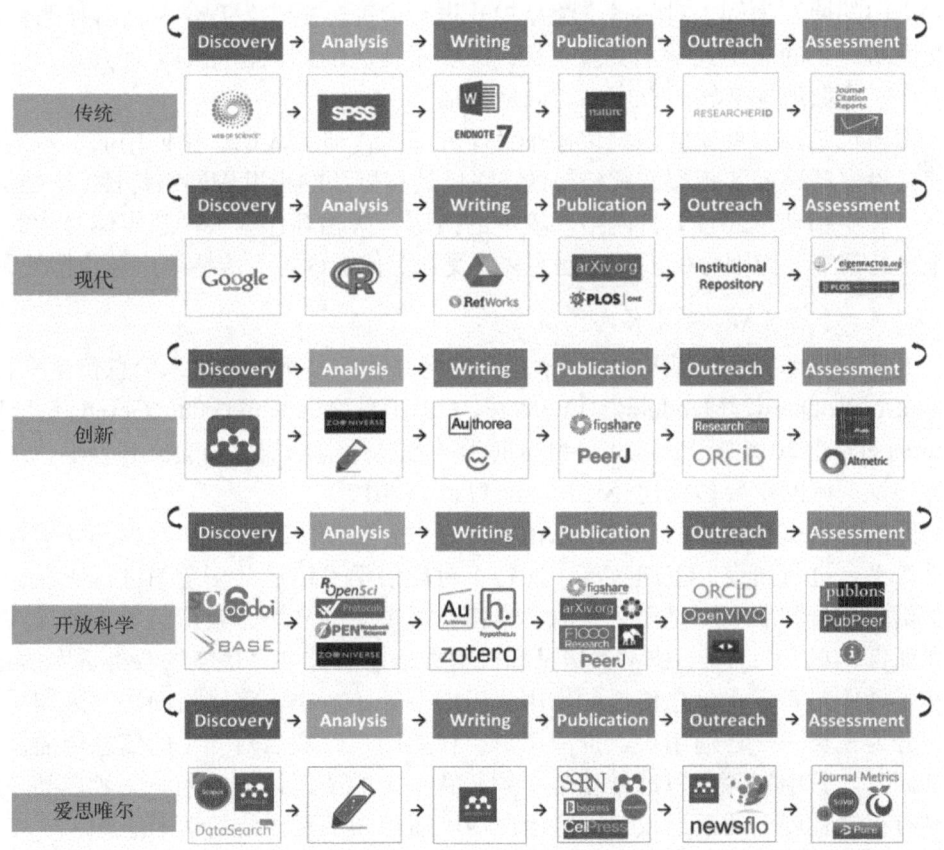

图 3-2　不同时期支持学术信息传播的工具

3.1.1.1　社交平台的学术信息传播

1. 博客的学术信息传播

学术博客是一种方便有效的学术信息传播与交流平台（Sethi, 2007），一些学者正在绕过传统媒体，利用他们的博客进行学术信息传播（Colson，2011）。Shema 等（2012）通过对研究型博客的博主、博文、活跃博主的期刊引用等情况进行调查分析，发现研究型博客中的博主偏好于引用高影响力的期刊，博文主要研究日常和行为科学，大部分博主账号与 Twitter 账号关联。

国内部分学者通过社会网络分析来研究博客中的学术信息传播模式，如邱均平和李威（2012）采用社会网络分析中的 2-模网络关系，分析科学网博主与评论者的关系网络，发现学术交流与情感沟通有一定关系，博主与其评论者群体间的互动效应和凝聚效应是基于大家对博文的共同思考上的。陈悦等（2015）以科学网武夷山的博客为例，对学术交流新模式进行研究分析，发现学术博客作为伴随社交网络诞生的非正式学术交流工具，改变了传统的知识存储与管理方式，知识由无序、零散地扩散转向有序、定向地传播。

微博也是国内重要的信息传播平台研究对象。研究表明，微博中的学术信息交流是沿多条路径实现裂变式传播的，并且具有显著的小世界网络特性（毕强等，2015）。牛玮玮（2011）将网络环境下的微博、博客等作为一种新媒体时代的大字报进行研究，详细分析了其传播主体、受众、传播内容、传播渠道及传播效果。

2. 其他社交平台的学术信息传播

专业数据库、引文管理软件、学术社交网站等都是重要的学术信息传播平台，如 WoS、ProQuest、Mendeley、EndNote、ORCID、Academia.edu、Google Scholar（Kumar et al.，2016）等，这些平台有助于学者进行学术信息的交流和分享，并将成为知识资源的重要传播途径（Jurema et al.，2017）。

国内的社交平台中的学术信息传播研究主要集中于微信，还有少部分学者对知乎等平台进行研究。王曰芬等（2017）对微信学术信息共享意图进行研究，发现微信公众号和朋友圈是用户获取学术信息最主要的来源，就微信学术信息共享习惯而言，方法、工具、技术类信息和机构类信息是被共享最多的两类学术信息，证实了微信对于学术信息传播的作用。王曰芬等（2016）将网络问答社区知乎的用户分为三类——普通用户、资深用户、权威用户，然后对知乎的信息传播模式做了研究。其中资深用户通常在某一领域有一定的造诣，权威用户一般在某一领域具有很大程度上的话语权，这些用户均可通过知乎平台传播学术信息。

3.1.1.2 其他新媒体平台中的学术信息传播

其他新媒体平台中的学术信息传播研究主要为搜索引擎中的学术信息传播和新闻中的学术信息传播。Kittur 和 Kraut（2010）对维基产品群组进行调研，分析其中的知识产生和传播模式；张磊磊（2010）在研究网络学术信息交流模式与信息分布时，利用 Scirus 科学搜索引擎收集图书情报学的网络学术信息，侧面证实了搜索引擎对于学术信息传播的作用。

尹楠（2016）基于网络舆情信息传播媒介理论，研究分析了中国社会科学引文索引（CSSCI）与中文核心期刊在网络新闻媒体、社交媒体，以及搜索引擎网站积累的大数据信息中所含有的舆情信息，从而了解 CSSCI 与中文核心期刊的网络关注度和影响力。这对网络新闻媒体、搜索引擎网站的学术信息传播作用起到了良好的作用。

3.1.2　替代计量学的数据来源平台

随着计算机网络技术的迅速发展，信息资源数字化、网络化的进程不断加快，社交平台、搜索引擎、新闻网站等新媒体平台渐渐成为学术信息传播的新天地，网络学术信息资源的计量与评价成为一个新的课题。替代计量学即在此背景下应运而生，以众多新媒体平台和数据库等传统学术信息传播平台为主要数据来源平台，对在线科研环境下的学术实体进行科学评价。

2011 年，Altmetric.com 由 Postgenomic.com 公司成员 E. Adie 于伦敦创办，用来搜集论文层面的评价数据。随着替代计量运动的迅速发展，Altmetric.com 从一个业余产品发展成为完善成熟的产品，逐渐形成了稳定的开发团队（杨柳和陈铭，2015）。Altmetric.com 采用的指标数据来源[①]，包括公共政策文件、博客、主流新闻媒体、专业数据库、Mendeley 等在线文献管理软件、F1000Prime 等同行评议平台、Facebook 等社交平台、Wikipedia、开放教学项目、专利、YouTube 等多媒体平台和 Q&A 等其他在线平台。

2011 年底，企业家 A. Michalek 和图书馆员 M. Buschman 合作研发 Plum Analytics。该平台通过追踪研究者互联网和其他平台上的个人档案、科研成果等来提供产品和服务，从而开展影响力分析和学术评价（杨柳和陈铭，2015）。该平台将替代计量指标分为使用（usage）、捕获（captures）、提及（mentions）、社交媒体（social media）和引文（citations）五类，数据来源平台涉及 Scopus 等数据库、CiteULike 等在线文献管理工具、来自 PlumX 等的博客平台、Twitter 等社交平台、SlideShare 等多媒体分享平台、Wikipedia、机构知识库、预印本平台、政策文件等。[②]

本书将替代计量学的数据来源平台分为专业文献数据库、在线文献管理工具、同行评议平台、社交平台和其他数据来源平台。其中，社交平台包括学术社交平台、综合社交平台、职业社交平台、多媒体社交平台；其他平台主要为百科类平台、主流新闻媒体、机构知识库、政策文件等。各类数据来源平台示例如表 3-1 所

[①] Altmetric. 2011. Sources of Attention. https://www.altmetric.com/about-our-data/our-sources/[2018-12-04].
[②] Plum Analytics. 2011. PlumX Metrics. https://plumanalytics.com/learn/about-metrics/[2018-12-04].

示,总的来说,相关数据来源平台起源于国外发达国家,但通过借鉴、模仿和创新等方式,国内也出现了众多的平台可获取相关替代计量数据,例如新浪微博、科学网、知乎、读秀、小木虫、丁香园、百度百科、百度文库、优酷网、土豆网、豆瓣网、百度学术、新闻站点等。

表 3-1 各类数据来源平台示例

平台类型		平台示例
专业文献数据库		WoS、Scopus、Springer、CNKI 等
在线文献管理工具		Mendeley、CiteULike 等
同行评议平台		F1000、Publons 等
社交平台	学术社交平台	ResearchGate、科学网等
	综合社交平台	Facebook、微信等
	职业社交平台	LinkedIn 等
	多媒体社交平台	YouTube 等
其他数据来源平台	百科类平台	Wikipedia、百度百科等
	主流新闻媒体	《纽约时报》(*The New York Times*)等
	机构知识库	昆士兰大学机构知识库等
	政策文件	—

3.1.3 数据类型与功能

虽然数据来源平台种类丰富,蕴含的数据类型也同样丰富多彩,但这不表示所有的数据类型都可以成为替代计量指标的数据来源。

从表 3-2 可以看出,各类平台的数据类型都带有鲜明的平台特色——专业文献数据库以引文数据为主,并且在此方面拥有独一无二的数据优势,其他任何平台都无法替代其地位,而且引文数据也是替代计量指标中的核心数据;在线文献管理工具因其特有的功能用途,使读者阅读数据成为其最主要也是最重要的数据类型,并且和引文数据具有一定的相关性(余厚强,2017);在同行评议平台中,具有专家权威性的评审数据所产生的文献评级,也是替代计量指标中不可或缺的重要参考对象;而真正使替代计量指标体系丰富、饱满、多元化的,是来自社会普及度最高的各类社交平台,其中含有大量的、直观的、即时的各种用户行为数据;此外,在百科类平台、主流新闻媒体等其他平台中,则主要关注引用和提及的相关数据。

表 3-2　各类平台数据类型

平台类型	数据类型
专业文献数据库	引文、被引次数
	点击、浏览量
	下载、保存量
	提及、分享数
	发文量、作品数
	馆藏数、添加组别数
	影响因子、h 指数
在线文献管理工具	读者、阅读量
	标签（书签）数
	组群数
同行评议平台	评审数据
	浏览量
	推荐数
	评论数
社交平台	好友、访客数
	提及、转发、分享、推荐数
	点赞、评论、留言数
	阅读、收藏数
其他数据来源平台	引用、提及数
	阅读、访问量
	点赞、分享、转载数

替代计量指标最大的特征是丰富多样，需要从多个维度来描述学者或文献的影响力，因此需要来自多个渠道的各种类型的数据来发挥不同的功能，但总体来说，所有的数据的功能都是为描述科学影响力提供量化的标准和依据。

尽管引文数据不再是描述科学影响力的唯一重要指标，但其历时长久奠定下来的核心地位仍不可动摇，毫无争议地可以代表某位学者或某篇文献的学术影响力。任何替代计量工具都不可能将引文数据忽略不计，而且引文数据的客观性基本不会受到平台因素影响，即一篇文献被多少人引用过，并不会受其所在平台影响。而其他类型的数据及其能够发挥的功能，很大程度上与其所在平台的多种因素有关。比如 Mendeley 的读者数据之所以能被评为最具潜力的数据来源之一，是因为 Mendeley 的文献覆盖率高达 90%（Haustein et al.，2014a）；再如 Facebook 中的提及数，被 Plum Analytics、ImpactStory、Altmetric.com 等多个替代计量工具作为指标数据来源，是因为它是拥有 20 亿庞大用户数量的世界最大的社交平台。

综上所述，从数据类型到数据功能都和平台本身有着密切的关联。因此，本书以数据来源的平台类型为区分，对不同类型的数据及其功能分别进行详细阐述。

3.1.4 数据的获取方式

总体而言，数据的获取方式大致可分为三种：手工浏览获取、API 获取和网络爬虫提取。

手工浏览获取，顾名思义，就是通过最基本、最直观、最简单的浏览方式获取数据，仅限于满足普通用户的日常使用，并非专业的替代计量工具所能使用的方法。替代计量工具显然需要快速有效地从多个渠道获取大规模的数据，因此要用到更专业、更有技术含量的方式，即 API 获取和网络爬虫提取。随着大数据时代的到来，许多网络平台都开放了自己的 API 服务，开发者们只需要遵守相关的使用和隐私政策，就可以调用 API，从而快速便捷地访问和导出数据，这为替代计量学的研究与相关技术的开发提供了"绿色通道"。而对没有开放 API 的平台，则只能通过网络爬虫技术来自动抓取页面，提取所需的数据。相对 API 来说，网络爬虫技术显得较为麻烦和不便。本书同样以数据来源的平台类型为区分，对各个平台的数据获取方式进行介绍。

3.2 专业文献数据库

专业文献数据库是科学研究活动中重要的知识资源和服务平台，也是科学交流中不可缺少的一环。专业文献数据库的共同特征是：拥有数量庞大、种类丰富的学术文献资源，且服务对象大多数为各学科领域类的专业人员，包括高校教师、学生、研究者等。目前，国内外均有一些发展规模巨大、资源和服务体系都相当成熟的专业文献数据库，比如国外常用的有 WoS、Scopus、Springer、PLoS、WorldCat 和 EBSCO 等，国内则是 CNKI、万方和维普三大数据库及其他。不同的数据库在功能和类型上都有着相似和不同的地方，并且在新的社交媒体环境下对相应的功能进行不断的改进。而在替代计量学中，则需要重点关注专业文献数据库的数据类型、数据功能和获取方式。

3.2.1 数据的类型与功能

国内外常用的专业文献数据库的基本情况如表 3-3 所示。

表 3-3 国内外常用的专业文献数据库概览

区域	名称	发行年份	开发者	数据库类型	文献类型	数据类型
国外	WoS	1997	美国科学信息所（ISI）、汤森路透（Thomson Reuters）	综合性文献检索数据库	论文、摘要、书籍、评论、数据论文、年表、新闻、社论、会议录、注释、诗歌、剧本等	被引次数、使用次数、引文数、影响因子、期刊引证报告（JCR）类别、排序
	Scopus	2004	爱思唯尔（Elsevier）	综合性文摘和引文数据库	期刊、丛书、会议题录、贸易出版物、文摘、学术网页、专利、待刊论文、元数据、社论、勘误表等	引用次数、引文数、h 指数、SJR（SCImago Journal Rank）、SNIP（Source Normalized Impact per Paper）、CiteScore
	Springer	1996	斯普林格（Springer）	学术电子出版物数据库	期刊、图书、会议论文、系列书籍、协议、参考书等	影响因子、下载数、被引次数、提及数、评论数、读者数
	PLoS	2000	美国科学公共图书馆（PLoS）	大型开放存取期刊数据库	多学科开放存取期刊	下载数、浏览量、保存量（来自 Mendeley 和 CiteULike）、引文数、被引次数（来自 Scopus）、分享数（来自 Facebook 和 Twitter）
	WorldCat	1967	联机计算机图书馆中心（OCLC）	大型联合目录数据库	图书、DVD、光盘、文章、图书馆项目、列表、稀有书籍、论文、缩微胶片等	添加图书馆数、馆藏数
	EBSCO	1994	EBSCO Industries Inc.	多类型网络全文数据库	EBSCO 电子书、有声读物、期刊、电子包、Flipster 数字杂志、历史数字档案馆等	浏览量、点击量

续表

区域	名称	发行年份	开发者	数据库类型	文献类型	数据类型
国内	CNKI	1995	《中国学术期刊（光盘版）》电子杂志社、同方知网（北京）技术有限公司	大型综合知识资源平台	期刊、硕/博士论文、会议、报纸、图书、年鉴、百科、词典、统计数据、专利、标准等	被引次数、引文数、他引次数、影响因子、下载数、发文量
	万方	2000	中国科学技术信息研究所、北京万方数据股份有限公司	综合数据知识服务平台	期刊、科技成果、学位论文、标准、会议、法规、专利、地方志、科技报告、视频等	被引次数、引文数、下载数、影响因子
	维普	2000	重庆维普资讯有限公司	中、外文期刊服务平台	中文期刊、外文期刊、报纸等	被引次数、影响因子、立即指数、引文数、h指数、作品数

3.2.1.1 传统型数据

从表 3-3 可以看出，被引次数和引文数是大多数专业文献数据库中两个最常见的数据指标。比如 WoS、Scopus、CNKI、万方和维普都将被引次数作为文献检索结果的排序方式之一，并且在检索结果列表中直接向用户展现具体的被引数据，这是因为引文指标是评价论文和期刊影响力的重要传统指标，被引次数越高则代表被越多的学者引用和认可，学术影响力越大；引文数越高代表参考借鉴的研究成果越丰富广泛，研究深度越深，学术价值越高。引文数据在不同的替代计量工具中有不同的应用，以 Altmetric.com 为例，它将被引次数按权重计算到 Altmetrics Score 中（吴朋民等，2018），但有不少国内外学者研究发现（由庆斌和汤珊红，2014），Altmetrics Score 的评分高低和被引次数相关系数不高（Ortega，2015），因为替代计量指标更多反映的是学术论文在社会网络中受关注的程度和影响力。此外，还有 ImpactStory 将引文指标作为评级的参考数据，Plum Analytics 将引文数据作为独立的评价指标呈现给用户（杨柳和陈铭，2015），可见引文数据是替代计量学重要的数据来源之一。

除了传统的引文指标，有的专业文献数据库也采用了影响因子和 h 指数作为对期刊和学者影响力的描述，比如 WoS、CNKI、万方和维普数据库，都是以大量学术期刊为文献主体的专业文献数据库。影响因子和 h 指数都是被反复验证过的经典评价指标，可以用具体的概括性数值直接体现期刊和学者的影响力大小，但其本质也是基于被引次数深入转化而来的结果，因此传统文献计量和信息计量的指标数据，不是替代计量学的主体内容。

3.2.1.2 特殊型数据

从表 3-3 中还可以看到，不少专业文献数据库还有自己独特的数据指标，比如 WoS 的 JCR 类别排序，Scopus 的 SJR、SNIP 指数和 CiteScore，以及维普的立即指数。这类数据指标通常是由该专业文献数据库结合自身平台的权威性数据独立开发出来的专有评价指标，主要在该数据库使用，旨在实现传统评价指标的升级换代和改进。此类指标一般为综合性的数据指标，即由若干个不同类型的基本数据整合在一起，然后根据数据库自己制定的运算规则计算而来。比如，Scopus 的 SNIP 指数，指的是每篇文章经过 Scopus 来源出版物标准化的影响指数，是来源出版物中每篇论文受到引用的平均次数与其所属学科领域的"潜在引用次数"之间的比值。"潜在引用次数"是指对该来源出版物进行引用的文献所拥有的参考文献个数平均值①。还有维普的立即指数，表示的是期刊即时反应速率的指标，即该期刊当年内的被引次数和当年发文量的比值。实际上，立即指数和影响因子的计算方法一样，只是在时间跨度上有明显的区别：后者需要至少两年的时间累积达到被引量的高峰，而前者仅仅计算当年内的数据即可，是对后者时效性的一种补充。

根据以上内容可以总结出特殊数据指标大致具有三个特征：①专用性，目前仅能在数据库各自的平台上使用，无法像传统经典的评价指标一样被广泛地应用；②综合性，由若干个不同的基础性数据按照平台自定义的特殊规则整合而来；③补充性，这些特殊数据指标的功能都是为了向用户提供更多的评价指标参考，是对基础数据和传统评价指标的一种补充。而替代计量指标所反映的是具有开放性、即时性、社会性和全面性的影响力（吴胜男，2015），因此需要的数据来源也应该是具有开放性、普适性和基础性的指标数据，无法直接提取、整合这些特殊的指标数据。

3.2.1.3 替代计量学相关新兴的数据

替代计量学是在线科学催生的产物（余厚强和邱均平，2014b），因此更重视的数据来源是在线用户即时产生的各种行为数据，比如下载量、浏览量、点击量、保存量、分享数、添加图书馆数等，这类数据相较于传统的引文数据更容易、快速地累计和获取，也更能快速地体现出实时、直接的学术交流，使评价指标体系更加多样和全面。另一方面，数据质量也是替代计量分析的保障，基本决定了替

---

① Scopus.2018. How is SNIP(Source Normalized Impact per Paper) used in Scopus?https://service.elsevier.com/app/answers/detail/a_id/14884/c/10547/supporthub/Scopus/related/1/[2018-11-01].

代计量指标的公信力（邱均平和余厚强，2013），因此数据来源必须是真实、精准的，并且要消除重复的数据。替代计量数据的权威性、可靠性、操作规范性和科学严谨性等都被提出过质疑，而专业文献数据库作为学术界极具影响力的权威机构，用户群体相对其他数据源更加稳定单一，基本都是专业领域内人员，不同于大众娱乐性更强的社交平台，也不会出现数据被规模化操控、数据源被随意删除而无法回溯的问题，因此科学利用专业文献数据库的指标数据可以提升替代计量指标的说服力和可信度。但专业文献数据库作为替代计量学的数据来源也存在明显的局限性，专业文献数据库中的下载、浏览、点击等用户行为数据在所有数据中占的比重较小，而传统的引文指标、影响因子、h 指数和自身专有的特殊指标占的比重更大。

随着替代计量学近几年的不断发展壮大，专业文献数据库也意识到自己对传统评价指标的过于依赖而导致评价体系的片面和不足，于是纷纷开始重视将替代计量学的评价指标引入自己的平台中。自 2012 年以来，Scopus 开始展示 Altmetric.com 的信息（Bonasio，2014）；2014 年 1 月，EBSCO 并购了 Plum Analytics，推出 PlumX 服务[①]；PLoS 开发了 PLoS ALM；2017 年，全球信息分析企业 Elsevier 又收购了 EBSCO 旗下的 Plum Analytics（陆云，2017）；等等。目前，专业文献数据库和各种替代计量学相关机构的合作还在不断进行中。其中作为世界上最大的开放存取期刊平台，PLoS 在引入新的评价体系方面率先做了积极的尝试，2009 年 3 月末，在替代计量学被提出之前，PLoS 就实施了一项 "article-level metrics"（Neylon and Wu，2009）计划，即 "论文层面计量"，利用开源应用程序 Lagotto[②] 从广泛的来源中检索数据，其中一些来源代表用户直接查看分享、讨论、引用、推荐作品的实际渠道（如 Twitter 和 Mendeley）。如图 3-3 所示，PLoS 在页面的右上方用醒目的四个方块显示了 "保存"、"引用"、"浏览" 和 "分享" 四个数据，其中 "保存" 来自 Mendeley 和 CiteULike 的数据，"引用" 来自 Scopus 的数据，"分享" 来自 Facebook 和 Twitter 的数据。

综上所述，专业文献数据库与替代计量学的关系具有很强的交叉性，前者可以为后者提供稳定、可靠的数据来源，后者也拓展了前者的评价指标体系。

3.2.2 数据的获取方式

3.2.2.1 手工浏览获取

表 3-3 中各类专业文献数据库的用户都可以通过手工浏览获取所需数据。这

[①] 赵媛. 2014. 量身定制，让读者重新爱上图书馆——专访美国 EBSCO 公司大中华区副总裁公丕俭先生. http://www.caigou.com.cn/News/2014061055.shtml[2018-10-03].

[②] ALM. http://alm.plos.org/[2018-11-01].

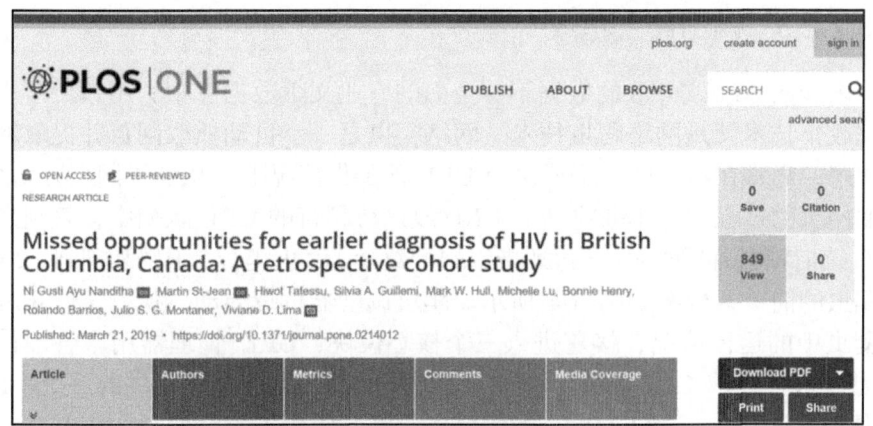

图 3-3　*PLoS ONE* 某文章页面[①]

些数据通常都会清楚地排列在期刊或文献的检索结果和详情页面中。不少专业文献数据库还有专门的数据分析平台，能使用户快速获取专业的评测分析结果，比如 WoS 的 InCites、万方数据库的万方分析、维普数据库的科学指标分析等。手工浏览获取是最简单、直接的获取方式，但仅限于满足普通用户的日常使用，如果想要大规模地获取数据作为评价指标或研究使用，则需要用更专业、更有技术含量的方式。

3.2.2.2　API 获取

API（application program interface，应用程序接口）指的是一些预先定义的函数，能够使应用程序与开发人员在无须访问源码的情况下访问某软件中的数据。在倡导数据开放共享的时代背景下，国外不少专业文献数据库都开放了自己的 API，比如 WoS、Scopus、PLoS 等，而国内专业文献数据库在这方面仍然滞后。无论是开发者还是普通用户，只需要遵守该平台上关于 API 的使用和隐私政策，就可以调用 API 快速便捷地访问和导出数据，而且这项服务基本是免费的，只是访问权限的设置会因人而异。例如，Scopus 就规定只有订阅 Scopus 的客户才能获得完整的 Scopus API 访问权限；如果没有订阅 Scopus，用户仍然可以使用 API，但是对大多数引文记录以及基本搜索功能，将无法访问基本元数据。[②]

[①] Nanditha N G A, St-Jean M, Tafessu H, et al. 2019. Missed opportunities for earlier diagnosis of HIV in British Columbia, Canada: A retrospective cohort study. https://journals.plos.org/plosone/article?id=10.1371/journal.pone.0214012[2019-04-08].

[②] Elsevier Developers. Elsevier Scopus APIs. https://dev.elsevier.com/sc_apis.html[2018-11-02].

3.2.2.3 网络爬虫提取

在未开放 API 或开放的数据不够全面的专业文献数据库中,用户最常用的网络数据收集技术就是网络爬虫技术。网络爬虫是一个自动抓取网页并提取网页内容的程序,通常在给定的一个或多个 URL 种子集情况下,从种子网页开始采集,在抓取网页的过程中,不断将新的 URL 放进待爬行的 URL 队列中,直到满足一定条件(如待爬行队列为空、达到指定爬行数量)停止爬行(于娟和刘强,2015)。网络爬虫的简单架构图如图 3-4 所示。爬虫调度器负责启动、执行、停止爬虫或监视爬虫中的运行情况,接着进入三个核心模块:URL 管理器用来管理待爬取 URL 数据和已爬取 URL 数据;网页下载器将 URL 管理器里提供的一个 URL 对应的网页下载下来,存储为一个能够传送给网页解析器进行解析的字符串;而网页解析器一方面会解析出有价值的数据,另一方面由于每一个页面都有很多指向其他页面的网页,这些 URL 被解析出来之后又补充进 URL 管理器。

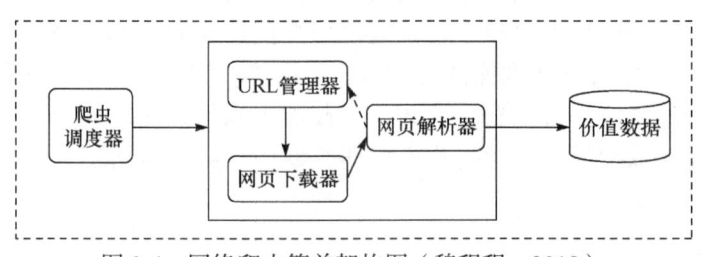

图 3-4 网络爬虫简单架构图(魏程程,2018)

3.2.3 专业文献数据库举例

3.2.3.1 Web of Science

Web of Science(WoS)是目前国内外使用都极为广泛的专业文献数据库,而且 WoS 的许多数据一直被公认为是具有国际学术权威的数据。1961 年,美国科学信息所创办了科学引文索引(Science Citation Index,SCI),也是目前在国际上极具影响力的一种大型综合性文献检索工具。随着计算机和网络技术的发展,汤森路透于 1997 年在 SCI 的基础上,推出了网络版 SCI——WoS。然而,WoS 并不仅仅是原有数据库的网络版(周西平和石卫,2003),而且在内容和功能上都进行了全面拓展,目前 WoS 已成为全球最大、覆盖学科最多的综合性学术信息数据库之一(齐青,2013)。收录信息的时间从 1900 年至今,WoS 核心合集已达到 7000 多万条信息记录,以及超过 12 亿的被引参考文献,所有数据的引文链接拥有超过 1.4 亿条记录,WoS 还拥有 33 000 多种独特期刊,其中有 4000 多种期刊被索引为 WoS 中的金牌开放存取[①]，覆盖的学科有 100 多个，包括许多跨学科领域。

WoS 的检索方式有基本检索（basic search）、被引参考文献检索（cited reference search）和高级检索（advanced search），其中被引参考文献检索是 WoS 所特有的检索途径。被引参考文献检索以被引著者、被引文献发表年代作为检索点进行检索，利用它可以检索某些文献被 SCI 收录范围的文献引用，以及被引用的次数等情况（邓富民和梁学栋，2017）。作为替代计量学的数据来源，WoS 主要提供的是引文数和被引次数的数据。因为它的文献数量之多，学科覆盖面之大，它提供的数据具有举足轻重的地位，在国际上拥有相对较高的数据认可度。WoS 中的文献被引次数每周五进行更新，因此引用该数据的平台也应该每周更新一次。

WoS 的使用次数（usage count），是 WoS 平台专有的特殊型数据，记录的是全体 WoS 用户点击了指向出版商处全文的链接，或对文献进行了保存以便在题录管理工具中使用（如直接导出）的所有操作次数。从整合用户行为数据的本质上来看，使用次数就是一种重要的替代计量指标，其目的是作为引文数据的补充参考指标。不可忽视的是，使用次数具有较高的数据价值。有研究证明，使用次数的数值分布既有自身特性，又基本符合计量学基本理论范型，这表明使用次数既具有独特性，又不失科学性。而且，使用次数和引文数据之间具有正相关性，在大样本中呈现出被使用越多则被引用越多的趋势，但在个体样本中有较多的奇异点，比如只有引用次数而使用次数为零的情况（赵星，2017）。因此，使用次数是替代计量学中重要的数据研究和参考对象。

WoS 拥有开放的 API 供用户使用，以 JSON 或 XML 的文件格式返回 WoS 的各种数据，并且支持搜索和数据集成，但要成为科睿唯安（Clarivate Analytics）的注册用户才能使用。科睿唯安是全球领先的专业信息服务提供商，为全球客户提供数据与分析，拥有全球领先的分析解决方案和覆盖范围广泛的数据库，WoS 只是其旗下品牌之一[②]。

3.2.3.2 Scopus

Scopus 是荷兰著名出版商 Elsevier 于 2004 年 11 月推出的多学科文摘和索引数据库，是目前世界上规模最大的同行评议文献（科学期刊、书籍和会议记录）的摘要和引文数据库。如图 3-5 所示，Scopus 收录了由 5000 多家出版商发行的 22 800 多种期刊（最新数据为 24 000 多种），其中包括许多国内外著名的重要期刊，目前 Scopus 上引用的参考文献超过 14 亿条，每篇论文索引的平均引用次数

[①] Clarivate Analytics. https://clarivate.com/products/web-of-science/[2018-11-29].
[②] 科睿唯安. 我们的职责. https://clarivate.com.cn/about-us/what-we-do/[2018-11-03].

比 WoS 多 10%～15%。此外，Scopus 全面集成了科研网络信息，其包括 4.3 亿个学术网页和来自 5 个专利组织的 2100 万条专利信息，是为用户提供一站式获取科技文献的平台①。为了确保平台上只提供最可靠的科学文章和内容，这些文章和内容都是经过 Scopus 精心策划后，最终由独立的内容选择和咨询委员会（CSAB）选出的。CSAB 是由一些代表主要学科的国际科学家、研究人员和图书馆员组成的。但 Scopus 目前在中国的使用范围远远不如 WoS，主要由于国内许多高校还没有认识到 Scopus 具有与 WoS 并驾齐驱的巨大优势，并且可能还有超越的趋势。宋丽萍等（2012）以免疫学和生物信息学为统计对象时研究发现：就这两个学科而言，Scopus 更加具有地理上的广泛性和引用上的广谱性，并且作为后来者的 Scopus 一直将超越 WoS 作为其发展目标，因此发展更新速度更快。

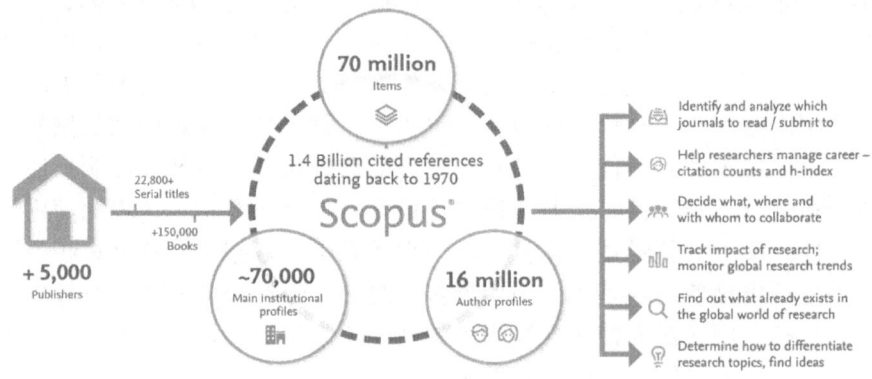

图 3-5　Scopus 内容覆盖范围②

和 WoS 相同的是，作为替代计量学的数据来源，Scopus 主要提供的数据也是引文数和被引用数，这是二者共同基于引文进行信息检索、信息发现与定量评价的系统机制所决定的。而两者的区别在于文献的覆盖范围和被引次数有略微的差异，在此方面 Scopus 和 WoS 是互为补益的关系。如果想获取更完整、准确的引文数据，最好的方式是将 Scopus 与 WoS 二者进行融合，从而消除因跨库获取数据造成的结果不一。另外在评价体系的建设方面，Scopus 很早就开始重视新兴的替代计量学领域，于 2012 年就开始与 Altmetric.com 合作，在平台上展示 Altmetric.com 的信息，2014 年又添加了 Mendeley 读者统计数据，如图 3-6 所示，可以更加快速、全面地了解文章的影响。例如假设你是一名博士生，你可以通过查看你的学科中有多少同行来快速评估哪些论文与你的需求最相关①。2017 年 2 月，Scopus 的开发者 Elsevier 又从 EBSCO 收购了 Plum Analytics。Plum Analytics

---

① Scopus 数据库简介. 水动力学研究与进展(A 辑), 2016, 31(06): 778.
② Scopus. Scopus 如何运作. https://www.elsevier.com/solutions/scopus/how-scopus-works/content[2018-11-03].

是替代计量工具领域的先驱，目前已成为最全面的替代计量指标平台之一。Plum Analytics 中的"引文"数据主要来自 Scopus，其在加入 Elsevier 之后能够获得更广泛的受众、更大的开发资源和对全球网络的访问（Michalek，2017），而 Elsevier 也会将 Plum Analytics 的替代计量指标整合到旗下的 Scopus、SciVal 和 Pure 平台中，二者相得益彰。

图 3-6　Mendeley 读者统计数据[①]

除此之外，Scopus 特有的 CiteScore、SJR 和 SNIP 指数也是其评价体系的重要构成部分。CiteScore 可以简单地衡量来源出版物（例如期刊）的引用影响，其计算方法是之前三年出版的文献在一年中受到期刊引用的次数，除以这三年出版的编入 Scopus 检索的文献数量，该计数一年计算一次。SJR 和 SNIP 都是一种加权指标，SJR 是按照期刊声望进行加权的，因为期刊的学科领域、质量和声誉直接影响引文价值。SJR 会按照 Google 的 PageRank 算法为引用关系网络中的所有来源出版物指定相对的评分，不会对所有的引用一视同仁。如果一个来源出版物对另一个来源出版物进行引用，便会将其自身的"声望"或权威性转移到后者之上。也就是说，来自 SJR 较高的来源出版物的引用就会比来自 SJR 较低的来源出版物的引用更有价值。而 SNIP 是根据某个学科领域中的引文总数对引文进行加权，从而在一定的背景下衡量来源出版物的引文影响，这有助于对不同学科领域的来源出版物进行比较，是来源出版物中每篇论文受到引用的平均次数与其所属学科领域的"潜在引用次数"之间的比值。不同科研学科的引文数量之间存在很

---

① Bonasio A. Scopus now features Mendeley Readership Stats! https://blog.mendeley.com/tag/scopus/[2018-10-19].

大差异,而潜在引用次数便是用来揭露这种差异的,它代表了该领域中文献受到引用的可能性。①

Scopus 的数据同样可以通过 API 获取,Scopus API 包含由 Scopus 索引的所有学术期刊的精选摘要和引文数据、Elsevier 的摘要和引文数据库。Scopus API 的访问权限规定,只有订阅的客户才能获得完整的 Scopus API 访问权限,如果没有 Scopus 订阅仍然可以使用 API,但是对大多数引文记录以及基本搜索功能,将无法访问基本元数据。相对于 WoS 的 API 服务功能,Scopus API 服务更加系统全面,用户要在 Elsevier Developer Portal 上获取 API 密钥,有了密钥后,就允许用户直接访问实时 Scopus 数据,并且能够方便地与客户端应用程序集成或直接与客户端 Web 站点集成,交互式的 API 文档允许直接从 Elsevier Developer 门户以任何支持的响应格式预览 API 请求和响应。

3.2.3.3 Springer

Springer 有着悠久的发展历史,其诞生于 1842 年 5 月 10 日,由 Julius Springer 在柏林创办的书店和出版社为今天的 Springer 奠定了基础,至今已经走过近 180 年的岁月了。而 Springer 正式走向数字化,开始于 1996 年。这一年夏天,Springer 推出了在线平台 LINK(即现在的 SpringerLink),允许用户在线阅读和购买科学出版物。在接下来的几年里,LINK 成了科学、技术和医学领域中被光顾频率最高的在线图书馆之一,并且随着 LINK 的出现,科学出版物的传播比以往任何时候都更加快捷。从 1999 年开始,Springer 优先发布在线文献内容,再在一段时间后发布印刷版,这后来成了许多期刊的标准做法。到 2002 年,LINK 拥有 500 种期刊和 1300 种电子书,使 Springer 成为科学电子出版物的全球市场领导者。到 2005 年,Springer 的电子出版物收入已经与印刷品的收入相匹配。2004 年时,Springer 开拓性地推出了新的出版模式——Open Choice,即作者可以自由选择是以传统模式还是开放存取的模式发布作品,更加尊重作者自主选择权,也进一步增强了平台的开放性。2015 年 1 月,Springer Science+Business Media 与 Macmillan Science & Education 主要机构(包括 Nature Publishing Group)宣布合并,震惊了出版界。此次合并产生了 Springer Nature 大型学术出版服务机构,该机构旗下拥有丰富的期刊、图书和数据库等资源,是一个具有独特战略潜力的新实体,因为它结合的两家科学出版商,每家都拥有超过 150 年的出版传统和卓越的国际声誉②,在国际学术界的影响力难以令人忽视。

---

① Scopus. 如何在 Scopus 中使用 CiteScore 指标?https://cn.service.elsevier.com/app/answers/detail/a_id/16203/c/10547/ supporthub/scopus/[2018-11-05].

② Springer. Springer-Driving academic publishing since 1842. https://www.springer.com/cn/about-springer/history [2018-11-05].

第三章 替代计量学的数据来源

2014 年 1 月，SpringerLink 上每篇文章的摘要页面中都添加了替代计量学信息，该数据由 Altmetric.com 提供，可以将用于测量研究影响力的替代计量指标更方便地提供给用户。①2015 年 4 月，Springer 又与 Altmetric.com 合作发布了图书影响力平台 Bookmetrix，率先提供基于电子图书学术影响力的评价分析（林晓华，2016）。在 Bookmetrix 中，主要有"引文""在线提及""读者""书评""下载"五项指标，分别来自不同渠道的数据来源。Bookmetrix 的引文数据来自 Crossref，根据年份引用次数而来，并且在 Bookmetrix 详细信息页面的"引文"选项卡中，引用该书或章节的所有文献都会显示，更有清晰的学科平均被引次数对比图（图 3-7），并区分了外部引用和内部引用（即他引和自引），该数据每周更新；"在线提及"数据来自 Altmetric.com，汇总了各种不同在线资源的关注，比如政策文件、主流媒体、博客、在线文献管理工具、社交媒体等，不仅收集了对书整体的提及，也包括所有对书中章节内容的提及，并且该数据是实时更新的；"读者"数据来自 Mendeley，功能与展示基本与上文介绍的 Scopus 读者统计数据相同；"书评"和"下载"数据则来自 Springer 自身平台，下载次数是自从当前版本的 SpringerLink 于 2012 年上线以来收集的符合计数标准的所有章节下载总数，该下载计数每天更新，并且在 Bookmetrix 详细信息页面的"下载"选项卡中，向用户展示了最多下载次数章节的排行榜，进一步帮助用户突出细化了书中更有价值的信息，还提供了与学科内平均下载次数的对比图（图 3-7）。

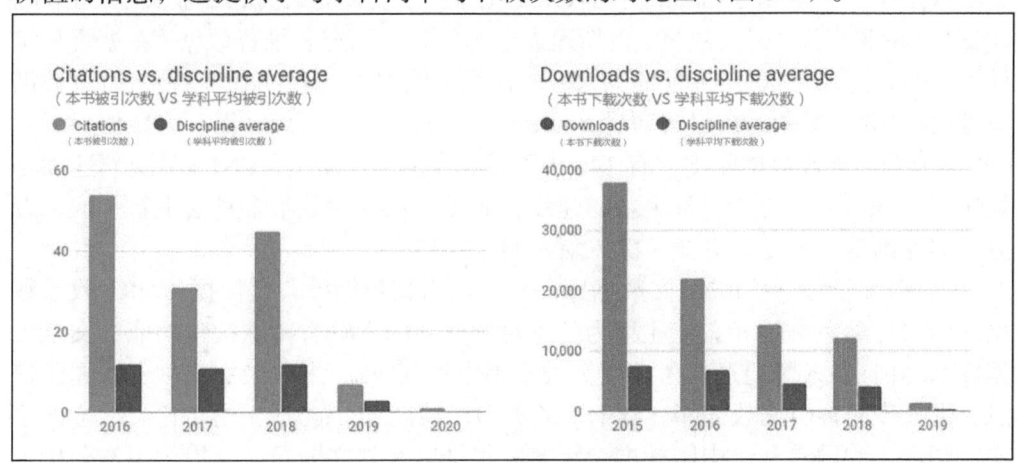

图 3-7　Bookmetrix 详细页面数据对比图②

---

① Springer now sharing data from Altmetric on SpringerLink. https://www.springer.com/about+springer/media/pressreleases?SGWID=0-11002-6-1453458-0[2018-11-08].

② Bookmetrik. Molecular Diagnostics for Melanoma-2014. http://www.bookmetrix.com/detail/book/1db57282-b307-4f47-825a-23e3414834d3[2019-04-08].

Springer 为开发人员提供多个渠道的 API, Springer Metadata API 为近 1200 万个在线文档（如期刊文章、书籍章节、协议等）提供元数据；Springer Meta API 为近 1200 万个在线文档提供新版本的元数据；Springer Open Access API 提供元数据和全文内容，可用于 Springer 开放式访问 XML 的 460 000 多个在线文档，包括 BioMed Central 和 SpringerOpen 期刊；Integro API 提供访问 Springer 期刊信息的方法（如有关期刊标题、出版商、DOI、主题组、出版日期的信息）。Springer API 提供各种不同的输出格式，包括 XML 和 JSON。[①]

3.2.3.4 中国知网

中国知网是由清华大学、清华同方发起[②]，《中国学术期刊（光盘版）》电子杂志社、同方知网（北京）技术有限公司共同创办的网络知识出版平台，始建于 1999 年 6 月。其前身为 1995 年立项的《中国学术期刊（光盘版）》及 1996 年开通的中国期刊网，2004 年中国期刊网更名为中国知网，并确立了建设"中国知识基础设施工程"（China National Knowledge Infrastructure，CNKI）的目标（戴建陆和张岚，2012）。截止到 2018 年 10 月，CNKI 总共收录了 7400 多万篇期刊论文、380 多万篇硕/博士学位论文、580 万多篇会议论文、1680 万多篇报纸文献、280 万多本图书、3150 万多份年鉴和 1.1 亿多个专利，是目前世界上最大的中文文献数据库，也是国内文献和期刊收录范围最广、完整度最高的专业文献数据库。CNKI 在期刊来源、引文数量、更新速度上都领先于万方和维普数据库。据资料统计，CNKI 包括了 6000 多种期刊来源，而维普数据库只有 5000 多种，万方数据库则仅有 3000 多种；在引文数量方面，CNKI 有 790 多万篇，而万方数据库只有 490 多万篇，维普数据库则仅有 140 多万篇；在更新速度上，CNKI 的更新速度是最快的，基本上保持了每日更新的速度，而维普数据库是半个月才更新一次，万方数据库则是一个月才更新一次（靳光明，2017）。

CNKI 旗下有专门的引文数据库——中国引文数据库，是依据 CNKI 收录数据库的文后参考文献和文献注释为信息对象建立的、具有特殊检索功能的文献数据库[③]，并且加入了通过参考文献为线索引申的 CNKI 未收录的文献资源题录信息，进一步完善引文数据库。学术资源类型涵盖期刊、硕/博士学位论文、会议论文、图书、中国专利、中国标准、年鉴、报纸以及外文题录库，提供引文分析工

---

① Does SpringerLink offer an API?https://support.springer.com/support/solutions/articles/6000195668-does-springerlink-offer-an-api-[2018-11-05].

② 中国知识基础设施工程. http://iras.lib.whu.edu.cn:8080/rwt/401/http/MNYGX4JPN3TYE/gycnki/gycnki.htm [2018-10-23].

③ 四川学术成果分析与应用中心. 2016. CNKI 中国引文数据库. http://www.scaa.xhu.edu.cn/2c/1f/c2575a76831/page. htm[2018-10-23].

作过程中的引证报告、文献导出、计量可视化、数据分析器等特色功能[1]。主要数据有被引次数、他引次数（除作者以外的他人引用次数）和下载次数，在检索结果列表中显示，并且可以按照这三个指标的高低进行排序，方便用户筛选。CNKI是较早公开下载数据的全文数据库之一，由于引文指标的局限性长期饱受诟病，于是下载数据就成了引文之外最重要的数据补充，其作用和目的同 WoS 的使用次数十分相似，区别在于 WoS 的使用次数是包含所有用户多种操作的综合性数据，而 CNKI 的下载数据就是单纯指 CNKI 用户下载电子文献的次数，因此可以作为替代计量学的基本数据来源。

被引量与下载量是 CNKI 平台上两个相当重要的数据指标，它们两者之间又是否存在有规律的相关性呢？有许多学者在不同的学科领域内研究过 CNKI 被引量与下载量之间的关系，比如王丽（2015）以医药卫生科技类文献为例，发现高被引文献和高下载文献之间并没有明显的相关性，无规律可循；刘雪立等（2010）研究五种综合性眼科学期刊论文发现，通常情况下，论文的下载量和被引量呈现显著的正相关关系，论文下载量越大，其被引量也越大，但个别论文表现出量引背离现象；丁佐奇等（2010）考察了《中国天然药物》和《中国药科大学学报》后发现，以先期的下载次数对后期的被引次数进行预测似乎行不通，二者相关性较差；杨弘（2013）对《植物生态学报》《应用生态学报》《生态学报》《生物多样性》《植物学报》5 种生物类学术期刊分析发现，被引频次和下载次数的变化趋势基本相同，前者呈持续升高趋势，后者呈先升高后降低趋势，5 种期刊的被引频次与下载次数均呈正相关关系。由此可见，在不同的学科领域内，CNKI 的下载量和被引量之间的关系不能一概而论，在某些学科领域内没有表现出任何规律和相关性，但在另一些学科领域内又表现出一定的正相关性，说明具有较强的学科随机性，而目前也没有针对所有学科领域的研究。唯一可以确定的是，CNKI 的下载高峰期总是先于引用高峰期出现，基本上在论文发表的第 2 年出现（方红玲，2011）。可见 CNKI 的下载量比引文量的学术评价时效性更强，可以更快速及时地评估文献的影响力和价值，很好地弥补了引文指标在时间上的滞后。

CNKI 虽然是国内专业文献数据库的先驱领军者，但在数据开放方面，依然没有跟上国外数据库开放 API 的步伐。在当今大数据时代开放共享的号召下，CNKI 和国内其他数据库建立政策完善和隐私安全的 API 服务平台势在必行，因为只有数据进一步开放了，才能促进更多研究、技术人员或专业机构对我国的专业文献数据库开展更深入的研究，推动我国科学计量和评价事业的发展，与此同时 CNKI 也能在开放中进一步扩大自身平台的影响力。

---

[1] 中国人民大学图书馆. http://ref.cnki.net/ref [2018-10-23].

3.3 在线文献管理工具

在线文献管理工具指的是帮助用户对文献进行编辑、管理、订阅、共享等操作的网络工具平台。与专业文献数据库不同的是，在线文献管理工具让用户有了更多的自主决定空间，同时有部分的社交网络功能。国外最具代表性的工具有 Mendeley 和 CiteULike，而国内在该领域暂时没有突出代表。由于在线文献管理工具让用户拥有更多的主动选择权，可以从用户角度直接评价出他们更喜爱和认可的文献，因此产生了书签量（标签量）、读者数量、组别数等重要替代计量指标来源。

3.3.1 Mendeley

Mendeley 诞生于 2008 年，和 Scopus 一样同属于 Elsevier 旗下。Mendeley 除了是一款免费的文献管理软件之外，也是一个在线的学术社交网络平台，支持多平台使用，可将本地文献云同步至服务器，不仅帮助用户组织研究信息，还支持在线与他人协作。Mendeley 主要具备以下功能：首先是文献信息识别功能，可通过文献的 DOI、国际标准连续出版物号（ISSN）或 PubMed 唯一标识码（PMID）自动抓取文献的相关信息，比如作者、期刊名、杂志期卷号、页码、文章摘要等；其次，Mendeley 自带的 PDF 阅读器也提供了添加笔记、标注、高亮等注释功能，但用户添加的注释仅可以保存到 Mendeley 的本地数据库，无法直接保存到 PDF 文件上；最后，Mendeley 的特别之处在于可以设置不同用户群组，根据不同权限，用户可阅读、修改组内的所有文献。此外，Mendeley 可以在个人资料里上传自己发表的文章，可以看到有多少人在读自己的研究结果，这些人的研究领域是什么，分别来自哪些国家，等等。

3.3.1.1 数据类型与功能

不少研究者发现，在所有在线文献管理工具中，Mendeley 具有最高的文献覆盖率，通常可高达 90%以上（Haustein et al.，2014a）；研究调查还发现，Mendeley 的读者数及书签数和未来的引文情况有着密切的关系，国外某项针对 Mendeley 的调查中，860 名受访者中有 85%的人表示，他们会在今后的出版物中引用在 Mendeley 上标记过的文章（Holmberg，2016）；国内学者余厚强（2017）也研究得出，相比其他替代计量指标，Mendeley 阅读量指标与引文正相关性最大，Spearman 等级相关系数高达 0.614。因此，不少学者认为 Mendeley 是替代计量学领域最有潜力的数据来源之一，通过读者数和书签数，可以预测文献被引用的可能性，继而评判学者的影响力。上文提到过 Mendeley 的读者统计数据被应用到了 Scopus 和 Springer 的平台中，显示出这一数据来源具有极高的参考价值。Mendeley 读者统计数据不仅仅单一展示读者的数量，并且还从读者的学科、学历和国家三个维度展示多方面的统计数据，用户可以非常快速地知道关注该文献的是哪前三个学科，以及读者学历和国家的分布情况，借此可以进一步结合自身情况，判断该文献与自己需求的相关性有多大。除了直观的读者统计数量，Mendeley 的标签同样和读者的阅读行为密切相关，通过标签的数量可以追踪到一篇文献的读者感兴趣的关注点分布情况以及有多少关注量。Mendeley 还有独特的用户组群功能，一篇文献被添加的组群越多，则说明文献的影响范围越广泛。然而 Mendeley 也有它的局限性，因为它的用户大多数为博士和博士后群体，所以对于影响力的受众无法一概而论。

3.3.1.2 数据的获取方式

Mendeley 除了为用户提供学术文献管理、同行交流以外，还为所有用户提供开放的 API 服务平台，包括常用的替代计量工具 Altmetric.com、PLoS ALM 和 ImpactStory，也包括专业文献数据库 Scopus 等。[①]用户只需要创建 Mendeley 免费用户账户就能使用 Mendeley API，在注册时会提供用户授权所需的 OAuth 凭据。OAuth 访问令牌为 API 请求提供授权，是包含安全凭证的长字符序列，每个令牌的生命周期都有限，一旦过期，就必须生成替换令牌。有了访问令牌后，就可以使用 API 从 Mendeley 目录中的数百万个文档中获取文档元数据。

3.3.2 CiteULike

CiteULike 是一个用于发现和管理学术文献的免费在线工具[②]，是由 Richard Cameron 与 Springer Science+Business Media 于 2014 年 11 月合作开发的。CiteULike 最大的特色功能是基于浏览器工作，只需要在浏览器中安装 CiteULike 的浏览器按钮，就可以通过一键点击将文献发布到 CiteULike 上，目前支持包括 F1000、PLoS、WorldCat、Elsevier 等在内的绝大多数国际知名学术网络平台。CiteULike 有着和 Mendeley 类似的功能，比如社交功能、标签功能和添加组别功能，但在文献覆盖率上，CiteULike 相对于 Mendeley 有较大的局限性，文献覆盖率远远小于后者，这主要是因为 CiteULike 基于浏览器工作的特性，导致它的文献量被动地来自用户的添加，如果用户基数不够大则必然会造成文献覆盖率小的结果。尽管

[①] Mendeley. Mendeley 开放门户网站. https://dev.mendeley.com/[2018-11-03].

[②] CiteULike. HOME. http://www.citeulike.org[2018-11-03].

如此,在作为替代计量学研究的数据来源方面上,CiteULike 还是能进一步使指标的数据更加完整。

3.3.2.1 数据类型与功能

CiteGeist 是 CiteULike 平台上的一项数据服务,负责统计某一时间段内某些文献被发布到 CiteULike 上的次数总和,按照从高到低的次序排列,用户可以通过该数据知道该时间段内有哪些热门文章。CiteULike 主要的替代计量指标为标签数,可通过标签的数量来追踪一篇文献被使用和关注的情况(吴胜男,2015)。标签允许用户根据自己的需要自由选择自然语言,存储和管理自己的信息资源,每个标签相当于信息的一个分类,标签还可以作为分享和交流的媒介,以及查找相关资源的线索,即用户可以通过标签链接找到其他同类标签的资源。同类标签的资源中被标注次数较高的,相对这个领域可能较为重要,而且有可能以此发现某一学科新的研究热点(刘向红等,2010)。标签主要分为热门标签和个性化标签,热门标签使用的人数较多,而个性化标签使用的人数较少,有些甚至只有极个别人在使用。但个性化标签的个数在标签总数中又占了相当大的比重,因此造成了标签分布中的"长尾现象"(图 3-8),这也是 CiteULike 标签数据的局限性所在。大部分的标签用户为极少数,作为作品影响力的评判依据似乎缺乏说服力,但无论如何,标签数反映的是用户最直接的操作行为之一,表达了用户对作品的认可和感兴趣。

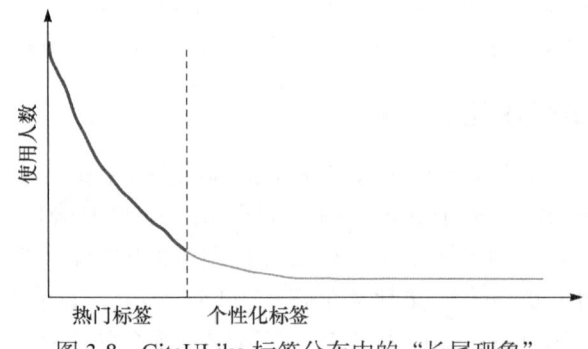

图 3-8 CiteULike 标签分布中的"长尾现象"

3.3.2.2 数据的获取方式

CiteULike 使用 PostgreSQL 存储数据,没有提供开放的 API,但开发人员可以使用 Subversion 提供的数据获取插件①,该服务背后是闭源(closed source)软

---

① CiteULike. 2005. API for developing pluginsreleased. https://citeulike.livejournal.com/11953.html[2018-11-03].

件，即非免费的计算机软件，但用户收集的数据集属于公共领域（public domain），无知识产权限制。

3.4 同行评议平台

同行评议是学术发表的基础，没有同行评议的审核把关，学术出版就几乎无法运行（孙学军，2014）。同行评议是一种在学术界极具权威的评价体系，拥有一套专业、严格的质量把控机制。同行评议制度历史悠久，沿用至今，一直是汇聚专家智慧、识别重要思想、更正研究错误、确保研究团队获得更有力的知识支持的重要方法和可靠工具（盛怡瑾和初景利，2018）。尽管有如此多的优势，同行评议依然长期存在着许多难以被忽视的弊端，而其中最大的问题就是拖延。根据粗略统计，至少需要180天才能发布一篇典型的同行评审研究文章，而这个时间通常又可以拖到一年。[①]同行评议平台就是通过线上的同行评议形成文献推荐和评估的网络系统，相比传统的同行评议制度更加高效，使文献的发表更加方便、快捷，而且用户能够直接在网站上浏览专家的第一手推荐和评论，其中最具代表的是F1000和Publons。

3.4.1 Faculty of 1000

Faculty of 1000成立于2000年，由出版企业家Vitek Tracz创立，他不仅是科学出版界的先驱人物，也是*BioMed Central*和*Current Opinion*期刊的创始人[②]。2002年，F1000开始在F1000Prime上推荐文章。目前，F1000拥有三大核心服务——F1000Prime、F1000Workspace和F1000Research。F1000Prime旨在通过指定专家对个别研究文章进行定性评估，其目标之一是充当影响因子的潜在替代品；F1000Research是一个由作者主导的生物和医学研究出版平台，不做任何编辑决定，不进行秘密裁判，并消除了出版的延迟；F1000Workspace是一套专为生物学和医学研究人员设计的工具，帮助他们收集和管理参考文献，与同行一起对文献注释，协作撰写研究论文，并通过应用程序对论文进行编辑以满足特定的期刊和机构要求，并提交出版。[③]替代计量学研究领域需要的评价数据主要来自F1000Prime，F1000Prime发表了大约8000名科学家和临床研究人员以及5000名

[①] Andrew Preston. 2017. The Future of Peer Review. https://blogs.scientificamerican.com/observations/the-future-of-peer-review/[2018-11-05].

[②] Science. 2013. The Seer of Science Publishing. http://science.sciencemag.org/content/342/6154/66[2018-11-03].

[③] F1000. F1000Prime Recommendations. https://f1000.com/prime/recommendations[2018-11-03].

初级助理教师的生物学和医学文章推荐，总共涉及 44 门生物学和医学学科。从 F1000Prime 主页数据统计（图 3-9）可以看到，在过去的 7 天里，就有 200 个新推荐，其中 198 个是文章推荐。目前，F1000Prime 总共有 19 万多个推荐，其中的 15 万多个是文章推荐，并且该数据每天都在更新。

图 3-9　F1000Prime 主页数据统计①

3.4.1.1　数据类型与功能

F1000 专家推荐文章时先简要评述文章，然后将论文分为 3 个等级，每个等级对应一个分值，即 good 为 1 分，very good 为 2 分，exceptional 为 3 分（相当于 1 星、2 星、3 星），论文总分为各专家推荐的等级分值总和。F1000 将这些分数统计成了三种排名：Current Top10、All Time Top10 和 Hidden Jewels。Current Top10 仅包含过去 30 天内的数据，而 Hidden Jewels 每天都会产生十大排名，但内容只包括专业期刊上发表的文章，统计的是过去 30 天内评分上升趋势最快的文章。F1000 还会将一些文章划分到特定的归类中，相当于增加了用户查找的标签，比如从图 3-9 中还可以看到，过去 30 天内有 61 篇文章被归类为"新型药物目标"的数据，除此之外还有诸如"有争议""有益于教学""新发现""有趣假设""技术进步"等各式各样的归类。此外，F1000 对文献的浏览次数也有专门的统计，给出了 Most Viewed（浏览最多）的具体排名，同样有 Current（当前的）和 All Time（所有时间）两种类型，可以让用户们快速知道自己的同行经常看的是哪些文章，与自己的研究领域是否最相关。评级和浏览数据都是替代计量学评价指标重要的数据来源，虽然 F1000 涉及的学科领域有很大的局限性，仅在生物学和医学范围内，但在庞大的专家队伍加持下，作为国际上极具权威和影响力的同行评议平台，其数据的影响力也不容忽视。此外，F1000Prime 的推荐数会被作为替代计量指标中提及数据统计，显然这是学术交流中一种重要的且极具专业性的提及。

---

① F1000. F1000Prime Recommendations. https://f1000.com/prime/recommendations[2018-11-03].

3.4.1.2 数据的获取方式

F1000 一直致力于数据开放共享，因为他们认为有效的数据不仅是在存储库中存储数据，还要让更多的人员和机构能够参与进来，通过开放共享让这些海量数据中蕴藏的价值被充分挖掘和利用，于是向广大用户推出了专门的开放数据平台——F1000 Effective Open Data 平台。要想使用 F1000 Effective Open Data 平台，必须先通过 Google 表单注册。[①]

3.4.2 Publons

Publons 由 Andrew Preston 和 Daniel Johnston 于 2012 年创立，旨在解决学术研究出版中同行评审实践的静态问题，以期鼓励合作并加速科学发展。[②]2017 年，Publons 被科睿唯安收购，与鼎鼎大名的 WoS 在同一旗帜下，可见虽然 Publons 的起步比 F1000 晚了 12 年，但背景和实力仍然十分强大，并且其成长速度惊人，至 2018 年 4 月，该平台已集合 18 万评审人、25 000 多个合作出版商，已有 80 万份评审意见得以认证（曾群，2018），在学科分布和发展格局上已经远远超过仅以生物学和医学为主的 F1000。Publons 的目标是使学术同行评审过程更加透明和高效，不仅提供可识别审阅者的平台，还为审阅者提供专业的培训，为编辑提供审阅者搜索工具。Publons 有效地变革了传统的出版商（期刊）与审稿人单向联系的模式，使审稿人和出版商（期刊）之间能够在第三方平台上进行多向交流与合作，三者关系如图 3-10 所示。大致可以解读为：科研人员通过身份核实后在 Publons 上注册成为审稿人，可以接受平台上的培训和奖励；出版商（期刊）也可以通过注册和 Publons 形成合作关系；审稿人和出版商（期刊）就此在平台上形成了双向选择关系，审稿人可以主动选择自己心仪的期刊，极大地改善了期刊编辑难寻审稿人的局面。

在杜绝同行评议造假上，Publons 也发挥了自己的平台优势。由于传统的同行评议中，审稿人都是匿名状态，所以在身份的真实性上给造假者留下了极大的空子，比如使用不需要身份验证的邮箱地址。而在 Publons 系统中，审稿人需要对自己的邮箱地址和评审意见进行确认，通过将这两者联系起来，期刊编辑就能够确信，在计算机另一端和自己交流的人就是他们在 Publons 上看到的同一个人。Publons 还使过去一直处在匿名状态下的审稿人有机会走到"幕前"，通过统计审稿人的审稿数量、评审记录、评审时间、获得认证的积分（credit）奖励、被评审期刊的影响因子等，出示相应的认证报告（曾群，2018），并在全球范围内设置

[①] Google. F1000 effective open data sign up. https://docs.google.com/forms/d/e/1FAIpQLSercMi_vbHuVoh8xdCLVHFLvaEl3WU_PkhXIbxELSIZ2vl64Q/viewform[2018-11-03].

[②] Publons. About the company. https://publons.com/about/company[2018-11-03].

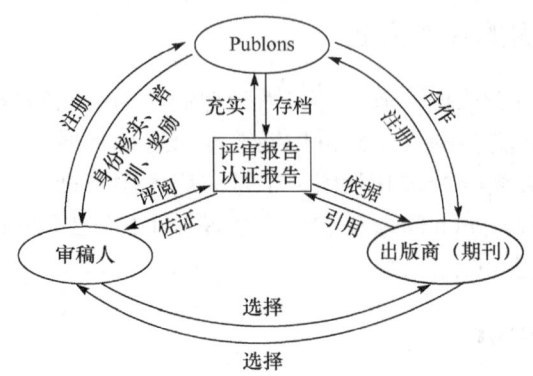

图 3-10　Publons、审稿人与出版商（期刊）三者关系图（曾群，2018）

了一定的奖励机制，使审稿人过去默默无闻的、辛苦的评审工作转变成为今天全球公开的、值得尊重的学术工作，并使其成为构成学术影响力的重要组成部分。

3.4.2.1　数据类型与功能

Publons 对其线上的评审工作进行了多方面的数据统计，分别是研究人员、期刊或会议、出版物（即文献）、机构和国家或地区，又分别从不同角度的数据类型进行了详细的统计描述，可归纳为表 3-4。除了在整体方面的统计，Publons 还对研究人员和期刊主页进行了更加细致、具体的详细介绍，不仅包括基本情况和履历的介绍，还有评审和编辑工作相关的各项重要数据指标（图 3-11），比如评审人功绩（reviewer merit）、编辑功绩（editor merit）、参与的编辑委员会数量、评审过的期刊数量等，完全不同于其他平台学者评价体系里单一的 h 指数和被引次数。由此可见，在 Publons 中有着极其丰富的数据资源，如果将学者的评审工作纳入其学术影响力的一部分，其中就蕴藏着许多有价值的替代计量学数据来源和新的评价指标，比如评审数、评审人功绩这两个描述评审工作数量和质量的指标，当然，这样的评价方式对于不热衷于评审工作只专注于研究工作本身的学者来说，明显有失偏颇。

表 3-4　Publons 评审工作数据统计内容

统计类型	研究人员	期刊/会议	出版物（文献）	机构	国家/地区
数据类型	已验证的评审数、过去 12 个月内已验证的评审数、经过验证的编辑记录	评审数、被认可数、顶级公共评论员	引用次数、Publons Score、Altmetric Score	评审数、热门评论家数、已验证的评论数、功绩、顶级评论员	评审数、热门评论家数、评审人功绩、编辑功绩、透明度

第三章 替代计量学的数据来源

图 3-11 Publons 某研究人员主页数据指标统计[1]

Publons Merit 是专家评审员的贡献总计，计算方式为：将评论添加到 Publons 的，加 1 分；经过审核验证的，加 2 分；使评论内容公开可用的，加 2 分；参与稿件的质量和重要性评分的，加 1 分；评论在 Publons 上受到认可的，每个认可加 1 分。[2]如图 3-11 所示，研究人员的 Publons Merit 又分为评审人功绩和编辑功绩，可以作为衡量学者评审能力的标准。在文献评价体系中，Publons 不仅引用了 WoS 的引文数据和 Altmetric.com 的得分数据，也直接由自己平台上的专业评审员参与评分，有助于比较和过滤已发表的文章，提供比间接指标更有意义的文章质量指标。Publons 评分由质量评分和重要性评分两个部分构成，最后总分为两者平均数。[3]这有些类似于 F1000 的文献评级，由于参与评分评级的都是平台上通过审核认证的专业人士，所以具有较强的参考价值，有成为替代计量学数据来源的潜力。

3.4.2.2 数据的获取方式

目前，Publons 的 API 可以用于管理评论信息，获取或发布有关文章、评论和学术的信息，旨在实现 RESTful（representational state transfer，一种软件架构风格）和自我记录，以 JSON 的形式或通过 Web 界面提供响应。使用 API 时，用户必须遵守相关服务条款，必须以公开身份访问，默认情况下每天限制访问 100 次，并显示最少的详细信息。但是 Publons 也根据具体情况向合作伙伴提供特权访问，使用特权访问进行的请求将限制为每分钟 60 次并显示完整详细信息，联系

---

[1] Publons. Grigorios Kyriakopoulos. https://publons.com/author/598517/grigorios-kyriakopoulos#profile[2018-11-07].
[2] Publons. What is Publons Merit? https://publons.freshdesk.com/support/solutions/articles/12000012210-what-is-publons-merit- [2018-11-07].
[3] Publons. Publons Scoring. https://publons.freshdesk.com/support/solutions/articles/12000022210--publons-scoring [2018-11-07].

api@publons.com 申请即可。

3.5 社交平台

社交平台是替代计量指标最主要的数据来源，包括 ResearchGate、科学网博客等学术社交平台，LinkedIn 等职业社交平台，YouTube、SlideShare、Vimeo、Delicious 等在线多媒体分享社交平台和 Facebook、Twitter 等综合性社交平台。此外，也包括豆瓣等读书、电影、音乐等分享和交流平台。例如，豆瓣读书（https://book.douban.com）是目前国内最具影响力的主流图书阅读分享专门网站之一，用户可以"记录读过的、想读和正在读的书，顺便打分，添加标签及个人附注，写评论"；目前可获取的替代计量学研究相关数据分别为豆瓣评分、评价人次、在售网店数、标签数、短评数、书评数、读书小组人员数、读书笔记数、论坛话题数、馆藏图书馆数、其他版本数、豆列收藏数、在读人数、已读过人数、想读人数、二手转让数等。[①]

3.5.1 学术社交平台

学术社交平台即以学者为主要用户群体、以学术研究为主要社交内容的社交平台，包括 ResearchGate、Academia.edu、科学网和其他学术博客等，本书中以国外 ResearchGate 和国内科学网为例进行阐述。

3.5.1.1 ResearchGate

ResearchGate（https://www.researchgate.net）（图 3-12）是一个学者社交网络服务平台，于 2008 年 5 月上线，创办人为 Ijad Madisch、Soeren Hofmayer 和 Horst Fickenscher。该平台旨在推动全球范围内的科学合作，用户可以与其他用户分享自己的学术成果和科研数据，并获取学术成果被阅读和被引用的统计数据，还可以与同行联系并交流，分享科研方法，了解科研动态，参加一些科研论坛或兴趣小组，获取职位信息等，一些需要向社会公布的科研项目或成果也可以提前在社区里发布，让大家讨论并提出建议，被称为"科学家们的 Facebook"。截至 2018 年 10 月，ResearchGate 已有超过 1500 万的用户。

ResearchGate 的基本功能包括学者个人信息及其科研贡献的展示，以及针对学者的检索功能，此外还具有统计和评价功能。其中，学者的个人信息包括姓名、

[①] 豆瓣读书. https://book.douban.com/[2018-12-27].

头像、教育经历、从属机构、研究方向、RG（ResearchGate）Score、科研项目数量、阅读人数、被引次数等；学者的科研贡献主要包括所参与的科研项目和科研成果，科研成果包括论文、数据、专著等，其他用户可以进行请求原文、推荐、关注等操作；统计和评价功能中的指标数据包含引用数、阅读数、推荐数、h 指数和 RG Score 等指标。

ResearchGate 还为学者提供在线社交功能，学者可以通过关注其他学者来获取其科研动态和在平台中的问答等活动，学者的关注数和粉丝数情况都会在其主页中展示出来。每位学者都能够接收或发送原文请求消息。

此外，ResearchGate 有两个重要的其他功能——问答和招聘。在问答功能中，学者可以提出问题，或对其他学者提出的问题进行解答，平台会默认推荐用户可能能够回答的问题，同时用户还可以选择自己领域内最近的问题、自己关注的问题进行浏览或解答，或查看自己提出的问题；在招聘功能中，用户可以发布招聘公告或者在其中寻找自己心仪的工作并提交申请。

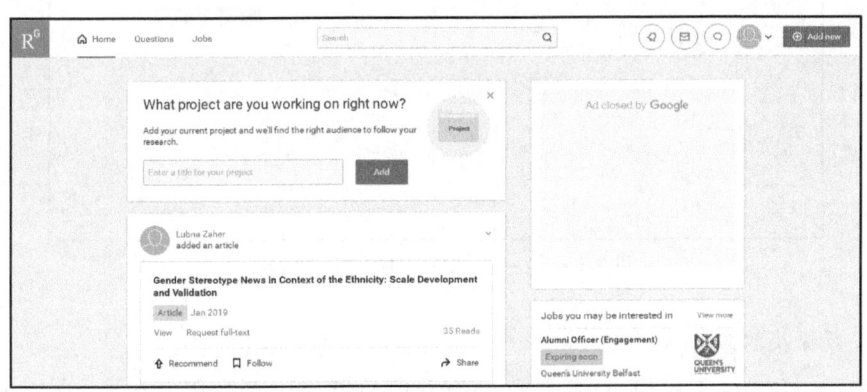

图 3-12　ResearchGate 主页[①]

1. 指标类型

ResearchGate 中涉及的替代计量指标主要包括引用数、阅读数、推荐数、h 指数和 RG Score。其中，引用数是基于学者在 ResearchGate 中提交的所有出版物的引用总次数，可以依据年或月来查询、展示，用于显示学者的学术影响力；阅读数为学者的科研成果、科研项目、问题或答案被平台上其他用户阅读的次数，用户可以了解自己科研成果等被阅读的次数、被哪些机构或国家所阅读，从而发现与自己研究兴趣相一致的同行学者；推荐数即学者的科研成果、科研项目、问题或答案被平台上其他用户推荐的次数，用户可以通过推荐数了解自己的科研成果

---

① ResearchGate. https://www.researchgate.net/institution/ResearchGate[2018-12-23].

被认可的程度、哪些成果最受认可等；h 指数与常用的定义类似，即学者向 ResearchGate 提交的所有论文中有 n 篇的被引次数不少于 n 次，那么该学者的 h 指数即为 n；RG Score 是该平台自己推出的评价得分，如图 3-13 所示。RG Score 的定义包含作者贡献上传、互动、声誉三项指标，即学者上传自己的科研项目或科研成果（已发表或未发表）越多，RG Score 越高；学者在 ResearchGate 中受认可的程度越高、认可者的 RG Score 越高，那么该学者的 RG Score 越高；声誉可以通过 RG Score 不断传递，从而促使学者选择贡献自己的科研成果来提高自己的声誉。Yu 等（2016）对 ResearchGate 进行研究并提出 RG Score，该得分中的具体指标包括 RG 影响点（基于研究人员的文章所在期刊总影响因子计算）、文章浏览量、文章下载量、文章引用量、摘要浏览量，研究结果表明 RG Score 是衡量学者影响力的有效指标。

图 3-13　ResearchGate 中的 RG Score[①]

2. 数据获取方式

ResearchGate 不提供 API，故而数据获取只能采用网络爬虫技术。在每个用户的主页中可获得的数据包括用户名、RG Score、关注数、粉丝数、学术成果总数、研究项目数、提问数、回答数、被引次数、推荐数、阅读数等，这些数据可以通过单页面爬虫程序或工具获取；此外，引用次数及引用者、被引次数及被引者、合作学者、不同类型学术成果的数量等数据则需点击相应链接页面获取。此外，对单个用户的指标数据可以直接通过简单浏览用户主页获取。

3.5.1.2　科学网

科学网（http://www.sciencenet.cn）（图 3-14）是由科学时报社主办，中国科学院、中国工程院和国家自然科学基金委员会主管的综合性科学平台，主要为网民提供科学新闻报道、科学信息服务及交流互动的网络平台，其以建成最具影响

[①] Research Gate. Josep Font. https://www.researchgate.net/profile/Josep_Font[2018-12-23].

力的全球华人科学社区为宗旨。自 2007 年 1 月正式上线以来,科学网发展迅猛,目前已经稳居科学类中文平台全球排名首位。2016 年 8 月,科学网获"2015 中国科普平台"评选全国排名第一;截至 2017 年 1 月 18 日,用户量已达 200 多万。

科学网是一个较大的平台,提供新闻、博客平台、群组交流、会议推荐、论文推荐、基金项目查询等服务,但其中最受国内学者欢迎的是它的博客平台。用户可以在博客平台上发表博文,浏览、评论、推荐别人的博文,博文内容可以是科研动态、人生感悟、时事评述等。博客平台是科学网中主要的替代计量指标来源。

图 3-14　科学网首页[①]

1. 指标类型

科学网博客中涉及的替代计量指标主要为博主的好友数、博文总数、精选博文数、访客数、留言数,以及博文的阅读数、推荐数、评论数等,释义均较为简单,此处不再赘述。郭颖和肖仙桃(2019)在构建国内学者影响力评价替代计量指标体系的过程中使用了科学网博文的阅读数、推荐数和评论数指标,并证实了这些指标能够从一定程度上反映学者的影响力水平。

2. 数据获取方式

科学网博客中博主的好友数、博文总数、精选博文数、访客数、留言数均展示在博主的个人主页中,博文的阅读数、推荐数、评论数均展示在博文的主页中(图 3-15～图 3-17),并且科学网不提供 API,故而相关指标数据只能使用网络爬

[①] 科学网. http://www.sciencenet.cn/[2019-01-02].

虫技术获取。例如,可以使用网络爬虫工具(八爪鱼采集器)进行页面数据抓取,步骤如下:在域名包含 blog.sciencenet.cn 的网页中搜索需要查找的用户名,得到一系列搜索结果;选择八爪鱼采集器的自定义采集——使用向导模式采集,将搜索结果第一页的网页链接复制粘贴到八爪鱼采集器中,点击"下一步";选择采集网页列表中每个链接页的详细内容,点击"下一步";依次选择网页搜索结果列表中的第一、二个链接,系统会自动识别该页面所有同类链接,点击"下一步";选择是否需要翻页,如果搜索结果列表仅有一页,则可选择"不需要翻页",如果搜索结果列表有多个页面,则需要选择"需要翻页",并点击网页中的翻页按钮("下一页"),选好后点击"下一页";在弹出的博文主页中选择需要采集的字段并对其命名,如博文题名、博文作者、阅读次数、发布时间、推荐量、评论量等,尔后点击"下一步"开始采集即可。

图 3-15　科学网博主个人主页①

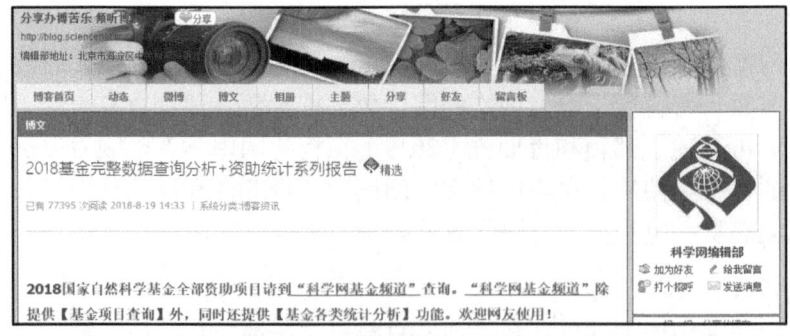

图 3-16　科学网博文主页(一)②

---

① http://wap.sciencenet.cn/home.php?mod=space&uid=45[2018-11-24].
② http://wap.sciencenet.cn/home.php?mod=space&uid=45&do=blog&id=1130045[2018-11-23].

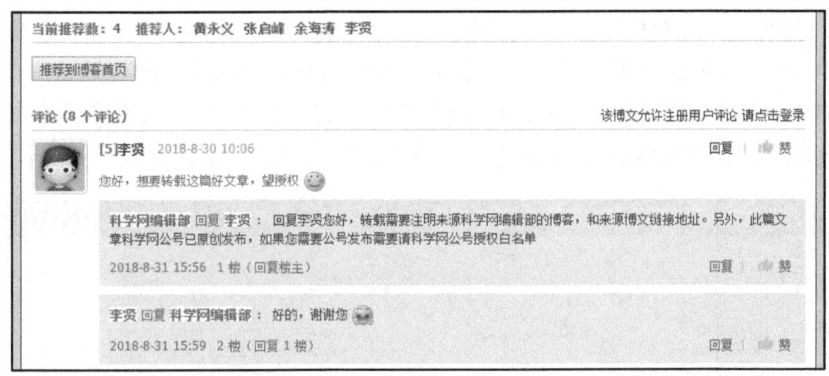

图 3-17　科学网博文主页（二）[①]

3.5.2　综合社交平台

综合社交平台是一种社交主题、社交群体、社交形式都十分广泛的社交平台，代表性平台如 Facebook、Twitter、微博、微信等。随着互联网络的广泛普及和计算机技术的快速发展，学者越来越多地在社交平台中进行学术传播与交流，形成了当下开放性的在线科研环境，同时也促进了替代计量学的产生与发展。综合社交平台是替代计量学的重要指标来源，常用指标包括提及量、点赞量、转发量等，数据提供平台包括 Altmetric.com、Plum Analytics 等。本书以国外 Facebook 和国内微信为例进行阐释说明，微博因与 Facebook 功能类似此处不再赘述。

3.5.2.1　Facebook

Facebook（图 3-18）是美国的一个社交网络服务平台，创立于 2004 年 2 月 4 日，总部位于美国加利福尼亚州门洛帕克，主要创始人为马克·扎克伯格（Mark Zuckerberg）。运行初期，Facebook 仅对哈佛大学内部开放，发展至今，全球范围内的任何拥有有效电子邮件地址的用户均可注册成为 Facebook 的一员。Facebook 目前已有 20 亿用户，是世界上最大的社交平台。

Facebook 的主要功能包括主页管理、博文发布、私信交流、群组交流、搜索功能、创建活动等。用户可以发布个人博文，博文分为短博文和长博文，博文形式可以为文字、图片、视频等；用户还可以选择所发布的博文查看权限为公开或私密或好友可见，拥有可见权限的用户可对其博文进行点赞、评论、回复、转发。品牌、商家、组织和公众人物还可以创建公共主页，功能与个人主页类似。Facebook 提供一对一私信交流服务，同时提供群组交流服务，即具有相同兴趣或话题的多人可以组建群组进行沟通交流。Facebook 的搜索功能支持用户搜索、博文搜索、

[①] http://wap.sciencenet.cn/home.php?mod=space&uid=45&do=blog&id=1130045[2018-11-23].

公共主页搜索、地点搜索、群组搜索、应用搜索、活动搜索，还可以根据博文来源、博文类型、博文日期、所发布的群组、标记的地点等条件进行筛选。借助"活动"功能，用户可以组织 Facebook 其他用户参与现实生活中的聚会活动，并对活动予以回复，活动类型有生日宴会、学校募捐等，活动查看权限可选。

图 3-18　Facebook 检索页面①

1. 指标类型

Facebook 中的替代计量指标主要包括博文和评论的提及数、博文的点赞数、评论数、转发数。社交媒体的提及是替代计量学中的重要指标，它能反映评价对象在社交媒体中的影响力水平，而点赞数、评论数、转发数则能够反映评价对象的影响力范围。Facebook 等综合性社交平台的替代计量指标主要为提及，但研究表明科研人员愿意将自己的学术成果在 Facebook 上进行分享以提高他们的知名度和影响力，由此可猜测，学者的社交平台粉丝数也可能对其影响力产生影响。Plum Analytics 将 Facebook 中的提及数、点赞数、转发数作为替代计量指标来源，ImpactStory、Altmetric.com、PLoS 也使用了 Facebook 中的提及数作为替代计量指标来源。

2. 数据获取方式

Facebook 的数据获取除了通过搜索浏览获取、网络爬虫技术获取外，还可以使用其提供的 API 服务实现。常用的 API 为主页 API，主页 API 通过应用审核后可使用的功能包括全部共同好友 API、小组 API、Instagram 公开内容访问权限、

---

① https://www.facebook.com/[2018-10-30].

iOS 和 Android 版应用的"赞"按钮、直播视频 API、公共主页提及、主页公开内容访问权限等。①通过全部共同好友 API 可以获得两个用户的全部共同好友的信息，小组 API 可方便用户访问 Facebook 群组中的帖子、内容、赞等信息，Instagram 公开内容访问权限主要包括用户的 Instagram 图片、视频等内容信息的访问，主页公开内容访问权限提供匿名公开数据的只读权限，包括主页的业务元数据、公开评论、帖子和点评等。通过主页公开内容访问，即可获得 Facebook 相关用户的好友数、关注数、粉丝数、博文数、点赞数、评论数、转发数等替代计量指标数据。

3.5.2.2 微信

微信（WeChat）是腾讯公司于 2011 年 1 月 21 日推出的一个为智能终端提供即时通信服务的免费应用程序，由张小龙所带领的腾讯广州研发中心产品团队打造，集社交、移动支付等多种功能于一身。根据 2018 年数据，微信的月活跃用户超过 10 亿，日活跃用户超过 9 亿，是全球最大的独立移动应用程序之一。

微信主要提供即时通信功能、公众号功能、朋友圈功能等，即时通信的消息类别包括文本消息、即按即说语音消息、表情、广播（一对多）消息、视频呼叫和会议、视频游戏、照片和视频共享以及位置共享等，可以一对一通信，也可以多人群聊通信；公众号分为服务号、订阅号、企业号，不同公众号的消息频率和提醒方式不同，但都主要以图文形式发布，关注者可以对其发布的文章进行阅读、点赞、评论、收藏或对文章下的评论点赞，公众号管理者可以在后台查看消息送达情况，关注者数据，文章被阅读、转发的数据等（图 3-19）；朋友圈功能与微博客类似，用户可以在朋友圈中发布图文状态、发布小视频、分享公众号文章或来自其他应用的链接。

1. 指标类型

微信虽然是一个即时通信 APP，但其中的公众号功能涉及较多学术信息的传播与交流，并且向公众开放，因此公众号文章是替代计量指标的主要来源。其中的替代计量指标主要包括公众号文章对评价对象的提及数、提及文章的阅读数、点赞数、评论数、转发数。提及数可以表征评价对象的影响力水平，有提及的文章的点赞数、评论数和转发数则可以反映评价对象的影响力范围，已有研究表明微信公众号文章提及数能够反映学者影响力水平（郭颖和肖仙桃，2019）。同时，由于文章阅读数超过 100 000 次便不再显示具体数字，留言显示也由公众号后台人员筛选审核后方能显示，所以文章阅读数指标和留言数指标均存在一定弊端。

---

① Facebook for developers. 主页 API 功能. https://developers.facebook.com/docs/apps/review/feature/[2018-10-30].

此外，朋友圈对评价对象的提及数、提及朋友圈的点赞数、评论数，也是较为科学的替代计量指标，但由于微信朋友圈为私有协议，不便获取，所以不再详细讨论。

图 3-19　微信公众号文章页面及其部分指标类型①

2. 数据获取方式

微信提供微信公众平台开发者 API 及其技术文档②。通过微信公众平台 API，可获取图文页阅读人数/次数、原文页阅读人数/次数、转发分享人数/次数、转发场景（分享好友、分享朋友圈等）及不同场景下的阅读人数/次数、收藏的人数/次数等数据，但由于公众号数据的隐私协议，调用 API 只能获取有管理权限的公众号数据，无法对所有提及文章的数据进行获取。

---

① https://mp.weixin.qq.com/s/O5wihpEbDek6bPD3Hk5zcg[2018-12-02].
② 微信公众平台技术文档. https://mp.weixin.qq.com/wiki?t=resource/res_main&id=mp1445241432[2018-11-01].

搜狗微信搜索（http://weixin.sogou.com/）是搜狗在 2014 年 6 月 9 日推出的一款针对微信公众平台的搜索引擎，支持搜索微信公众号和微信文章，可以通过关键词搜索相关的微信公众号或公众号推送的文章。用户搜索微信公众号文章时可根据发布时间、是否含有图集或视频、特定账号内搜索等条件进行筛选，搜索结果以图文形式展示，除插图外还包括标题、简介、文章的微信公众号名称、发布时间等信息，每页的展示结果为 10 条，搜索结果最多展示 100 页。利用搜狗微信搜索公众号文章可以方便快捷地获取评价对象的微信公众号文章提及数，但目前搜狗微信已不再提供文章的阅读数、点赞数和评论信息，因此这些指标无法通过搜狗微信搜索获得，但可以使用自编程序在搜狗微信的基础上获得，或使用网络爬虫技术直接从微信平台上获取。

3.5.3 其他社交平台

3.5.3.1 职业社交平台

职业社交平台是一种以职位招聘、职业人脉交流为主的社交平台，涉及学术信息较少，目前仅有 Altmetric.com 将其作为替代计量指标来源，所用指标为 LinkedIn 的提及指标，下面即以 LinkedIn 为例介绍职业社交平台。

LinkedIn（https://www.linkedin.com/，图 3-20），中文名为"领英"，是全球领先的职场社交平台，2003 年 5 月正式上线，2016 年 12 月被微软收购。截至 2018

图 3-20　LinkedIn 状态示例

年 10 月，LinkedIn 的用户数已超过 5.46 亿，覆盖全球 200 多个国家和地区。该平台的使命是连接全球职场人士，并协助他们发挥所长，旨在为全球每一位劳动者创造经济机会，进而绘制第一幅世界经济图谱。

LinkedIn 主要包括主页管理、状态发布、搜索、问答、群组联系等功能。其中，个人主页信息主要包括姓名、联系方式、地理位置、所属行业、现任职业头衔、教育经历、工作经历、技能认可、个人成就、发布的文章和动态等。LinkedIn 用户可以以微博、博客或文章形式发布个人状态，其他用户可以对之进行点赞、评论、回复、转发等。

LinkedIn 的搜索功能主要包括职位搜索和会员（即用户）搜索。职位搜索中可以根据职位地点、职位类型、所属行业、招聘公司、发布日期、职能类别、经验资历、职位头衔、通勤、是否属于人脉圈内、是否支持快速申请、是否少于 10 位申请者等条件进行筛选。会员搜索可以根据名字、姓氏、职业头衔、公司、学校、志愿意向、所在地区、档案语言、共同好友、好友度等条件进行筛选。此外，搜索功能还支持群组搜索等。

LinkedIn 的问答功能即每一个用户都可以提出问题，其问题对整个 LinkedIn 网络可见，任何组织或个人都可以对该问题进行回复。

用户可以在职业档案上查找自己所属的领英群组，或者通过在首页顶部的搜索栏进行搜索，查找要加入的新群组。LinkedIn 上每个兴趣、组织或附属机构都可能有多个群组。成为群组成员后，用户可以对群组动态点赞或评论，或是查看更多群组信息，群组功能暂不提供给简体中文界面用户。

1. 指标类型

目前使用 LinkedIn 中的替代计量指标的平台主要为 Altmetric.com，使用指标为 LinkedIn 提及量，即 LinkedIn 状态、问答等内容中对特定评价对象的提及量。根据综合社交平台中的指标类型情况，提及量可以反映评价对象的影响力水平，而状态、问答的评论量、点赞量、转发量则可以反映评价对象的影响力范围，因此这些数据也可以作为科学评价的替代计量指标来源。

2. 数据获取方式

LinkedIn 的提及指标数据可直接从 Altmetric.com 中检索获得，或在 LinkedIn 平台中使用其搜索功能对提及数据进行搜索获取；同时 LinkedIn 还提供 API 服务，用户可以通过访问开发者页面（https://www.linkedin.com/developers/）提出申请，审核通过后方可调用；此外，还可以通过网络爬虫技术获取。

3.5.3.2 多媒体社交平台

多媒体社交平台是一类以图片、视频等为主要内容形式的社交平台。目前被用作替代计量指标来源的多媒体社交平台主要为 YouTube、SlideShare、Delicious 等，常用指标为提及量、订阅量、收藏量等，Plum Analytics、ImpactStory、Altmetric.com 等工具都聚合和提供此类指标。国内则有爱奇艺、优酷、土豆等平台，也包括众多小视频播放平台。本小节以 YouTube 为例对多媒体社交平台中的替代计量指标类型及其获取方式进行阐述。

YouTube（图 3-21）是一家美国视频共享网站，总部位于加利福尼亚州圣布鲁诺，三名前 PayPal 员工 Chad Hurley、Steve Chen 和 Jawed Karim 于 2005 年 2 月创建了该网站。2006 年 11 月，Google 以 16.5 亿美元收购了该网站，YouTube 现在是 Google 的子公司之一。截至 2017 年 2 月，用户每分钟上传到 YouTube 的内容超过 400 小时，每天在 YouTube 上观看的内容达 10 亿小时。Alexa Internet 报道，截至 2018 年 8 月，该网站被评为全球第二大热门网站。

YouTube 允许用户上传、查看、评分、分享、添加到收藏夹、报告、评论视频、搜索视频以及订阅其他用户。它提供各种用户生成和企业媒体视频，可用内容包括视频剪辑、电视节目剪辑、音乐视频、短片和纪录片、录音、电影预告片、直播和其他内容，如视频博客、简短原创视频和教育视频。YouTube 上的大部分内容都是由个人上传的，但包括 CBS、BBC、Vevo 和 Hulu 在内的媒体公司也通过 YouTube 提供部分内容作为 YouTube 合作伙伴计划的一部分。未注册的用户只能在网站上观看视频，而注册用户可以上传无限数量的视频并为视频添加评论。YouTube 的搜索功能主要基于视频的标题和标签进行搜索，可根据视频的上传日期、类型、时长、功能等条件进行筛选，并根据相关程度、上传日期、观看次数、评分等条件对结果进行排序。

1. 指标类型

YouTube 中的替代计量指标主要为视频和评论的提及量、用户的订阅量、视频的收藏量、视频的点赞量等（图 3-21）。其中，视频和评论的提及量能够反映评价对象的影响力水平，相关用户的订阅量、视频的收藏量和点赞量则可以反映评价对象的影响力范围。此外，还有文献指出，视频的喜欢数、最喜欢量（余厚强和邱均平，2014b）、资源更新提交者、评论量（吴胜男和赵蓉英，2016）等也是 YouTube 的重要替代计量指标类型。

有学者指出，YouTube、SlideShare、Vimeo、Delicious 等在线多媒体分享社交平台对学者影响力的评价作用较小，因为其中对学术信息的涉及较少（Ortega et al., 2014），但仍有一些替代计量学研究工具将其标签量、收藏量、评论量、点赞量作为替代计量指标，如 Altmetric.com 将 YouTube 的视频和评论提及量作为其替代计量指标的数据来源，ImpactStory 和 Plum Analytics 将 YouTube 中的视频的订阅量、收藏量、点赞量作为其网站的替代计量指标数据来源。

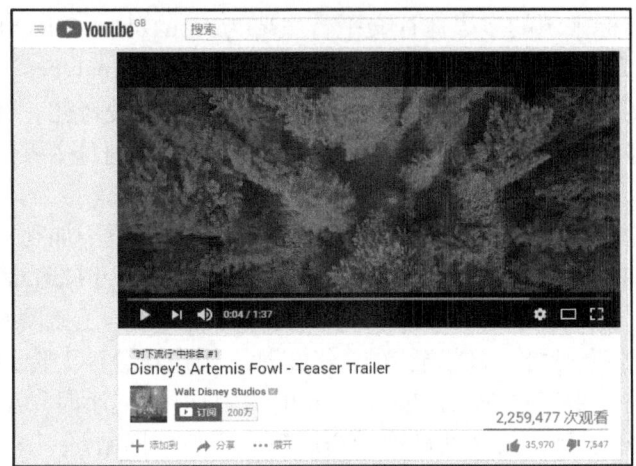

图 3-21　YouTube 视频播放页面

2. 数据获取方式

YouTube 作为一种多媒体社交平台，其平台内容主要为视频形式，通过简单的搜索无法获取视频内容和评论中的提及量，因此搜索浏览并手工提取在数据的准确性和完整性上都有一定的局限性。使用自编爬虫程序或利用 YouTube 提供的 API 获取更为科学，可使用 API 获取的不同类型的数据实体，如图 3-22 所示。此外，Plum Analytics、ImpactStory、Altmetric.com 也提供部分指标的数据情况，可通过对相应网站检索获得。

	list	insert	update	delete
activity	✓	✓	⊘	⊘
caption	✓	✓	✓	✓
channel	✓	⊘	⊘	⊘
channelBanner	⊘	✓	⊘	⊘
channelSection	✓	✓	✓	✓
comment	✓	✓	✓	✓
commentThread	✓	✓	✓	⊘
guideCategory	✓	⊘	⊘	⊘
i18nLanguage	✓	⊘	⊘	⊘
i18nRegion	✓	⊘	⊘	⊘
playlist	✓	✓	✓	✓
playlistItem	✓	✓	✓	✓
search result	✓	⊘	⊘	⊘
subscription	✓	⊘	⊘	⊘
thumbnail	⊘	⊘	⊘	⊘
video	✓	✓	✓	✓
videoCategory	✓	⊘	⊘	⊘
watermark	⊘	⊘	⊘	⊘

图 3-22　YouTube API 支持的数据实体①

① YouTube Data API overview. https://developers.google.com/youtube/v3/getting-started[2018-11-03].

3.6 其他数据来源平台

除 WoS 等专业文献数据库、Mendely 等在线文献管理工具、F1000 等同行评议平台和各类社交平台外，替代计量学还有一些其他数据来源平台，包括 Wikipedia 等百科类平台、国内外主流新闻媒体平台、机构知识库和一些政策文件等，这些平台的相关指标主要为特定评价对象的被引用量或被提及量，通常可以利用搜索引擎检索获得相关数据。

3.6.1 百科类

百科类平台指以 Wikipedia 和百度百科为代表的内容开放、编辑自由的网络百科全书平台。

3.6.1.1 Wikipedia

Wikipedia（图 3-23、图 3-24）是一个网络百科全书项目，特点是自由上传内容、自由编辑，最早是在 2001 年 1 月 13 日由吉米·威尔士与拉里·桑格两人合作推出的网站服务，并于 1 月 15 日正式展开网络百科全书计划。它是目前全球最大且最受大众欢迎的网络参考工具书之一，名列全球十大最受欢迎的网站之一。Wikipedia 目前由非营利组织维基媒体基金会负责营运。Wikipedia 是一个混成词，分别取自网站核心技术"Wiki"以及英文中百科全书之意的"encyclopedia"。Wikipedia 由来自互联网上的志愿者共同合作编写，所有进入 Wikipedia 的网络用户都可以编写和修改里面的文章，但是在某些情况下可能会因为避免扰乱或者破坏而限制编辑功能。用户可以自由选择使用匿名、化名或者直接用真实身份来编辑 Wikipedia。与传统的百科全书相比，在互联网上运作的 Wikipedia 其文字和绝大部分图片使用共享 3.0 协议和 GNU 自由文件许可协议来为每个人提供自由且免费的信息，任何人都可以成为 Wikipedia 条目的作者，并可以在遵守协议和标示来源的前提下直接复制、使用和发布这些内容。

截至 2012 年 8 月，整个 Wikipedia 计划总共有 285 种独立运作的语言版本，且已被普遍认为是规模最大且最流行的网络百科全书之一。根据 Alexa Internet 网络流量统计数字，Wikipedia 是全球浏览量排名第五的网站，也是全世界最大的无广告网站。截至 2018 年 11 月 27 日，Wikipedia 英文版已有 5 758 240 个条目、46 440 613 个页面、880 835 个文件、866 088 800 次编辑、35 053 070 个注册成员、134 737 个活跃成员，其中包括 1200 名管理员；Wikipedia 中文版已有 1 032 992

个条目、5 590 755 个页面、50 902 个文件、51 861 476 次编辑、2 628 545 个注册成员、7 925 个活跃成员，其中包括 78 名管理员。

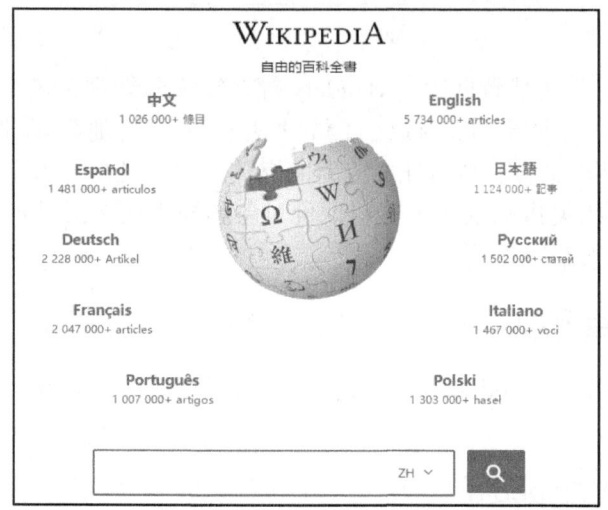

图 3-23　Wikipedia 检索页面①

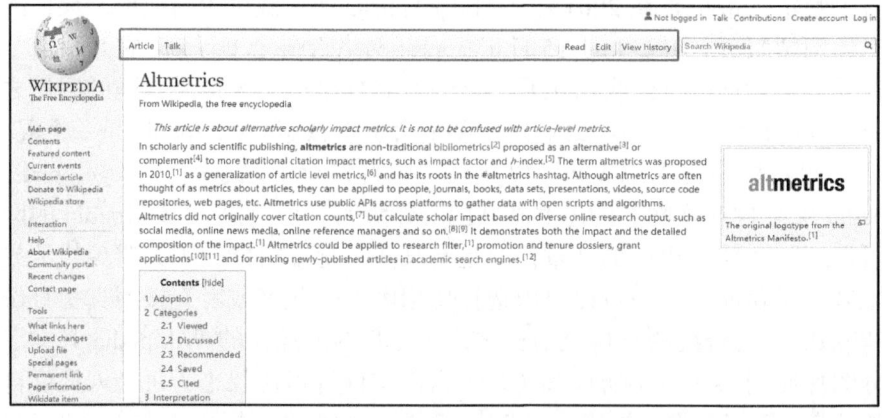

图 3-24　Wikipedia 的词条页面及功能分类②

一般而言，对于每一个已收录的关键词，Wikipedia 都有一个词条页（article）和一个讨论页（talk）。词条页用于展示关于该关键词的详尽介绍，如定义、历史、分类、评价等，介绍正文后会有参见（see also）、参考资料（references）、外部链接（external links）等；讨论页主要呈现用户对该关键词及其条目编辑问题的

① https://www.wikipedia.org/[2018-12-26].
② https://en.wikipedia.org/wiki/Altmetrics[2018-11-10].

留言和讨论。此外，词条页和讨论页均提供对该页面的阅读、编辑、查看编辑历史等功能。

1. 指标类型

Wikipedia 中的替代计量指标主要为对特定评价对象的引用和提及，如 Altmetric.com 将 Wikipedia 中参考资料部分的引用作为替代计量指标之一，PlumX 则将 Wikipedia 中的全文中的提及作为替代计量指标之一。

Altmetric.com 只能从 Wikipedia 中提取有效引文，以 Q. Fever 的 Wikipedia 页面引用的美国微生物学会（ASM）《细菌学杂志》中的一篇文章为例，该引用包含作者、题名、期刊名、发表年份、期、卷、号、页、DOI 等引用信息，如图 3-25 所示。Vogl 等（2018）以 2010～2012 年 WoS 收录的 24.5 万篇心理学论文为样本数据，研究了被引量、期刊影响因子等传统评价指标与包含 Wikipedia 引用量的替代计量指标之间的关系——其中替代计量指标数据来自 Altmetric.com——结果表明二者具有中低程度的正相关关系。

References

1. ↑ Beare PA, Samuel JE, Howe D, Virtaneva K, Porcella SF, Heinzen RA (April 2006). "Genetic diversity of the Q fever agent, Coxiella burnetii, assessed by microarray-based whole-genome comparisons". *J. Bacteriol.* **188** (7): 2309–24. doi:10.1128/JB.188.7.2309-2324.2006. PMC 1428397. PMID 16547017.

图 3-25　Altmetric.com 可采集的引用格式①

PlumX 对 Wikipedia 提及指标的最佳计算方法进行了讨论，最终发现当对 Wikipedia 页面的全文进行挖掘时，能够得到最完整的提及数据。②该机构挖掘 Wikipedia 的正文和参考资料，以查找评价对象的所有链接（包括 IR 版本、预印本版本、开放存取数据库版本、发表版本，DOI、PMID、URL 等），以便将这些链接的所有提及都关联到评价对象的指标数据中。对于不适用该方法的引用或提及，PlumX 还会使用搜索引擎结果作为备选。

2. 数据获取方式

由于 Wikipedia 的检索功能只能实现对其中词条的检索，所以想要获得特定评价对象的提及量或引用量，需要使用 API 工具或网络爬虫工具。

Wiki 是一种在网络上开放且可供多人协同创作的超文本系统，Wiki 站点可以

① Who is talking about your research? http://www.altmetric.com/[2018-12-18].

② Altmetrics: Calculating Mention Metrics. https://plumanalytics. com/wikipedia-Altmetrics-calculating-mention-metrics/[2018-11-27].

由多人维护，不同人可以对同一个主题进行拓展和探讨。MediaWiki 是一个免费、开放的 Wiki 引擎，很多著名的 Wiki 网站都采用这套系统，Wikipedia 即是基于 MediaWiki 的一个网络百科全书。因此，Wikipedia 可使用 MediaWiki 的 API 来进行数据获取，通过 MediaWiki 的免费 API，可以实现对 Wikipedia 的搜索查询或者标题全文查询等，发送 HTTP 请求至 https://www.mediawiki.org/wiki/API:Main_page 即可调用 API。可使用 list = search，将关键字传给 SRsearch 进行全文搜索。①

Wikipedia 的文档解析有非常多的成熟工具，直接使用开源工具即可完成正文的提取，如意大利人用 Python 写的一个 Wikipedia 抽取器 Wikipedia Extractor②，在下载 Wikipedia Dump（https://dumps.wikimedia.org/）后即可导入使用。

此外，对 Wikipedia 中的替代计量指标数据可以直接从一些替代计量数据提供网站中获得，如 Altmetric.com、PlumX 等。Mas-Bleda 等（Mas-Bleda and Thelwall，2016）在比较西班牙和英国两国在 8 个学科领域的传统计量指标和替代计量指标的关系时，即从 Webometric Analyst 提取 Wikipedia 引用、Mendeley 读者数、Twitter 提及等替代计量指标数据。

3.6.1.2　百度百科

百度百科是由百度公司于 2006 年 4 月推出的一个内容开放、自由的网络百科全书平台。该平台旨在提供一个涵盖各个领域知识的中文信息收集平台，呼吁用户积极参与和奉献，号召所有网民进行积极分享和交流。截至 2018 年 11 月 28 日，百度百科已有 15 828 191 个词条、146 619 378 次编辑、6 652 221 人编写。③

百度百科的基本功能为词条展示和词条编辑，词条展示页主要包括百科名片和一些辅助信息：百科名片由概述、基本信息栏和正文内容组成，其中概述部分是对词条的简要介绍，基本信息栏是词条的关键信息点，正文内容则根据一定结构对词条详细介绍，可使用文字、图片、视频、地图等形式，并配有一定的参考资料；百科名片的底部和右侧为一些辅助信息，如词条的贡献情况、词条统计数据等。

词条的编辑按钮位于词条名的右侧，百度百科将词条划分为三类：锁定（一般为含争议内容或医疗类词条，不可编辑）、485/685 保护（词条内容比较丰富，等级大于等于 4 级或 6 级并且通过率大于等于 85%的账号可以编辑）、普通类（所有百度账号均可以编辑）。编辑页面中包含对内容的增删改功能，还

---

① API:Search. https://www.mediawiki.org/wiki/API:Search[2018-11-28].
② Wikipedia Extractor. http://medialab.di.unipi.it/wiki/Wikipedia_Extractor[2018-11-28].
③ 百度百科. https://baike.baidu.com/item/百度百科/85895?fr=aladdin#2_1[2018-11-28].

可以对字体、标题、辅助材料、特殊模块、内链等内容进行编辑操作。内容修改完毕后，可以提交或预览，点击提交后需要说明修改原因，并再次提交，此后进入系统审核阶段。

1. 指标类型

由于百度百科是一个中国本土的百科平台，以中文为主要编辑语言，目前仍没有机构或网站将百度百科作为替代计量指标，相关研究中仅有郭颖和肖仙桃（2019）在构建用于国内学者影响力评价的替代计量指标体系时用到了百度百科中学者词条的阅读量、分享量、点赞量。研究表明，百度百科点赞量和分享量可反映国内学者的百科平台影响力，进而反映学者的影响力水平。

2. 数据获取方式

百度百科词条的点赞量和分享量均可通过检索词条关键词，从词条页面获得，如图 3-26 所示。

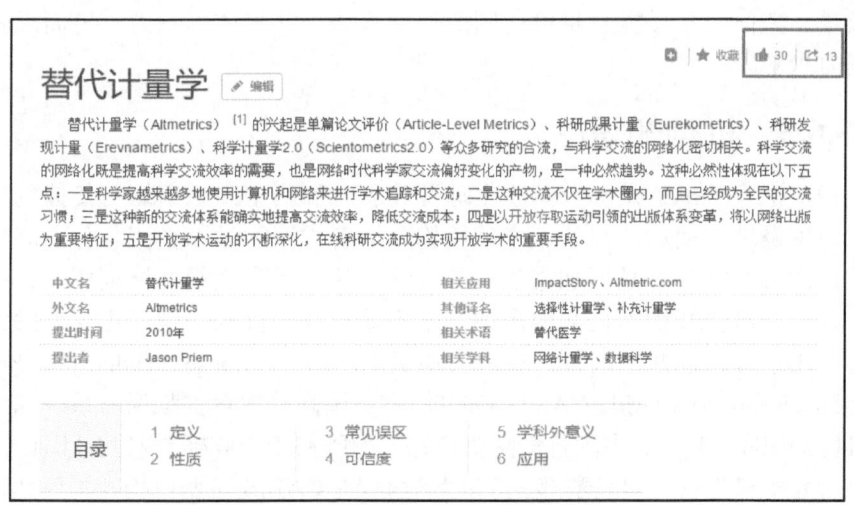

图 3-26　百度百科词条页及其指标数据①

3.6.2　主流新闻媒体

主流新闻媒体对评价对象的报道或提及也是重要的替代计量指标。早在 1981 年 Gantz 就曾提出报纸新闻和电视报道可以作为科研人员影响力的评价依据（Gantz，1981）。2016 年，Timisina 等（2016）将传统引文关系图与主流新闻和出版物、博客等社交数据相结合，用于预测学术影响力，结果表明该方法能够合

---

① 替代计量学. https://baike.baidu.com/item/替代计量学/15832809?fr=aladdin[2018-12-28].

理预测早期研究者的学术影响力。

目前,提供主流新闻媒体指标数据的替代计量网站主要为 Altmetric.com。该网站从主流新闻媒体和杂志上发表的报道中收集在线提及数据,主要通过跟踪来自新闻网站的 RSS 源列表获取,具体使用两个途径:一是链接识别,即在新闻报道的内容中搜索学术论文的超链接;二是利用题名、期刊、作者等字段搜索新闻报道的正文部分,以获取学术论文的提及量。Altmetric.com 的指标来源于新闻媒体,如 100% NOTICIAS、11.be、14NEWS、网易、180GRADER、2 minute medicine、*The New York Times* 等①,权重赋值时按照权威性和重要性再次区分等级,如 *The New York Times* 相对于 2 minute medicine 的等级更高些。

郭颖和肖仙桃(2019)在构建用于国内学者影响力评价的替代计量指标体系的过程中,根据中国新闻网站传播力排行榜 2017 年各月月榜,选定其中的前三名——人民网、新华网、中国网作为重点新闻媒体提及指标的数据来源,并把国内所有新闻媒体的提及量作为总新闻提及量。结果表明,重点新闻提及量、总新闻提及量、微信公众号提及量可一同反映学者的公共媒体影响力,进而反映学者的影响力水平。

3.6.3 机构知识库

机构知识库(IR)是一种基于全球开放理念的新型知识组织与传播门户,允许搜索引擎发现、揭示,以便于全球机构、学者之间的学术交流与分享。机构知识库建设的目的之一就是增加文献的开放性,从而提高文献的被利用率,进而促进科研人员向机构知识库提交更多的学术作品。我国机构知识库主要有两大机构知识库联盟平台,包括中国科学院机构知识库网格(Chinese Academy of Sciences Institutional Repository Grid,GAS IR GRID)和中国高等教育文献保障系统(CALIS)高校机构知识库。其中,中国科学院机构知识库网格于 2007 年构建,目前已有 102 个成员研究所和北京大学医学部、兰州大学加入;CALIS 三期机构知识库建设及推广项目于 2011 年 6 月开始筹备,2011 年 8 月正式启动,参与到 CALIS 三期机构知识库平台中的高校机构知识库约有 40 所(王聪和刘春丽,2016)。

2015 年,邱均平等(2015)首次提出将替代计量指标应用于机构知识库中,并从机构知识库整体、特定资源和发布者角度提出可用于机构知识库评价的替代计量指标,包括机构知识库整体的累计访问量/今日访问量、资源种类数和学科数、累计上传数/本周上传数,机构知识库资源的浏览量(访问量)、转载量(下载量)、推荐量、评论量,机构知识库资源发布者的粉丝数、标签(数)、资源数等;王聪和刘春丽(2016)在调研的基础上发现现有机构知识库的论文评估指标包括分

---

① Mainstream media outlets. https://www.altmetric.com/about-our-data/our-sources/news/[2018-11-28].

享量、人气指数、下载量、访问量等。

替代计量指标可以集成在目前主流的机构知识库平台上，包括 DSpace、EPrints、Fedora、Digital Commons 等软件平台，如图 3-27 所示。与机构知识库进行集成的替代计量工具主要为 Altmetric.com，少部分为 PlumX（李国俊等，2015）。未集成替代计量工具的机构知识库可从机构知识库网站中直接检索获取该网站提供的相关替代计量指标数据，国内现有可访问机构知识库的替代计量指标数据提供情况如表 3-5 所示。

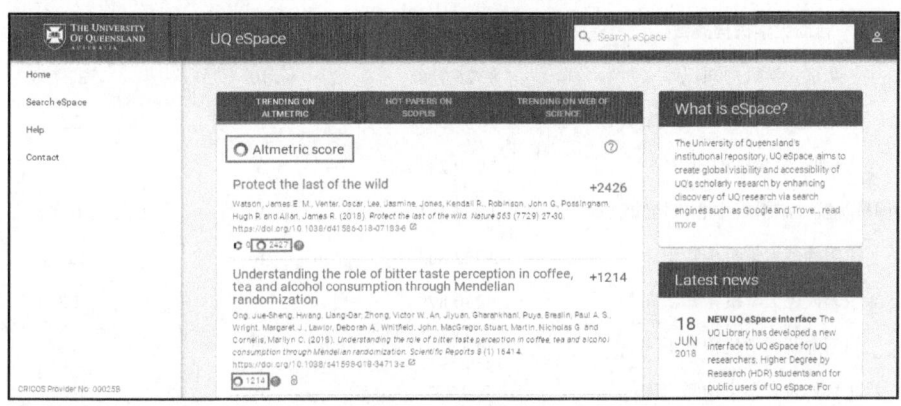

图 3-27　昆士兰大学机构知识库嵌入 Altmetric Score[①]

3.6.4　政策文件

政策文件是指政府或非政府组织的政策、指导、参考文档，形式包括白皮书、手册、论文、书籍、书籍章节或报告等，常在标题中包含"政策"、"参考"、"建议书"或"指导"等词汇，或者可能只是用于政策制定的研究对象（肖婷婷，2017）。英国科技政策研究专家 Wilsdon（2015）等人发现，当大学以外的非学术组织（如商业公司、政府机构、民间社会组织、媒体组织）使用学术成果并获得可记录的数据时，便可视为产生了社会影响，而当学术成果被政策文件提及或引用时，该学术成果即在政界产生了政策影响力（王菲菲等，2018）。

在替代计量指标体系中常用的相关指标主要为政策文件提及（policy documents mention）或政策引用（policy citation）。若某项学术成果被追踪到被某个政策文件提及，则该学术成果获得一次政策文件提及或政策引用，说明该学术成果对这项政策产生了影响，是该学术成果影响力的一种表征。目前使用政策文

---

① https://espace.library.uq.edu.au/[2018-12-10]。

表 3-5　国内现有可访问机构知识库的替代计量指标数据提供情况（邱均平等，2015）

机构知识库名称	累计访问量/次	资源种类/种数	累计上传数/个
香港机构知识库	未知	49	349 239
香港科技大学机构知识库	未知	15	69 495
重庆大学文库	未知	8	13 276
中国科学院机构知识库服务网络	75 473 117	20	593 114
浙江大学机构知识库与数字出版	12 238 175	10	未知
台湾大学机构典藏	10 579 427	10	200 111
北京大学机构知识库	8 726 758	10	27 756
上海交通大学机构知识库	7 751 549	3	2 597
深圳大学城机构知识库	5 279 233	3	3 652
中国科学院文献情报中心机构知识库	4 234 451	9	6 164
沈阳师范大学机构知识库	2 222 865	6	12 196
中国人民大学机构知识库	1 230 878	2	2 328
闽南师范大学机构知识库	988 444	4	6 944
北京科技大学机构知识库	969 297	6	12 625
深圳大学机构知识库	712 514	3	1 940
北京邮电大学机构知识库	540 217	10	65 718
北京工业大学机构知识库	394 985	6	20 226
厦门大学学术典藏库	346 625	6	76 811
海口经济学院机构知识库	250 344	2	866
清华大学机构知识库	204 737	2	114 677
集美大学机构典藏库	190 977	4	16 804
广西民族大学机构知识库	160 251	8	613
西南政法大学机构知识库	25 212	未知	未知
贵州民族大学机构知识库	9 731	8	2 337

件提及或政策引用指标的替代计量工具主要为 Altmetric.com 和 PlumX，其中 Altmetric.com 使用政策文件提及指标，PlumX 使用政策引用指标，二者定义相同。Altmetric.com 跟踪各种政策来源，并直接从相关网站采集提及数据，采集过程中主要使用文本挖掘的方法，通过文献链接或 DOI 确定特定学术成果，使用作者名、期刊名、发表时间等字段查找特定学术成果，数据采集工作仅针对英文语种的政

策文件。[①]PlumX 在 2016 年 5 月提出了一种新的引用指标——Clinical Citation（包括临床实践指南和其他形式的临床指南的引用）[②]作为一种特殊的政策文件引用指标，数据采集方法与 Altmetric.com 类似。

Bornmann 等（2016）利用 Altmetric 公司的政策文件数据，研究政策文件所提及的气候变化研究论文的相关特征，以验证政策文件数据源在测度论文社会影响力时的可用性。Haunschild 和 Bornmann（2016）同样利用 Altmetric 公司的数据，研究了政策文件中提及 WoS 索引论文的数量，发现 0.5%以下的论文至少有一次相关提及，据此提出应当定期重复这样的研究，以检验学术论文被政策文件提及的动态发展情况。

若要获取某组织或机构出台的政策文件对特定评价对象的提及或引用指标数据，可使用网络爬虫工具对该组织或机构的相应政策文件进行爬取搜索匹配；若要获取大量不同组织或机构的政策文件提及或引用数据，则可直接使用。

[①] How does Altmetric track policy documents? https://help.altmetric.com/support/solutions/articles/6000129069-how-does-altmetric-track-policy-documents-[2018-11-29].

[②] PlumX and Policy Document Citations. https://plumanalytics.com/PlumX-now-includes-policy-document-citations/[2018-11-29].

第四章

替代计量学的指标体系

4.1 替代计量指标概述

替代计量指标本身即是一个复杂的指标集合（Torres-Salinas et al., 2013）。大多数替代计量指标试图追踪单个可识别的学术实体在网络中的影响力。然而，网络中的学术实体并不止单篇学术成果。传统的学术成果，如期刊论文和专著，是其中的部分评价实体，而其他实体也可以是在线幻灯片、会议海报、录制讲座、博文、播客剧集、视频链接、信息图表、数据集等（Roemer and Borchardt, 2015）。本节包括五部分，试对国内外学者对替代计量指标的研究做必要总结，并从总体上分析和把握替代计量指标的基本内容，包括指标基于科学交流过程的产生背景、指标的类型、指标的作用与适用范围、指标的可信度以及指标的应用标准等内容。

4.1.1 科学交流过程与替代计量学

4.1.1.1 科学交流的发展

20世纪30年代，英国科学社会家贝尔纳首次使用了"科学交流"（scientific communication）的概念，他指出："我们需要尤为认真地考察并解决科学交流的一系列问题，除了科学家之间的交流，还包括与公众之间的交流问题。"（孔德轩和吾买尔艾力·艾买提卡力，2013）网络自身和用户使用网络的方式处在不断发展和变化之中，学术交流也随之不断变化。研究人员越来越多地将社交媒体用于各种研究活动，如图4-1所示，科学研究过程中的五个基本环节都越来越与社交媒体密不可分（Holmberg, 2016）。同行评议不再是专家之间的事，主体还扩展到了大众，社会同行评议由此萌芽并得以进一步发展。同时，公开同行评审也可以被视为公民科学的一部分，如在公开同行评审中，任何人都可以审阅科学论文，这提升了公民的科学素养，也为科研工作的完善提供了新途径。例如，社交媒体Twitter具有一定的可靠性，可以有效地进行对话和信息共享。Twitter十分适合学术信息共享以及与公众进行科学交流，因为它提供了一种向关注者分享信息的简单方式，即将信息发布或转推至自己的平台，通过这样的方式，科研工作者开展社会同行评议，及时接收同行专家提出的意见与建议并且了解公众对其科研成果的态度和看法。如新闻聚合器Digg（http://digg.com/）和Reddit（http://www.reddit.com/）的推荐系统，用户可以在上面投票选出受欢迎且有趣的故事，以提高这些文章的知名度。Reddit集合了一类与科学相关的文章，栏目名为The New

Reddit Journal of Science（http://www.reddit.com/r/science/），可作为替代计量指标数据的潜在来源。Reddit 的一个有趣功能是 Ask Me Anything（AMA）会议，公众可以在这些交流会上向专家询问任何内容。AMA 可以为科学交流提供更多定性分析的潜在数据来源，同时提升公众对科学相关对话的兴趣和参与度（Holmberg，2016）。

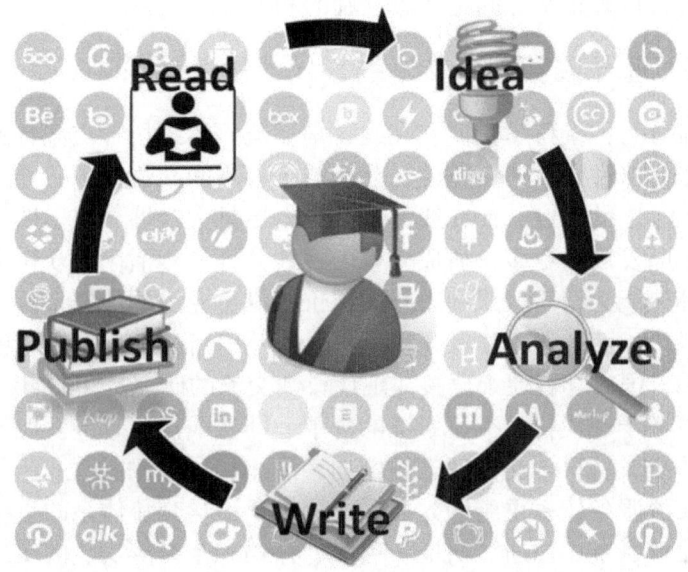

图 4-1　社交媒体环境下科学研究的基本过程（Holmberg，2016）

在某些情况下，科研工作者不止会听取公众对其科研成果的看法，还能转向让公众来帮助其进行研究。这种公众参与科研通常被称为"公民科学"。Foldit（http://fold.it/portal/）是一款在线"游戏"，可帮助科研工作者完全理解蛋白质的折叠方式。一方面，计算机十分擅长进行数百万次的快速计算，但它们并不擅长检测视觉模式，例如蛋白质如何进行有效折叠。另一方面，人类虽然无法快速进行数百万次计算，但我们在检测视觉模式方面非常出色。通过让人们参与"游戏"来直观地检测蛋白质折叠模式，科研工作者便能快捷、直观地取得许多关于蛋白质研究的新进展。另一个例子是一项名为 Galaxy Zoo（http://www.galaxyzoo.org/）的公民科学项目，主要用于对哈勃望远镜拍摄的图像进行星系分类。通过众包的方式，该项目已经从世界各地的业余志愿者中收集了数百万个分类，而这对于一组研究人员来说是一项不可能完成的任务。SciStarter（http://scistarter.com/）是一个科学家发布其公民科学项目的平台，公众可以在这个平台上找到他们感兴趣并想参与的项目（Holmberg，2016）。

Web2.0 技术为科学交流提供了更好的互动条件（徐佳宁和罗金增，2007），开放存取运动的展开也为科学交流提供了源源不断的动力。虽然并非所有的替代计量指标都来自社交媒体，但替代计量学的未来仍与网络、社交媒体，以及开放存取运动的未来紧密相关。替代计量学和开放存取运动二者的连接是双向的：一方面，替代计量学依赖于公开的科研成果的数据来源；另一方面，替代计量学能在很大程度上激励科研人员在开放存取期刊平台公开其学术成果。简而言之，开放存取运动与替代计量学之间是互惠互利的和谐发展关系。

4.1.1.2 基于在线科学交流的替代计量学

科学交流分为传统科学交流和在线科学交流。传统科学交流有其权威和专业性，但常由于时滞性导致诸多不便，公众与学者之间交流甚少，导致公众对科学研究抱有敬而远之的态度；而在线科学交流则更具大众性、流行性、及时性。开放存取运动不断发展，更多科研成果得以在线公开和传播。公众作为在线科学交流的扩展主体，能为科研成果的影响力评价提供更充足的数据来源，作为辅助渠道完善科研成果，使科研工作者开阔眼界、打开思路，倾听大众的意见与建议。

十几年前，国内学者便十分关注现代科学交流的研究。2007 年，徐佳宁和罗金增两位学者基于现代科学交流系统的变革，即从线性信息链发展成为一个互动的网状交流体系，从科学交流频道的增加、过滤和评价机制改变、科学交流模式重组、科学交流服务体系重组四方面详细分析了科学交流体系的重组，并探讨了在新的科学交流系统中注册、认证、通告、存档和荣誉等功能的实现（徐佳宁和罗金增，2007）。2011 年，钟灿涛进行了科学交流体系重组的动力因素分析。"期刊价格危机"使科学交流体系重组问题进入公众视野，目前对整个科学交流体系的重新思考和流程再造研究已经成为讨论的热点。在科学共同体、出版机构、政府以及公众等不同利益相关方的博弈推动下，整个科学交流体系正在发生着不可逆转的重大变化。深入分析科学交流体系重组过程中的动力来源，能够更好地理解当前科学交流体系重组所面临的问题和机遇，有着非常重要的现实意义（钟灿涛，2011）。早在替代计量学诞生之初，国内外学者便意识到了替代计量学与科学交流之间的密切关系。2008 年末，外国学者 Taraborelli 就将替代计量学称作"软同行评审"，揭示了替代计量学与同行评审的紧密联系（Taraborelli, 2008）。2012 年，我国学者刘春丽更是基于科学交流过程分析了替代计量学的研究意义。替代计量学以科学交流为基础，并让那些在正式文献引用过程中被忽略的科学知识受到重视。她认为替代计量学立足于开放存取平台和学术社交网络，是一种出版前开放同行评审和出版后基于科学交流过程的非正式评价（刘春丽，2012）。2013 年，王贤文等讨论了科学论文在社交网络中的传播现状，社交网络与开放存取对科学论文的传播产生的重要影响，进而阐述科学论文在社交网络环境下和多类型媒体时代的传播过程，并从成本机制、宣传机制、内容机制三方面分析了科学论文在社交网络中的传播机理，最后通过案例研究具体分析了社交网络环境中的科学论文传播机制（王贤文等，2013）。研究结果显示，论文本身的内容机制和传播过程中的名人效应对促进科学论文的传播非常重要。在社交网络环境下，全新的传播方式也要求对论文采用全新的评价指标和计量方法，即替代计量学。

4.1.1.3 替代计量学视角下的在线科学交流新模式

替代计量学的科学测度面向科技生产、传播与利用的整个科学交流过程，与在线科学交流环境具有密不可分、相互促进的关系，为新形势下在线科学交流机制的重构提供了新的视角与途径（齐世杰等，2017）。2014年，余厚强、邱均平两位学者结合社会网络传播渠道建立了替代计量学中在线科学交流新模式，并详细论述其传递机制和过滤机制，更加深刻地揭示了在替代计量学视角下的在线科学交流新模式能消除在线科学交流的种种障碍，充分发挥在线科学交流的高效率优势（余厚强和邱均平，2014b）。替代计量学与在线科学之间的关系从来不是单向的，替代计量学的理论和成果可以通过积累沉淀反过来指导在线科学交流并促进其发展。在线科学交流新模式中，替代计量学本身即是对在线科学交流的反思，其指标则是对在线科学交流数据的提炼与应用。在传统科学交流模式下，我国科学家的交流一直处于落后状态，具体表现为原始科学文献管理方式的落后、追踪领域知识的方式落后和学术影响力观念的落后。造成这种现状的原因主要有三点：科学交流主体的不适应、已有评价体系的制约和新技术体系不够成熟。余厚强和邱均平两位学者构建的在线科学交流新模式，纵向大类由传递机制（以线条粗细表明传递方式的主流程度）和过滤机制（由左往右地位依次降低）构成，横向大类由正式与非正式交流构成（余厚强和邱均平，2014b）。科学交流的对象一般是科研工作者，但普通群众由于网络的飞速发展也成了在线科学交流的对象，是主体中不容小觑的一部分。所以，本书在引用此模型时，将原图中的科学家 A 与 B 完全符号化为 A 和 B。此模型以 A 的科学信息通过十种传递机制经过过滤机制抵达 B 的单向交流为例，清晰直观地构建出了基于替代计量学的在线科学交流新模式，如图 4-2 所示。但需要指出的是，大众作为在线科学交流的扩展主体，并不能利用所有的传递机制，学术会议即是一个力证。过滤机制中，大众更多涉及非正式在线科学交流，偏好适用替代计量指标、社会网络和社会同行评议。如今，科研工作者更多还是处于利用在线正式科学交流的传递机制和过滤机制为主，非正式在线科学交流为辅的阶段。

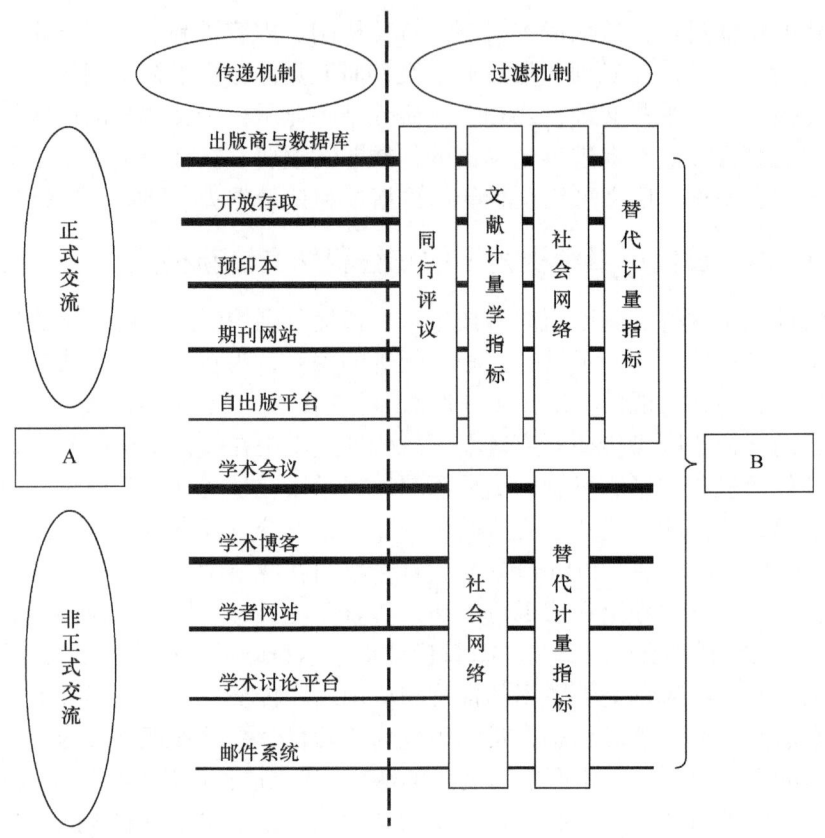

图 4-2 基于替代计量学的在线科学交流新模式（单项描述）（余厚强和邱均平，2014b）

这种在线科学交流新模式并不是固定不变的，而是处于动态的发展之中。其发展主要有四个方面。其一，与传统科学交流机制相比，这种新模式的传递机制十分丰富，有十种之多，它们分别是出版商与数据库、开放存取、预印本、期刊网站、自出版平台、学术会议、学术博客、学者网站、学术讨论平台、邮件系统。传递机制的丰富性极大地促进了科学成果的交流和传播，提高了信息被获取的效率。其二，不同传递机制的科学交流效率和成本的不同也会促进传递机制的主次发生转变，自出版平台的科学交流效率最高且成本相对低廉，故最有可能成为未来的主导传递机制。其三，图 4-2 中所示的过滤机制在未来在线科学的不断发展之下会发生地位的逆转。这种逆转反过来也会对替代计量的发展产生强大的内在推动和完善作用。其四，从在线科学交流的过程，便可窥见这种在线科学交流机制在科学效率最大化、交流成本和经济投入最小化上的不俗能力。第一步是发布：科研工作者将其科研成果发表在自出版平台上，辅以邮件和博客等传播渠道。科研成果在平台上的发表是余厚强和邱均平在同年建立的替代计量指标分层模型

（余厚强和邱均平，2014a）的基础层，即传播层乃至整个指标分层得以建立的前提。第二步是传播：科研成果在科学社会网络上获得传播并累积大量的替代计量指标数据。科研成果的传播对应的也是基础层，即传播层。第三步是收集：通过各大权威的替代计量指标平台收集数据并反馈给自出版平台，用于检索与导航，科研成果得到过滤，科研工作者获取文献的速度和精度得以大大提升。第三步对应的是指标分层中的获取层和利用层。最后一步是保存：科研成果实体得到长期保存，便于学者和公众的再获取与再利用。这一步是指标分层中利用层的保障，保证科研成果的可重复性和数据的可追溯性。需要指出的是，在线科学交流新模式中科学交流的四个步骤并不完全对应指标分层的三层，存在交叉和重复，但在Web2.0大背景和开放存取运动的新形势下，科学交流为指标的分层提供了数据前提和产生途径，可以说，没有现代科学交流，指标的分层也就无从谈起。

4.1.1.4 小结

科学交流作为科学活动的核心环节，能够通过科学交流实时追踪科研成果的在线交流数据，并将其用于科学成果的影响力评价，加快实现学术评价领域的变革，从而增加了科学评价的全面性、精准性与多样性（Bornmann，2014a）。替代计量学的出现可能从根本上改变了学术交流。社交媒体现已经改变了学术交流的方方面面，科研人员可以在博客中表达自己的看法，在Facebook上与同事讨论他们的研究进展，并在Twitter和Mendeley上发表、分享他们的文章。由于研究逐渐从封闭的科学生态系统发展至开放的网络环境，即便是科研人员以外的普通民众也可以参与研讨，向更广泛的受众传播新的发现。然而，新形势下的学术交流需要新方法来衡量影响力，往昔单一的引文量指标已经不能全方位地展现学术成果的影响力，而替代计量学可以追踪学术交流痕迹，进行社交媒体中的影响力研究，挖掘科研成果的潜在价值（Holmberg，2016）。传统的正式交流在一定程度上阻碍了科学信息交流的优化，造成了科研人员的认知偏差与失调（韩毅，2016），有其固有的缺点和劣势。替代计量学的出现正是弥补了传统科学交流的固有缺陷，因此，许多学者也同样对替代计量学持认可态度，认为替代计量学为新形势下在线科学交流机制的重构提供了新的视角与途径。

4.1.2 替代计量指标的类型

对替代计量指标进行分类或分层是替代计量学的前提，只有设计出科学合理的指标体系，才有可能得出相对客观的计量分析结果。指标体系由若干个相对独立的统计指标组成，是某个反映社会经济总体数量特征的有机整体。在严谨的科学统计研究中，如果要说明总体面貌，某个单一指标往往难以令人信服，这时候就需要遴选多个相关且独立的指标构成统一体，即为指标体系。替代计量学的研究也是如此，从目的出发，才可能对学术成果作出尽可能严谨的影响力评价，从不同角度对替代计量指标进行分类，遴选并集成独立性强、相关度高的替代计量指标进行实证研究。

4.1.2.1　不同角度的指标分类

合理的指标分类应呈现各类指标的弱相关性、指标内部的强相关性（刘丽敏和王晴，2017）。替代计量学的平台众多，平台之中的指标可谓纷繁复杂，指标之间的交叉性、重复性和模糊性又增加了替代计量学的研究难度，在替代计量学萌芽之初，各大权威平台都对其指标进行了或粗略或细致的分类。不同平台将特定指标进行遴选与集成，这种复合指标集成了某些特定的单一指标，具有比人为划分更高的权威性。在介绍替代计量指标类型之前，需要明确一点，从指标的性质可简单将其划分为绝对指标和复合指标（Moed，2017）。绝对指标指对单一指标的计数，如某学术成果在某平台的浏览量或下载量。而复合指标则来自不同来源的计数，通过加权计算出某个单一的数据，如 Altmetric.com 和 ImpactStory.com 公司提供的 Altmetrics Score。Altmetric.com 平台上的指标原本被分为四类，分别是：①社交媒体平台，例如涵盖生活事宜的 Twitter 和 Facebook；②参考管理库和读者图书馆，例如涵盖学术活动的 Mendeley 或 ResearchGate；③发布学术评述的各类学术博客；④面向公众的媒体报道，如日报或新闻广播。后来则不提供分类，而是提供指标源聚合后得到的分数，即目前最具权威的 Altmetrics Score。Plum Analytics（https://plumanalytics.com）平台秉持五个指标，它们分别是使用（usage）、捕获（captures）、提及（mentions）、社交媒体（social media）和引文（citations）。PLoS ONE Altmetrics（ALM 工程）基于投入程度（level of engagement）这一哲学基础将替代计量指标分为五大类及 24 个分指标，这五大类分别是浏览（viewed）、保存（saved）、讨论（discussed）、推荐（recommended）和引用（cited）。ImpactStory 与 PLo SONE 平台一样分为以上五类，但将学术用户和公众分开（Holmberg，2016），做了群体的区分。

除了权威平台对指标进行分类外，国内外许多学者也都对指标进行过分类。笔者选取了三位国内学者、七位国外学者对替代计量指标的分类以时间顺序制作了表 4-1，包括指标分类的提出年份、分类依据、学者名。其中需要进行详述的是，Roemer 和 Borchardt（2015）将替代计量指标分为四级。第一级是单篇学术成果指标，侧重于个人学术贡献。其中包括使用（点击/浏览、分类/收藏）、获取（书签、Forks、钟爱、保存/阅读）、提及（博文、注释、评述、归因）、社交媒体（点赞、分享、推文）、分数与排名（Altmetrics Score 和 Impactory 百分比）。第二级是聚集地指标，着眼于产生个人学术成果的场所。其中包括在线学术出版商 PLoS 和约翰·威利父子出版公司出版的在线期刊。第三级是作者层面指标，主要衡量在一定时间段中作者的学术成果影响力。其中包括 ImpactStory Profiles、PlumX Sunbursts 和 RG Scores。第四级是机构指标，着重于集团或机构的产出评价。其中包括 PlumX 的组合指标、Altmetric.com 公司面向机构的系列指标以及雪球指标（snowball metrics）（Roemer and Borchardt，2015）。雪球指标计划（http://www.snowballmetrics.com/）是一项以大学为基准制定标准化指标的举措，旨在将替代计量指标分别归纳为学术活动、学术评论、社交活动和大众媒体报道。例如，Mendeley 的"书签"被视为主要的学术活动，学术博客被视为学术评论。Twitter 和 Facebook 上的社交活动可以是公众的，或研究人员的，抑或是两者的共同活动（Holmberg，2016）。

但是，利用定量方法，如聚类分析、主成分分析和因子分析等，分析这些指标事实上并不全面，难以解释不同指标之间的关系。不同类型的指标在这些数据分析中存在交叉与重叠，所以这些分类几乎不被科研工作者采用，也难以在正式的科研工作中得到肯定和发挥功效。在实际的科研工作中，学者并不完全照搬权威平台的指标分类，而是根据自身研究的需要，参考权威平台的指标分类，将替代计量数据分为更符合自身研究的种类，这样的分类具有个性化、自主性的特点。国内学者邱均平等（2015）、刘晓娟和宋婉姿（2016）、姜春林和魏庆肖（2017），国外学者 Taylor 和 Plume（2014）在实证研究中根据研究目的对替代计量指标进行分类的方法便是力证。

表 4-1 国内外学者对替代计量指标的分类表

	提出年份	分类依据	分类	学者名
国内	2015	从机构知识库整体、特定资源和发布者的角度	针对机构知识库平台整体的指标；针对机构知识库中特定资源的指标；针对资源发布者的指标	邱均平、张心源、董克
	2016	根据数据来源和产生机制并参考 PLoS ALM 的分类	学术引用类；网络引用类；大众社交类；学术社交类；使用统计类	刘晓娟、宋婉姿
	2017	论文传播的不同类型	使用类型；获取类型；论文被提及类型；社交媒体传播类型	姜春林、魏庆肖
国外	2009	主成分分析后聚类分析	期刊使用概率；使用测度；JIF、SJR 和引文测度；总被引频次；分布测度；引文中心性；PageRank 测度	Bollen 等

续表

	提出年份	分类依据	分类	学者名
国外	2010	数据来源的不同	书签工具；参考管理；推荐系统；文章评论；微博；Wikipedia；博客	Priem、Hemminger
	2011	指标之间的关系	论文获取指标；引文指标；社会标签指标	Yan 等
	2013	指标之间的关系	传统计量指标；活跃替代计量指标；非活跃替代计量指标	Liu 等
	2014	指标之间的关系	阅读和被引；阅读、保存和被引；流行性点击；专家挑选；无关注度	Priem 等
	2014	将 Altmeric.com 上的指标与研究目的相结合	社交传媒类；学术行为类；学术评论类；大众媒体报道类	Taylor、Plume
	2015	指标应用对象	单篇学术成果指标；聚集地指标；作者层面指标；机构指标	Roemer、Borchardt

4.1.2.2 指标分类体系

指标的分类需要层层递进，每个指标互相独立又都具备不同的转化率，仅仅将指标分类难以满足替代计量学的研究需要，故在替代计量学的理论和实证研究中，亟待建立一个层层递进的指标体系模型。近年来，国内外学者提出过不同的指标体系分层模型。2013 年，Piwowar 和 Priem（2013）提出，替代计量指标在一定程度上反映了不同特色的影响力，意在指出替代计量指标的多样性以及根据这些特色影响力将相关指标分组的可能性。黄晓（2017）按照替代计量指标本身的属性，根据指标的使用程度和传播情况，将 Altmetric.com 中的指标分为四层，分别是阅读、讨论、引用、推荐。阅读层的使用深度浅，传播速度慢、广度小，具体指标是 Mendeley 中读者数量；讨论层的使用深度一般但传播速度快，具体指标是 Twitter 提及数量、微博提及数量、Facebook 提及数量、Google+提及数量、LinkedIn 提及数量、Reddit 提及数量、Pinterest 提及数量、Q&A 讨论数量、Videos 提及数量、Syllabi 提及数量；引用层的使用深度较深但传播速度一般，具体指标是博客提及数量、同行评议数量、Wikipedia 引用数量、研究热点平台引用数量；推荐层的使用深度深并且传播广泛，具体指标指新闻提及数量、政策文件提及数量。从影响力类型的角度，我国学者进行了指标体系模型的建立与完善。2014 年，余厚强和邱均平首先以学术成果影响力为切入点,构建学术成果影响力产生模型,随后对众多处于离散或重叠状态的替代计量指标分为三个层次,即传播层次、获取层次和利用层次,并在每层设立了帮助指标定位的程度维度,即传播强度、获取黏性和利用深度,由此建立了替代计量指标分层体系,如图 4-3 所示。指标的分层依据学术成果影响力传播模型的三个阶段,传播阶段对应传播层次;二次传播阶段对应获取层次;反馈传播阶段对应利用层次。三个阶段与三个层次依次对应,每个层次又能纵深发展。这一理论研究对建立清晰完善的替代计量指标体系的意义不言自明,为日后学者的研究提供了指标体系的理论基础,便于其更好地进行指标的聚合,开展更多的实证研究。

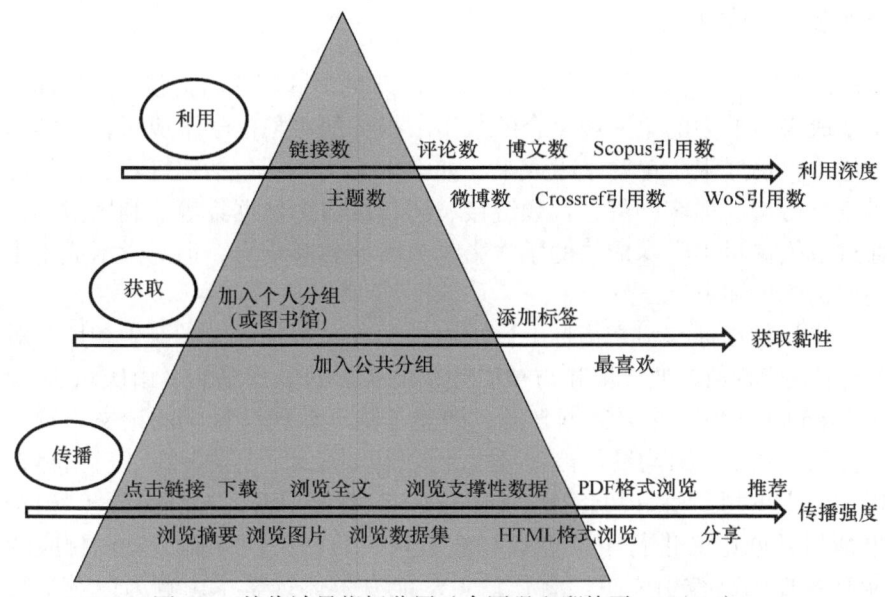

图 4-3　替代计量指标分层(余厚强和邱均平,2014a)

2015 年,邱均平和余厚强两位学者在实证研究之下建立了由知名度模块、交流模块和影响力模块组成的影响力产生模型。随后基于这一模型,投入程度理论和以往的分类体系对替代计量指标进行分层,建立了金字塔形的三层指标体系,即应用层、社交媒体层和感知层,厘清了指标间的逻辑关系,指出并呼吁学者重视和研究某些特定指标及层与层之间存在的正向转化关系,加快建立学者在实证研究中收集数据的标准(邱均平和余厚强,2015b)。

替代计量学可以呈现为社交媒体中产生的原始影响力计数,或者可以将它们汇总到单个指标中,或者根据影响力类型或用户参与程度进行分组。笔者认为,根据影响力类型对替代计量指标进行分类或分层更能体现替代计量学现阶段的核心本质:学术成果影响力全面分析。2014 年,余厚强和邱均平两位学者建立的替代计量指标分层模型，虽不能说面面俱到，但也为指标的分层提供了完善和前进的方向。次年，这两位学者将影响力再次分类，建立了影响力产生模型，将替代计量指标分为三层，提供了更为可信的分层依据和指标体系。指标分类的进化方向是指标体系的建立和完善，指标体系的建立和完善能更好地为替代计量学理论以及更多的是为建立连续、动态和复合的单篇学术成果影响力评价体系（武澎等，2018），学者影响力评价，机构影响力评价体系提供指标数据遴选与集成的标准，具有较高的理论意义和实践价值。

4.1.3 替代计量指标的作用与适用范围

4.1.3.1 作用

指标，是衡量目标的单位或方法，就替代计量学这门学科来说，其指标指的是衡量学术成果影响力的单一或复合的数据。指标的对象是学术成果，而学术成果的种类绝不仅仅局限于单篇学术成果，如学术论文，还包括幻灯片、会议海报、录制讲座、博文、播客剧集、视频链接、信息图表、数据集等。利用指标，能清晰地通过数据揭示出学术成果的学术影响力和社会影响力，但对学术成果本身质量的测评仍未可知。

在替代计量指标与引文指标上，国内外学者在替代计量学诞生初期，对下载量、浏览量、读者数、推文量和与被引频次的关系进行了研究。由庆斌等（2014）选取了 Mendeley 平台作为数据来源，构建了基于替代计量学的论文影响力评价模型，发现下载量、浏览量与被引频次相关性较高，肯定了替代计量指标在评价论文影响力上的可行性和可信度。利用 *PLoS ONE* 平台，赵蓉英等（2018a）选取图书情报领域论文进行了浏览量与被引频次的相关性分析，发现相应的计量指标能有效指示高被引文献，替代计量学能有效体现学术影响力以及社会影响力。被引频次的出现平均比访问指标推迟两年出现，而下载量和浏览量等访问指标被证明具有强相关性，因此为预测和评价论文影响力提供了有力依据。社交媒体指标可以作为早期检测系统发挥预测作用，更及时地指示研究的价值，甚至可能预测后来的被引数（Holmberg，2016）。但并不是所有的指标都能为预测被引频次服务，读者数这一保存指标和分享与推荐指标则与被引频次的相关度不高或完全不相关（李宏等，2018）。实证研究发现，高质量期刊会因其学科的不同影响 Altmetrics Score 的高低和被引频次的相关性，即存在学科差异性（吴朋民等，2018）。在替代计量指标与被引频次的研究中，平台与学科领域的选择、期刊与论文质量的限定对指标与被引频次的研究有很大的影响，就目前的研究进展来看，这方面的研究还有很长的路要走。

指标的设立是进行指标分类的前提，指标分类又为指标体系的建立提供分层基础。指标体系模型的建立是替代计量指标理论研究的一大突破，作为实证研究中对指标遴选与集成的参考，具有很高的实用价值。余厚强和邱均平以影响力类型为分层依据，建立了替代计量指标分层模型，为替代计量学的实践研究提供了指标遴选与集成的理论基础。在应用方面，本书第七章详细介绍了替代计量学的应用体系，包括科学评价、信息资源管理、信息检索与服务、科技管理与预测方面的应用，在此不做赘述。

4.1.3.2 适用范围

1. 指标的适用性

替代计量指标的适用范围有论文推荐、论文监督和科技评价三个方面（刘春丽，2013）。论文推荐主要指在数量众多的学术论文之中，学者可以在某个学科、某本期刊、某个数据库、学术平台内，选择和利用替代计量指标（如下载量、浏览量、发帖量、标签量、评论量）较高的论文。这些指标能从不同角度反映单篇学术成果的影响力。论文监督是指发起在学术共同体外的社会学术共同体对单篇学术成果影响力的评价，监督论文的使用和传播水平。如大力推广社会同行评议，让大众也能参与到现代科学交流中，还可以通过开放存取平台或学术网站，选择不同平台的各种替代计量指标，监督论文的质量，以防学术共同体内对某些创新性较高的论文或个人的恶意排斥。科技评价是指各种与论文评价相关的部门（如职称晋升、科研管理和基金发放）可以对替代计量指标进行深入研究，采用科学、合适的方式，灵活地对各个学科，特别是新兴学科和交叉学科论文的影响力进行评价（刘春丽，2013）。

2. 指标的对象性

替代计量指标数据大多依托各种如雨后春笋般出现的社交媒体平台，出自科研工作者的频繁使用（Taylor，2013），然而，随着替代计量学的发展，社交媒体平台上的大众群体对指标数据的贡献比例呈上升趋势，所以在适用指标范围的划分上，需要重视指标的对象性，有必要对不同群体的适用指标范围做划分。

面向个人成果影响力追踪的 ImpactStory 平台虽然在指标分类上与 ALM 工程相同，将替代计量指标分为五大类，即查看、保存、讨论、推荐和引用，但对学者和大众进行了区分，划分了不同研究人员的适用指标范围，为科研工作和社会活动的展开提供了划分基础。

在某领域内，不同对象群体适合不同影响力评价。刘晓娟和宰冰欣（2015）将图书情报领域文献定为研究范围，发现面向科研人员的 Mendeley 更适合应用于文献学术影响力评价中，面向大众的 Twitter 则适合运用于文献的社会影响力评价中。

替代计量学的用户不仅限于学者，还包括普通民众，因此，对既得数据的分析解释显得愈加艰难。由此可见，明确指标的对象性十分重要，在运用替代计量指标时应根据用户类别进行细分。传统的引用频次指标，其数据产生者主要是学者，而替代计量指标产生的数据则是多种多样，对象不同，因此使用动机和使用方式也会不同（余厚强，2017）。

3. 指标的目的性

如 Crotty（2014）所言，不同利益相关者希望通过不同指标衡量不同事物的影响，而不同利益相关者的目的又是千差万别的，预先为有不同目的的所有用户遴选指标更是难上加难。我们应该考虑创建成百上千个替代计量指标体系，为每个利益相关者的不同目的定制不同的指标体系，这就需要了解哪些数据来源和哪种指标能最大程度地反映科研成果的影响力。

不同应用场景下的目的也会对替代计量指标的使用起决定性作用。在 Liu 和 Adie（2013）看来，许多不同的利益相关者以不同的方式使用替代计量学方法，不同受众对替代计量学的影响以及影响引申的意义有自己的看法。尽管还未确定何种指标与哪些目标最相关，但在通常情况下，如果研究人员要衡量政策的影响，就会寻求提及政策文件和其他政府文件的研究产出；如果研究人员要探究某篇论文对实际从业人员的影响，候选指标则需要包括目标人群聚集社区的讨论情况，实时监控他们互动的在线社区，如果研究者想了解普通群众对科研成果的态度，则需要社交媒体上的数据。

4. 指标的地域性

地域差异也会影响指标数据的收集和应用，故在使用替代计量指标分析成果影响力时，要注意遴选的指标是否全面揭示了文献影响力，充分考虑不同地区人们对各种工具的使用程度。Alperin（2015）通过对拉丁美洲地区的单篇学术成果进行 Altmetrics Score 的统计，发现不同地域背景下的平台或工具的流行程度会对指标的数据产生影响，建议学者在今后进行替代计量学研究的时候注意地域性，如发展中国家、发达国家。究其原因，主要有三点：第一，单篇学术成果总体使用率低；第二，至少是在学术界中，拉丁美洲的社交媒体使用水平低于北半球国家；第三，拉丁美洲读者分享于社交媒体平台的单篇学术成果有着不同于北半球的文化环境。如果不重视社交媒体的地域化，则无法顺利开展替代计量指标的研究。单篇研究成果的使用率、社交媒体的使用水平、学术工作的文化习俗等都因地理位置而异，但他同时指出纪律和语言也会产生潜在影响。

5. 指标的时效性

时效性指同一件事物在不同的时间具有很大的性质上的差异。传统的被引频次指标在论文评价的应用中存在时滞性，数据通常需要 2～5 年的时间来积累，并且更适用于单篇论文的长期学术影响力分析，期刊影响因子则有其对象性，即期刊。总的来说，替代计量指标数据积累相较以上指标更为迅速，及时性较强，但对单篇论文的持续性存在不足。对纷繁复杂的替代计量指标进行时效性的比较，不难发现指标间也存在及时性和持续性的差异，所以，科研人员需要重视替代计量指标的时效性，例如，大众社交类指标 Twitter 的及时性强，但持续性短，学术社交类指标 Mendeley 则恰恰相反。Twitter 是一个面向普通民众的社交网络及微博客服务的网站，信息更迭速度相较面向科研人员的 Mendeley 更为迅速，这种数据增长机制导致指标时效性各不相同，无视这种指标间的差异会对学术成果影响力评价产生不利影响。刘晓娟选取 266 篇文献为样本，观察其出版后替代计量指标的变化情况。她对替代计量指标的及时性和持续性进行可视化分析发现，使用统计类指标，如浏览量，其及时性和持续性都较强；学术引用类指标及时性较差，持续性较好；大众社交类指标的及时性好，但持续性远不及学术引用类和使用统计类指标；网站引用类指标的时效性与大众社交类指标不相上下；学术社交类指标的及时性低于大众传媒指标，但 Mendeley 指标的持续性强，甚至可以与传统的被引频次比肩。所以，在具体的研究过程中，科研人员应要重视不同工具的及时性和持续性，对各指标的时效性做出判断。

6. 指标的学科性

STEM 是科学（science）、技术（technology）、工程（engineering）、数学（mathematics）四门学科英文首字母的缩写。STEM 更注重期刊和论文的生产和消费，而人文社会科学更注重图书。最初，文献计量工具的产生便是满足了科学家的需要，而人文社会科学学者一直使用定性指标评估学术影响力，很难将定量的文献计量学应用到自己的学科领域。在社交媒体上，STEM 相较于人文社会科学更为活跃，因此会造成不同学科间学术成果影响力比较的偏差。采用适当的替代计量指标进行特定学科的学术影响力评价十分必要，除此之外，应注意某些特定学科更适合采用替代计量指标进行引文方面的研究，如经济学、经济计量与金融学，因为这些学科的引文与大多数替代计量指标相关系数最高。替代计量指标的跨学科性是其应用中需重点考虑的问题。余厚强采集 27 个学科的 18 种替代计量指标和 Scopus 引文量数据，发现不同学科呈现截然不同的指标活跃度，不同的学科之间，替代计量指标存在明显的学科差异性，因此，在运用替代计量指标进行学术成果影响力评价时，一定要根据不同学科的特点灵活选择适合的替代计量指标。替代计量指标虽然有其固有的学科性，但应努力与各学科形成密切联系，使新发布的学术成果最大限度地突破各种限制，达到学科内部乃至不同学科之间互通有无、高效交流的局面（杨思洛，2015）。

4.1.4 替代计量指标的可信度

加菲尔德树立了引文指标的权威，渐渐形成了今天以引文指标为黄金法则（golden rules）的局面（邱均平和余厚强，2015b）。替代计量指标在应用过程中难免会出现人为失误，数据本质的偏差也偶有出现。社交网站往往没有数据的质量控制，也没有验证网络用户真实身份的正式流程，替代计量指标数据极易被操纵（Thelwall，2014）。Wouters 和 Costas（2012）指出，替代计量指标的数据源"需要遵守更严格的数据质量协议，指标应更具可靠性和有效性"。不论是科研人员还是出版商都对替代计量的数据收集、数据操纵等问题抱有不同程度的质疑和担忧（邱均平和余厚强，2013）。国外学者 Bollen 等（2009）的实证暂时证明了期刊引用数据与用户使用数据具有趋同性，但其验证模型没有考虑断刊、散刊、合刊、单独论文、论文的单独章节等情况，而是为求简化集中探讨了引文网络与使用网络，以及传统使用统计与新型使用统计之间的关系，故并不能完全得出各种指标具有趋同性的肯定结论。

目前国外很多开放存取平台，如 ImpactStory、Altmetric.com、PLoS、Plum Analytics 等，都提供了自身平台的数据，对平台提供的指标进行分类，数据源和评价指标的多样性往往会导致数据的重叠，增加指标遴选的难度（由庆斌和汤珊红，2013）。刘春丽（2013）采用不同方法，对 PLoS API 数据集的替代计量指标进行相关和聚类分析，发现指标之间存在交叉性，指标内部又具有重复性，需要对数据进行去重处理。面对替代计量指标内在价值模糊化、指标可信度存疑等现实，邱均平和余厚强两位学者从规避数据操纵、数据严谨性和数据一致性三个角度，论证了替代计量指标具有可信度。首先，替代计量指标的规模化操控风险完全可以规避。主流媒体和平台本身的数据质量就有很好的保障，替代计量指标集成者有数据一致性检验机制。PLoS 建立的数据可信控制机制能在政策和技术方面对数据进行严格规定，在技术方面，平台开发了数据审计系统 DataTrust，用于检测异常数据。充足的经验和坚实的技术支撑能在最大程度上保障数据质量（Lin，2012）。可靠的数据是指标可信度的坚实基础，科研成果配置固定的标识符，即 DOI，使数据标准化，统一数据版本，避免资源重复建设。其次，替代计量指标反映了使用者的价值判断。不同层次替代计量指标的生成成本是不同的。例如，分享比收藏的声誉成本要大。指标的多维属性也就最大限度地保证了指标的可信度。最后，替代计量基础设施的建立让相关原始数据得到了较好的保存和复用。原始数据的可追溯性和科研成果的规范化让任意碎片化的成果都可以被引用。

学者对指标的可信度仍存在较大的质疑，替代计量指标的可信度仍有较大的提升空间。替代计量指标可信度存疑，除了指标数据本身的原因，还离不开使用过程中的偏颇。

从指标数据本身来看，实证研究表明，不同类型的替代计量指标的覆盖率差异较大，指标数据质量问题令人担忧（刘晓娟和宋婉姿，2016），具体可以基于理论层面分三点进行替代计量指标数据质量问题的探讨：①由于社交网络的不断变化以及缺乏持续使用的标识符，替代计量指标数据的稳定性并不理想；②替代计量指标数据容易被控制，甚至很可能是自我推销，而且由于缺乏挖掘数据真相的研究，这种行为增加了理解数据的难度；③替代计量对"测度"本身更感兴趣，不停步于衡量学术影响力。对指标数据的可信度实证检验，Thelwall 等（2013b）基于 PLoS ONE 等 9 个平台中 270 条推文数据进行分析，发现 82%的推文在分享时并未署名，95%的推文并不带有任何情感，主要是阐述文献的表征信息，并且多为推文转发，这些自动转发造成的数据增长对衡量论文影响力并无意义。而且许多评论平台和分享平台中热议的文章更倾向于贴近生活、搞笑、健康或者触及当前新闻热点，仅表现为论文的受欢迎程度或者关注度，对于是否能够反映论文本身的学术价值仍未可知。此外，替代计量指标还具有多样性和异质性，不同指标数据的记录情况也不一致，例如分享、链接删除、系统升级、网页更新等都可能导致数据变化（Fenner, 2014）。引用数据、使用数据，以及 Mendeley、Twitter 和博客数据稳定性好，数据非正常变动情况较少，而 Wikipedia 平台和 Facebook 平台由于存在词条重新编辑、链接删除等行为，数据非正常变化较大，数据稳定性较差。

指标的利用不当也导致了指标可信度的下降。传统环境下的老一辈学者的利用率并不高，因此结果会产生偏差。另外社交网络环境下数据面临损坏和废弃的威胁，还存在被商业利益操纵的风险（Haustein et al., 2014a）。学术行为动机不明，存在非理性评价和传播的可能性，还有可能出现人为炒作的情况。替代计量指标的定量性会受到网络公众使用偏见的影响，公众对部分指标的使用是由商业行为驱动的，科研学者对替代计量指标的认知程度也不高（郝若扬，2018）。此外，由于替代计量工具商业性质浓厚，数据增长的背后很可能受到利益驱动和人为操控，存在大量转发、自引等负面行为。

总的来说，在运用替代计量进行影响力评价时，学者不但需要面对替代计量指标本身覆盖率低、数据稳定性差和异质的问题（卫垌圻和谭宗颖，2015），还需对产生的数据进行合理的利用。

4.1.5 替代计量指标的应用标准

影响替代计量指标的要素有很多，如学科、用户群体和国家语言等。替代计量指标综合评价 PLoS 的论文还要考虑不同年代论文的使用和传播水平的差异性，以及不同指标的权重分配，是否需与专家评价指标相结合等（刘春丽，2013）。

Altmetric 公司推出的 Altmetrics Score，主要从数量、来源和作者来制定影响力的评价策略。从数量上，提及人数越多分值越高。但如果某人多次转推同一篇学术成果，则计数仍为一次。从来源上，每种来源都会被赋予不同权值。例如，一篇新闻报道提及较博文提及能获得更高权值，而博文提及则高于转推的权值。从作者的角度，Altmetric 公司会监测作者谈论学术文章的频率，是否对特定的出版商或期刊存在偏好以及读者的属性，例如，一位博士将文章链接分享给其他博士的权值大于期刊自身分享的权值。面对替代计量纷繁复杂的指标，不同阶段、不同来源、不同评价人员都需要进行影响力分值的设定。在实际的科研工作中，科研工作者要根据所要达到的目的，对各指标进行筛选。最后，对选择的指标进行权重赋值，构建综合模型，再通过大量的实证研究来论证模型，从而形成一套系统成熟的评价体系，能够针对不同的要求进行学术评价，使替代计量从定性走向定量，从理论探讨走向实践应用。对替代计量指标的应用也考虑到地域差异性。学者需针对具体使用情境结合语境对用户行为进行分析，以确保指标数据的价值性。在实践中，科研人员要具体问题具体分析，采用适当的指标研究特定学科的学术影响力，使用指标时应根据用户类型进行细分。

2013 年，NISO 宣布进行一项为期两年的阶段性项目，研究并开发替代计量标准或推荐规范。其执行董事 Todd Carpenter 表示："机构和科研人员利用替代计量指标的前提便是充分理解它们，应该制定统一的方法来确保其准确性，在一些基本问题上，学者们应达成共识，包括：指标的遴选范围和质量好坏的标准，粒度的选择，时间的跨度，社交媒体的作用，技术支持，以及选出最具价值的替代计量指标。这一标准的制定，将会大大完善替代计量的理论体系，增强学界对替代计量的信任，提升替代计量的权威性。"（供名，2013）本书末，附有 NISO 于 2016 年发布的替代计量学标准文件的中文版。针对不同的用户群体，如图书馆员、研究管理人员、人力资源部门成员、资助机构成员、学术人员/科研工作者、出版商/编辑、媒体从业者/新闻从业者/记者、内容平台供应商，NISO 做了细分并给出了详细案例以供参考。一个人可以扮演多种角色，角色之间也可以穿插交互，为进一步阐述用户之间的关系，文件中除了给出详细的参考案例外，还为每类人群的具体情况归纳出了三种主题：①展示成就：用户意在集中展示一个或某类学术成果；②研究评估：用户对研究影响力的评估；③发现：用户意在发现或提高学术成果和研究人员的影响力。

在指标的使用上，NISO 提出了尽可能科学的推荐做法。比如，在指标的数据使用标准上，NISO 提出了以下五点核心建议。

（1）尽可能提供完备的指标数据。

（2）数据的引用应该严格依照 FORCE11 的《数据引用原则联合声明》（https://www.force11.org/group/joint-declaration-data-citation-principles-final），特别

地：①使用机械化的持久标识符；②提供引文所需的元数据；③提供一个登录页；④数据引用应放入参考列表或类似的元数据。

（3）应以计数器业务守则（The Future of Research Communication and e-Scholarship, https://www.projectcounter.org/code-of-practice-sections/general-information/ ）为基础，制定研究数据使用统计标准，也要考虑到研究数据使用的一些特殊方面。数据下载指标应该有两种公式，即检查"人工"下载和以研究为重点的非人类代理。

（4）研究资助者应提供机制，支持数据存储库实施互操作性和获取指标的标准。

（5）数据发现和共享平台应通过 API 查询支持和监控对数据的"流式"访问。

不难看出，NISO 为推动建立完善的替代计量标准或规范做出了重要贡献，为今后科研工作者抑或是机构运用替代计量指标进行相关分析提供了较为权威的标准和规范指南。

4.2 替代计量学的传播类指标

传播类指标是学术成果在传播和扩散层面的指标的汇总，这些指标代表学术成果或者学术工作受到了一定程度上的阅读意向，显示出对某一学术成果或者学术工作的关注程度、受欢迎程度以及后续阅读可能性（李明和陈铭，2018）。在传播层面，替代计量指标整体的逻辑顺序是"点击—下载—浏览—社会网络"（具体指标类型如表 4-2 所示），其中社会网络的传播是目前强度最大的传播形式（余厚强和邱均平，2014a）。因为点击、下载、浏览等标示的是受众通过各种网络途径搜寻目标，进而访问学术成果或者学术工作相关链接，并浏览或下载该内容，这不一定真正导致阅读行为，只能表示学术成果或者学术工作对其他受众单方面传播情况，但这意味着受众对学术成果或者学术工作具有一定的阅读意向。而分享和推荐等社会网络行为不仅可以表达受众对学术成果或者学术工作的认可，还可以通过较强的好友关系和学科关联，将该学术成果推广到其他潜在高度相关的受众群体面前，形成更广泛并且有针对性的深度影响力，实现受众之间相互传播等，以此帮助扩大学术成果或者研究工作学术影响力以及社会影响力（李明和陈铭，2018）。综上所述，替代计量学的传播类指标分析，对于全面认识学术影响力以及关注学者社会影响力都具有重要的意义。

表 4-2　替代计量学的传播类指标

层次	类型	内涵	数据源
传播	点击	URL 的点击量	Bitly、Facebook
	下载	数据包、数据文件、数据、论文、摘要、PPT 被下载的次数	ArXiv、SlideShare、CNKI、万方、维普
	摘要浏览	PubMedCentrd 平台上论文中图形的浏览次数	PubMed、DSpace、EPrints、PLoS
	全文浏览	PPT、论文、Package、数据集等学术成果的浏览量，视频等的播放量，PubMed 浏览论文初稿的独立 IP，以及划分 HTML、PDF 和 XML 格式	Dryad、Figshare、SlideShare、Vimeo、PubMed、DSpace、EPrints
	图形浏览	PubMedCentrd 平台上论文中图形的浏览次数	PubMed、Figshare、PLoS
	支撑性数据浏览	论文支撑性数据被浏览量	PLoS
	分享	某学术成果的链接被分享的次数	Facebook、科学网、人人网
	推荐	某事实获取的推荐数	Figshare、SourceForge、科学网

4.2.1　点击量

点击量指标是指学术成果在网络上被点击的次数（图 4-4）。其中，"点击"

图 4-4　YouTube 中的点击量[①]

---

① https://www.youtube.com/watch?[2019-04-09].

原意是指一个计算机受众在屏幕中显示的画面的某一位置，敲击鼠标键的动作。在替代计量学的传播类指标中，"点击"指的是受众在浏览器中敲击鼠标键从而打开某一学术成果或者学术工作所在网页网址的动作。受众每打开1次学术成果或者学术工作所在网页网址，则记作1次点击。

在互联网深入渗透到人类日常生活方方面面的今天，越来越多的专家学者将自己的学术成果或者学术工作放在博客、微博等社交平台上进行分享和传播，以便让更多的受众能够更好地阅读了解自己的学术成果或者学术工作，从而对相关领域的学术观点或者研究结论有进一步的认识和探究，以此衍生出新的学术成果或者学术工作。因此，对点击量指标进行分析已经成为评定学术成果或学术工作学术影响力以及社会影响力不可或缺的一部分。

在替代计量学的分析过程中，许多学术网站和在线出版物已经在利用一些分析工具（例如谷歌分析）来分析有关受众访问网页网址的次数。这些数据信息可以用于一些非正式研究成果，比如个人微博、视频频道或者博客等。在此过程中，网页网址的点击次数可以附带上"网页网址被浏览的平均时长"的指标，这些数据虽然不能确定受众是否对该网页网址的学术成果或者学术工作感兴趣，但是可以帮助检查受众对网页网址的学术成果或者学术工作感兴趣的程度（Roemer and Borchardt，2015）。但是，点击量指标亦存在一定的缺陷。由于大多数网页网址存在许多其他相关学术成果或者学术工作的网页链接，而且这些链接常常可以链接到其他相关有用的网页网址，所以当受众指向这些网页链接并且点击它们的时候，就能够访问这些信息节点，与此同时会增加该网页网址的点击量。但是一般情况下，受众可能会在大量的网页链接中迷航，他们经常面对很多看上去相关或完全不相关的网页链接进行下一步点击的抉择，他们必须逐个点击网页链接，查看这些网页网址中是否含有他们所期望的信息，直到找到他们认为所需的最终信息（张晓琴和路永和，2008）。所以，这种情况会导致未曾得到利用或者未曾对受众产生影响的网页网址的点击量得到增加。也就是说，被点击的网页网址不一定对受众产生一定的影响力，但是对受众产生一定的影响力的网页网址很大概率上被点击查看过。综上所述，"点击"这种在线行为易于被量化统计，但是由于其不确定性因素较大，可供深度挖掘的信息量较少，因此属于较浅层次的学术成果可见度影响指标。

4.2.2 下载量

下载量指标是指学术成果或者学术工作中数据包、数据文件、数据、论文、摘要、PPT等被下载的次数（图4-5），其数据源主要来自PLoS、PubMed、Figshare、Dryad、ArXiv、Slideshar、CNKI、万方、维普等。一般意义的"下载"指的是将文件从服务器拷贝到自己的计算机的行为。而在替代计量学的传播类指标中,"下载"指的是受众通过点击服务器上的某一按钮从而将某一学术成果或者学术工作的相关内容拷贝到自己的计算机的过程。受众点击 1 次学术成果或者学术工作所在服务器上的某一按钮,则记作 1 次下载。

发表时间	数据库	被引	下载	阅读
2018-10-18 09:03	期刊		102	HTML
2018-09-20	期刊		92	HTML
2018-09-15	期刊		121	HTML
2018-07-21	期刊		186	HTML
2018-05-10	期刊		117	HTML

图 4-5　CNKI 中的下载量[①]

　　目前,绝大多数学术期刊都可以在线获取,这使得国外许多学术数据库(例如 WoS、Science Direct 以及 CNKI 等)可以有更为及时、便捷的渠道记录、存储并提供关于下载量方面的信息。本质上,下载量其实反映的是受众对学术成果或者学术工作的关注度,而且其中的部分读者还可被转化为施引者(谢娟等,2017)。因为一般情况下,学术成果或者学术工作在被引用前,受众对其使用的行为包括浏览、下载、阅读等。以论文为载体,学术成果或者学术工作出现后,首先被受众浏览发现,其中一部分受众会被某一论文的标题或者文摘信息所吸引,进而会进行下载和阅读,获取该部分知识或者信息,其中更小一部分受众会在撰写论文时进行引用,然后经同行评议后发表,知识或者信息进入一个新的使用—引用的循环中。在这个循环过程中,浏览行为夹杂着太多的随意性,阅读行为有点难以统计,相对来说,下载行为则更具针对性也易于记录。虽然受众可以通过共享、文献传递等方式获取所需论文,但是从总体来看,下载行为仍然是互联网时代获取论文最主要的途径,下载量也是最直接并且最容易获取的反映论文实际使用量的指标(熊泽泉和段宇锋,2018)。因此,在已有研究中,一些学者将论

[①] http://iras.lib.whu.edu.cn:8080/rwt/401/http/NNYHGLUDN3WXTLUPMW4A/kns/brief/default_result.aspx[2018-11-12].

文的使用量等同于下载量，以此来讨论下载量的合理性、影响因素，以及与被引用量的相关性。随着信息时代的发展，下载量这种新型数据越来越受到人们的重视，其数据的即时性在领域热点分析、受众行为分析等方面具有引文分析无法比拟的优势。

在替代计量过程中，对于被引用量来说，下载量是从读者的角度，测量论文被使用的程度的。下载量可以记录学术成果或者学术工作在期刊论文网站或者出版商中被保存、下载的次数。其实，许多具有可下载学术内容的网站会告诉用户某项内容在此网站中被下载的次数。这个指标提供了一种影响力度量，它是介于引用计数（确定的影响证据）和浏览计数（早期潜在的影响证据）之间的一种指标。但是，下载量指标也存在一定的缺陷。学术材料的下载通常并不仅限于其他学者，还包括学生、其他专业人士和普通大众等，因此，大量的下载可能只是反映了各种在线受众对此学术项目的兴趣。另外，也有学者提出，下载数据容易受到恶意自动下载程序的干扰而失真。与此同时，同一使用者可能多次下载论文导致下载数据膨胀，这也是下载量指标存在的问题之一。因此，在目前而言，下载量指标仍然有待深入研究。

4.2.3 浏览量

浏览量指标是指学术成果或者学术工作所在网站页面访问次数或点击次数（图 4-6）。社交媒体中的"浏览"原意是指一个计算机受众在屏幕中显示的画面的某一位置停留并仔细阅读其中内容的行为。而浏览量由七部分数据构成，分别是浏览摘要、浏览全文、浏览图片、浏览数据集、浏览支撑性数据、HTML 格式浏览和 PDF 格式浏览。在替代计量学的传播类指标中，"浏览"指的是受众在浏览器中阅读某一学术成果或者学术工作内容的行为。受众每访问 1 次网站中的学术成果或者学术工作所在网页网址，则记作 1 次浏览。受众对同一页面的多次访问，访问量累计。

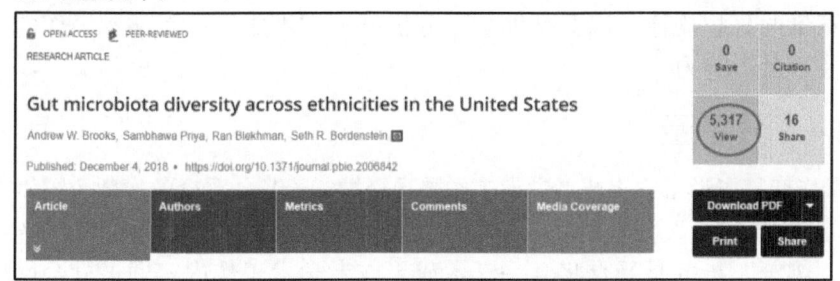

图 4-6　PLoS 网站中论文的浏览量①

---

① https://journals.plos.org/plosbiology/article?id=10.1371/journal.pbio.2006842[2019-04-09].

在信息资源建设走向数字化、网络化和多媒体化的今天，虽然替代计量指标包含了丰富且多样化的网络媒体的传播计量指标，但是大多数研究论文在网络中的传播方式是有限的。这说明科研人员获取文献的主要方式还是网上浏览，通过社交媒体共享尚未成为学术交流的主要方式，例如大部分论文其实并没有通过 Wikipedia、Comment 和 F1000Prime 这些指示数据积累。虽然有些科研人员也会利用一些网络分享工具，例如 Twitter、Mendeley 等，但是这些网络分享工具种类也是非常有限的。因此，浏览量指标的研究在替代计量学中是非常有必要的。

在替代计量学的多项指标中，浏览量是最为重要的指标之一。传统的引文指标虽然已被广泛认可并且作为判断论文影响力的重要评价依据之一，但相对滞后，不能反映论文的网络影响力。浏览量指标却能够及时反映已发表研究论文的网络传播效果，因此，研究该指标的规律和特征对于期刊出版者扩大期刊论文的影响力及科研评价机构了解高影响力机构和作者都具有重要价值和意义。经研究发现，浏览量的累积规律具有以下特点：①浏览量累积曲线呈规律性增长，增长速度先快后慢，说明研究人员在浏览期刊网站时更倾向于点击最新发表的论文。能够引起高度关注的研究论文数量相对较少，大部分论文受关注度较为接近并且与高影响力论文的受关注度相差较大。②论文的浏览量大致符合布拉德福定律。同一平台同一时期发表的能够开放存取的研究论文 1 年内累积的总浏览量与论文的数量遵循定量规律，即 20%的研究论文总浏览量之和是另外 80%所累积的总浏览量之和的一半以上。③论文发表第 1 个月能够累积的浏览量占 1 年内总浏览量的 32%~74%，平均超过 55%；第 1 个月的总浏览量平均每天增加量是后面阶段的 10 倍以上。这说明论文发表初期是浏览量累积的重要阶段。④通过选择论文发表后 1 个月和 1 年 2 个时间节点的后值进行相关性检验，发现 2 个时间节点的后值呈现显著的高度正相关关系，并且其实际值的重合度非常高，说明 2 个时间节点的总浏览量具有一致性（王真和马建华，2018）。因此，可以利用论文发表初期的浏览量预测该论文发表一段时间之后的浏览量累积情况。通过分析浏览量的累积规律，以此帮助全面分析某一学术成果或者学术工作的学术影响力以及社会影响力。

4.2.4 分享量

分享量指标是指学术成果或者学术工作被受众推荐给其他受众的次数（图4-7）。"分享"原意是指与他人分着享受、使用或者行使等行为。在替代计量学的传播类指标中，"浏览"指的是受众将某一学术成果或者学术工作内容通过社会网络关系推荐给其他受众的行为。受众每推荐 1 次网站中的学术成果或者学术工作所在网页网址或者相关链接，则记作 1 次分享。

图 4-7 Facebook 中的分享量[①]

Web2.0 赋予了网络用户参与编辑和创建网络内容的权利，为人际间的互动交流提供了一个全新而巨大的网络平台，使得网络用户逐渐从网络信息的接受者、浏览者演变为信息的创造者、发布者、分享者和传播者。在 Web2.0 的时代里，人人都能发声，都能参与网络互动，进行信息分享。因此，对受众在网络环境中的分享和推荐行为也逐渐引起了越来越多学者的关注和探讨（张萃平和王兴琼，2018）。

分享量入选替代计量学传播类指标很大程度上是因为 Facebook 和 Twitter 在分享链接和其他短文本片段的社交网络中占主导地位。事实上，早在 2014 年，Facebook 就拥有超过 12.3 亿的活跃用户，Twitter 大约有 2.84 亿的活跃用户。这些情况影响了替代计量学的发展。其中，Facebook 开发了一个免费的"分享"按钮，开发者可以在网站上添加这个按钮，鼓励拥有 Facebook 账户的读者自动创建一个关于网站内容的帖子。Twitter 也提供了一个类似按钮的代码，鼓励拥有 Twitter 账户的读者只需点击一下，就可以分享网站内容。两个网站现在都可以显示包括在线期刊在内的许多内容被分享的次数。鉴于这些网络和实践的普及，替代计量工具制作者创建了"分享和推荐"指标，用来分别追踪链接到某一学术成果或者学术作品在 Facebook 或 Twitter 上出现的次数。随着时间的推移，这些指标已经扩展到其他社交媒体网络的共享，包括 LinkedIn 和 Google+ 等。

4.3 替代计量学的获取类指标

获取类指标指的是学术成果在网络中被受众获取过程中所形成的指标集合。

[①] http://www.facebook.com[2019-04-09].

相对于使用类指标，获取类指标是一个子范畴，它代表着与单个学术贡献中更进一步的交互，这使得我们在文献计量学指标中高度重视的文献使用确定性中迈出了第一步。通过获取类指标，我们可以看到，虚拟空间如何为使用者提供新的选择，以此帮助他们规划与个人学术成果或者学术工作进行长期的交互，然后根据具体情况捕获它们，以供将来使用或者重用。基于某些观点来看，这种相互作用（打印一篇稍后阅读的文章或者收藏与个人利益最相关的物品）是不可能被量化追踪的（Roemer and Borchardt, 2015）。在在线平台和网站上，这些信息对于理解新时期用户想要和重视的工作类型是至关重要的，无论是对他们最终使用的内容进行补充还是进行对比。从这种意义上说，获取指标对使用指标提供了一种较好的补充，可以帮助研究者进行从领域的热门话题到研究者感兴趣的学科范围中的特定学术工作等一切可能的研究工作。在获取层次，替代计量指标整体的逻辑顺序是"收藏—评级—追踪"（具体的获取类指标类型如表4-3所示），其中评级传达了受众对该学术成果或者学术工作的评价，一般以点赞、标记为"最喜欢"、打分、分级等方式给出。订阅的获取黏性最大，因为它意味着受众不仅对该学术成果或者学术工作感兴趣，还对后续相关的学术成果或者学术工作感兴趣，相应地，利用这些学术成果或者学术工作的概率也在增大（余厚强和邱均平，2014a）。因此，获取类指标的分析对于替代计量学的发展是十分必要的。

表4-3 替代计量学的获取类指标

层次	类型	内涵	数据源
获取	书签数	学术成果的书签数	Delicious、CiteULike、Mendeley、豆瓣
	喜欢数	为软件、视频等学术成果给星、点赞（以及不喜欢数）	Github、Vimeo、Facebook、YouTube、Google+
	最喜欢量	学术成果如PPT、视频获得最喜欢量	SlideShare、YouTube
	组别	将论文添加到他们组图书馆或个人图书馆组数，或图书馆数	Mendeley、WorldCat
	评级	用户对事实的平均评级、打分、被评阅数	SourceForge、Reddit、F1000
	订阅	学者或者学术成果被标记为追踪的次数	GitHub、Vimeo、YouTube

4.3.1 收藏量

收藏是自然界常见的"动物"行为，是指在强烈的获得和拥有需求下，对那些由不同对象组成和不被普遍使用的事物或经验，人们做出的一种积极和有选择的行为。相对于早些以生存为主的食物收藏，人类的收藏行为随着生产力的发展更加丰富多彩（张立党等，2018）。随着信息时代的到来，基于保值、增值或兴趣等各种心理动机，人类的收藏对象从以往有形物质扩展到虚拟电子信息。在信息社会发展的情况下，收藏量指标的研究成了替代计量学获取类指标中不可或缺的一部分。在替代计量学的传播类指标中，"收藏"是指受众在学术成果或学术工作所在网页地址点击某一特定按钮从而将此网页收入自己收藏夹内的动作，收藏量指标则是指学术成果或者学术工作所在网页地址被受众标记为"收藏"的次数（图4-8）。

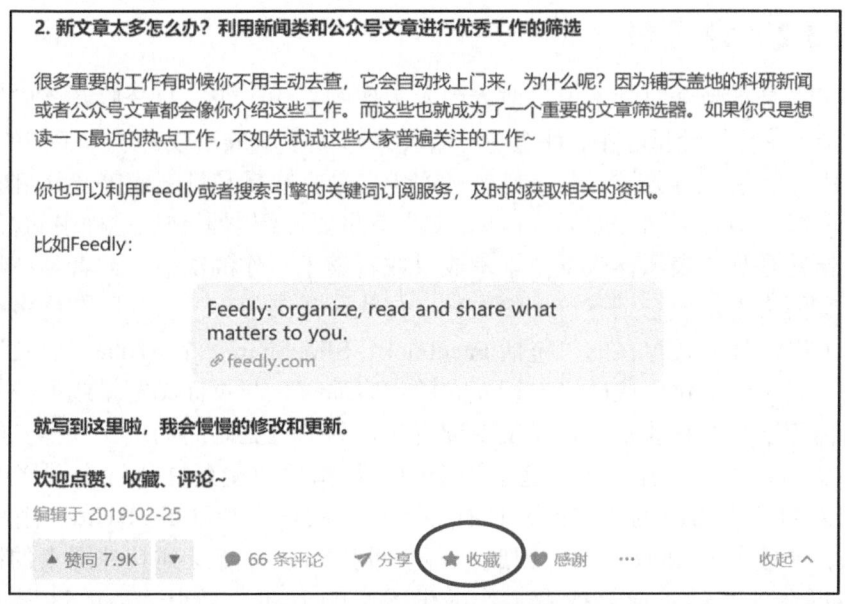

图 4-8　知乎社区中的收藏①

收藏夹中的大部分数据都是受众在 Web 浏览器过程中主动添加的。区别于一般网络资源，收藏夹数据经过受众认证，对受众有特殊意义，受众对其内容有偏好，需要储存下来备忘。而当前用户行为分析领域中最常用的两种日志——Web 访问日志和搜索引擎查询日志则主要记录用户点击行为。实际上，由于点击操作只表示用户开始浏览网页，并不能完全准确反映出用户浏览完该网页后的反馈情况。与上述两种日志相比，收藏量指标更能够体现出受众的兴趣特点、用户收藏的学术成果或者学术工作应该对于受众有更明显的用处（方奇，2011）。

在替代计量学的获取类指标分析中，收藏量虽然不能明确地表示学术成果或

---

① 冲气以为和. 2019. 科研大牛们怎么读文献？https://www.zhihu.com/question/21278186/answer/593999044 [2019-04-09].

者学术工作得到了利用，但是在某种程度上可以表达出受众对该学术成果或者学术工作的兴趣倾向。但是收藏量指标也存在相应的缺陷。因为通常情况下，受众对可以标记为收藏的作品的操作是没有次数限制的，这意味着除非可以获得更多可比较数据或者更多的详细信息，否则无法将作品被收藏的次数转换为网站中特定排名。尽管如此，"收藏"功能的优势之一是，它偶尔会给研究人员提供机会，让他们确定网络社区中的哪些人收藏了自己的学术成果或学术工作。这反过来又能提高研究人员对受其工作影响或感兴趣的人的认识（Roemer and Borchardt, 2015）。

4.3.2 评级量

评级量是指受众对学术成果或者学术工作的平均评级、打分以及该成果被评阅的次数。在替代计量学中，评级意味着受众对该学术成果或者学术工作的评价。评级量由点赞量、打分量、分级量、喜欢量、最喜欢量和订阅量等部分组成。

在评级量中有不同方面的分指标，本小节主要介绍学术交流过程中的喜欢量。喜欢量指的是受众表示喜欢某个学术成果或者学术工作的次数，或者是在特定的在线社交网络中发现它是有价值的次数。与收藏量类似，"喜欢"在许多社交媒体网站上以某种形式存在的，包括 Facebook、SlideShare、YouTube，以及许多同行网络。对于数字化生成的、自行发布的内容而言，与页面浏览量或下载等基本使用指标相结合的喜欢量指标是反映读者对作品的意见倾向的重要指标。然而，也可以认为，在某种程度上，这个类型的计量指标也受到在该社交网络中发布文章的人的行为的影响（例如，具有许多粉丝的非常活跃的 Twitter 用户更有可能获得更多转载和收藏）。因此，喜欢量指标也可能受到其他因素的影响，从而使得在评判学术成果或者工作的学术影响力和社会影响力的过程中存在一定的偏差。

4.3.3 追踪量

在某些时候，用户会对他所感兴趣的内容进行收藏，期待下次时间充裕的时候再进行观看，但最后却没有落实。由此，我们提出了追踪量的概念。简单地说，追踪量就是用户收藏之后再次观看的数量，直观地体现了用户黏性与该学术成果的社会影响力。在收藏量、评级量和追踪量三个指标中，最不容易量化却又最重要的就是追踪量。最不容易量化是指与非常直观的收藏量不同，用户在收藏了之后是否会再回去看，这个难以检测。重要是指追踪量无疑是最具有效性的指标，这直观反映了受众对该学术成果的兴趣。

追踪量所体现的用户黏性其实可以从评级量间接反映。黏性由低到高分别是加入个人分组、加入公共分组、添加标签、放入最喜欢和订阅。订阅获取的黏性最大，因为它意味着受众不仅对该学术成果感兴趣，还对后续相关的学术成果感兴趣（余厚强和邱均平，2014a）。

虽然评级量与追踪量存在一定的正相关关系，但为了更精准地描述替代计量学的获取类指标，我们需要精确地检测用户的追踪量。对于某些类似于知乎、微博等APP，后台可以检测用户行为并十分方便地获取追踪量，通过算法，准确地评价该学术成果对受众的吸引性。对于网页，我们则难以像APP一样可以检测用户行为，但我们同样可以关注阅读量与收藏量的比值。当文章的阅读量和收藏量都达到了一定的数量之后，这篇学术成果至少初步被证明是有意义且有吸引力的。如果它的"阅读量/收藏量"的数值比较大，我们可以认为，用户对这篇学术成果有收藏后再次进行观看的行为，这体现了该学术成果的影响力。

有些人认为，替代计量学中的追踪量太容易被操纵，然而，也有些人认为，成熟的替代计量学评价体系可以非常完善，可以利用替代计量指标的多样性和大数据的统计功能来进行算法检测和纠正欺诈活动。这种方法已经应用于在线广告商、社交新闻网站、Wikipedia和搜索引擎（Priem et al.，2010）。由此可见，追踪量需要在技术手段上完善，以实现客观地反映用户黏性与社会影响力。

4.4 替代计量学的利用类指标

利用类指标是测度学术成果在利用阶段的表现的指标集合，它代表学术成果或者学术工作引发了其他学者的思考，促进了其研究的进行，从而被学者在其研究论文或者学术著作中利用。在利用层次上，替代计量指标整体的逻辑顺序是"链接—讨论—摘用—引用"，不仅代表着逻辑上的深入也表示着利用深度的增加，具体的利用类指标内容如表4-4所示。

表4-4 替代计量学的利用类指标

层次	类型	内涵	数据源
利用	讨论帖数	在Google+、论坛等中讨论该学术成果的帖数	Facebook、Google+、Vimeo
	提及数	在PLoS论文全文中研究成果被提及的次数、在维基文章中提及这个对象的维基文章数	PLoS Search、网页搜索、维基
	评论数	学术成果如PPT、视频获得的评论数	SlideShare、Vimeo、Amazon、YouTube、Facebook、Reddit、SourceForge、豆瓣、当当网
	微博数	学术成果获得的微博数	Topsy、Twitter、新浪微博

续表

层次	类型	内涵	数据源
利用	博文数	提及产品的博文数	Research Blogging、Postgeonomic blogs、ScienceSeeker、科学网
	引用	在 PubMed Central、Scopus 中论文的引文数，或 PubMed Central 报告、社论、综述论文中的引用数	WoS、Pubmed、Scopus、Google Scholar、Wikipedia、Crossref、Microsoft Academic Search、美国专利及商标局（USTPO）、CSSCI、万方数据库、中国引文数据库、中国专利引文数据库

在很多时候，利用类指标不能只进行简单的分类，各类间是相互关联的。比如在"讨论"和"摘用"中，为了方便对学术成果进行描述，通常以链接，即 DOI 的形式对学术成果进行引用。其次，"讨论"和"摘用"又是难以区分的，因为很难说在论坛的讨论帖中只有对学术成果的评论，而没有对其的摘用，同时，微博和博客中也难免存在对学术成果发表的看法和评论。之所以如此进行分类只是遵循着相应的逻辑框架，尽可能最大限度地区别各类，但不可忽视各个利用指标的相互联系，即学术成果被利用的本质。

4.4.1 链接量

链接量指标是指学术成果所获得的链接次数，也被称作链接数（图 4-9）。链接也称超链接，超链接是指从一个网页指向一个目标的连接关系，而在一个网页中用来超链接的对象，可以是一段文本或者是一幅图片。当浏览者单击已经链接的文字或图片后，链接目标将显示在浏览器上，并且根据目标的类型来打开或运行。

随着数字化的普及，网络科技论文都以不同形式的超链接（hyperlinks）和超文本（hypertext）方式进行组织，网络链接是其基本构成要素和最显著的特征。借助超链接功能，论文引用和被引用文献、网上的相关资料来源和数据库构成了一张密不可分的信息网，使读者能够突破传统循序性的阅读方式，通过论文的引文、注解或参考书目跳转到更多的相关网页，加快新的学术思想和观点的产生，从而推动学术传播活动的开展（沈小玲和严卫中，2013）。在网络环境下，学术成果通常以 DOI 链接的方式进行传播。相关的专家学者在博客、微博等社交媒体平台对其进行讨论、互动时，通常在博文或者微博内容中附以学术成果的 DOI 链接，以便相关的读者能够更好地阅读全文，从而对研究结论和学术观点进行更深层次的了解。根据链接分析的核心思想，在这样的传播过程中，指向学术成果的网页链接越多，那么说明该学术成果的影响力越大（吴胜男，2015）。

图 4-9　Wikipedia 中的学术链接①

在替代计量学的分析过程中，对链接，关注最多的是三个方面，分别是信息关联链接、信息推介链接以及信息来源链接，通过这三个方面的链接，可以很好地分析学术成果在 Web2.0 应用技术平台上影响力的传播情况。链接分析的核心思想是如果网页 A 链接到网页 B，那么说明 A 网页认为 B 网页具有更大的价值；如果指向网页 B 的链接数越多，那么说明网页 B 的价值越高。而超链接的重要性在于它是网络最基本的结构属性，没有超链接，就不存在超文本与网络。超链接提供网页或网页成分之间富有意义的关联，不仅仅页面内包含着信息，而且各个页面之间的超链接更是包含着丰富的、不易察觉的潜在信息。学术链接，简单地说就是网民学术投票，得票率越高的网站（网页），在搜索引擎的排名中就越靠

---

① Awarness and usage of altmetrics: A user survey. https://asistdl.onlinelibrary.wiley.com/doi/10.1002/pra2.2017.14505401003[2019-7-29].

前。一个受欢迎的网站（网页），一定有很高的外部入链（反向链接），因为这表明该网站（网页）为许多用户或其他网站（网页）所熟知。外链作为搜索引擎优化的关键内容，其重要地位无可取代，因为众多搜索引擎都将外链分析列为网站（网页）排名的第一关键要素。引文网络用链接方式表现为"引文链接"。它们有明显的区别又有紧密的联系。研究学术网站或网页之间的超链接形成的各种链接网络，将超链接网络数据挖掘与文献信息分析理论相结合，开创了网络信息资源评价的新途径。网络学术链接分析起源于"引文链接"分析，网络影响因子沿用了期刊影响因子对引文分析的基本思路，但网络链接分析内容大大超越"引文链接"的局限性，已发展为网络资源评价、搜索和导航的重要方法。多层次地分析和阐释这些学术链接表达的学术相关语义具有现实的可行性（沈小玲和严卫中，2013）。将传统的引文分析法映射到网络中的链接分析，即产生了互链分析、共链分析等研究思路，其中网络环境下的互链分析是对网站间互相链接的研究，有助于发现网站间的相互影响和相互作用，由此也可以挖掘出各网站内在的结构关系（邱均平，2011）。

基于网络链接分析的网络科技论文评价的特点是：客观性比较强，链接产生于同行认可、关注、合作、利用或推荐的行为，是真实学术动机与学术交流行为的网络表现。从某种意义上讲，学术网络是学术社会的部分映射，基于学术网络链接的评价是一种学术社会评价，是多维立体评价，具有科学性。通过收集单篇论文的各种学术链接数据的种类、数量、施链方向及范围来分析评价该篇论文的学术影响力是可行的。

4.4.2 讨论量

讨论量是指对特定学术成果发表意见的次数，主要包括讨论帖数与评论数两种类型。

1. 讨论帖数

讨论帖数是指在 Google+、论坛等平台讨论特定学术成果的帖数，本质上是一种提及。

近年来，互联网应用更强调用户与用户之间的互动以构成虚拟的在线社交网络。其中，典型的媒体形式包括关于各种主题的网络论坛、微博和社交网站等。用户之间的交互行为使得某些用户生成的内容成为受到关注的热门内容，拥有了较高的流行度（popularity）。例如，论坛用户通过发帖表达对某个主题的关注，其他用户可以参与评论，进而形成互动的讨论组。当某个帖子被浏览或评论足够多次数时，则成为流行度较高的热帖。而如果这个帖子表达的是对学术成果的意见，那么相应地该学术成果的热度与影响力也会随之增加（孔庆超和毛文吉，

2014）。

2. 评论数

评论数是指学术成果在如 PPT、视频等网络载体中获得的评论数（图 4-10）。其数据来源多种多样，不仅可以来自 Facebook 等社交网站、亚马逊等购物网站，还可以是 YouTube 视频网站和 SlideShare 之类的 PPT 分享社区。

评论在学术界有许多含义，不仅可以指学者为杂志撰写的关于新书和该领域的项目的评论，也可以指学者在提交的作品发表后私下从同行评价者那里收到的评论。而在替代计量学中，评论数指标是指学术成果通过特定网站、工具或在线社交空间获得的评论数量。例如，在 PlumX 的环境中，评测指标来自两个工具：在线商品零售商亚马逊和亚马逊旗下的社会编目图书网站 Goodreads。虽然这两个网站本质上都不是学术网站，但它们的评论数量比目前任何学术网站都要多。更重要的是，对于某些领域的研究人员来说，这些评论网站可以提供一些重要的、隐藏的信息，来说明作品对公众的影响。从某种程度上来说，评论比许多其他指标具有更深入的洞察力，因为它们直接说明了用户是如何看待和解释一个学术成果的。虽然评论的内容本质上是定性的，但评论数指标可以通过追踪特定学术成果产生意见的数量来量化学术贡献，因此将其本质上看作是一种量化指标。但需要注意的是，不同网站与论坛收集到的评论数可能产生不同的影响力，比如，一条 YouTube 上的评论可能比一条 F1000 的学术评论更有吸引力，造成的影响也越大。

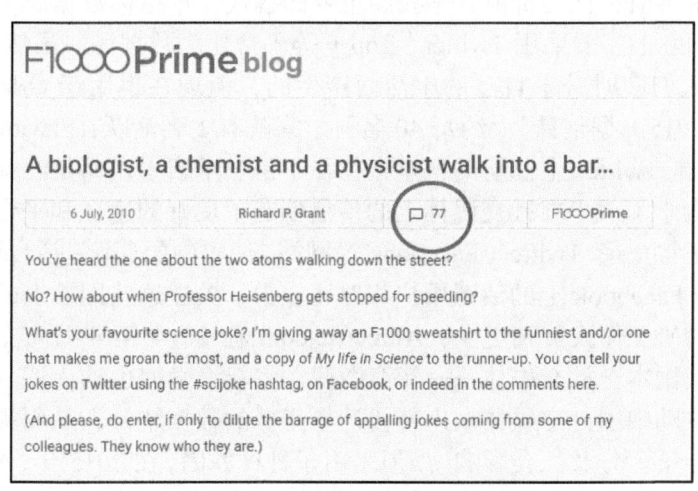

图 4-10　F1000 中的评论数量①

---

① Grant R P. 2010. A biologist, a chemist and a physicist walk into a bar…. https://blog.f1000.com/2010/07/06/a-biologist-a-chemist-and-a-physicist-walk-into-a-bar/[2019-04-09].

4.4.3 摘用量

摘用是指博文等网络载体在非正式情况下利用了其他学术成果中的知识的行为；摘用量则是指此种行为出现的次数。摘用主要适用于非期刊作品，它可能出现在演示文稿、博客或使用指南等内容之中。摘用和其他的提及指标相关，但也并不相同。这是因为摘用要求的是更多地使用原文，而不仅仅是参考原文。图片可能是最常用的摘用形式，除此之外数据集和其他类型的信息也可以被摘用。但困难的是，摘用行为很难捕获，因为必须先发现摘用行为，才能将其添加到计量指标的组合之中，但随着信息技术和替代计量工具的进步，这种发现会变得更加简单（Roemer and Borchardt，2015）。摘用指标一般在微博和 Twitter 这种社交平台或 Postgeonomic blogs 和科学网之类的学术博客网站上进行非正式的交流时使用。按平台的不同可以分为微博数与博客数两个指标。

1. 微博数

微博数指标是指发表的涉及或与学术成果相关的微博数量。微博是一种短文本，这种短文本的好处是用户可以随时随地、便捷地分享自己的动态与感想，而劣势同样在于短文本带来的内容不完整或表达的不充分。对于中文的学术论文来说，主要关注的是新浪微博的数据。新浪微博作为我国最大的微博社会媒体服务平台，被越来越多的学术机构和学者用于关注、宣传和讨论学术成果，传递着引文之外的学术价值和社会价值，是我国重要的替代计量指标数据源（余厚强等，2016）。而国际上一般采用 Twitter、Topsy 等平台作为数据源。虽然 Twitter 平台最初是为了人们即时分享自己的生活而产生的，但现在也用于专业或科学领域（Bornmann，2015）。据估计，大约每 40 名科学家就有 1 名活跃在 Twitter 上（Priem，2012a），而在 Twitter 上注册的科学家往往不是学术新手，而是经验丰富的科学家，Twitter 为学术成果在社交媒体上的传播创造了良好的途径和平台。我国互联网暂时无法正常登录 Twitter、Facebook 等网站，使得中国（不包括台湾地区数据）在 Twitter 和 Facebook 上的活跃用户相对比较少，关注这些网站上的内容并发表评论的国内科研工作人员则更少。Altmetric.com 在 2014 年 4 月宣布开始在数据统计中支持我国本土社交媒体——新浪微博，将新浪微博也纳入评分指标。这一举动有助于推动中国社交媒体加入替代计量指标的数据统计，从而提高中国学术论文的替代计量评分及社会影响力。但是由于种种原因，在 2015 年，Altmetric.com 停止了在数据统计中支持新浪微博数据。一般来说，微博指标使用较为方便，因为微博平台的数量相对较少，且便于查找，这就使追踪的过程变得简单，而且数据较为全面可信。

2. 博客数

博客数指标衡量涉及或与学术成果相关的博客数量。对于从事以网络信息为基础的研究的研究人员来说，博客已经成为最流行的数据指标之一。通过博文数这一指标，我们可以看到对这种分享形式的跟踪，也可以通过链接回到原始学术贡献的帖子。因为有很多博客网站，这个指标通常仅限于特定博客网站上的博文，比如著名的研究博客网站、与学术期刊相关的博客网站等。其中，科学研究博文最重要的优势在于它的社会功能。通过与用户的交流，可以在科学研究与社会其他方面之间架起一座桥梁。虽然 Mewburn 和 Thomson 的研究结果表明，研究向社会的转移是学术博客不那么受欢迎的原因之一，但科尔森的研究结果仍然表明，科学博客作者希望向公众传播他们的科学知识。当然只有当研究结果被理解并确认其与社会相关时，其影响力才会向社会扩散。

博客为同行评议提供了一种新的可能性。在这种评议中，可以测试出版物（其重要性、正确性和相关性）在社会特定领域的使用情况。博客可以允许建立一个快速交流的论坛，让公众对研究进行同行评议。这不是要废除传统的同行评议，而是要补充现有体系。在这方面，这种可能性被认为是饶有趣味的，即那些通常不会被视为"同行"的人可以评论同一篇论文。

然而用博客数计量也有一些缺点。首先它不同于微博，微博在整个互联网之中有特定的平台，这种平台我们是可以计数的，而博客却分布在整个互联网之中，这就大大增加了博客引用的复杂性。虽然博客聚合器在这方面有一些帮助，但并不是一个完全令人满意的解决方案，因为它们只包含了所有可用博客的一个子集。其次，博客上的引用不同于期刊上的引用，期刊上的引用相对可靠，而博客上的摘用都是短暂的，链接很有可能是过时的。比如，一个博客网站可能被收录到博客网络之中，或者从网络中脱离，更甚至完全从网络中消失。Bar-Ilan 等人报道了 2006 年发表在《自然》杂志上的 50 个流行科学博客。六年后，其中 2 个博客网站不再被访问，16 个博客网站不活跃，3 个处于休眠状态。总的来说，只有大约一半的博客网站仍然可以被访问。最后，有学者认为，科学博客实则仍然是一种"爱好"。大多数博客作者通过写博文根本赚不到钱，或者只能赚到很少的钱。在这种背景下，不能期望博客文章的总体质量很高，其中网站平台编辑对博文的质量控制非常重要。

4.4.4 引用量

引用量是指学术成果在各个数据库以及学术搜索引擎的引用数（王珍，2018）（图 4-11），包括在 PubMed Central、Scopus 中论文的引文数，或 PubMed Central 报告、社论、综述论文中的引用数。

在替代计量学中，引用是最高层次的利用，它是正式地声明该学术成果对新的学术成果的贡献，表明这两者之间具备较强的连接关系（余厚强和邱均平，2014a），并且由于引文数据库的存在，这种连接关系能够得到妥善的保存。目前针对多种学术成果的参考，关键问题之一是让这些学术成果能以规范的形式得到引用，因为在既有的引用规范体系里，缺少新兴学术成果的标注方法。

引用数是目前普遍得到认可的学术贡献评价指标，尽管这个指标也存在一些缺点。已有研究表明，将文献开放存取可以增加文献的被引频次。在机构库中增加被引频次可以让作者更加清楚地了解文献的利用情况，促进更多学者将学术文献存入机构知识库中。目前提供文献被引频次服务且被普遍认可的索引数据库主要有三个：汤森路透的 WoS、Elsevier 的 Scopus 以及 Google Scholar。目前，中国（不包括台湾地区数据）订购 Scopus 数据库的高校较少，而使用 Scopus API 必须订购其 Scopus 数据库，所以一般不使用 Scopus 引用数作为评价标准。Google Scholar 目前并不提供单独获取被引频次的 API，因此只能通过 URL 构造的方式来集成用户需要点击 Google Scholar 按钮来跳转到 Google Scholar 的检索结果页面，来查看文献被 Goolge Scholar 引用的情况，这种集成方式比较简单。中国（不包括台湾地区数据）常用 WoS 来作为评价工具，而且订购该数据库的用户较多，汤森路透对购买 WoS 产品的用户免费提供 Web Services 和 API 服务，不过这两项服务需要申请才能使用。申请时需要填写一个校园范围内的 IP 地址，并且只能通过该 IP 地址的服务器来访问其 Web Services 服务和 API 服务。WoS 提供的 Web Services 主要是用于检索 SCI、SSCI 等索引数据库中的数据，检索结果以 XML 格式进行返回，并且每次请求返回的检索结果不超过 100 篇文献（李国俊等，2015）。

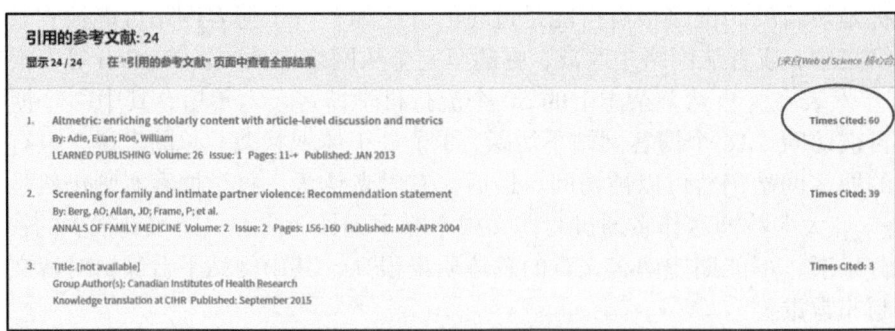

图 4-11　WoS 中的引用量数据[①]

[①] Madden K, Evaniew N, Scott T. 2019. Knowledge dissemination of intimate partner violence intervention studies measured using alternative metrics: results from a scoping review. http://iras.lib.whu.edu.cn:8080/rwt/WOS/http/MFZHA63PP7TXE55GNNYG875MMWTGP3JPMNYXN/full_record.do?product=WOS&search_mode=GeneralSearch&qid=4&SID=6C8cGQ84wVi2JWQJmaT&page=1&doc=1[2019-04-09].

4.5 替代计量指标遴选与集成

指标的遴选与集成对替代计量学实证研究和相关实践应用十分重要。在替代计量学发展的早期，国内外众多学者就意识到了相关问题：对指标进行科学遴选，统一集成的难度较大；用定性的思维决断定量的取值，其中免不了偏差和失误；等等。

4.5.1 遴选与集成的意义

在利用替代计量指标进行学术评价时遴选哪些指标，怎样对指标进行组合并对各指标进行权重赋值才能达到最好的学术评价效果呢？这些问题的答案仍未可知。有些指标有可能并不能反映影响力，指标之间的异质性并不支持武断地使用统计方法来划分。在实际应用中，我们是否需要，且有可能将替代计量指标统一为一个指标？又该选取或忽略哪些指标？候选指标又如何安排？替代计量指标多样性有两个维度：一是针对单一对象的评价指标的多样性，二是单一指标针对的评价对象的多样性。如何对大量的替代计量指标进行最佳遴选与集成显得尤为重要（余厚强和邱均平，2014c）。替代计量数据的获取并不难，但解释数据却绝非易事，既要避免过度复杂化，也不可过于简单，随意设计指标的权重将导致研究结果的严重偏差，由此可知，指标的遴选与集成对于替代计量学研究的展开起着不容小觑的作用。

凭借大量的可用数据，甚至是大数据，我们很容易湮没在测量和绝对性的计算结果中，忘记我们实际需要测量的内容。我们想要衡量的东西和可以衡量的东西不一定完全重叠，这时就需要对数据进行筛选和集成。替代计量指标的最大优势在于多样性，将替代计量指标聚合到单个指标却会消解这种优势，由于不同的指标属于不同类型和影响级别，所以将指标组合起来是不合逻辑的。Galligan 和 Dyas-Correia（2013）提出，将测度学术成果影响力的结果寄希望于单一指标可以说极其不妥。因此，在我们更好地理解替代计量指标之前，原始数据应该优于聚合的单个分数（Matthews，2015）。替代计量指标的关键是我们想要测量什么的问题，然后找到合适方案来回答这个问题。对于某些问题，合适的指标可以是传统的被引频次，而对于其他一些问题，替代计量指标则可以提供更为合适的答案（Holmberg，2016）。

4.5.2 遴选与集成的理论分析

早在 2012 年，学者刘春丽（2012）便指出，对替代计量指标的聚合将是替代计量学研究和科学交流工具研究和开发的方向。2014 年 8 月,余厚强和邱均平(2014b)绘制了相对完善的替代计量指标聚合原理图(图 4-12)。替代计量数据集成平台针对目标用户的需求,从不同类型的平台上进行原始数据的遴选、收集和过滤,构成统一指标,为利益相关者提供服务,为决策提供参考。完备的替代计量数据集成平台能作为原始数据和用户需求之间的桥梁,最大限度地满足目标用户的需求。未来,替代计量服务方向可能是个体研究者和非学术管理者在各自领域内的影响力对比,研究实体将会大大超越现在的单篇论文成果影响力评价。如果替代计量要在高等教育中获得更高的利用,则必须集成替代计量指标,提供机构间的比较分析,提高实际应用过程中的实用性。如果某个机构想了解自身影响力并以此为依据进行竞争力分析,则需要遴选出与彼此工作关联度较强的指标,建立替代计量指标集成平台,构建有针对性的评价体系,从而获得真实可靠的影响力评价结果(刘丽敏和王晴,2017)。但建立一个完善的替代计量指标集成平台绝非易事,单篇论文成果影响力可以综合多个数据源的多个指标进行评价,而单个指标的评价对象也是不一而足的,除了单篇论文,还有软件、博文、学术幻灯片等。相同评价对象指标的多样性和相同指标评价对象多样性的双维度多样性对集成替代计量指标、提供机构间的比较分析造成了挑战。替代计量指标的聚合应注意四点:①有效的原始指标是聚合的基础,需要对具体指标的机理进行透彻的研究和探索。②指标性质需要进行严格的区分,不同的评价实体需要聚合不同类型的指标,例如,学术幻灯片的浏览量就不可以和论文的引用量进行聚合。③聚合时要注意学科差异。人文社会科学偏向对书籍的引用,计算机科学则更重视数据集的引用和下载。对于其他学科的细化,还需要学者在研究过程中慢慢摸索,加以完善。④对聚合结果的合理解读。论文的内在质量和外在影响力评价有时并不完全匹配,替代计量学术成果影响力更偏向于揭示社会影响力。在指出四个替代计量指标聚合注意点之后,余厚强和邱均平(2014a)进而提出三种替代计量指标的聚合方式:数学处理、分配权重和关联可视化(图 4-12)。

从图 4-12 可以看到,众多离散的替代计量原始指标通过数学处理、分配权重和关联可视化手段进行聚合,最终以用户友好、含义清晰的方式呈现给用户。①数学处理。这种方法是聚合替代计量指标最主要也是最权威的方法。具体指的是将相关的单一指标聚合为复合指标,例如阅读量与转发量之比,能反映知名度到影响力的转化率。这些复合指标能综合离散状态下的不同的单一指标特性,更为集中揭示一个学术成果的影响力。②分配权重。这种方法可以作为辅助方法有力补充数学处理的不足。基于不同的目的,在加权时可赋予指标不同的权重。但数据源本身的波动性又给这一方法带来了挑战。③关联可视化。这种方法能直观看到各项数据,在最大程度上保留了信息。

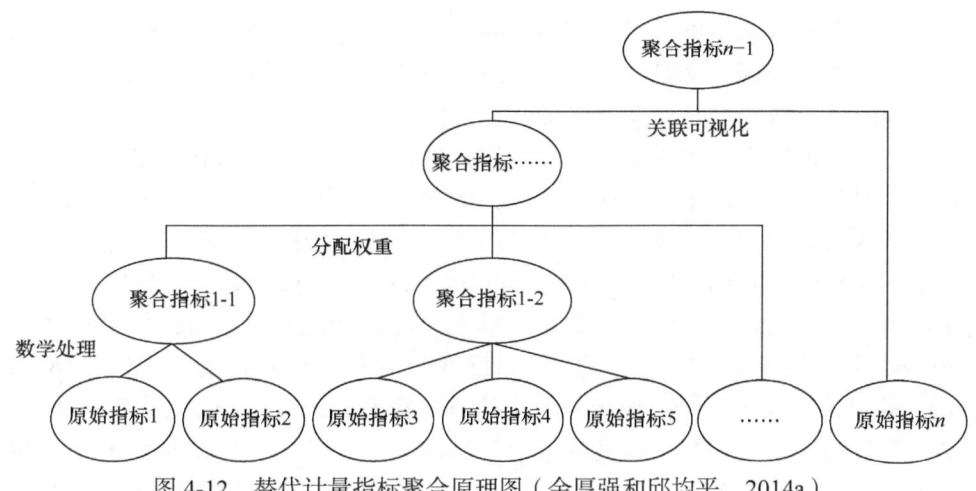

图 4-12　替代计量指标聚合原理图（余厚强和邱均平，2014a）

4.5.3　遴选与集成的应用研究

权威平台对替代计量指标的遴选与集成是国内外学者进行替代计量应用研究的基石。PLoS ONE 平台将替代计量的指标分为五大类，分别是浏览、保存、讨论、推荐和引用，但在实际科研工作中，可以根据具体科研目的遴选所需的合适指标进行集成与聚合。比如，2018 年 2 月，国内学者程晶晶等（2018）基于比较分析 PLoS ALM 与 Altmetric.com 评分、单篇论文学术成果评价指标之间的相关性对单篇论文的评价效度的目的，将平台上的指标分为六大类，除平台自分的五大类外，根据用户习惯，新增了下载这一类型，包括 PLoS PDF、PMC PDF 和 PLoS Journals XML 的次数相加。国内学者郭颖和肖仙桃（2019）参考国外替代计量来源平台，从我国相似的代表性平台中选取替代计量指标，引入因子分析法筛选指标并进行权重的确定，以此构建指标体系，最后利用相关性检验和二维评价方法对所构建的指标体系进行验证，得出此指标体系可以用于学者影响力评价，应与传统文献计量指标互为补充的结论。

国外学者也根据研究领域和目的的不同对替代计量指标进行了遴选与集成。Jabaley 等（2018）基于揭示与败血症有关出版物影响力的目的，选取了 Altmetric 公司提供的 Altmetrics Score 复合指标、Twitter 用户提及数以及传统的引用频次指标进行集成，并考察了以上三种指标之间的相关性。在结论中，研究者肯定了替代计量作为衡量学术成果影响力以及预测学术成果未来引用频次工具的地位。对教职工的绩效测评是研究机构管理中一个不小的挑战，传统意义上，科研工作的影响力是根据传统的被引频次评定的，但随着网络平台，特别是社交媒体的普及，对学术成果影响力的新型评价模式悄然出现。Lutz 和 Hoffmann（2017）利用瑞士管理学者在 ResearchGate 上的使用数据对社交网络进行了分析，推导出了相关性指标，并将这些指标与文献计量学、网络计量学和替代计量指标联系起来，综合衡量学术成果，特别是在商业和管理研究中的影响力。

当然，国内外学者得以对替代计量指标进行遴选与集成的前提和基础离不开权威平台对其进行的遴选与集成。Altmetric 公司[①]推出的 Altmetrics Score 是一个收集学术成果影响力并自动计算并加权的综合分数。指标的加权非常有必要，比如，某个学术成果在新闻提及中所积累的影响力远大于 Twitter 上一条推文所产生的影响力，如果将二者的影响力数值等同则会导致 Altmetrics Score 的偏颇。所以，Altmetric 公司设置了每个指标的默认权重值，比如新闻报道的权重值是 8，而 Twitter 的权重值仅为 1。在 Twitter 推文的再次转推上，Altmetric 公司定下了三条原则。①传达：基于转推者的关注者数推测这条推文可能会被多少人看到。②频率：用户多久转推一次学术成果。③偏狭：此用户/账号是否经常大量转发某一领域的学术成果，是否存在推广的意图。如果监测到某 Twitter 用户转推异常数量的推文，则会被定义为"偏狭"。一般地，一条推文的再次转推计为 0.85，而一个具有较大影响力的再推者所贡献的权重会大于 0.85，可能会贡献 1.1。但 Altmetrics Score 并非无所不包，因为某些数据源难以追踪，有些指标不会被计入分数，比如 Mendeley 和 CiteULike 读者数。

将替代计量指标进行遴选与集成之后，不但可以进行基于替代计量的学术成果影响力评价体系的实证研究，还可以反过来对替代计量指标进行更完善、科学的分类。由庆斌和汤珊红（2014）提出构建基于替代计量的单篇学术成果影响力评价模型，指标数据源自 Mendeley 平台，运用相关分析法对替代计量指标进行筛选及主成分分析，找出主成分因子并以主成分分析法构建论文影响力评价模型。最后，将主成分评价模型与传统被引频次模型进行对比，发现两个模型在高学术影响力论文的评价上具有一定的一致性，由于替代计量指标的及时性和传统被引频次的时滞性，可用此主成分评价模型发现高被引论文。要构建客观、公正的学者影响力评价指标体系，需要在数十种反映学者社会影响力的评价指标中遴选出合理的评价指标，避免强相关性指标。王妍等（2015）收集了 PlumX/Pitt 工具中提供的指标数据，尝试探究传统被引频次与社会影响力指标之间的相关性，研究发现，全面评价学者的影响应当引入社会影响力指标。

在替代指标的分类上，实证研究也是层出不穷的。根据机构知识库的特点，邱均平从机构知识库整体、特定资源和发布者的角度进行替代计量指标的遴选，并将其划分为几大类，分别是：①针对机构知识库平台整体的指标（累计访问量/

[①] Altmetric Suppport. 2018. How is the Altmetric Attention Score calculated? https://help.altmetric.com/support/solutions/articles/6000060969-how-is-the-altmetric-score-calculated- [2019-07-27].

今日访问量、资源种类数和学科数、累计上传数/本周上传数）；②针对机构知识库中特定资源的指标（浏览量/访问量、转载量/下载量、推荐量、评论数）；③针对资源发布者的指标（粉丝数、标签、资源数）。他对机构知识库中替代计量指标进行了设计与统计，在统计了 35 个机构知识库后，对建立的指标体系进行了验证，增强了指标体系的可信度，并发现传统单篇学术成果评价指标可以与替代计量指标互为补充。杨柳和陈贡（2015）以 Plum Analytics 为数据源开展指标之间的相关性分析，发现替代计量对于论文影响力和机构影响力评价的适用性有一定差异，要根据评价对象的不同而遴选合适并且有效的评价指标。针对评价对象，也有学者进行了评价指标体系的构建。管莺莺（2016）参考余厚强等人提出的"传播–获取–利用"分层模型以及邱均平等人提出的金字塔形三层指标体系，将具有代表性的文献计量指标和替代计量指标相结合，进行了针对高校科研人员科研绩效评价指标体系的设计，设置了 4 个一级指标，分别是科研产出（成果数和 h 指数）、个人影响（HTML 格式浏览数、PDF 格式浏览数、导出/保存数）、社会影响（订阅数、朋友数、喜欢数、分享数）和科研影响（外链数、推文数、评论数、引文数），并运用熵值法得到目标人员科研绩效评价指标体系的指标权重。赵蓉英等（2016）对现有替代计量指标进行定量分析和选取，设计并构建学术论文影响力的框架及模型，并通过实证研究证明模型的可行性。姜春林结合传统文献计量指标和替代计量指标，进行了人文社会科学代表论文评价指标体系的构建，并从组织、运动、监督等三方面深入研究了代表性论文评价的实现机制。如果要将基于人文社会科学代表性论文进行评价指标体系及各指标之间的权重分配的方法应用于具体某一学科研究成果的评价工作，要根据学科特点、级别和文献类型特征，将此评价指标体系中的部分指标进行适当的替换和权重分配调整。

第五章

替代计量学的方法体系

替代计量学作为一门在 Web2.0 环境下传统计量学发展而成的新兴学科，为学术影响力评价提供了新的视角和方法（Priem and Hemminger，2010）。相对于传统计量学评价方法，它具有全员可参与、数据源广、评价及时、结果全面客观、方法经济、操作性强等优点。正如巴甫洛夫所说的（刘渔海，1985），"研究方法每前进一步，我们就更提高一步"，替代计量学的优点和它所采取的研究方法密不可分。

所谓替代计量学方法是指此学科在探索过程中所使用的理论、技巧、方法等的综合。替代计量学自 2010 年被提出后发展至今，在探索过程中应用了许多传统计量学方法、计算机学科方法以及其他领域学科方法。但由于缺乏系统研究和理论总结，至今几乎没有资料记载着清晰的替代计量学方法体系，这不利于学者借鉴以及以后研究的进展。替代计量学被视为理论、方法、应用三者结合的理论体系，方法作为理论和应用之间的桥梁，其重要程度不言而喻。理论通常被视为方法的基础，但是时常发生的方法突破带来科学理论突破的事例，也说明了方法对学科理论建立的重要程度。方法在学科应用过程中的必要性体现在：离开方法，替代计量学的研究很难进行。对方法论的研究以及方法体系的梳理建立，是推进替代计量学学科发展的必要步骤。

5.1 替代计量学的方法体系的一般构成

替代计量学的方法体系实际上是一个各种方法结合的有机整体。这从方法论角度而言，是因为科学发展经历描述阶段、逻辑分析阶段、质量分析方法和数量分析方法的辩证统一三个阶段（乔好勤；1983）。任何学科的发展都是从描述科学事实开始的，而现代科学方法已经积累了科学史上的各种方法，从而形成了一个紧密的方法体系。从水平方向而言，方法体系则可以分为哲学方法、一般科学方法、专门科学方法这三个层次（图 5-1）。本节便是从这三个层次展开分析，并且根据替代计量学的研究流程对各阶段常用的几种科学方法进行具体阐述的。

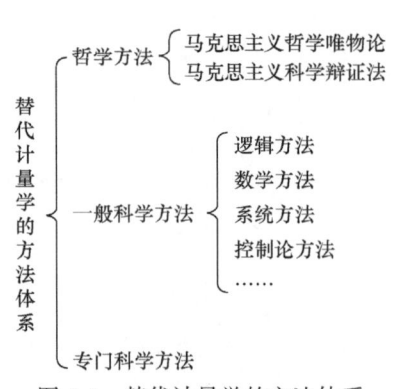

图 5-1 替代计量学的方法体系

5.1.1 哲学方法

乔好勤在《试论图书馆学研究中的方法论问题》中提出，"哲学方法是一切科学方法的基础，其他一般方法和专门方法都是哲学方法的体现"。所谓哲学方法，就是马克思主义哲学唯物论和科学辩证法（邱景华，2011）。唯物辩证法将研究对象置于历史的维度进行探索，以发展变化的观点加以研究（孙伯鍨，2001），而不是将事物单纯视为事物，科学史发展的过程再一次验证了唯物辩证法的正确性。哲学方法具备本体论方法的重要地位，是所有科学进行科学研究的指导原则，适用于一切领域的探究行为，对于替代计量学也是如此。哲学方法具有普泛化和综合性特性，它不仅是回顾、批判、概括历史的方法，更是具有预见性、启迪性、先进性的方法，促进现实健康、合乎规律的发展。自觉应用哲学方法，以马克思主义唯物辩证法作为指导原则，是替代计量学科学、健康发展的基础。

5.1.2 一般科学方法

一般科学方法是多种具有普遍意义的从个别学科中提取、概括出来的普适性科学方法的总称，例如逻辑方法、数学方法、系统方法、控制论方法等都属于一般科学方法这一层次。此类方法通常会对科学发展产生重大的影响，并且其经过了多次的研究、试验，可以应用于多个领域。普赖斯认为，学术成果不止通过科研会议、论文等正式途径传播，有百分之八十的信息是通过非正式交流获得的，如闲谈等方式（Burnett and Jaeger，2008），他的这一观点在现代技术环境下成为现实，这也正是替代计量学诞生的最大原因。替代计量学实现了对在线社交媒体行为、读者评论内容、在线交互内容管理等数据的有效定量计量，与此对应的是，替代计量学广泛使用数学方法、信息方法、移植方法等一般科学方法。首先，在社交环境下对各类学术成果进行定量分析和统计描述以全面揭示其影响力是替代计量学的本质，数学方法在此过程中无疑是最重要的方法。其次，替代计量学的研究对象是社交媒体环境下的在线信息，需要应用信息管理学的方法来探索其研究对象的原理、规律，使用信息方法认识研究对象的整体和部分，是替代计量学不可缺少的应用方法。最后，替代计量学作为一门新兴学科，其特征和流程决定了它需要移植许多相关学科的方法、成果。例如，替代计量学在研究中广泛移植了计算机技术、系统方法等学科的概念、方法、成果，并且通过科研人员的进一步归纳和吸收，完善了替代计量学的理论和方法体系。

此外，替代计量学有着计量学科的特性，在某种意义上是一门围绕着数据计量展开的学科。就这个层面而言，替代计量学涉及了四个方面的一般科学方法：数据采集方法、数据挖掘方法、数据统计方法、数据可视化方法。

1. 数据采集方法

替代计量学面对的研究对象是在线社交网络下体现学术影响力的数据，包括在线评论内容、下载量、引用量、提及量、评论量、读者量等。面向多种类型的数据，数据采集方法可以说是替代计量学研究进行的最基础保障，具体内容见本章 5.3 节。

2. 数据挖掘方法

20 世纪 80 年代，随着信息技术的发展、统计学理论的完善、数据库技术的广泛应用，数据挖掘方法开始产生。数据挖掘被定义为从大量的、不完全的、有噪声的、模糊的、随机的数据中，提取隐含在其中的、人们事先不知道的但又潜在有用的信息和知识的过程（毛国君和段立娟，2016）。数据挖掘方法是替代计量学在数据处理过程中应用的重要方法之一，具体内容见本章 5.4 节。

3. 数据统计方法

只要有数据的地方就有数据统计方法，替代计量学在数据分析过程中应用了描述性统计分析和推断性统计两种主要方法，具体可分解为参数估计、假设检验、相关分析、回归分析等步骤，具体内容见本章 5.5 节。

4. 数据可视化方法

数据可视化方法是替代计量学研究在结果表示过程中必不可缺的科学方法之一，科学计算可视化、数据可视化、信息可视化、知识可视化等都属于数据可视化方法在发展过程中产生的分支。可视化是一种很好的结果表示方法，一方面它可以将分析结果以直观的图形、图像方式展示出来，另一方面它有助于人们发现隐藏在大规模数据背后的事物规律，具体内容见本章 5.6 节。

5.1.3　专门科学方法

专门科学方法是指应用在某具体学科内部的个别研究方法。替代计量学作为一门发展中的学科，其专门科学方法也处于发展之中。替代计量学的专门科学方法可分为以下几个来源。

（1）继承、拓展、调整上位学科的专门科学方法。众所周知，替代计量学的学科基础是文献计量学、科学计量学、信息计量学、网络计量学、知识计量学（即"五计学"），理所自然地，替代计量学继承了它们的特征科学方法，如社会网络分析法、内容分析法、链接分析法、数据挖掘法、文本挖掘法、数据可视化方法、信息可视化方法等。这些方法在替代计量学领域学者的努力下，经过调整、拓展、变化，很好地适应了社交媒体以及开放存取环境，做到了对学术交流等动态数据及时、准确地定量分析。例如，替代计量学中应用极广的社会网络分析法便是源自网络计量学的网络链接分析法。

（2）移植其他学科领域的专门科学方法。上文提到，替代计量学广泛应用了移植方法这个一般科学方法以完善自身的理论体系和方法体系。由于时代背景的不同，替代计量学与"五计学"之间虽然联系紧密，但又存在着本质上的不同，单纯地继承上位学科的专门方法不足以支撑其发展。替代计量学是 Web2.0 技术、社交媒体环境、科学交流模式变革、传统计量学方法理论的产物，涉及人工智能、传播学、社会学、语言学、计算机技术等多个领域，发展过程中移植了这些学科领域的专门科学方法以丰富自身的方法体系，促进了自身学科发展。例如人工智能领域的"自然语言处理方法"（nature language processing）、"情感分析法"（sentiment analysis），传播学领域的"内容分析法"（content analysis），计算机领域的"协同过滤"（collaborative filter），社会学领域的"行为分析法"（behavior analysis）等都已应用到替代计量学研究中。

（3）移植一般科学方法。现代科学已经累积了科学史发展过程中产生的各种方法，形成了一个联系紧密的方法体系，现代学科之间互相渗透影响。动物病理学教授贝弗里奇说："有重要的独创性贡献的科学家常常是兴趣广泛的人，或是研究过他们专修科之外科目的人。"可见，科学发展的重要动力是科学方法和科学知识的移植与渗透。一般科学方法产生后通常对科学发展影响巨大，同时对各类学科具有普适性，因此合理、适当、科学地移植一般科学方法是替代计量学发展完善的重要步骤，例如应用"数据标准化方法""假设方法"到替代计量学研究流程中。

替代计量学的特征、学科追求等由其专门科学方法反映，专门科学方法应该从结构上保证替代计量学学科目的可以实现。从发展历程以及当前呈现的研究格局来看，替代计量学的知识范畴及学科领域由三个范畴确立：理论研究、数据处理、结果呈现。也就是说，替代计量学的专门科学方法结构由理论研究、数据处理、结果呈现三个维度组成。理论研究对于学科而言犹如大厦根基，理论研究方法也应处于中心维度，被视作核心方法。替代计量学的研究对象是非正式学术交流平台上学术成果的交流（Taylor，2013），是对交流过程动态数据的测度，数据处理方法和结果呈现方法是研究中不可替代的应用方法，也是对理论研究的补充。如图 5-2 所示，将替代计量学的专门科学方法结构视作三维架构，从总体展现各方法之间的联系与区别，也为后续新的方法加入提供空间位置。需要说明的是，此三维架构上的位置没有物理意义，各种具体方法在维度上位置的先后不意味着重要程度的高低。

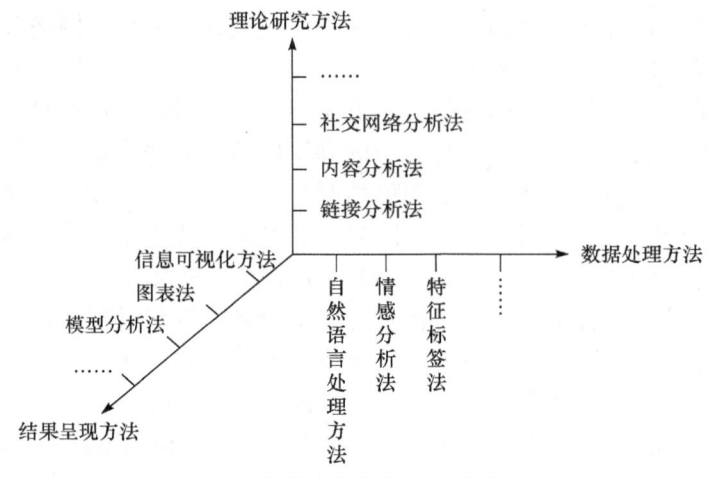

图 5-2 替代计量学的专门科学方法

5.1.4 基于替代计量流程的方法体系

替代计量学被定义为"以博客、社交媒体、评审系统及包含社会标签工具和参考文献管理系统在内的协同标注工具为平台,对各类学术成果的分布、阅读以及再利用情况进行定量描述和分析,以便全面揭示其影响力特征和规律的一门学科"(Priem et al., 2010),研究基础是在线交流平台上学术成果传播的数据。前面展示了作为学科的替代计量学的方法体系,在具体的替代计量过程中,计量的对象是数据,从计量分析的流程,可分为数据采集、数据处理、数据分析、结果表示四个步骤(图 5-3)。这四个步骤完整地呈现了替代计量学为达到研究目的进行的操作处理,每一个步骤都采用了不同的方法。科学方法在研究流程中可以清晰地体现自身价值与作用,也可以系统地展现一门学科的方法之间的联系。下文即从数据采集、数据处理、数据分析、结果表示四个角度具体阐述现阶段替代计量学所采用的最主要的方法。

5.1.4.1 数据采集方法

替代计量目前采取的数据采集方法主要有手工浏览获取、API 获取、网络爬虫提取三种,其中又以网络爬虫提取方法最广为应用。替代计量的研究数据是学术成果在社交媒体平台传播的数据,本质上是网络数据,具有庞大、类型多样、结构复杂等特征,仅靠人工采集不仅耗费不必要的人力、物力,还难以全面采集到所需的研究数据。API 获取虽然效率更高,但也时常遇到源网站的条件限制。在这样的情况下,网络爬虫提取技术成了替代计量学现在最常用的数据采集方法。

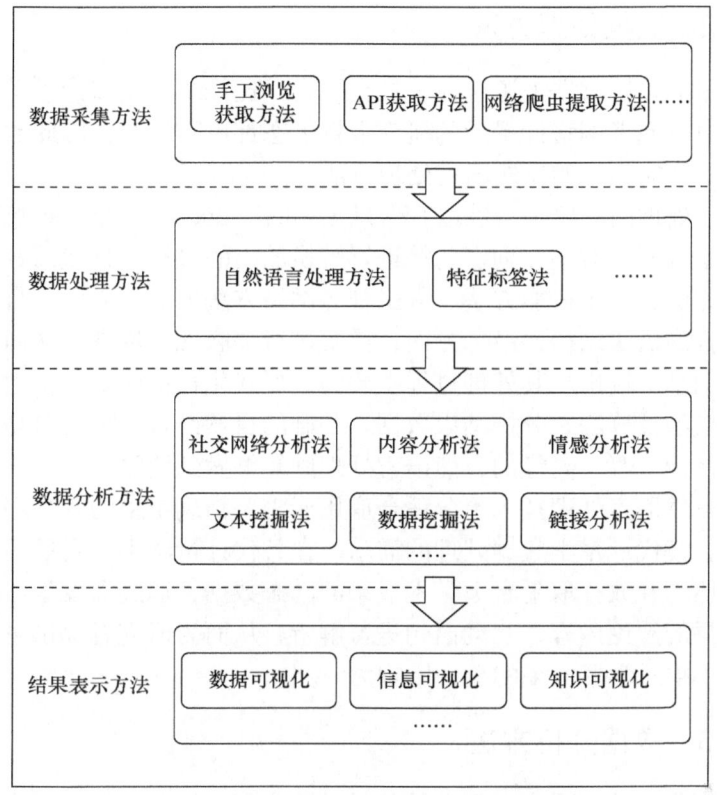

图 5-3 基于替代计量流程的方法体系

网络爬虫，又被称为 Web 信息采集器或者网络蜘蛛，顾名思义是通过抓取网页资源以获得所需数据的程序，可使用 Java、Python 等计算机语言编写完成。实际中应用的网络爬虫方法是由几种爬虫技术组合而成的。按照架构和实现技术的不同，网络爬虫技术可分为聚焦网络爬虫、深层网络爬虫、增量式网络爬虫、通用网络爬虫这几大类。网络爬虫工作的过程被称为网络爬行，它首先从一个 URL 集合开始运行，将获取的 URL 放入建立的待爬队列中，按顺序获取 URL 并下载对应的网页内容，在这过程中新的 URL 不断被放入待爬队列，直到 URL 被遍历或者停止条件产生（孙立伟等，2010）。

如何在短时间内获取更多网络页面是网络爬虫需要思考的问题，为此网络爬虫通常会采取并行爬行的方式，在这过程中各个爬虫独立爬行互不影响，或者由一个中央协调器动态协调各个爬虫的爬行任务，又或者在最开始就分配 URL 序列给各个爬虫。爬虫常采用深度优先策略、广度优先策略来提高爬行效率。

5.1.4.2 数据处理方法

替代计量的原始数据来源于在线社交平台，比传统的文献计量学、科学计量学、信息计量学或者网络计量学的研究数据形态都更为复杂，因此数据处理过程中运用了人工智能领域的自然语言处理方法。

自然语言处理的对象是自然语言信息（Allen，2005），是计算机自动对自然语言进行理解分析，对字、词、句等进行转换输出的过程。自然语言处理的实现基于语言学方法、人工智能方法、人工神经网络方法等。一方面，自然语言处理需要理清语言的语法结构，另一方面，需要进行关联含义推理，从而做到研究者需要的精确的结果输出。其处理过程主要为：形式化目标语言、构建处理模型及算法、应用模型及算法、分析结果数据。基础的自然语言处理可自动去除语句中的分词、词性标注等；高等的自然语言处理则能够做到消除歧义、抽取概念、识别短语等。自然语言处理技术十分适合应用于需要精确结果的程序中，例如信息抽取，很符合替代计量学数据处理的需求。在替代计量学中，自然语言处理的对象是社交媒体、开放存取平台上学术成果的动态数据，通过深度学习的方法，对这些学术成果的评论内容、互动语句进行解析，从而为研究者提供可分析的处理后数据，便于揭示学术成果的全面影响力。

5.1.4.3 数据分析方法

数据分析作为数据采集、数据处理的进阶步骤，涉及的方法有许多，替代计量在这一阶段采用的主要方法有社会网络分析法、内容分析法、情感分析法、文本挖掘法、数据挖掘法、链接分析法。

1. 社会网络分析法

近年来，在线社交媒体发展迅猛，社交网络已经成为联系人与人之间关系以及信息传递的重要途径。社交网络上存在着个体关联复杂的虚拟社区，也存在着具有某种特征的网络群体，基于这些社交网络，信息会快速流传到社会并产生影响力，学术界普遍高度关注社交网络分析，学者们早已意识到社交网络对学术成果影响力的传播力度，这也正是替代计量的内涵之一。

在线社交网络是由社会行动者及社会行动者之间的关系构成的社会性结构（方滨兴等，2015），它的三个要素是社交网络内部的关系结构、社交网络内的群体、社交流传的信息。社会网络分析法的研究对象是社交网络的结构、社交网络内的群体特征及行为、社交信息及传播。总的来说，替代计量学的社交网络分析涉及：社交网络群体的用户行为，包括群体个体间建立关系、发布信息、分享信息等；社交网络群体的用户互动，包括支持、反对、中立的态度倾向；社交网络上的信息传播及其影响力。

社会网络分析法的应用对替代计量学的学科发展起到了良好的推动和实现作用。各科研机构以及学者们纷纷对社会网络分析法展开理论性、工具性上的研究，对群体从众行为的初始状态影响、信息演化机理进行进一步分析，为替代计量学的数据分析提供了强有力的方法，保证了研究的科学性、连贯性、完整性。

2. 内容分析法

内容分析法属于社会科学研究方法，产生于20世纪初。内容分析法的原理是对文献内容所包含的信息进行深入分析，从而做到有效地再呈现和推断（邱均平和邹菲，2004），其被广泛地应用到社会学、情报学等社会科学领域中。内容分析法最为人接受的学科定义由美国学者 Bernard Beredson 提出，他将内容分析法定义为"客观地、系统地、定量地描述交流的明显内容的方法"。

在百年来的发展历程中，内容分析法由解读式内容分析法、实验式内容分析法发展至计算机辅助内容分析法，取得了较多的研究成果。就其研究步骤而言，通常分为以下几步：①提出研究问题。清晰地划定研究范畴，制定研究大纲，提出对研究结果的假设。②抽取数据样本。选择符合研究目的、性质一致的样本进行科学抽样。③确定数据分析单元。数据分析单元可以是词、句、段落等，是内容分析的基本信息单元。④制定分析单元的分类系统。保证所有单元有归属类目，各类目间有互斥性。⑤进行内容编码。即是将数据的分析单元归类到分类系统的过程，现今常借助计算机技术进行。⑥对数据进行统计。对数据的百分比、相关性、回归性等进行计算统计。⑦解释与检验结论。对经过量化分析得出的数据进行定性描述和分析，得出相关结论并进行信度分析。

内容分析法可以应用于任何有交流过程的传播事件，当然也适用于在线社交媒体平台下的科学交流事件。在替代计量学中，应用内容分析法一方面有利于抓住社交平台上的科研热点，另一方面可以结合计量学方法，对学术成果的影响力进行全面的定量分析。

3. 情感分析法

情感分析法是一种对用户带有主观情感的内容进行提取、分析、归纳、推理的研究方法（王洪伟等，2017），涉及数学、计算机、信息系统等多个学科领域，可以对内容的态度倾向进行有效的推断。情感分析法在使用过程中，将研究对象分为词语、句子、篇三个层级。词语层次根据词性，再通过累加或者句法对内容进行情感分级；句子层次首先通过判断句中词语的词性，再进行机器学习，对整体内容进行情感分析；篇的层次则是对通篇进行词性标注，再赋权分类，从而得到通篇内容的情感分类。目前，情感分析法应用在企业决策、事态预测、产品营销、舆情监控等多个方面，可以得知人们在互联网的社交环境下，对某一事件的态度，并能预测事件发展。在替代计量学领域，情感分析法则可以对学术成果的评论进行提取、分析、归类，得到其中蕴含的情感倾向和态度归类，明确支持、反对、中立的主观态度，对学术影响力进行另一层面的揭示。

4. 文本挖掘法

文本挖掘法又被称为文本知识发现，对文本数据进行可视化处理，进行信息的提炼和指标的转化，抽取出文本中隐藏的具有潜在价值的知识，此项方法早在20世纪80年代就被提出。文本挖掘法的处理步骤在于获取文本、挖掘信息、抽取知识。挖掘信息的主要目的在于获得内容特征，在这一步骤对文本进行语言学处理，包括分词、去除停用词，以及数学处理。涉及的实现技术有文本分类、聚类、词性标引、特征提取、词频统计等。文本挖掘法目前在多个领域得到应用，包括对行业制度进行评估、对扶持政策进行量化评价、对跨国文化吸引力进行研究、旅游形象的感知与传播等，涉及计算机科学、统计学、信息检索、传播学、社会学等学科领域。在替代计量学中，文本挖掘法有助于挖掘出社交互动中隐含的有效信息，进一步研究学术影响力。

5. 数据挖掘法

数据挖掘法涉及机器学习、人工智能、统计学、计算技术、模式识别等多个领域，是通过聚类分析、关联分析、趋势分析、异常分析等活动寻找各类知识的过程。简而言之，数据挖掘的目的是从大量数据中挖掘知识。数据挖掘的对象可以是来源于任意数据源的数据，如事务数据库、时序数据库、多媒体数据库、网络信息等。数据挖掘的过程包括：①消除数据噪声，删除与整体性质不一的数据；②采用数据库等技术，综合数据源，集成数据；③科学抽取与研究相关的数据，进行数据筛选；④将筛选出的数据转换成利于挖掘的形式；⑤采取高级计算机技术或智能方法抽取数据内含的信息与知识；⑥建立契合的标准，对挖掘的结果进行评估；⑦对挖掘结果进行可视化表示。

在Web2.0的技术环境下，数据挖掘法有着重要的现实应用意义，通信、数据处理、预防欺诈、电子商务、社交信息等都采用数据挖掘法来达到各自目的。随着应用和研究的深入，网络数据挖掘法随之产生。网络数据挖掘法是数据挖掘法在网络环境下的应用，从网络资源中挖掘出所需的信息知识，发现潜在的模式规律和预测未知信息。

6. 链接分析法

众所周知，互联网通过链接将赛博空间（Cyberspace）中各部分信息有组织地联结成有机整体，也就是说，链接是互联网的最基本组成元素。链接是某个具体网页指向另一个具体信息的连接，网页之间只有通过彼此的链接才能交互信息，互联网的对信息传播的价值才能体现。网络链接主要有五种类型：①网站结构链接，顾名思义，是具有结构层次性的某个网站网页之间的链接，使得这些网页构成一个整体；②信息关联链接，是一个具体的网站内，通过各信息之间的关联关系而创作的指向性链接；③信息推介链接，通常运用于商业网站，指向相关的网页或网站；④信息来源链接，是尊重知识产权的一种行为，表明来源归属；⑤网络结构链接，可以向使用者用可视化的方式展现归属于一个整体的网站所处的空间结构（俞培果和邱均平，2003）。

替代计量学的研究中，十分重视链接分析法的核心思想，即指向某网页的链接越多，该网页重要程度越高；若链接是由一个网页指向另一个网页，则后者的重要程度更高。在替代计量学评测的环境下，学者在 Twitter、微博等社交网络上发表成果时，为了便于同行、平台用户深入了解，通常会在文后附有 DOI 链接，那么根据链接分析法的思想，学者在探讨、分析该学术成果时创立的指向该 DOI 的网页链接越多，则该学术成果的影响力越大。

5.1.4.4 结果表示方法

替代计量学研究通常使用可视化方法来展示研究结果。"可视化"这一术语最早于 1987 年美国国家科学基金会召开的会议上被提出，可视化的含义是"看得见的，清楚地呈现"（赵国庆等，2005）。可视化方法将结果以准确、易于理解、直观、清晰的形式展现，帮助研究者发现海量数据内涵的规律，帮助研究者们得出正确的结论，以支持事物发展、决策进行。

可视化方法先后产生了数据可视化、信息可视化、知识可视化三种方法。数据可视化是针对空间数据，指运用图表和计算机技术将数据转化为图像显示，便于人机交互；信息可视化则是针对非空间数据，使用计算机技术，对抽象数据进行视觉表示，并且从大量数据中挖掘出新的信息；知识可视化是在数据可视化和信息可视化基础上发展的学科，研究对象是人类知识，目的在于促进群体间知识传播和知识创新的产生，可视化方法包括知识图表、草图、视觉隐喻等视觉表征。

5.2 信息计量学方法

5.2.1 信息计量学概述

"信息计量学"最先由德国昂托·纳克（Otto Nacke）教授于 1979 年提出，对应英文术语 Informetrics，于 1987 年正式被承认为一门学科。信息计量学被定义为：采用数学、统计学等各种定量方法，对（社会化的信息交流过程中的）信息的组织、存储、分布、传递、相互引证和开发利用等进行定量描述和统计，以便揭示其数量特征和内在规律的一门新兴学科（邱均平，2007）。

从发展历史看，信息计量学是在传统文献计量学和科学计量学的基础上扩展和演变而成的，文献计量学和科学计量学是信息计量学的学科基础。"三计学"之间的关系如图 5-4 所示，被认为是相互交叉、相互促进的关系，并且"三计学"的融合已成为一种必然的趋势。

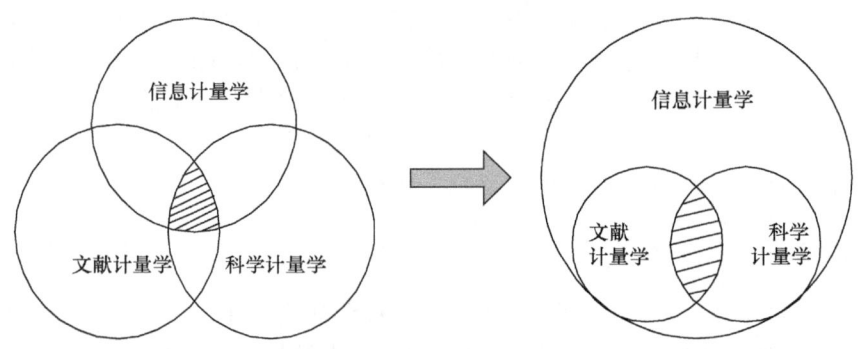

图 5-4　信息计量学的发展趋势（邱均平，2007）

信息计量学分为广义的信息计量学和狭义的信息计量学。前者涵盖范围十分广阔，探讨以广义信息论为基础的信息如何计量的问题。通常提及的信息计量学属于后者，由理论、方法和应用构成内容体系，主要研究文献情报信息的计量问题。它引进"量"的概念和定量分析方法，分析研究信息的动态特性，进一步揭示信息单元的体系结构和数量变化规律。狭义的信息计量的数据来源包括会议文献、专利文献、标准文献、学位论文、科技图书、科技期刊、科技报告、产品资料、技术文档、科技报纸、光盘数据、网络数据等。

5.2.2　信息计量学的方法

信息计量学的内容体系可以从理论、方法、应用三个角度构建，作为一门以定量分析作为手段的计量学学科，其方法体系由统计分析法、引文分析法、数学模型分析法、计算机辅助信息计量分析法、词频分析法、聚类分析法、共现分析法等诸多方法构成，下面具体阐述其中最为常用的四种方法。

1. 统计分析法

信息计量学所使用的统计分析法涉及抽样、参数估计、假设检验、方差分析、回归分析等数学领域的数理统计分析,也涉及词频、引文量、发文量、馆藏量、合作率等信息计量学专业统计术语。信息计量学应用的数理统计法主要应用在抽样统计和统计预测两方面,这是因为在现实中,由于数据过于庞大等因素,研究者们通常难以对总体进行观测分析,而是以科学抽样的方式抽取代表性数据进行研究;统计预测则是根据以往数据统计推测未来。统计分析方法主要研究如何抽取能反映总体特征的局部样本,以及如何统计分析推断样本数据。

2. 引文分析法

科学论文之间是相互联系的,科学论文的相互引证内含规律性,引文分析(citation analysis)法是信息计量学的经典分析方法,是利用数学方法以及逻辑方法,对科学论文、科学期刊等研究对象的引证和被引证行为进行统计、比较、抽象、归纳等分析,从而揭示其内在数量特征与规律的文献计量方法。引文分析法最早出现在20世纪20年代,随着技术的发展和研究实践的深入,引文分析法形式逐渐丰富完善。发展至今,引文分析主要有以下三种类型:研究引文数量;研究引文的特征,如引文主题、关键字、作者国别、书写语言、发表年代、作者等;研究引文间的关系,如网状关系或链状关系。引文分析法可以反映论文、学者、期刊、著作、报告等对科学发展所起的作用,也可以反映各学科、各学者、各期刊之间的联系与影响,也因此在图书情报、信息管理等领域得到广泛应用。

3. 数学模型分析法

数学模型分析法作为有效的分析方法和计量方法,是信息计量学十分重要的方法之一,在信息计量达成定量分析的学科目的中有不可替代的作用。数学模型是运营数理方法,以数学形式和符号描述研究对象内部部件之间的关系与数量规律的方法。数学模型的产生是为了迎合用数学语言描述系统的需求,它不仅可以模拟一个具体系统的运动规律和结构,还可以定量地描述该系统内部的联系组成、内含规律,具有准确、精细等特点。建立数学模型的步骤在第一章 1.1 节已经进行了详细阐述,这里不再赘述。按照研究对象划分,数学模型可分为必然现象模型、随机现象模型、模糊现象模型、突变现象模型四种;按照表达方式划分,数学模型可分为解析式与图像模型、方程组模型、图表模型三种;按照描述方法划分,数学模型可分为集合论模型、概率模型、代数模型三种。

4. 计算机辅助信息计量分析法

随着信息技术发展和数据源的愈加庞大,信息计量学的研究手段从人工向计算机辅助过渡是必然的结果,甚至可以说,在如今没有哪项信息计量学的研究不是在计算机辅助下完成的。计算机辅助信息计量方法不仅在于理论研究,也包括多项软件的开发设计,如中国科学引文数据库、科技论文与引文数据库等。

5.2.3 替代计量学与信息计量学方法的联系

信息计量学是替代计量学学科基础的重要构成部分，替代计量学传承了信息计量学的学科方法，并且加以拓展。

替代计量学与信息计量学方法紧密联系，根本原因在于它们之间的传承关系。计量学的发展从历史维度来看，可以分为三个时段：前网络时期、Web1.0 时期、Web2.0 时期（由庆斌和汤珊红，2013）。信息计量学产生于前网络时期，替代计量学的诞生则被认为是 Web2.0 时期传统计量学发展的必然结果（吴胜男，2015）。文献计量学、科学计量学、信息计量学以及 Web1.0 时期发展的网络计量学构成了替代计量学的学科基础。上文提到，在前网络时期产生的信息计量学、文献计量学、科学计量学三个学科互相渗透影响，并且此"三计学"将融入信息计量学这一学科体系中。而网络计量学则可以看成"三计学"在网络时代的应用。虽然由于各自发展的时代环境以及研究对象不同，替代计量学与信息计量学方法之间存在着区别，但是替代计量学方法与信息计量学方法的联系之紧密是不言而喻的。

替代计量学继承了信息计量学的统计分析法、数学模型分析法、计算机辅助信息计量分析法、词频分析法、聚类分析法、共现分析法等多种方法，并应用到自身的数据采集、数据处理、数据分析、结果表现研究流程中。同时，学者根据时代背景为替代计量学加入了自然语言处理法、社会网络分析法、科学交流指标等新方法。

5.3 数据采集方法

5.3.1 网络日志文件数据采集方法

网络日志文件是记录 Web 服务器运行、操作、错误以及接受请求等原始数据的文件，通常记录了时间戳、描述性文本解释、IP 特征、执行动作等信息，可以在事件关联中起到辅助作用。网络日志文件的数据来源决定了它作为用户行为、软件系统、硬盘设备的记录工具的地位，在监控网络情况上起着重要作用。网络日志文件具有数据类型繁多、数量庞大、价值密度低、处理速度快的特点，大数据时代日志是广泛使用的数据采集方法之一（李学龙和龚海刚，2015）。

网络中存在着多种日志文件，数量庞大，格式不一，可以安装日志存储管理服务器，借助软件的力量自动采集存于网络不同位置上的各种日志文件数据。如果需要采集特定的日志文件数据，则可以采取下述方式：对访问者这一数据，首先默认不同 IP 地址代表不同访问者，若 IP 地址相同，则通过日志文件中的跟踪文件数据来识别；对网站访问量，则根据日志文件中的浏览器请求来识别，这些请求可以是获取网站页面的图像、文本等，一条接受请求的记录即是一次访问；至于访问者特征，则通过网络日志文件中的浏览器类型来获得，浏览器语言可以采用浏览器字符串获得。

5.3.2 网络引文数据采集方法

网络引文又称网络（电子）参考文献、Web 引文、online citations、web citations、electronic references、internet references、internet footnotes 等，是指学术论文后面所附的、其来源出处是因特网资源的参考文献，实际上是用作参考文献的网络信息资源，其突出特征是著录内容中含有网址（杨思洛和仇壮丽，2009）。

采集网络引文数据的方法有以下两种：①手工采集或通过网络爬虫获取。通过手工搜索下载或者通过网络爬虫技术识别、提取目标数据库中每一篇论文的网络引文，再将提出的数据录入可分析软件中，然后按照计量学定量分析方法从网络引文数据量、占比等方面对其进行分析。值得一提的是，在信息时代，完全依靠手工采集数据耗费人工、效率低下、出错率高，科学研究通常采取几种方法共同采集的形式。②利用搜索引擎采集。搜索引擎起源于 1990 年开发出的 Archie 工具，通过精确地输入文件名，用户可以在 Archie 上得知文件存在的具体服务器从而进行下载，这和现代搜索引擎的原理是相同的。搜索引擎被认为是网上导航工具，事实上，搜索引擎是一个为用户提供检索服务，通过一定的算法策略根据用户输入的信息搜集互联网上的相关信息，对信息进行组织处理并且按逻辑呈现的系统，含有搜索器、索引器、检索器和用户接口。在替代计量学研究中，搜索引擎是十分重要的数据采集工具，如科学搜索引擎（Google Scholar、WoS、EBSCO、WorldCat、PLoS 等）。在网络引文数据采集上，CiteSeer 引文搜索引擎可以很好地承担这一任务。首先它采取机器自动识别技术获得有互联网资源的学术论文，也就是说，一旦有新的学术文献被放到网上，CiteSeer 即可通过自动引文索引技术将其进行自动标引，再通过引文索引方法标引、连接每一篇文献，显示文献之间的引用关系，更新速度远高于传统引文索引库，十分适合应用于重视及时性的科学研究。该搜索引擎属于开源软件，因此可以很便利地应用于科学研究。

5.3.3 在线科学交流数据采集方法

科学交流是任何学科在进行科学研究时必不可少的部分，科学交流的过程也是知识交流的过程，在这个过程中，科学家们通过谈话、互动、支持、反对等行为来碰撞思想，所以产生了许多新的科学方法、研究思路、科学发现。科学交流可以根据交流载体的不同分为在线交流和非在线交流，而随着社交媒体对社会生活的影响逐渐加深、学术成果开放存取的深化，在线科学交流已经在科学交流中占据了重要的一席之地，在当代科学实践活动中所发生的重大变革就是以网络社交平台为载体展开的科学交流。[①]在线科学交流不仅局限于科研工作者，公众也明显有更多途径参与，在线科学交流所产生数据的价值绝对不容忽视。

在线科学交流以社交媒体、开放存取平台、网络出版平台为交流载体，可以是实时的交流互动，交流周期十分短暂，对学术论文、著作，甚至研究数据、研究步骤、算法、评论内容、学术PPT等进行交流，影响力相较于传统科学交流有所扩大，交流产生的数据增多。在线科学交流数据的采集事实上可以分为交流内容的采集和用户行为数据的采集两部分。对交流内容的采集方法，不同类型的内容需要不同的处理，可以通过手工复制、爬虫下载、访问下载、搜索引擎访问等实现，例如通过网络爬虫技术下载平台用户的交流内容文本，通过API获取学术成果的点赞数等。至于用户行为数据，则可以通过采集和分析网络日志文件来获得，例如查看日志文件中的浏览器请求，这些请求可以是获取网站页面的图像、文本等，具体的采集方法已在上文叙述，此处不再赘述；或者通过互联网络服务提供商（internet service provider，ISP）采集，具体方法是通过ISP的路由器收集用户行为数据，若通过这种方法则需注意如何提取出特征。

5.3.4 替代计量学数据采集方法

替代计量学的数据源很广，包括：专业文献数据库，如WoS、Scopus、EBSCO、WorldCat、PLoS、知网、万方等；在线文献管理工具，如Mendeley、CiteULike等；同行评议平台，如F1000等；社交网站，包括学术社交网站，如Google+、ResearchGate、科学网、其他学术博客等，职业社交网站，如LinkedIn等，多媒体社交网站，如YouTube、SlideShare、Vimeo、Delicious等，综合社交网站，如Facebook、Twitter、Reddit、微博等；其他数据来源，如百科类、主流新闻媒体、政策文件、机构知识库。替代计量学的数据源大部分是开源的，但采集过程中可能遇到网站数据不可获取、计算机难以识别元数据等困难，不同特征的数据源需要灵活应用采集方法。现今替代计量学使用的采集方法主要有三种：手工浏览获取、API获取、网络爬虫提取。

①手工浏览获取方式即指研究员按照研究目的手工复制、粘贴、下载、录入数据至Excel等数据分析软件中。②API获取方式则是因为有些网站会提供API以便于访问者获取网站数据，访问者编写简单程序即可获得目标数据。例如，Facebook的数据获取可以使用其提供的API服务实现，常用的API为主页API，主页API通过应用审核后可使用的功能包括全部共同好友API、小组API、

[①] Kling R, McKim G.The shaping go electronic media in supporting scientific communieation. http://www.slis.indiana/edu/Kling/Pubs/seeheim.htm[2018-12-11].

Instagram 公开内容访问权限、iOS 和 Android 版应用的"赞"按钮、直播视频 API、公共主页提及、主页公开内容访问权限等。通过全部共同好友 API 可以获得两个用户的全部共同好友的信息，小组 API 可方便用户访问 Facebook 群组中的帖子、内容、赞等信息，Instagram 公开内容访问权限主要包括用户的 Instagram 图片、视频等内容信息的访问，主页公开内容访问权限提供匿名公开数据的只读权限，包括主页的业务元数据、公开评论、帖子和点评等。通过主页公开内容访问，即可获得 Facebook 相关用户的好友数、关注数、粉丝数、博文数、点赞数、评论数、转发数等替代计量指标数据。③网络爬虫提取方法是替代计量学最常用的数据采集方法，这是由在线社交数据呈爆炸式增长、数据过于庞大这一现象决定的。网络爬虫是通过抓取网页资源以获得所需数据的程序，可使用 Java、Python 等计算机语言编写完成。它首先从一个 URL 集合开始运行，将获取的 URL 放入建立的待爬队列中，按顺序获取 URL 并下载对应的网页内容，在这过程中新的 URL 不断被放入待爬队列，直到 URL 被遍历或者停止条件产生。

5.4 数据挖掘方法

商业需求和先进技术的支持促进了数据挖掘的产生。数据挖掘主要有关联分析、分类分析、聚类分析和时间序列四种，随着互联网的发展，出现了 Web 挖掘。社交媒体环境下，替代计量学分析的数据对象具有海量、异构、多源等特点，需要广泛采用数据挖掘，特别是 Web 挖掘方法。

5.4.1 数据挖掘概述

5.4.1.1 数据挖掘产生的背景

20 世纪 80 年代，数据库技术得到广泛普及和应用，但是数据库只是应用于实时查询处理，它不能满足人们分析预测、决策支持的需求。同时，随着信息技术的发展，数据采集的范围越来越大，数据量越来越多，海量的数据使得人们难以通过传统数据分析工具进行数据分析。人们被海量数据包围，却获取不到知识，处于"信息丰富而知识贫乏"的窘境。人们迫切需要新的数据分析工具来解决这一难题。商业需求是促使数据挖掘产生的原因之一。

任何技术的产生总是离不开其他技术的支持，数据挖掘技术也不例外。科学和技术的充分发展是数据挖掘技术提出和发展的基础，在这些科学和技术中，有三个学科的发展对数据挖掘技术的提出和发展起了决定性作用，即数据库、统计学和人工智能。数据库存储海量数据为数据挖掘提供数据基础；统计学为人们从数据归纳到知识发现提供理论基础；数据挖掘继承了人工智能领域的专家系统的高度实用性特点，开始从数据集中发现蕴藏的知识（毛国君和段立娟，2016）。

5.4.1.2　数据挖掘的概念

提到数据挖掘，就会想到知识发现。1989 年 8 月在美国底特律召开的第十一届国际人工智能联合会议的专题讨论会上首次提出"数据库中的知识发现"（knowledge discovery in database，KDD）这一术语。1995 年在美国计算机年会上最早提出"数据挖掘"的概念，数据挖掘就是从大量的、不完全的、有噪声的、模糊的、随机的数据中，提取隐含在其中的、人们事先不知道的但又潜在有用的信息和知识的过程（陆云，2007）。

关于数据挖掘和知识发现的关系，目前有很多种看法，本书从中选取了三种有代表性的观点。①知识发现是数据挖掘的一个特例。数据挖掘可以在关系型数据库、事务数据库、数据仓库等多种数据组织形式中挖掘知识，那数据库中的知识发现只是数据挖掘的一个特例。②数据挖掘是知识发现过程的一个步骤。知识发现的步骤包括数据清洗、数据集成、数据选择、数据转换、数据挖掘、模式生成及评估等一系列步骤。由此可知，知识发现指的是从数据中获取知识的整个过程，而数据挖掘只是知识发现的一个步骤。③知识发现与数据挖掘含义相同。知识发现和数据挖掘含义相同，只是叫法不同。有人说，在人工智能领域使用知识发现，在数据库界使用数据挖掘。

5.4.1.3　数据挖掘热点和趋势

①数据挖掘的理论技术研究。理论指导实践，只有在正确理论的指导下才会有更好的实践。进行数据挖掘理论研究，能不断完善数据挖掘理论体系，能包含随时代发展而出现的其他领域的技术理论。因此，进行数据挖掘理论技术研究是必要的。②数据挖掘的应用技术研究。一切理论都是要落地的，只有把理论转化成实践，才能创造出价值。比如，在电子商务领域通过挖掘用户的浏览记录、购买记录等，对用户进行个性化推送，从而促进用户消费。③大数据云计算的数据挖掘研究。21 世纪是信息时代，人们被海量数据包围，如何从大量数据中获取信息是一个值得思考的问题。人们把信息存储在云端，可以随时在不同的设备上获取资源。大数据、云计算是信息技术发展的产物，数据挖掘只有顺应时代潮流才能不断发展。

5.4.2 关联分析

5.4.2.1 定义及概述

关联分析又称关联挖掘，即在交易数据、关系数据或其他信息载体中，查找存在于项目集合或对象集合之间的频繁模式、关联、相关性或因果结构。或者说，关联分析是发现交易数据库中不同商品（项）之间的联系（司杰和冯秀清，2018）。关联分析是数据挖掘中最活跃的研究方法之一。其最早是由 R. Agrawal 等人针对购物篮分析问题提出的，目的是发现交易数据库中不同商品之间的联系规则（付利红，2011）。

"尿布与啤酒"的故事是一个经典的关联规则挖掘案例。美国的沃尔玛超市利用关联规则挖掘工具对数据仓库中的原始交易数据进行了详细分析，竟然发现人们经常同时购买尿布和啤酒。原来，妻子会嘱咐丈夫下班后给孩子买尿布，有些丈夫买完尿布后会顺便买自己喜欢的啤酒。因此超市调整了货架，把尿布和啤酒放在一起销售，从而增加了销售额。

关联规则除了可以用于发现超市中隐含的关联关系外，还可以用于文本挖掘、商品广告邮寄分析和网络故障分析等（陈志泊等，2017）。

5.4.2.2 与关联分析有关的概念

为了更好地了解关联分析，先介绍一下与关联分析有关的概念，以超市交易数据库为例。假定超市销售的商品包括面包、啤酒、蛋糕、奶油、牛奶和茶，超市的每笔交易数据如表 5-1 所示。

表 5-1 超市交易数据库

交易号	顾客购买的商品
T1	面包、奶油、牛奶、茶
T2	面包、奶油、牛奶
T3	蛋糕、牛奶
T4	牛奶、茶
T5	面包、蛋糕、牛奶

1. 项目与项集

交易的每个商品称为项目，项目的集合简称为项集，项集中所含元素个数称为项集的长度，长度为 k 的项集称为 k-项集。如面包就是一个项目，{面包, 牛奶}就是一个项集，在这个项集中包含了 2 个项目，项集的长度为 2，称为 2-项集。

2. 项集的支持度

项集的支持度等于项集出现的次数与总的交易数量之比。如{面包，牛奶}出现了 3 次，总的交易数量为 5，所以该项集的支持度为 3/5。

3. 频繁集

支持度大于或等于某个阈值的项集称为频繁集。如假设阈值为 0.5，{面包，牛奶}的支持度为 0.6，那它就是频繁集。

4. 关联规则

关联规则是指如果项集 X 在某一交易中出现，则会导致项集 Y 按照某一概率在同一交易中出现。X 称为规则的条件，Y 称为规则的结果。关联规则反映的是 X 中的项目出现时，Y 中的项目也跟着出现的规律。什么样的关联规则才是用户感兴趣的？关联规则有两个衡量标准：支持度和可信度。

5. 关联规则的支持度和可信度

关联规则的支持度等于同时包含 X 和 Y 的交易数与所有交易数之比。支持度反映的是 X 和 Y 所包含的项在交易集中同时出现的频率。关联规则的可信度等于包含 X 和 Y 的交易数与包含 X 的交易数之比。可信度反映的是如果交易中包含 X，则交易中同时出现 Y 的概率。

6. 强关联规则

大于或等于最小支持度阈值和最小可信度阈值的规则称为强关联规则。关联分析的目的是找出强关联规则。

5.4.2.3 关联规则的分类

关联规则按照不同的标准可以分为不同的种类。①基于规则中涉及的数据的维数，关联规则可以分为单维的和多维的。单维关联规则只涉及数据的一个维，多维关联规则涉及数据的多个维。②基于规则中数据的抽象层次，关联规则可分为单层的和多层的。单层关联规则没有考虑到数据是多层的，多层关联规则充分考虑了数据的多层性。③基于规则中处理的变量的类型不同，关联规则可分为布尔型和数值型。布尔型关联规则处理的数据都是离散的，数值型关联规则处理的数据都是连续的（杜家强，2005）。

5.4.2.4 关联规则的经典算法

经典的关联规则挖掘算法包括 Apriori 算法和 FP-growth 算法。Apriori 算法多次扫描交易数据库，每次利用候选频集产生频繁集；而 FP-growth 算法则利用树形结构，无须产生候选频集而是直接得到频繁集，从而大大减少了扫描交易数据库的次数，提高了算法效率。但是，Apriori算法扩展性较好，可以用于并行计算等领域（纪雅楠，2010）。

5.4.3 分类分析

5.4.3.1 分类的概念与步骤

分类方法在数据挖掘中使用得比较广泛。分类是把数据样本映射到一个事先定义的类中的学习过程，即给定一组输入的属性向量及其对应的类，用基于归纳的学习算法得出分类（陈志泊等，2017）。

通常，数据分类分为两个步骤：建模和使用。

1. 建立一个模型，描述预定的数据类集或概念集

通过分析有属性描述的数据库元组来构造模型。数据库元组形成训练数据集。训练数据集中的单个元组称作训练样本，并随机地从样本群中选取。每一个训练样本还有一个特定的类标签与之对应。因为每个训练样本都有类标号，所以这一步也叫有指导的学习。

2. 使用模型进行分类

先评估模型的预测准确率。如果认为模型的准确率可以接受，就可以用它对类标号未知的数据元组进行分类。

模型建立的过程就是使用训练数据进行学习的过程，使用模型进行分类就是对类标号未知的数据进行分类的过程（刘峰飞，2008）。

5.4.3.2 分类的过程

分类的过程包括获取数据、预处理、分类器设计和分类决策。

（1）获取数据。分类涉及的数据类型有图像、波形及各种物理和逻辑数据。为了方便计算机处理数据，会将图像和波形通过采样或量化方法转化为向量形式的逻辑数据。

（2）预处理。对数据进行预处理是为了提高分类的准确性和有效性。预处理一般包括去除噪声和空缺数据、数据集成或变换。

（3）分类器设计。分类器设计包含三个过程：划分数据集、分类器构造和分类器测试。划分数据集就是把数据集划分成训练集和测试集；分类器构造就是利用训练集构造分类器；分类器测试是利用测试集对分类器的分类性能进行评估。

（4）分类决策。如果在分类器设计阶段所构造的分类器具有可以接受的性能，那就可以利用分类器对未知标号的数据样本进行分类决策。

5.4.4 聚类分析

5.4.4.1 聚类分析的概念和数据挖掘对聚类的要求

聚类是一个把数据对象划分成子集的过程。每一个子集是一个簇，使得簇中的对象彼此相似，但与其他簇中的对象不相似。由聚类分析产生的簇的集合称作一个聚类（陆云，2007）。

数据挖掘需要处理大量数据，这就对聚类分析技术提出了挑战。数据挖掘对聚类的典型要求如下（刘静和赵宇驰，2012）：①可伸缩性。要求聚类在处理小数据集和大数据集时都运行良好。②处理不同属性类型的能力。可以处理不同类型的数据，如二元的、分类的、序数的或这些数据类型的混合。③发现任意形状的簇。许多聚类算法发现的是具有相近尺寸和密度的球状簇，然而簇可以是任意形状的。④对于确定输入参数的领域知识的要求。许多聚类算法要求用户以输入参数的形式提供领域知识。因此，聚类结果可能对这些参数十分敏感。通常参数很难确定，尤其是高维数据集和用户尚未深入理解的数据。要求以输入参数的形式提供领域知识不仅加重用户的负担，也使得聚类的质量难以控制。⑤处理噪声数据的能力。现实世界的大部分数据集都包含离群点和（或）缺失数据、未知或错误的数据。如果聚类算法对这样的噪声敏感，就会产生低质量的聚类效果。⑥增量聚类和对输入次序不敏感。一些聚类算法不能将新插入的数据合并到已有的聚类结构中，需要从头开始重新聚类。一些聚类算法可能对数据输入次序敏感。比如，给定数据集合，当以不同次序提供数据对象时，这些算法可能会生成差别较大的聚类结果。⑦聚类高维数据的能力。大多数聚类算法擅长处理低维数据，不擅长处理高维数据，所以要提高算法聚类高维数据的能力。⑧基于约束的聚类。现实世界的应用需要在各种约束条件下进行聚类，即既满足约束又具有良好聚类特性。⑨可解释性和可用性。用户希望聚类结果是可解释的、可理解的和可用的。

5.4.4.2 聚类算法分类

聚类分析有很多聚类算法，聚类算法按照不同的划分方式可以划分成不同的种类，下面介绍一些基本的聚类算法。

（1）划分聚类方法。给定一个有 n 个对象的数据集，划分方法将构建 k 个分组，每一个分组就代表一类，$k \leq n$。

（2）层次聚类方法。层次聚类方法就是对数据对象进行层次分解，按照分类原理，具体可分为凝聚的和分裂的方法。凝聚的方法又叫自底向上的方法，单独的数据不断合并直到合并成一个组或满足某个终止条件；分裂的方法又叫自顶向下的方法，一个大的数据集不断分裂直到每个数据在一个单独的组里或满足某个终止条件。

（3）基于密度的聚类方法。主要思想：当邻近区域的数据密度大于某个阈值时，要继续聚类。也就是说，每一个类别被看成一个数据区域，对某个特定类别中的任一数据样本，在给定的范围内必须大于给定值的数据样本。基于密度的聚类方法可以去除噪声样本和离群点，可以形成任意形状的簇。

（4）基于网格的聚类方法。基于网格的聚类方法将数据空间量化成有限数目的单元，这些单元组成网格结构，聚类在这些网格上进行。基于网格的聚类方法处理速度，与数据对象的个数无关，与量化空间中每一维上的单元数目有关。

5.4.4.3 k-means 聚类算法

k-means 聚类算法是聚类方法中最常用、最流行的算法，聚类算法中的很多算法是 k-means 算法的变种。k-means 聚类算法将各个聚类子集内的所有数据样本的均值作为该聚类的代表点，算法的主要思想是通过迭代过程把数据集划分为不同的类别，使得评价聚类性能的准则函数达到最优，从而使生成的每个聚类类内紧凑、类间独立（王侠林和贺建峰，2018）。

5.4.5 时间序列

5.4.5.1 时间序列概述

事物会随时间的变化而变化，在这个过程中产生的数据就是时间序列数据。时间序列数据挖掘就是要从大量时间序列数据中提取人们事先不知道的但又潜在有用的与时间属性相关的信息和知识，并用于短期、中期和长期预测（韩媛媛等，2010）。由此可知，时间序列分析可用于预测，即根据已知时间序列中的数据去预测未来。

时间序列预测的主要方法有确定性时间序列预测方法、随机时间序列预测方法和其他方法。对于平稳变化特征的时间序列来说，假设未来行为与现在的行为有关，可以利用现在的值预测未来的值；然而，对随机变动因素的分析需要用到随机时间序列预测方法。在用于时间序列预测的方法中，神经网络是比较成功的一种方法。

5.4.5.2 时间序列的特点

时间序列的特点如下：序列中的数据随时间变化，但不是时间的严格函数，采集数据是采集某个时间点或某个时间段的数据；每一个时间点上的数据具有随机性，不可能完全用历史数据预测出来；按时间前后出现的数据具有一定的相关性，这种相关性具有一定的规律；从整体上看，时间序列往往具有某种趋势性或规律性。

5.4.5.3 时间序列的分类

根据不同的研究依据，时间序列有不同的分类，时间序列的主要分类如下。

（1）按所研究对象的数量分，时间序列可分为一元时间序列和多元时间序列。一元时间序列只研究一个随时间变化的对象；多元时间序列研究多个随时间变化的对象。如研究用户每月流量使用数量是一元时间序列，研究用户每月流量都是使用在哪些地方是多元时间序列。

（2）按时间的连续性，时间序列可分为离散时间序列和连续时间序列。如果在某个序列中每个序列值所对应的时间参数是间断的，那么这个序列就是离散时间序列；如果在某个序列中每个序列值所对应的时间参数是连续的，那么这个序列就是连续时间序列。

（3）按序列的统计特性，时间序列可分为平稳时间序列和非平稳时间序列。如果一个序列的概率分布与时间无关，那么这个序列就是平稳时间序列；反之，就是非平稳时间序列。

（4）按序列的分布规律，时间序列可分为高斯型时间序列和非高斯型时间序列。服从高斯分布（正态分布）的时间序列是高斯型时间序列；反之，就是非高斯型时间序列。

5.4.6 Web 挖掘

随着互联网技术的飞速发展与广泛应用，Web 上的信息量也以惊人的速度增长。那么，该如何从这些海量的 Web 数据中获取对自己有用的信息呢？Web 挖掘技术应运而生，它是一种能自动地从 Web 资源中发现信息、获取信息的技术（薄阳，2010）。

按照挖掘对象的不同，Web 挖掘可以分为三类：Web 内容挖掘、Web 结构挖掘和 Web 使用挖掘（图 5-5）。

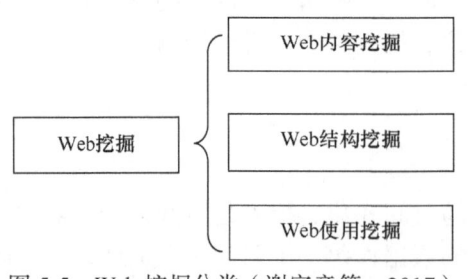

图 5-5 Web 挖掘分类（谢宗彦等，2017）

Web 内容挖掘是对 Web 页面内容进行挖掘，从大量 Web 数据中发现信息、从网页内容中抽取知识的过程。它分为文本挖掘（包括 TXT、HTML 等格式）和多媒体挖掘（包括图像、音频等媒体类型）。Web 文本挖掘是指对 Web 上大量文档集合的内容进行总结、分类、聚类和关联分析等。Web 多媒体挖掘要先应用多媒体信息特征提取工具，形成特征二维表，然后用传统的数据挖掘方法进行挖掘。

Web 结构挖掘是从表征 Web 结构的链接中寻找有用的知识。Web 结构挖掘通过分析一个网页链接和被链接的网页数量和对象，建立 Web 自身的链接结构模式。这种模式可以用于进行网页分类、总结网站和网页结构，获得有关不同网页间相似度及关联度的信息。Web 挖掘还有助于发现权威的 Web 页面，进行页面等级的划分。一般来说，Web 页面的链接类似学术上的引用，因此，一个重要的页面可能会有很多页面的链接指向它。也就是说，如果有很多链接指向同一个页面，那么这个页面一定很重要。同样地，如果一个页面能链接到很多页面，那么这个页面一定具有很大价值。

Web 使用挖掘是从记录每位用户点击情况的使用日志中挖掘用户的访问模式。在 Web 访问过程中，用户的每一次点击都会记录在服务器中，并以日志的形式存储。Web 访问日志记录了用户和站点设计者之间的交流过程，隐藏着丰富的可被挖掘的数据。通过 Web 访问信息可以知道用户的访问兴趣及程度、用户的访问习惯等信息，从而可以优化站点结构，提供个性化服务。

5.4.7　数据挖掘方法与替代计量学

数据挖掘是一个对海量信息进行沙里淘金的过程，它能将多元、异构的信息转化成可以直接利用的知识和商业价值。作为人工智能大家庭的一员，数据挖掘是面向应用，致力于用大数据技术和机器学习算法解决各类应用问题的技术。大数据技术下的数据挖掘依靠大数据存储技术和快速发展的机器学习算法，可以对多达百亿级的数据进行高效处理，探索出原来难以发现的特殊规律，服务于政府、商业和科研等领域。Web 挖掘是在网络环境下对数据进行挖掘，发现知识的过程。

随着互联网的发展和普及，互联网走进了千家万户。人们通过网络进行交流已经成为一种主流和常态，这样一方面提高了交流效率，另一方面可以节约费用。在线交流方便、快捷，可以加快人们的思想交流速度，于是在线科学交流成为一种发展趋势。替代计量学是在适应在线科学交流环境的背景下诞生的。在线科学交流使得替代计量学数据规模达到"大数据"级别，例如 Zetoro 和 Mendeley 有千万级的文献量，围绕这些文献产生的下载、标签、评论、推荐、收藏等数据，构成了数据挖掘的基础（余厚强和邱均平，2014c），而数据挖掘为替代计量学提供了强大的信息处理工具。替代计量学研究的数据异构、多元、多源，难以处理，数据挖掘正好适用于处理这样的数据，而且效率高、速度快。替代计量学的研究基于 Web2.0 环境，Web 数据挖掘方法在替代计量分析中最常用。

数据挖掘方法主要包括关联分析、分类分析、聚类分析和时间序列。目前，在替代计量学研究中也常常涉及数据挖掘方法。替代计量学主要研究在线科研的学术影响力和社会影响力，在线科研的主体是科研工作者，对这些科研工作者之间的关联研究是替代计量学研究的一个方面（王飒等，2013）；可以使用分类方法来研究学术成果的影响力，如有学者通过对论及学术论文的新浪微博进行内容分析，把公众对学术研究的态度和观点进行分类，由此可以得出学术论文的社会影响的具体情况（刘烜贞和陈静，2017）；聚类分析通常可用于研究某一领域的研究热点；可以使用时间序列方法来预测事物发展趋势，如有学者运用时间序列模型对人文社会科学领域大数据文献进行统计，希望能发现人文社会科学领域对大数据的研究过程并预测其发展趋势（赵蓉英和魏绪秋，2016）。

5.5 数据统计方法

科研工作者的科研离不开数据的支持。要想利用数据，就需要先对数据进行分析，只有这样才能让数据说话，使数据为己所用，由此可见数据分析是很重要的。统计分析方法是一种重要的数据分析方法。

5.5.1 统计分析方法概述

统计学是一门关于数据的收集、整理和分析的方法论学科，它与数据联系紧密。统计方法是一种收集、整理、分析和解释统计数据，并对其所反映的问题作出一定结论的方法。统计方法是适用于所有学科领域的通用数据分析方法，只要有数据的地方就会用到统计方法。统计方法分类如图 5-6 所示。

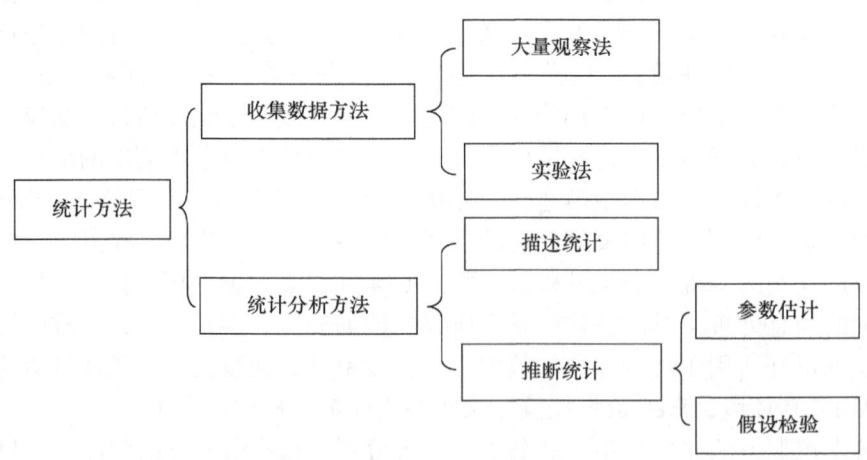

图 5-6　统计方法分类（曹玲玲，2015）

收集数据的方法有大量观察法和实验法。大量观察法是一种对足够多的个体进行观察的方法，它的数学依据是大数法则。实验法是一种通过做实验来获得数据的方法，它的基本特点是可控制性和可重复性。

现代统计分析方法主要有描述统计和推断统计两种。描述统计是指对由实验或调查得到的数据进行登记、审核、整理、归类，计算出各种能反映总体数量特征的综合指标，并加以分析，从中抽出有用的信息，用表格或图像把它表示出来。众数、中位数、平均数等是描述统计常用的指标。推断统计是以一定的置信标准要求，根据样本数据来判断总体数量特征的一种归纳推理方法。总之，描述统计为推断统计提供数据基础，推断统计根据描述统计收集的数据进行推断。

5.5.2 常用的统计分析方法

常用的统计分析方法有参数估计、假设检验、相关分析、回归分析。

1. 参数估计

参数估计是指用样本数据去推断总体的参数。点估计和区间估计是参数估计的两种主要方法。

参数的点估计是指从总体中抽取一个样本，根据该样本的统计量对总体的未知参数作出一个数值点的估计。比如，在某学校学生体重调查中，抽取的1000人的平均体重是60千克，那么该校3万名学生的平均体重是60千克。点估计的评价标准有三个（凌燕萍，2018）。①无偏性：估计量抽样分布的数学期望等于被估计的总体参数。②有效性：对同一总体参数的两个无偏点估计量，有更小标准差的估计量更有效。③一致性：随着样本容量的增大，估计值的值越来越接近被估计的总体参数。

区间估计是指估计总体参数的区间范围，并给出区间估计成立的概率值。区间估计主要有总体均值的区间估计和总体成数的区间估计两种。

2. 假设检验

假设检验是先提出假设，然后对假设进行检验，看假设是否正确。在进行假设检验时，会先提出一个原假设 H_0 和一个备择假设 H_1（备择假设一般与原假设是对立的），再从总体中随机抽取样本，并依据样本分布选择相应的统计量，计算统计量数值，然后根据显著性水平以及统计量所服从的分布，查相关分布，确定临界值，通过比较统计量数值与临界值的大小，做出接受或拒绝原假设的决策。假设检验中有两类错误。第一类错误是原假设成立，而检验结果拒绝原假设。第二类错误是原假设不成立，而检验结果接受原假设。

3. 相关分析

相关分析研究现象之间是否存在某种依存关系，并探讨具有依存关系的现象的相关方向以及相关程度（左振凤，2011）。相关分析的目的是检验分析变量之间是否存在某种依存关系，以及这种关系的密切程度，其密切程度的大小用相关系数来衡量。根据变量之间的关系，依存关系可分为确定性关系和非确定性关系。

确定性关系的特点是当一个变量值确定后，另一个变量值也就确定了。确定性关系往往可以用函数形式表示，如圆的半径和周长的关系：$C=2\pi r$。

非确定性关系的特点是当一个变量值确定后，另一个变量值在一定范围内变化，如身高和体重之间的关系。非确定性关系也叫相关关系。相关关系可分为线性相关和非线性相关。线性相关是指两个变量之间的关系呈直线相关。线性相关又分为正相关和负相关。正相关是指当一个变量变化时，另一个变量随之同方向变化。若一个变量发生变化，另一个变量发生反方向变化，则为负相关。非线性相关是指两个变量间的关系呈曲线相关。

4. 回归分析

回归分析是确定两种及两种以上变量间相互依赖的定量关系的一种统计分析方法。按照涉及的自变量的多少，回归分析可分为一元回归分析和多元回归分析；按照自变量和因变量的关系类型，回归分析又可分为线性回归分析和非线性回归分析。

回归分析的研究内容包括：探索和确定变量之间的相关关系和相关程度；建立回归模型，检验变量之间的相关程度；用回归模型进行估计和预测。

5.5.3 统计分析工具

随着计算机技术的发展，人们可以使用计算机进行数据分析。统计分析软件的出现给统计分析工作带来了极大的方便，目前国内外有众多的统计软件工具，除了以下介绍到的三种最常用的软件外，还有 BMDP、Stata、Minitab、R、基于 Python 的系列统计工具等。

SPSS 是世界上著名的统计分析软件之一，由美国斯坦福大学的三位研究生于 1968 年研究开发成功。最初其全称为"社会科学统计软件包"（Statistical Package for the Social Science）（吕政超等，2011），但是随着 SPSS 产品服务领域的扩大和服务深度的增加，SPSS 公司于 2000 年将英文全称改为 Statistical Product and Service Solutions。SPSS 是世界上最早采用图形菜单驱动界面的统计软件，它最突出的特点是操作界面友好、输出结果美观漂亮。SPSS 操作简单，已经在我国的社会科学、自然科学的各个领域发挥了极大作用。该软件还可应用于经济学、数学、统计学、物流管理、生物学、心理学、地理学、医疗卫生、体育、农业、林业、商业等各个领域。与 SAS 相比，SPSS 更适合非统计学专业人士。2009 年，IBM 公司收购 SPSS 公司，将其更名为 IBM SPSS Statistics，如今最新版为 26.0 版。

SAS（Statistics Analysis System，统计分析系统）是由美国北卡罗来纳州立大学 1966 年开发的统计分析软件。经过多年的完善和发展，它被誉为统计分析的标准软件，在各个领域得到广泛运用。SAS 是一个模块化、集成化的大型应用软件系统，由数十个专用模块构成，有四大功能，包括数据访问、数据管理、数据呈现和数据分析。它的主要特点为：使用灵活方便，功能齐全；SAS 语言是编程能力强且简洁易学的非过程语言；SAS 系统把数据处理与统计分析融为一体。

MATLAB（Matrix Laboratory，矩阵实验室）是美国 MathWorks 公司出品的商业数学软件，用于算法开发、数据可视化、数据分析以及数值计算的高级技术计算语言和交互式环境，主要包括 MATLAB 和 Simulink 两大部分。MATLAB 主要用于数值运算，也可以在大数据、机器学习和产品分析领域进行数据分析，还可以开发算法；Simulink 提供了可视化开发环境，常用于系统模拟、动态/嵌入式系统开发等方面（史俊莉等，2010）。

5.5.4 统计分析方法与替代计量学

替代计量学分析过程包括四个环节，即数据采集、数据处理、数据分析和结果表示，每个环节都离不开统计分析。例如，使用统计分析方法对替代计量学数据进行分析，通过对数据进行分析可以得出结论或检验假设是否正确。替代计量学研究在线科研环境下学术成果的影响力，是一种不同于传统引文分析的计量方法。它通过收集专业文献数据库、在线文献管理工具、同行评议平台、社交平台等数据平台上的数据，利用数学和统计学方法对科学研究活动中的数量特征和规律进行计量统计分析（文庭孝和邱均平，2006），来分析学术成果的影响力。

参数估计和假设检验是推断性统计分析常用的方法，替代计量学在研究过程中经常使用，如有学者（王真和马建华，2018）对 PLoS 开放数据中 *PLoS Biology* 和 *PLoS Medicine* 期刊中的若干篇论文的浏览量数据进行了近一年的跟踪记录，利用曲线拟合和计算特别节点等方法对所记录数据进行统计学分析及检验，探索总浏览量指标的累积规律。相关分析是一种常用的统计分析方法，经常被用来判断事物之间是否具有相关性。例如，有学者（邱韵霏等，2017）对 Mendeley 阅读数据和被引频次进行了基本统计分析，然后发现被引频次与 Mendeley 阅读数据表现出了较强的相关性。回归分析是一种预测性的建模技术，它研究的是因变量（目标）和自变量（预测器）之间的关系。这种技术通常用于预测分析时间序列模型以及发现变量之间的因果关系（施文婧，2018），有时也用于构建模型，如有学者（冯军军等，2018）基于 Logistic 回归模型构建 Logistic Regression 分类器对微博情感进行分类。

5.6 数据可视化方法

人们能记住 10%听到的东西、30%读到的东西，但是却可以记住 80%看到的东西（李佳珊，2018），这说明人们通过视觉获得大部分信息，由此可以看出视觉的重要性。当把大量繁杂的数据以图形、图像的形式表示出来时，我们是不是能从中获得更多的信息呢？

5.6.1 数据可视化概述

随着计算机技术的发展，可视化出现了一系列的分支：科学计算可视化、数据可视化、信息可视化、知识可视化等。

"科学计算可视化"这一术语是在 1987 年美国国家科学基金会举办的图形图像专题研讨会上首次提出来的，因此科学计算可视化是可视化领域发展最早、最成熟的一个学科。科学计算可视化是用计算机图形学和图形处理技术，将科学计算过程中产生的数据及计算结果转换为图形或图像在屏幕上显示出来，并进行交互处理的理论、技术和方法。科学计算可视化具有重要意义，它加快了数据的处理速度，使产生的大量数据得到有效利用；实现了人与人、人与机器之间的图像通信，增强了人们观察事物规律的能力；使科学家在得到计算结果的同时，知道在计算过程中发现了什么现象，并可改变参数，观察其影响，对计算过程实现引导和控制。

数据可视化是对大型数据库或数据仓库中数据的可视化，面向的是非空间数据。人们除了通过关系数据表来观察和分析数据信息，还能以更直观的方式看到数据及其结构关系。数据可视化将数据库中的每一个数据项作为单个图元元素表示，大量的数据集构成数据图像，同时将数据的各个属性值以多维数据的形式表示，这样就可以从不同的维度观察数据，从而对数据进行更深入的观察和分析。

1989 年，Robertson 等人在《用于交互性用户界面的认知协处理器》一文中首次提到"信息可视化"的概念。信息可视化是在计算机、网络通信技术支持下，以认知为目的，对非空间的、非数值型的和高维信息进行交互式视觉表现的理论、技术和方法（杨峰，2007）。信息可视化的目的是从抽象的数据中发现一些新的信息，把隐藏在可视化对象之中或可视化对象之间的信息挖掘出来，它是一个知识和价值创造的过程。

2004 年，Eppler 和 Burkand 提出了知识可视化。知识可视化是在科学计算可视化、数据可视化和信息可视化的基础上发展起来的研究领域。知识可视化是指可以用来构建、传达和表示复杂知识的图形图像手段，除了传达事实信息之外，知识可视化的目标还在于传输人类的知识，并帮助他人正确地重构、记忆和应用知识。知识可视化的对象是知识。知识源于数据和信息，又高于数据和信息，它是人们通过实践活动获得的对客观事物的认识，还包含了以往的经验。人们可以直接利用知识去解决问题。知识可视化是将知识进行可视化处理，使知识以图形、图像的形式直观地展示出来，使人们更加容易理解知识，利用知识，传播知识，但它不是用来发现新知识的（袁国明和周宁，2006）。

科学知识图谱是知识可视化的一个分支，是引文分析与可视化技术相结合的产物。科学知识图谱是以知识领域为研究对象，以显示知识的发展进程与结构关系为目的的一种图形（文庭孝等，2011）。它可以形象、定量、客观、真实地显示学科结构、热点、演化与趋势，是学科基础研究新视角；可以发现、描述、解释、预测和评价科学知识；对图书情报领域具有更重要的意义，有助于信息检索、信息分类和信息服务。除此之外，它可以具体应用于预测学科前沿、揭示学科关系、探究学科历史、促进科研管理、明晰学科结构、描述科研合作、分析研究内容、进行科学评价、用于学科分类、检索知识信息等方面（杨思洛，2015）。

5.6.2 数据可视化流程

White 和 McCain（1997）认为文献计量可视化有 5 步；Börner 等（2003）认为新环境下的知识可视化有 6 步，即提取数据、定义分析单元、选择方法、计算相似度、布局知识单元和解释分析结果；Cobo 等（2011）认为可视化流程有 7 步，即数据检索、处理、网络提取、标准化、作图、分析和可视化。在此基础上，可认为数据可视化流程（杨思洛和韩瑞珍，2012）有 8 个步骤，即样本数据获取、样本数据清洗、选择知识单元、构建知识单元、数据标准化、样本数据简化、知识可视化和图谱结果解读。数据可视化流程如图 5-7 所示。

1. 样本数据获取

检索获取样本数据是进行数据可视化的基础。文献数据库提供网络访问，还可以大批量下载文献，便于获取样本。常用的国外数据库有 WoS、Scopus、Science Direct 和 Springer 等；常用的国内数据库有 CNKI、万方、维普、CSSCI 和 CSCD 等；还有很多网络数据库，如 Google Scholar、arXiv 和 CiteSeerX 等。

2. 样本数据清洗

样本数据清洗就是对数据进行预处理。使用精确、全面的数据是绘制高质量图谱的基础，所以对样本数据进行清洗很有必要，在社交媒体环境下的替代计量数据更加有必要进行清洗。样本数据清洗包括但不限于改正字符错误、统一或增补国家

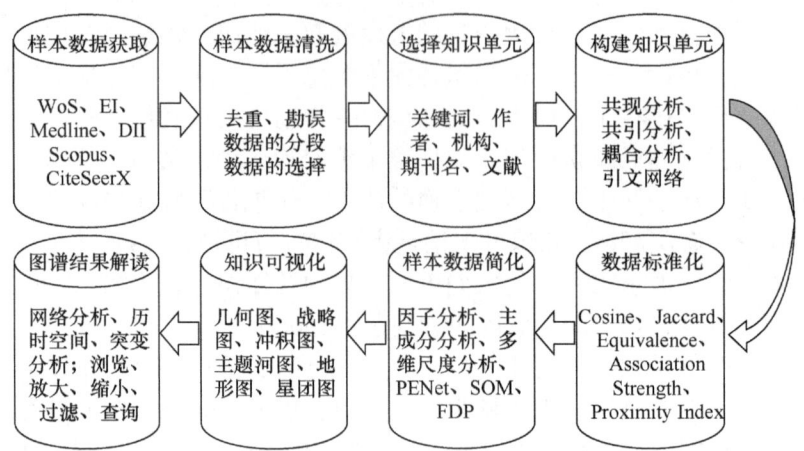

图 5-7 数据可视化流程（杨思洛和韩瑞珍，2012）

和机构名称、对作者的识别与去重等。当进行历时或者分时段的对比分析时，需要对数据进行分段处理；当样本数据太大时，需要对数据进行有代表性的抽取。

3. 选择知识单元

知识单元是知识处理的基本单位。常见的知识单元有关键词、题名、作者、机构、期刊名、分类号、学科等。除此之外，它还扩展到摘要、参考文献和全文之中；还包括两种或两种以上的单元结合。

4. 构建知识单元

可视化可以通过知识图谱展示。知识图谱是对知识单元及其之间的关系进行可视化展示，因此需要了解构建知识单元关系的方法。方法主要有六种：基于共引的知识图谱分析、基于文献耦合的知识图谱分析、基于共词的知识图谱分析、基于合作的知识图谱分析、基于互引的知识图谱分析和基于多种关系结合的知识图谱分析。

5. 数据标准化

为了便于可视化，需要对数据进行标准化处理。标准化一般通过数据间的相似度测量，主要有两大类：一是集合论方法，包括 Cosine、Pearson、Spearman、Inclusion 指数和 Jaccard 指数；二是概率论方法，主要有合力指数和概率亲和力指数。

6. 样本数据简化

除了对数据进行标准化处理外，还要对数据进行简化分析，这样可以发现知识间的关系，更好地展示各单元。简化分析的方法主要有因子分析、多维尺度分析、自组织映射图和寻径网络图谱，还有聚类分析、潜在语义分析、三角法、最小生成树法和特征向量法等。

7. 知识可视化

知识图谱如何在人机界面中有效、精确地展示处理后的知识呢？Shneideman 从四方面对信息可视化框架进行规范；Börner 等人对知识可视化提出了具体要求：①有理解大量数据样本的能力；②减少可视化过程时间；③对复杂数据具有良好的理解展示能力；④揭示未引起注意的关系与知识；⑤数据集能同时从多个角度展示；⑥结果成为有效的知识决策源。知识单元及其关系可以通过几何图、战略图、冲积图、主题河图等来展示。

8. 图谱结果解读

在对知识图谱进行解读的过程中，需要对图谱进行浏览、放大、缩小、过滤、查询、关联和按需移动等操作。对知识图谱的解读可以从网络分析、历时分析、空间分析和突变检测等角度进行。对同一种结果，不同的人可能会有不同的解读。结果解读与研究者的知识积累、软件使用熟练程度等有关，想要获得比较好的解读，就要加强各方面的能力。

5.6.3 数据可视化工具

利用数据可视化工具可以绘制可视化图形，直观地展示研究成果。可视化工具有很多，大致可以分为四种（邱均平等，2016）：①用于数据存储和简单地可视化展示的工具，如 Excel。Excel 对数据进行处理后，它的图表工具可用于数据可视化展示。②可以对数据进行进一步统计分析的工具，如 SPSS、SAS 和 R。③交叉学科领域的专用软件，如社会网络分析工具 Pajek 和 Gephi。④专门用于计量学的软件，如 VOSviewer。下面简单介绍几种常用的数据可视化工具。

2004 年，陈超美教授使用 Java 语言开发了 CiteSpace 信息可视化软件。CiteSpace 的主要灵感来自库恩（Thomas Kuhn）的科学结构的演进，其主要观点认为"科学研究的重点随着时间变化，有些时候速度缓慢，有些时候会比较剧烈"，科学发展是可以通过其足迹来从已发表的文献中提取的。CiteSpace 软件系统是一款主要用于计量和分析科学文献数据的信息可视化软件，可以用来绘制科学和知识领域的信息全景，识别某一科学领域中的关键文献、热点研究和前沿方向。它利用分时动态的可视化图谱展示科学知识的宏观结构及其发展脉络的方式（汪嘉慧和王长江，2018）。CiteSpace 具有以下三个功能：①通过引文网络分析的可视化，能够较为直观地识别学科前沿的演进路径及学科领域的经典文献基础；②探测学科演进的关键节点，包括关键词、作者、文献等；③探测和分析学科研究前沿的变化趋势以及研究前沿与其知识基础之间、不同研究前沿之间的相互关系（周金侠，2011）。刘则渊教授曾用"四个一"来评价 CiteSpace：一图展春秋，一览无余；一图胜万言，一目了然。

VOSviewer 是一个构建和可视化文献计量学网络的软件工具。这些网络可用于期刊、研究人员或个人出版物的可视化，它们可以基于引文、书目耦合、共引或合作关系构建。VOSviewer 还提供了文本挖掘的功能，可用于构建和可视化从大量的科学文献中提取出的重要词条的共生网络。VOSviewer 最新版本为 1.6.11，于 2019 年 4 月 3 日发布。使用 VOSviewer 进行可视化，需要先将导入的数据转化为规定格式。而且由于数据库不同，会生成基于不同要求的知识网络，如来自 Dimensions 和 Crossref 数据库的数据可以生成合作作者网络和共引网络，来自 WoS 和 Scopus 数据库的数据可以生成合作作者网络、共引网络和共现网络。VOSviewer 可以用来分析文献计量学网络，其地图技术使用相似性度量从共现矩阵中创建相似矩阵，可创建一个二维地图，用元素间的距离反映其相似性（司莉和刘剑楠，2014）。同时，VOSviewer 避免了重要节点和标签的相互覆盖，并注重显示数据集的主要信息（张力等，2011）。

Pajek（在斯洛文尼亚语中意为"蜘蛛"）是一个在 Windows 环境下运行，用于分析具有成千乃至上百万个节点的大型复杂网络的工具。Pajek 免费获取，仅限于非商业用途。Pajek 的目标包括：①支持将大型网络分解成几个较小的网络，以便使用更有效的方法进一步处理；②向使用者提供一些强大的可视化操作工具；③执行大型网络有效算法。Pajek 在处理复杂网络时具有三个特征：①抽象化。Pajek 把网络抽象成图形，用户可以根据自己的需要生成不同种类的图形。②可视化。Pajek 利用一个三维的可视化界面，为用户提供了一系列可视化工具。用户可以通过调整节点位置、旋转网络图等方法，从视觉角度直观地分析网络模型。③计算快速。Pajek 有一套快速有效的算法来分析大型网络。

5.6.4 数据可视化方法与替代计量学

替代计量学分析过程的最后一个环节是结果表示，可视化往往是计量结果表示的较好方式。可视化是一种很好的结果表示方法，一方面它可以将分析结果以直观的图形、图像方式展示出来，另一方面它有助于人们发现隐藏在大规模数据背后的事物规律，从而可以预测事物的发展趋势。

常用的可视化图表有散点图、直方图、折线图、字云图（标签云图、词云）、条形图（棒形图、柱形图）、网络图等，在替代计量学研究中经常使用这些图表来展示分析过程和分析结果。王菲菲等（2018）同时使用直方图和折线图来展示替代计量视角下的平台政策文件利用情况，用直方图来展示政策文件提及次数，用折线图来展示篇均次数分布。Flickr 网站使用字云图来展示最受欢迎的标签（唐家渝和孙茂松，2013）。余厚强等（2017）使用条形图展示政策文件替代计量指标的学科分布，横轴是相应学科被政策文件提及学术成果比例，纵轴是学科，学科按被政策文件提及的学术成果比例大小，由大到小从上到下依次排列，从图上可以清楚看出哪些学科经常被政策文件提及。王飒等（2013）从科学网博客中选取"图书馆、情报与文献学"领域博客，借助社会网络分析法和 Pajek 作为工具，绘制好友链接网络 Pajek 图，探讨学术博客在学科内部以及跨学科间的知识交流情况，以促进学术博客的使用和推进。

第六章

替代计量学的工具体系

6.1 替代计量学的工具概述

替代计量学研究离不开工具的支持，而工具则可依据使用流程分为数据收集工具和数据分析工具，依据专用性分为通用工具和专用工具。替代计量学的数据来源分散在网络的不同平台上，通常使用爬虫或 API 收集数据，爬虫包括通用爬虫和自编爬虫。不过，替代计量数据集成商的出现大大降低了替代计量数据的获取难度，这些数据集成商所提供的数据库平台和数据检索工具可认为是数据收集的专用工具。在数据分析工具方面，通用工具如 SPSS、VOSviewer 等具有适用性，替代计量学研究的分析工具暂时还没有显示出独特性，但是各替代计量数据集成商在替代计量数据的展示方面采取了不同的可视化手段。本章没有罗列替代计量学研究所用到的工具，而是专门介绍相对新颖或替代计量学研究独有的数据收集或数据分析工具。在替代计量学领域，替代计量数据集成商或服务商的名字，许多时候被用于指代其所开发的数据库或平台工具，本章同样采取这样的方式。

目前，PLoS ALM、Altmetric LLP、ImpactStory 和 Plum Analytics 是主流的四家替代计量数据服务供应商，是基于替代计量数据开发产品的先驱，形成了各自独具特色的替代计量数据库，构成了替代计量数据的收集工具。虽然这些替代计量工具利用文本挖掘、API 交互等多种技术收集、汇总了各种潜在来源的替代计量数据，并提供给利益相关者，但是值得注意的是，所有这些替代计量工具都还处于相对早期的开发阶段，表现为它们还没有找到一种获取准确可靠的用于衡量影响力指标的最佳方法，导致它们对所涵盖数据源的具体表述和呈现方式也在不断变化。即使不同的替代计量工具提供的是相同来源的数据，例如同样是提供科学推文的数据，也不能保证数据的一致性（Zahedi et al., 2014b），其背后的原因可能在于汇总和展示数据方法不同，以及面向的用户与目标受众存在差异。

尽管不同替代计量数据集成商所提供的数据存在细微差异，但是整体上是相似的，不过在提供服务时采用了不同的衡量事物的角度，体现在权重设计上，在数据源覆盖上也存在不同，因此，这些不同的替代计量数据工具的并存成为一种合理的状态。接下来，我们将分别介绍这些替代计量数据集成平台工具，以及其他特色的平台工具。

6.2 Altmetric Explorer

Altmetric Explorer 是 Altmetric LLP（http://www.altmetric.com/）开发的，面向市场的替代计量工具，集数据库检索、数据展示和数据服务于一体。Altmetric LLP

是一家总部位于英国伦敦的公司，由 Euan Adie 创立于 2011 年，是 Digital Science 旗下的产品之一。Altmetric LLP 最初是作为 Nature 集团支持开放科学项目的一部分，现在已经独立运营，是最成功的替代计量服务商之一，被广大出版商、机构和研究人员所采用。Altmetric LLP 有六大产品，即 Explorer for Publishers、Explorer for Institutions、Explorer for Funders、Altmetric Badges、Altmetric API 和 Free Tools。从本质上讲，这六种产品是基于相同的数据集、面向不同用户需求做的定制化服务，其操作界面如图 6-1 所示。

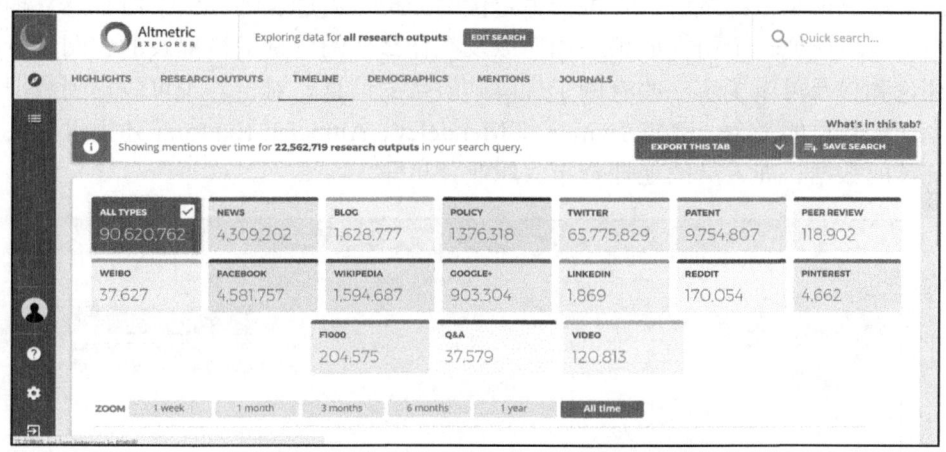

图 6-1　Altmetric Explorer 操作界面示意图①

Altmetric LLP 不单是一家商业公司，也有研究团队从事替代计量学研究，包括 Euan Adie 本人在内的该公司研究者在早期发表过许多较为经典的文献。并且，该公司大力支持学术界对替代计量学的研究，体现在不仅与研究人员达成协议免费开放其海量数据，并且自 2013 年起专门设立替代计量学研究基金（Altmetric Grant），资助有意思和有价值的替代计量学研究。因此，Altmetric LLP 在学术界有良好的口碑。

Altmetric Explorer 集成了从广泛的来源收集到的替代计量数据，并以不同的方式提供给不同的用户，其中包含的数据来源有主流社交媒体、新闻、灰色文献（如政策文件）、同行评议（如 Peer Review、F1000）等，基于这些不同来源的数据并加权，可围绕单项学术成果计算出社媒影响计量指标，用以衡量该学术成果所获得的整体关注度。Altmetric Explorer 实际追踪的是 DOI、Pub Med ID 和 Handle 等标识符，以及采用文本挖掘方法从它们监控的数据源中检测研究成果。尽管 Altmetric Explorer 对学术成果的覆盖度较好，但是大部分数据来自 Twitter 和

---

① https://www.altmetric.com/explorer/timeline[2019-04-09].

Mendeley。根据 Adie 和 Roe（2013）的研究，Altmetric Explorer 中的大部分数据来自如 Mendeley 和 CiteULike 这样的在线参考管理软件，其次来自以 Facebook 和 Twitter 为代表的社交媒体。

数据聚合的结果以彩色的甜甜圈样式表示，如图 6-2 所示，反映学术成果所获得的整体关注度，其中不同的颜色代表不同的数据来源。需要注意的是，替代计量指数并不能与学术成果的质量直接挂钩，概括而言，其反映整体关注度，而最具有价值的部分，其实在于数据所处的情境。用户可以利用这些数据作为切入点，对研究成果被提及的背景进行更定性的分析。通过这种方式，所有感兴趣的用户都可以研究这个研究成果是如何以及在什么样的背景下被提及的，阅读所有的评论和提及可以了解一些有助于理解其质量的信息。对于若干可收集到数据生产者相关数据的平台，例如 Twitter 和 Mendeley，Altmetric Explorer 还提供有关人口统计的数据，如人员的地理分布、职业分布等。

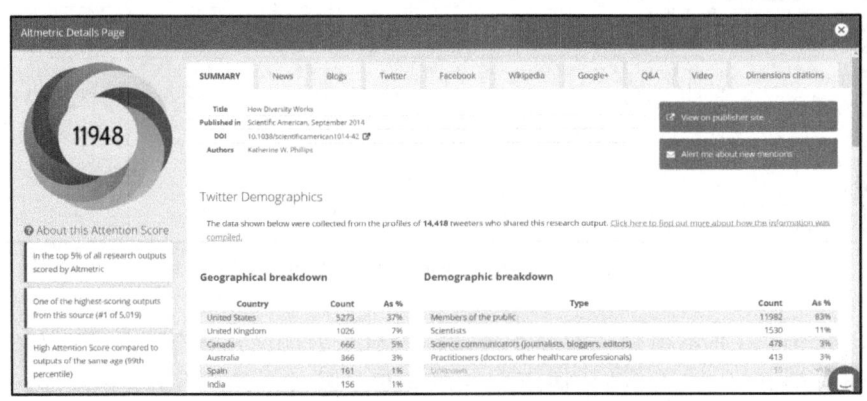

图 6-2　单个学术成果的替代计量指数详细页示意图①

Altmetric Explorer 对不同来源的数据加以权重，而加权的依据主要有影响范围（reach）、专指度（promiscuity，本意为混杂）和倾向性（bias，本意为偏见）。影响范围是指这个数据源中的提及能够影响人数的规模，例如新闻媒介的影响范围通常比局限于朋友圈的微博要广。专指度是指同一来源同时会提到多少学术成果，例如一份政策文件可能提到上百条学术成果，而微博通常只提到一项学术成果。倾向性是指某一来源是否提及、传播和利用单一来源的学术成果，例如特定的期刊或出版社的学术成果。权重的设定很难有完美的方案，并且由于网络的动态特性，权重可能随时间发生变化。

---

① https://www.altmetric.com/explorer/outputs?q=how%20diversity%20works&show_details=2902796[2019-04-09].

6.3 PLoS ALM

　　PLoS（https://journals.plos.org/plosone/）是开放科学的成功实践之一，也是最早提供论文级数据的出版商之一，在 PLoS 的倡议下，单篇论文评价（article-level metrics，ALM）得到了广泛响应和认可。PLoS ALM 平台采集多种来源的统计数据，包括与论文的互动数据、来自社交媒体和社交书签平台的数据、常规引文数据库的引文数据和其他来源的非学术性的引用（使用）数据，目标在于获取论文的各种反馈，明确论文的受众、用户阅读的目的、论文产生的影响等（Lin and Fenner，2013a）。PLoS ALM 平台的检索界面如图 6-3 所示。

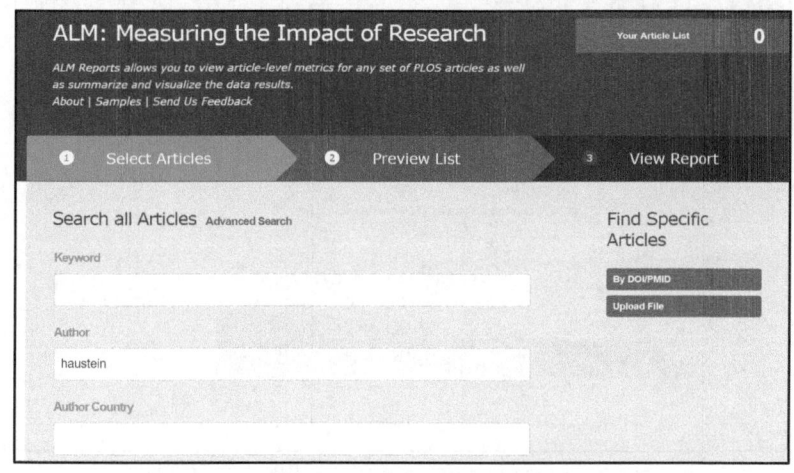

图 6-3　PLoS ALM 平台的检索界面示意图①

　　这些不同类型的反馈和不同平台对论文的提及，可以用于衡量论文早期关注度。通常期刊网站上网页阅读、在 Twitter 和 Facebook 上的分享要发生得早一些，而学术社交网络如 Mendeley 和 CiteULike 平台中的阅读和关注则稍微晚一些，但是也很及时，表明了这些用户的学术兴趣。从时间维度上来看，科学博客要比上述来源晚一些，PLoS ALM 通过追踪若干科学博客聚合器（如 ResearchBlogging.org、Nature Blogs 和 ScienceSeeker）等，来实现对科学博客的追踪。科学博客对学术成果的覆盖率远远低于微博的覆盖率，但是相对于微博的长度限制，科学博客对学术成果的讨论和交互的程度要比微博的更加丰富和深入。而学术论文对学术论文的引用，则是时间线上最后一个环节，通常发生在论文发表以后数月至数年。

---

① http://almreports.plos.org/[2019-04-09].

根据 Lin 和 Fenner（2013b）的研究，不同类型的数据之间存在转化的关系，如果将网页阅读的次数视为 100%，则 PDF 下载量只有不到 25%，而最终的引文量仅为 0.2%，这意味着阅读了某篇论文的 100 个当中，不到一个人会引用它。因此，传统使用引文数据进行影响力评估的时候，实际上忽略了许多数量的交互，引文因而不能反映学术论文所获得的全部关注及其科学影响。PLoS ALM 对不同来源数据的分类与 PlumX 的分类相似，将数据分为五类，即查看、保存、讨论、推荐和引用，这五类数据的关系整体上也是遵循交互程度逐层递进的关系，如图 6-4 所示。

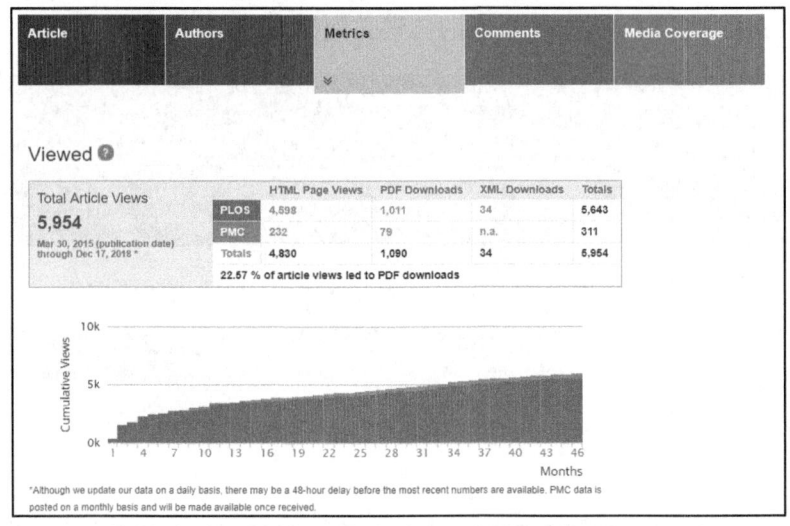

图 6-4 PLoS ALM 平台的五种类型数据示意图[①]

PLoS ALM 的数据完全开放，允许用户在可视化界面中检索任意 PLoS 平台出版的论文的论文级别数据，并且自动生成影响力报告。但是 PLoS ALM 的局限也在于，其覆盖范围有限，此外，还局限在学术论文这一种学术成果上。

6.4 Bookmetrix

Bookmetrix 是 Springer 公司与 Altmetric LLP 携手打造的图书影响力评价平台，发布于 2015 年 4 月，致力于展示在线环境下图书或图书章节被提及、分享、评论和阅读的频率。Bookmetrix 的初衷正是改变对图书评价方式匮乏的现状，通

[①] https://journals.plos.org/plosone/article/metrics?id=10.1371/journal.pone.0127830[2019-04-09].

过收集实时的数据，为围绕图书的不同利益相关者提供图书影响力的准确信息。目前 Bookmetrix 平台的使用权限仅囿于 Springer 内部工作人员，但是其他用户可以在 Springer 平台上的图书页面看到免费的详细页。

Bookmetrix 平台将数据分为五类，即引文、在线提及、阅读量、评论数和下载量（图 6-5）。引文数据来自 Crossref 平台，在线提及数据来自 Altmetric Explorer，阅读量体现有多少读者将图书保存到参考文献管理平台中，评论数指 Springer 平台上图书评论摘录数，下载量则是 SpringerLink 平台上的下载量。

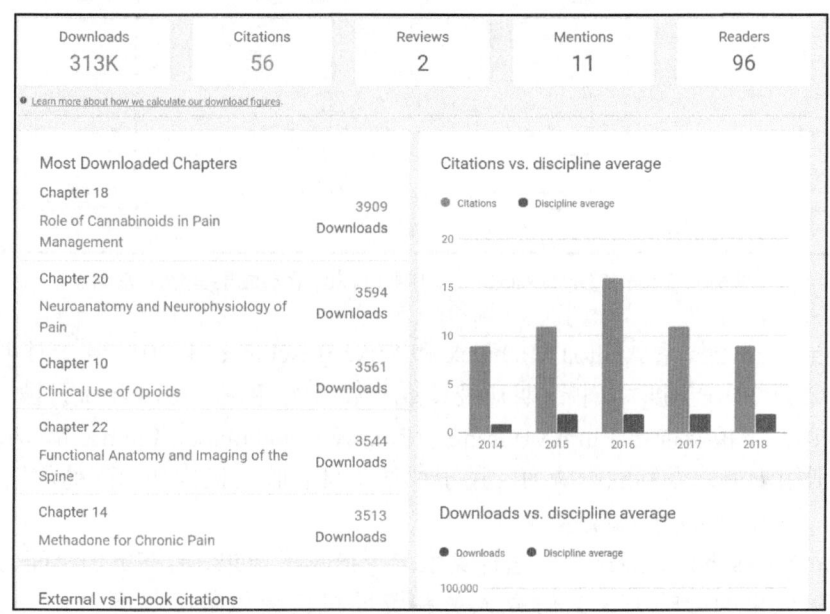

图 6-5　Bookmetrix 平台检索结果示意图①

从 Bookmetrix 平台的数据来源组成中可以看出，涉及网络上对学术图书的提及数据主要来自 Altmetric LLP，其他的下载量、评论数据来自 Springer 自身平台。但是，由于该平台的开放性较差，还没有形成被广泛使用的替代计量工具，目前还仅限于 Springer 使用。

6.5　PlumX Dashboard

PlumX Dashboard 是由 Plum Analytics（http://www.plumanalytics.com/）开发

---

① http://www.bookmetrix.com/detail/book/044b3a55-b95d-422e-9130-978cf159ce83#downloads[2019-04-09].

的替代计量工具,可以显示各种级别的数据汇聚结果,例如按照研究人员、机构或期刊进行数据汇总和展示。就学术成果的类型而言,PlumX 的追踪范围甚广,追踪的类型有期刊文章、图书、视频、演示文稿、会议记录、数据集、源代码、案例、政策文件、专利、教学大纲、博客、音频等 67 种类型,如图 6-6 所示。

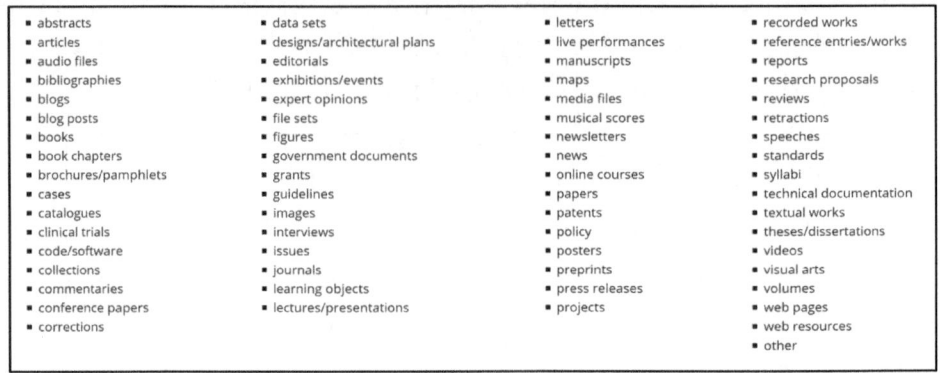

图 6-6　PlumX Dashboard 平台中所追踪的学术成果类型示意图①

Plum Analytics 系 Andrea Michalek 和 Mike Buschman 于 2012 年 1 月创立的,2013 年荣获 2013 年度"图书馆期刊最具雄心数据库"称号,2014 年 1 月被 EBSCO 收购,2015 年相继推出 PlumX+Grants、PlumX Benchmark、PlumX Metrics 等工具,分别用于追踪专利的影响力、用于评估工具和收集机构知识库的数据。2017 年 2 月,被 Elsevier 公司收购②。

PlumX Dashboard 通过追踪这样类型广泛的学术成果,能够更加全面、及时地测度学术成果的影响力,为研究人员和资助机构提供数据支撑。与 Altmetric Explorer 不同,PlumX Dashboard 并非通过加权将不同数据源集成到一起,而是认为不同来源的关注没有可比性,就好比"苹果不能与橘子相比"一样,因此,该工具仅将意义相近的指标组合在一起,形成五个类别的替代计量数据,即获取(capture)、引用(citation)、社交媒体(social media)、提及(mention)、使用(usage),如图 6-7 所示。这五个类别既有交互程度上的不同,又直接表明了数据来源。并且,这五个类别的数据是独立于平台的,例如同样是 Facebook 平台,既可能产生提及的数据,也可能产生分享、点赞这样隶属于社交媒体的数据。

---

① https://plumanalytics.com/learn/about-artifacts/[2019-04-09]。

② https://www.Elsevier.com/connect/the-most-comprehensive-source-of-Altmetrics-joins-Elsevier-plum-analytics [2019-04-09]。

第六章 替代计量学的工具体系

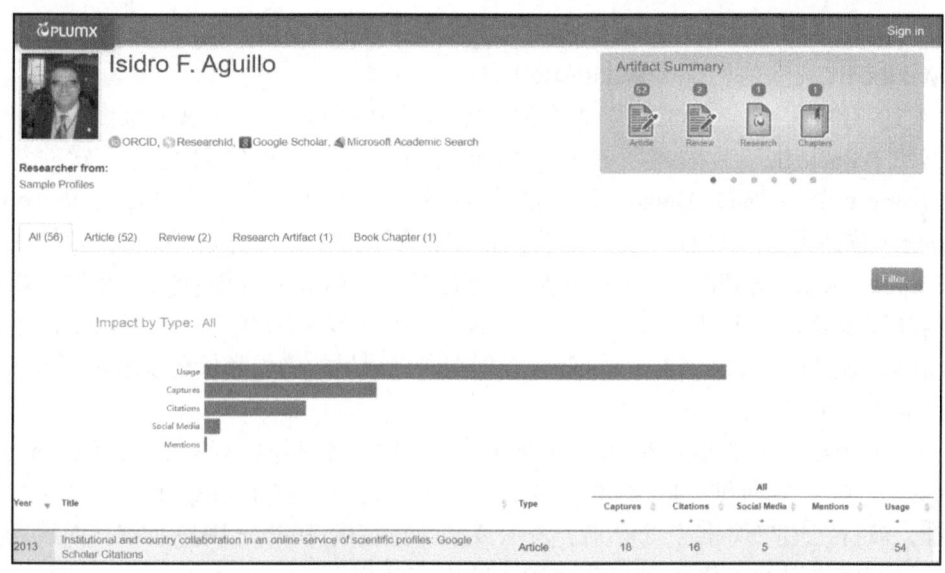

图 6-7　PlumX Dashboard 平台数据集成页面示意图[①]

6.6　ImpactStory

ImpactStory 源于 2011 年的 Beyond Impact Workshop 中的黑客马拉松编程项目 Total-impact。在黑客马拉松结束以后，团队成员转移到酒店大厅继续工作，最终通过 24 小时的马拉松编程完成了原型。后续几个月业余时间的开发加上美国国家科学基金会和斯隆基金会的资助，形成了 ImpactStory（图 6-8）。

ImpactStory 是一个开源的平台，帮助研究者探索和分享其研究的在线影响力。为了帮助研究者讲述关于其研究成果的"故事"，ImpactStory 正在建立一种新的学术奖励体系来鼓励和促进基于网络的学术研究、传播和利用。ImpactStory 通过四种方式来展现学术成果的成就，即围绕学术成果产生的网络口碑、与学术成果的交互程度、学术成果的开放程度，以及轻松有趣的内容。

（1）网络口碑：指围绕研究成果的讨论量，不管是正面的还是负面的。虽然还比较粗糙，但是很好地测度了研究成果的在线兴趣。包括最佳口碑成果（greatest hit）、学术成果总览（clean sweep）和分享最多的人（hot streak）。

（2）交互程度：是指用户如何与研究成果在线互动，包括讨论的质量、何人在何地讨论等问题。具体而言，交互这个维度设定了全球覆盖范围（global reach）、

---

① https://plu.mx/plum/u/iaguillo[2018-12-07].

在发展中国家的可见度（global south）、被大 V 关注的情况（follower frenzy）和被 Wikipedia 关注的情况（Wikitastic）。

（3）开放程度：能够让读者更便捷地阅读和使用研究，在这个维度设定了开放英雄（open hero）描述所有研究均可在网上免费阅读的研究者，软件复用（software reuse）通过 Depsy 上的数据指示软件获得的影响力，开放协议（open license）描述遵守 CC-BY 或其他公共协议的研究成果的比例，开放科学铁人三项（open science triathlete）表示研究者拥有至少一篇开放存取论文、开放存取数据集和开源软件，开放存取（open access）计算有多少比例的研究可以在网上免费阅读，易读性（all readers welcome）根据研究成果的摘要和标题来表示研究者的写作水平容易被阅读。

（4）轻松有趣的事：指那些并非正式的成就，包括在日本获得关注（big in Japan）、被大 V 所推（kind of big deal）表示研究成果被 Twitter 上的若干个大 V 所推，被特定用户所推（rickroll）表示被某个特定的 Twitter 用户所推，而该用户推了研究成果以后，该成果将获得较大的引文量提升。

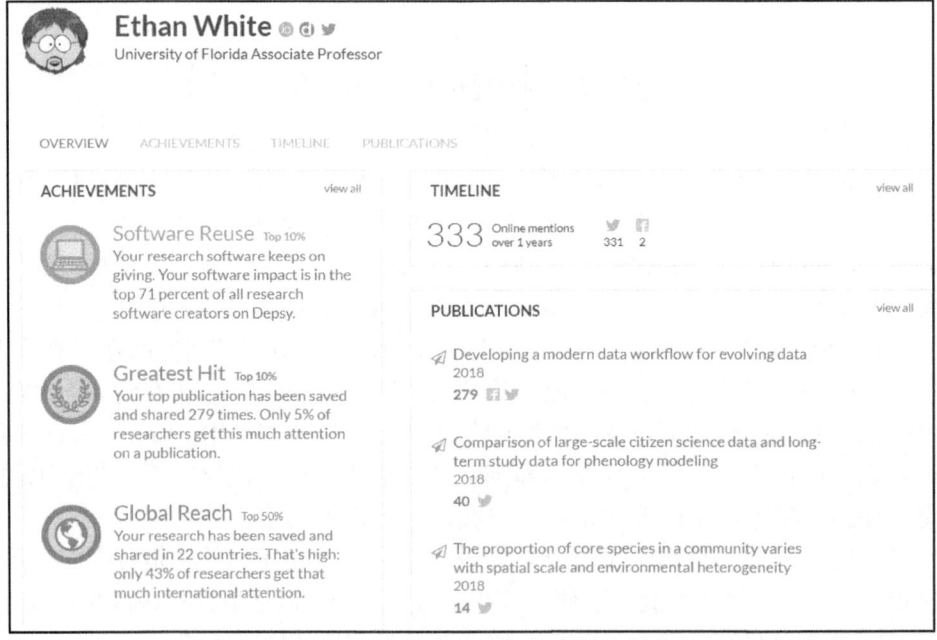

图 6-8　ImpactStory 平台数据展现示意图①

ImpactStory 所打造的科学家简历，尽可能地覆盖了单个科学家所有类型的研

---

① https://profiles.impactstory.org/u/0000-0001-6728-7745[2019-04-09].

究成果，并且收集了所有能够反映研究成果影响力的数据，相比传统"数论文"的简历要更加丰富和有说服力。但是，遗憾的是，ImpactStory 仅针对研究者个人开放简历的数据，这意味着难以将其作为替代计量数据来源。

6.7 其他工具

6.7.1 Kudos

Kudos（https://www.growkudos.com/）于 2013 年由三名出版和技术方面的专家创立，致力于在信息过载的大环境中帮助研究人员确保他们的成果能被发现、阅读和引用。Kudos 据称是唯一一家致力于面向研究人员实现其学术成果信息分享的跨网络和跨渠道的传播平台，也是唯一一家集成所有学术成果相关数据于一处并将这些数据体现的外联活动可视化的平台[1]。根据 Erdt 等（2017）的研究，通过 Kudos 平台进行解释和分享平均只花 10 分钟，但是它却带来高达 23%的全文下载量的增长（图 6-9）。

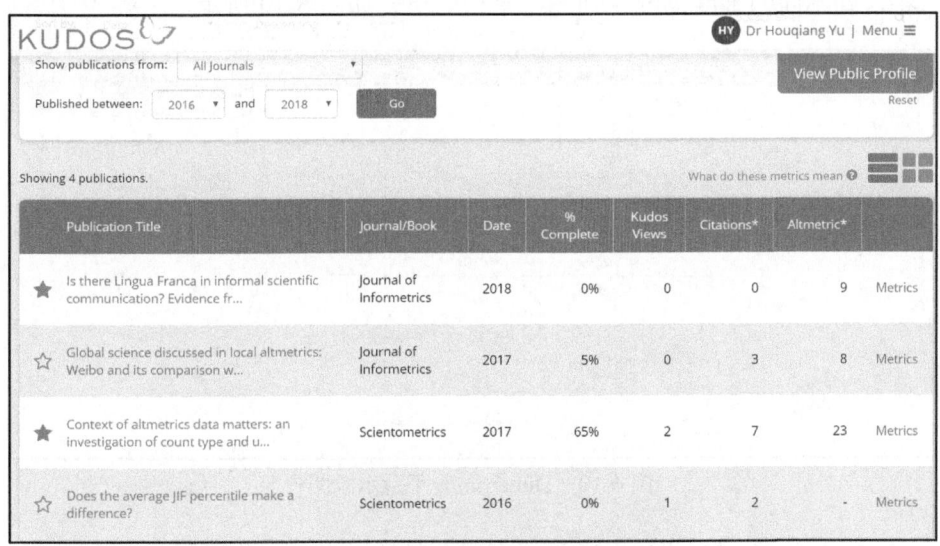

图 6-9　Kudos 平台数据集成示意图[2]

Kudos 鼓励研究者去分享（share）、解释（explain）和丰富（enrich）自己的

---

[1] https://www.growkudos.com[2019-04-09].
[2] https://www.growkudos.com[2019-04-09].

学术成果。分享是指生成学术成果的链接,通过社交媒体(如 Facebook、Twitter、LinkedIn)或其他渠道(如电子邮件)去分享。解释是指利用通俗的评议以简洁的方式去描述他们的工作。丰富是指学者可以上传其他相关的资源,如补充学术成果的数据集或演示文稿。与 ImpactStory、Plum Analytics 和 Altmetric LLP 不同的是,Kudos 本身不产生任何数据,所有数据均来自第三方独立机构,例如出版商提供使用数据,替代计量数据商提供替代计量数据。Kudos 仅展示这些数据,以帮助研究人员评估学术成果及其分享活动的表现。

6.7.2 Dimensions

Dimensions(https://www.dimensions.ai)平台是 Digital Science 旗下的创新型公司。它的创立是基于对当前两点局限的观察:第一个局限是理解学术全景的方法仅局限于学术论文及其引文数据,第二个局限是既有的数据解决方案展示其数据的方式存在局限,许多学术成果的相关数据都在私有的应用平台之中,数据可获取性受到限制。为了突破这两点局限,Dimensions 与超过 100 家开发伙伴紧密合作,以实现一个覆盖整个研究过程的集成数据库,包括从资助机构到研究成果,从成果出版到关注(来自学术界和更广泛的社会群体),再到商业应用和政策决策,将这些不同的维度都统一到一个平台之下,如图 6-10 所示。

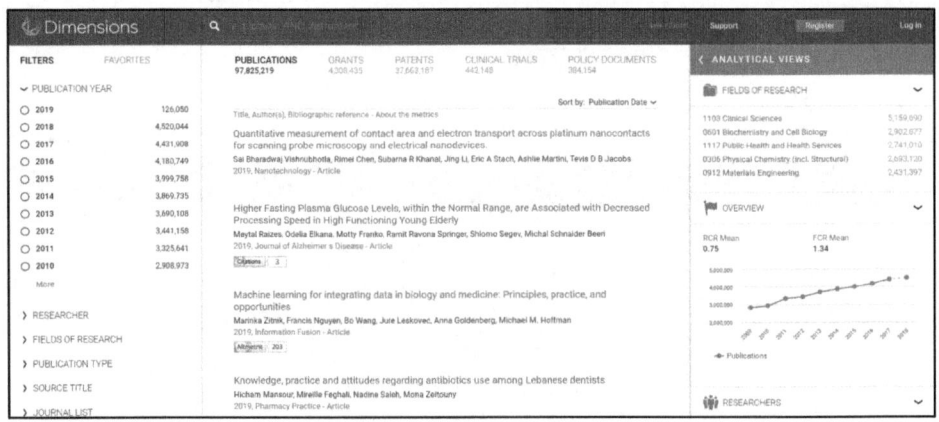

图 6-10 Dimensions 平台示意图[①]

Dimensions 旨在变革研究过程,而研究过程一直是由若干部分组成的,该平台的一个核心部分是使学术论文的数据可以免费获取。该平台实现全文检索,允许研究者检索论文;利用自然语言处理、机器学习和人工智能的算法实现论文级别的分类,将文章内容考虑进去而不局限于学科分类,同时利用其他分类体系作

---

① https://app.dimensions.ai/discover/publication[2019-04-09].

第六章　替代计量学的工具体系

为补充。与 Google Scholar、WoS 等传统引文数据库相比，Dimensions 首次将专利、医疗案例集成到一起。

6.7.3　Webometric Analyst

Webometric Analyst 工具最初是在网络计量学研究背景下由 Mike Thelwall 教授团队研发，用于收集网络计量数据。在替代计量学发展的情景下，该工具也拓展了数据收集功能，可以用于收集 Mendeley 阅读量、谷歌图书、替代计量指数、大纲提及数等数据，如图 6-11 所示。

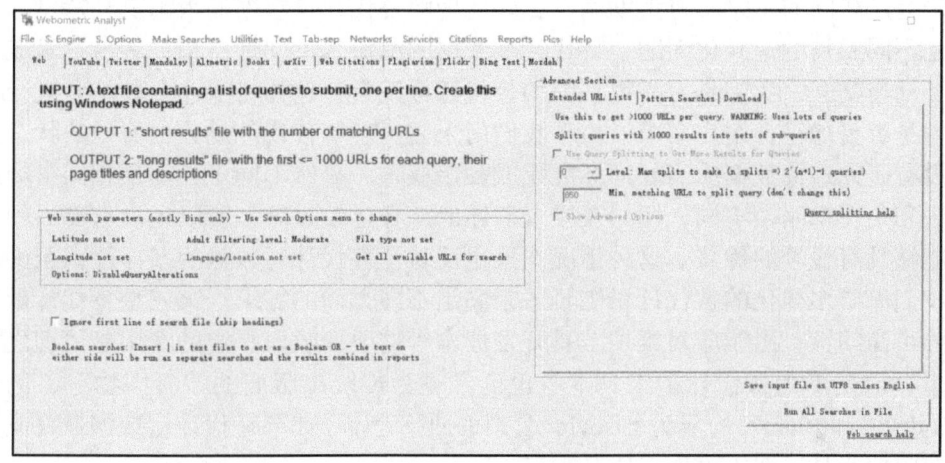

图 6-11　Webometric Analyst 软件运行示意图

Webometric Analyst 有两种使用方式，第一种是通过可视化的窗口界面，第二种是通过高级界面。每个数据分析任务都会涉及数据收集和分析，可视化界面最小化数据输入的要求来完成任务，同时确保合适的数据得以下载和分析。高级界面通过绕过可视化界面到达，用于进行非标准化的高级任务。Webometric Analyst 所收集的数据来源均是公开获取的，但如果涉及某些平台，如 Twitter API，则需要用户自行注册账户。

6.8　总结与讨论

随着开放科学、网络化科学的发展，围绕致力于改进科学交流与科技评价的替代计量工具继续涌现。在发展过程中，不同的替代计量平台均寻找自己的差异化定位。PlumX Dashboard 和 Altmetric Explorer 两家平台的业务范围最相似，但是在数据来源上仍然存在差异，并且前者一直关注于机构用户，后者科研实力雄厚。Bookmetrix 仅关注图书的相关数据，ImpactStory 从科学家个人简历的角度出发，Kudos 则致力于帮助研究者提高研究成果可见度和利用率，ImpactStory 和 Kudos 均不直接生产数据。Dimensions 从最为宽广的范围内通过建立合作伙伴关系，把围绕学术成果的不同来源的数据集成到一个平台上，运用人工智能技术实现自动数据处理。

替代计量工具增多以后，有不少问题值得研究。第一是不同工具获得数据的一致性问题，本质上属于数据质量范畴，这与早期比较不同引文数据库引文数据的研究是相同的思路，将帮助用户更好地理解替代计量数据的来源及其特点。第二是不同工具的差异化问题，替代计量数据的源头是不同利益相关者与学术成果的互动与交互，我们是否需要不同的替代计量工具？例如将上述多种平台进行统一，是否更加符合用户需求？由于我们尚未完全理解替代计量数据所处的状态，更没有研究透彻数据应当如何标准化或赋予权重，显然不同工具衡量相同事物的方法和角度都略微不同，用户及受众群体的差异也较显著，所以还没有哪一种工具能够具有显著的优势。这种情况本身也反映了替代计量数据的多样性，至少目前我们需要多样化的替代计量工具，来满足不同方面的需求。第三是替代计量工具的可访问性，出于应对维护工具开发成本等需要，收取一定的费用是情理之中的事，但是不少替代计量工具本身也已经成为传统出版商的"囊中物"，例如 Mendeley 和 PlumX 均成为 Elsevier 公司的旗下产品。如果替代计量数据最终成为商业收费产品，似乎难以完成其初衷。

此外，这些替代计量工具还没有追踪各国本土的替代计量数据，例如中国有许多替代计量数据来源，均不在其收录范围之内。因此，从理论上来说，要"测试学术成果的全面影响力"实在"前路漫漫"。但是我国也不能依赖国外机构帮助我们收集数据，在建设替代计量工具这种基础设施的事情上，我国应加紧加大投入力度，以满足国内科研交流和科技评价的深入发展需求。

第七章

替代计量学的应用体系

7.1 替代计量学的应用概述

理论是基础,技术是手段,应用是目的。作为"五计学"在新兴网络环境下的产物,替代计量学为满足社会实践需要而产生,相关理论和技术可以指导社会实践,也在实践中得到了检验,探讨替代计量学的应用体系,是替代计量学研究的重要内容之一。

7.1.1 替代计量学应用的意义

替代计量学应用研究的目的在于研究和论证替代计量学的基本理论,以及替代计量数据源、替代计量指标、替代计量工具等在社会实践中的应用。从多个途径对各学科学术成果的影响力进行追踪和调查,从中发现问题,分析问题,并得出结论,提出建议,以加强公众对科学研究的参与度,扩大学术成果的影响力,提高传播质量。替代计量学的研究内容广泛,不仅局限于对传统期刊论文在社交网络上的影响力研究,还有对新形式学术成果影响力的衡量与评价,如会议论文、PPT、数据集、软件工具或算法等。这样看来,替代计量学的研究对象也十分丰富,应用研究中需要解决理论上和实践上的各种问题,还需要不断拓展新的应用研究领域。

因为对象和内容的广泛性,理论上替代计量学可以在科学和社会的各个领域中发挥作用。目前,对替代计量学的应用研究主要集中在科学评价、信息资源管理、信息检索与服务、科技管理与预测四个方面,如图 7-1 所示,这是本章重点阐述的内容。但是随着替代计量学的发展和社会经济、技术环境的变化,还有很多未涉及的领域以及需要解决的问题,主要表现在以下三点。

(1)与实际应用结合不够紧密。目前的很多关于替代计量学的应用研究,多停留在探索阶段,研究成果中很少形成能够指导实践的方法和工具。要达到利用替代计量学推动社会发展和学术进步的目标,还有很长的路要走。

(2)研究广泛性不足。当前对替代计量学在科研领域中的应用研究涉及较多,但其实替代计量学对商业和社会其他领域也有很大的应用潜力,对于图书情报、传播学等众多领域都有广泛的指导作用。限制其广泛应用的原因主要涉及数据获取难度较大、人们认知没有很好地转变、相关计量指标未成熟等问题。

(3)研究纵深性欠缺。在替代计量学与各研究领域结合的过程中,需要学者在掌握该领域特有的特征属性和变化规律的基础上,厘清替代计量学的理论知识,并对其进行灵活应用,这样才能加深替代计量学的应用研究层次。

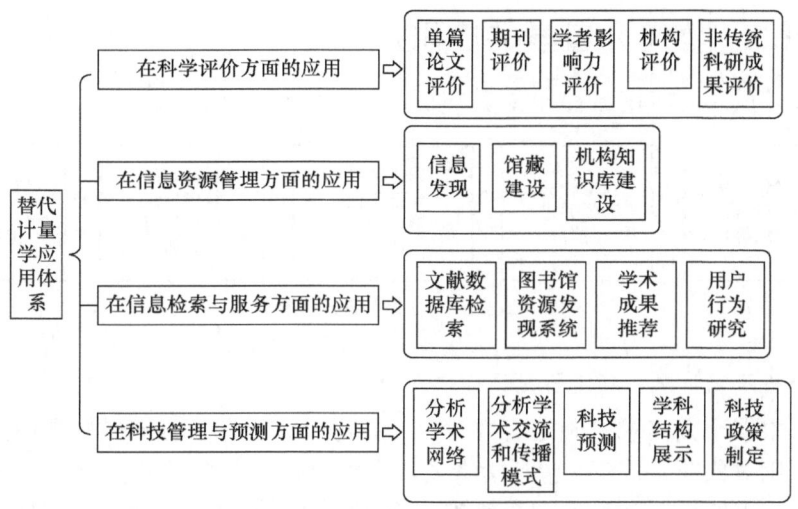

图 7-1 替代计量学应用体系

7.1.2 替代计量学的应用特色与优势

与传统计量学相比，替代计量学因为产生的时代背景不同，而呈现出了一系列新的特点和优势。对替代计量学的应用研究，也是对其特点和优势进行精准理解和运用的一个过程。从替代计量学的几个主要特点出发，可以引发对其应用领域新的思考。

提供多样化、全面化的影响力评价。与传统计量学相比，替代计量学的多样化主要体现为评价对象的多样化。内容上，替代计量学的对象增加了实验数据、算法模型等。形式上，替代计量学的评价对象在文本的基础上，还增加了视频、音频、图片等。替代计量学能够涵盖学术成果影响力产生完整的三个阶段，这一特征为其在科学评价、信息服务中的用户研究等方面的应用提供了更加多维和全面的依据。

提供实时性、快捷性的影响力追踪。基于在线科学交流方式而产生的替代计量学为科学成果影响力提供了及时、迅速的追踪，在线科学交流的交互性为研究成果的迅速反馈提供了支撑。这对于信息检索和服务中创建实时推荐系统、进行科技实时预测和科技政策的制定有着重要意义。

工具更加智能化和专业化。替代计量学依靠相关的工具通过 API 从数据源直接获取数据，很好地适应了大数据环境下，网络数据海量、多态、异构的特征。另外，替代计量学所运用的智能化、专业化的工具，能够很好地对数据进行清洗、转换和特征提取。这些专业的工具为用户提供了实时、快速和准确的结果，也为其在信息检索、科学评价和信息资源管理等海量数据的环境下的应用提供了技术支撑。

7.1.3 替代计量学的应用流程

替代计量学的应用流程如图 7-2 所示，具体步骤如下。

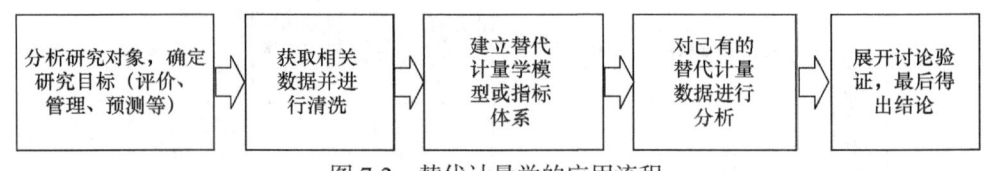

图 7-2 替代计量学的应用流程

1. 分析研究对象，确定研究目标

首先根据研究需求，确定研究对象，并对研究目标及方向做好把控。替代计量学的应用对象非常广泛，包括学者及其多种形式的学术成果、大学等学术机构、数据库、图书馆以及学科发展趋势等，因此应用范围也涉及评价、管理、预测等多个方面。

2. 获取相关数据并进行清洗

确定能体现研究对象特征的数据类型后，寻找相对应的数据库（如 Springer 出版商、*PLoS ONE* 或 Elsevier 等）进行下载。注意在收集数据的过程中不可将各数据类型孤立起来，以免为后续的研究造成不必要的困扰，因为各种数据来源经常是相互支撑、相互关联的。出于后期数据分析便利的需要，先将所收集的数据进行预处理，统一数据格式。在处理过程中，要注意多类型数据的映射问题，许多数据类型之间可能存在一一对应的关系，比如学术资源的元数据、内容数据、下载数据和"被关注"数据之间是相互对应的。

3. 建立替代计量学模型或指标体系

在对研究对象和研究目标梳理完备的基础上，结合现有数据的情况，确立可分析的方向，为研究进行模型建立或指标体系建构，为后续具体的研究工作奠定基础。

4. 对已有的替代计量数据进行分析

在前期的分析模型或体系的指导下，选取合适的工具对数据进行分析，通过实证研究对之前提出的研究目标和研究问题做出以数据为支撑的回答。

5. 展开讨论验证，最后得出结论

为了确保研究结论的可靠性和准确性，需要根据相关数据，对之前的结果进行判断和再思考。尤其是对数据变动明显或起伏异常之处，要格外关注，反复考量，以保证预测结果的科学性。经历了严密的模型建立、数据分析和结果检验之后，得出具有科学性和严密性的实验结论，并对其进行多种形式的展示。

7.2 在科学评价方面的应用

替代计量学是伴随学术成果网络化应运而生的新型计量学科，它在传统评价方法的基础上提供了多维的评价视角，全方位地衡量不同形式研究成果在众多平台上所带来的综合影响力（管莺莺，2016）。根据评价对象的不同，替代计量学在科学评价领域的应用主要表现在两个层面：一是对传统载体的评价，包括单篇论文评价、期刊评价、学者影响力评价以及机构评价；二是对非传统载体的评价，如图片、源代码、网站、音频、视频、软件等，是替代计量学有别于其他传统计量学的评价对象。目前对于单篇论文层面评价研究是替代计量学在科学评价中应用最为广泛且取得成果最多的领域，在期刊评价、学者影响力评价、机构评价以及其他方面也具有较好的切合度和适应度（曹丽江，2017）。本节将从以下几个方面进行阐述，具体如图 7-3 所示。

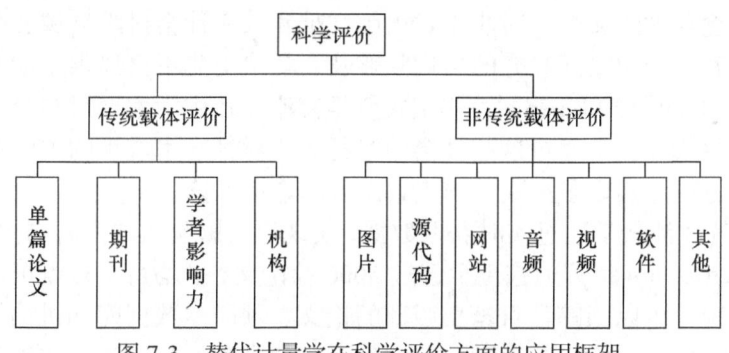

图 7-3　替代计量学在科学评价方面的应用框架

7.2.1　应用于单篇论文评价

论文是学术交流与知识共享的重要载体，也是人才评价、期刊评价的基础和基本依据（杨思洛等，2018）。因此对学术论文的价值进行科学合理的评价显得重要且必要。随着学术出版模式和学术交流模式的改变，传统的评价方法渐渐暴露出时滞性、片面性、可操作性和地域差异性等固有缺陷，无法全面客观地反映论文的综合影响力。在此背景下，作为 Web2.0 环境下的新型学术影响力测量指标——替代计量学诞生了。它通过学术社交网络进行信息传播的学术影响力计量，将科研各过程所产出的数据都纳入计量（何文，2015），形成多维视角下的单篇论文评价。将替代计量学引入单篇论文影响力评价，打破了片面利用引文与期刊影响因子对论文进行评价的束缚，实现了从多维角度对论文的质量和影响力进行计量和可视化评价。目前，替代计量工具已形成较成熟的评价体系，一些出版商也开始提供替代计量服务。例如，Elsevier 和 Springer 为每篇论文提供替代计量数据，EBSCO 并购了 Plum Analytics 来提供论文层次统计数据（邱均平和余厚强，2015b）。

7.2.1.1 优化评价结果

单篇论文评价（刘春丽，2016）既重视传统的引文数据及其分析指标，也重视论文在数字化、网络化、开放化环境中的 Web2.0 用户的社会影响力。相比于传统的文献计量与网络计量方法，替代计量学在论文评价中的优越性主要体现在以下三个方面。

首先，替代计量学有更多样的计量指标，增加了论文的评价维度。除了引文数据，替代计量学同时捕捉社交网络中浏览量、标签数、评论数、转发与分享量等潜在影响用户思想与行为的行为轨迹数据，从多个角度获取用户反馈，从而更加全面地揭示论文质量和影响力。

其次，替代计量学拓展了评价对象与评价范围。传统引文分析往往只评价正式科学交流途径中的文献，对非正式出版文献和人文社会科学领域文献的覆盖率却很低。随着社会网络新媒介的出现和普及，学术交流不再局限于期刊、会议，Twitter、Facebook、Wikipedia 等非正式科学交流途径中学术探讨与分享行为开始日益活跃。替代计量学通过这些社会网络行为，对其学术成果的关注和讨论数据进行获取与分析，实现了正式与非正式出版的论文评价。

最后，替代计量学通过实时获取数据，实现论文影响力的实时与快速性反映。例如，Altmetric.com 每天追踪至少超过 5000 篇论文，平均每 7 秒就可以看到新的文章关注情况，可以跟踪数百家出版商的论文、预印本数据库和机构知识库。通过在线社交媒体、报纸、政府的政策文件及其他来源，统计学术成果的关注度，并将其整合成等级指标，为终端用户提供数据服务。

7.2.1.2 实现评价结果可视化

Altmetrics Explore 由 Altmetric 公司开发，每周会从社会网络媒体中采集数十万条数据论文信息，用以分析学术论文的影响力。该平台可为用户呈现包括个人、机构以及出版社在内的论文被网络媒体提及、评论与转发的情况，并以美观的图谱形式展示学术成果的评估数据，如图 7-4 所示。

如图 7-4 所示，《气候变化对生物多样性未来的影响》共被社会网络媒体提及 83 次，包括 Twitter 63 次、博客 5 次、Facebook 4 次。此外，1007 种出版物已经引用这项研究成果，而在 Mendeley 和 CiteULike 中的读者数分别为 6 次和 7 次。

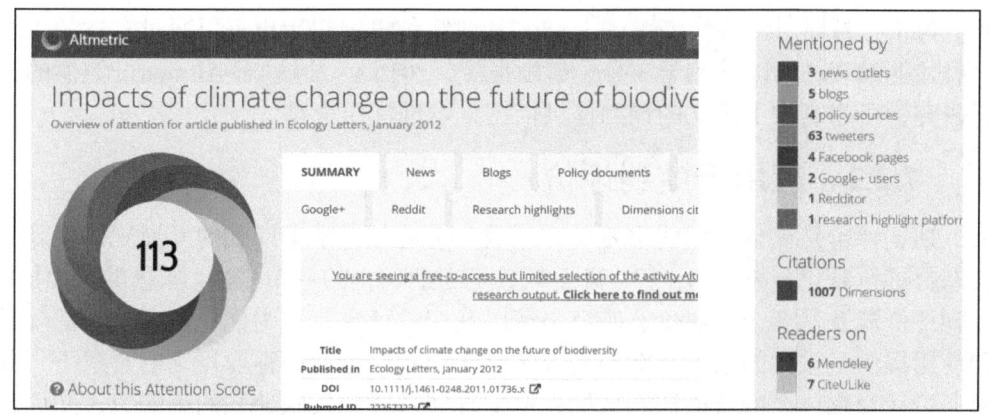

图 7-4 《气候变化对生物多样性未来的影响》替代计量指标可视化图谱[①]

目前，已有 20 多家科研机构开始使用 Altmetric Explore 实现对本机构论文社会网络影响力的监测。通过替代计量学平台及其相关应用工具实现单篇论文评价的可视化，有利于监测论文影响力产生的路径与趋势，促进学术发现，并为项目资助提供自动化的匹配。

7.2.1.3 预测未来高被引论文

从论文影响力产生机制的过程来看，一篇论文从完成到高被引，主要经历了获取、评论与转发、引用三个关键过程（杨思洛等，2018）。只有当论文被感知时才有可能被获取与引用。用户通过对论文的阅读形成自己的理解与观点，并对论文进行评论与转发，从而扩大了论文被感知与影响力，进而增加了论文被引用的概率。从这个角度来说，"浏览""下载"是"被引"的前提，而"评论""转发""书签""分享"等则增加了论文成为高被引论文的可能性。基于这些指标，替代计量学实现了一定程度上对未来高被引论文的预测。一般来讲，替代计量指标数值更高的论文在未来被高倍引用的可能性更大。同时，众多替代计量指标相比于引文，时滞更短，甚至是即时的，从时效的角度来看，替代计量学也具有天然的预测优势。

此外，不同的替代计量指标数据产生和收集所耗费的成本不同，导致不同指标之间对预测未来高被引论文的贡献能力也有所差异。Altmetric 公司在为不同数据源赋值时充分考虑了数据源的重要性、影响力、真实性、受众数量、传播范围和用户群体等因素，其中新闻媒体因受众最广、影响力最大，被赋予分值最高，被赋予 8 分；博客则因为倾注了作者对论文的论述、评价以及个人观点，类似于

---

① Bellard C, Bertelsmeier C, Leadley P, et al. 2012. Impacts of climate change on the future of biodiversity. https://www.altmetric.com/details/569124?src=bookmarklet[2018-11-03].

同行评价，被赋予 5 分；而 Wikipedia 和政策信息的引用也需要通过官方的审核之后才能发表，所以被赋予 3 分（赵晏强等，2016）。通过对 Altmetric 数值的分析研究，可为高被引论文的预测提供依据，发现优质文献。

7.2.2 应用于期刊评价

期刊评价是评价科学的重要研究领域。它通过对学术期刊的发展规律以及增长态势进行量化分析，揭示了学科文献数量在期刊中的分布规律（陈慧琪，2018）。期刊评价涉及学者个人评价、基金申请以及职称评定，也为优化学术期刊的配置和使用提供了重要的依据。在期刊数字化与学术信息开放存取运动的背景下，如何通过社交媒体全面获取期刊数据，更加真实及时地反映期刊的影响力，从而最大限度地发挥期刊信息资源优势，提高期刊的利用率（陈铭，2014），是目前评价科学的重要任务之一。替代计量学的兴起为期刊评价研究带来新的数据源和分析视角。替代计量学重视社交网络数据，它将科研各过程所产出的数据都纳入计量（何文，2015）。在传统期刊评价方法的基础上引入替代计量指标，能够在传统的基金论文比、总被引频次、影响因子、专家定性评审等指标的基础上，增加新的数据源与测度维度，使评价结果更加客观公正，在弥补传统评价模式的滞后等固有缺陷的同时，促进学术期刊品牌特色的塑造。

7.2.2.1 全面地评价期刊影响力

期刊影响力包括社会影响力和学术影响力。传统期刊评价方式主要以同行评议为代表的定性评价以及基于影响因子的定量评价方法，对期刊的评价仅仅关注学术影响力维度。但是这种引文影响力的内涵是狭隘的。例如一篇文章通过被阅读、讨论给学者提供了新的研究思路，但还不足以重要到被引用，这并不代表该论文没有产生影响力。替代计量学实现了更广的社会影响力、学科专家以外人士影响力的覆盖（张伥等，2013），通过替代计量学数据定量测定这种覆盖面的影响力，充分体现更大社会性的覆盖面。此外，替代计量学还提供跨学科的评估方法，包括对公共资助研究的公共影响力的评估，从而更加全面地评价期刊的影响力。目前已有学者将替代计量学应用于期刊评价，并构建了相应的期刊评价体系框架。例如，我国学者张洋等（2017）通过对期刊数据进行因子分析，从信息利用的全过程选择各平台中具有代表性的指标，建立评价体系并赋予合适的权重进行期刊综合评价，如图 7-5 所示。

传统的引文评价体系发展成熟，但侧重于学术影响力；替代计量指标体系虽然可以弥补传统引文评价体系不足，但侧重社会影响力。两种测量指标计量的是不同层面的影响力，任何一种评价体系单独使用都不能全面地评价一个期刊的影响力，因此需要将两者相互补充使用。

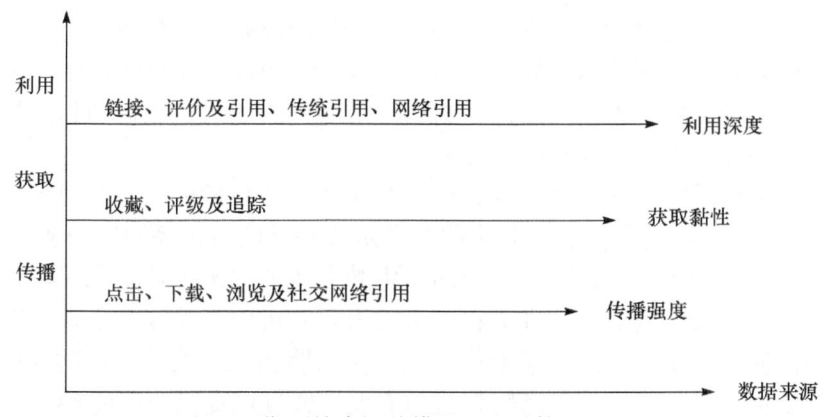

图 7-5　期刊综合评价模型（张洋等，2017）

7.2.2.2　及时反映用户对期刊的使用情况

替代计量学与传统计量学的一个主要的差别在于数据获取的时间与方式。替代计量学数据立即发生并被记录，可以通过在开放存取平台上浏览、下载，立即获得学术社交网络上相关标签、挖掘、推荐等各种类型的引用活动。而期刊的引文被记录下来的速度很慢，一篇学术论文完成后，要经过同行评审再到被修改、被出版社出版、被其他作者阅读，然后再被其他学者引用，要经过至少一年的时间（陈铭，2014）。因此，论文的学术影响力只能在它发表几年以后才能被测量到，而被编制成影响因子的速度更慢。替代计量工具利用开放的 API 可以不分昼夜地收集大量的元数据，在数周甚至数天就可以形成可利用的规模，可以及时反映用户对期刊的使用情况。

目前，PLoS 已经在向开展 ALM 评价的机构或工具提供开放数据共享的通道，为机关团体和个人进行开放应用程序界面的应用开发，通过获取期刊论文的开放数据，实现从不同的开放平台上获得对 PLoS 的单篇论文的用户行为数据。通过对这些来自不同平台的数据的存储、挖掘和分析，形成与每一篇论文对应的即时使用数据（陈益君，2016）。在 PLoS ALM 的数据类型中，一般涉及使用统计、引用、社会网络、博客和即时互动等数据。

7.2.2.3　塑造学术期刊品牌特色

在网络传播渠道下，替代计量学能为学术期刊开拓办刊新思路、塑造办刊品牌特色创造可能。学术期刊不仅应该刊发高水平的学术论文，更应该彰显人无我有的学术特点。学术期刊越有特色，内容越与众不同，便越容易受到读者青睐，从而具有更大的影响力。其次，学术期刊的报道重点与特色主要是通过栏目来体现的，有些期刊就整体而言不一定能达到名刊或者核心期刊的要求，但是其中某个栏目却能在学术界做到有口皆碑。例如,《广西民族大学学报》虽然是由普通高校所创办的,但它却能入选教育部名刊工程,这与该刊注重人类学、民族学研究特色有着十分密切的关系。因此,明确学术期刊的宗旨,塑造期刊品牌特色是期刊增强核心竞争力、扩大影响力的关键。

替代计量学研究专注读者人数、传播和再使用这些指标,通过博客、社交媒体、集体生产系统或合作注释工具来跟踪学术成果被读者传播使用的轨迹(陈铭,2014)。例如,一篇论文在学术社交网络中被大量地评论、转帖或回帖,那么说明该论文具有很大的阅读价值和潜在的影响力。它可以帮助读者审查、组织论文的内容,促使检索到的信息产品增值。同时协助期刊工作人员了解读者对期刊论文的兴趣变化态势,为期刊的品牌栏目与专业研究领域提供更好的参考。

7.2.2.4 改变"以刊评文"的评价方式

期刊文献被学者和公众上传到 Twitter、Mendeley 上产生的浏览量、下载量、书签数等都是论文层面的数据。但作为文献发表来源的期刊,在网络媒体环境下的被提及量与评论数却是分散的(张洋和郎林芳,2018)。替代计量作为大数据时代发展起来的一种新型的评价方法,其分析对象是论文而非论文集合的期刊。它可以追踪一篇论文发布后每日的使用量与引用量,而非一年或多年累积的论文集合形成的期刊引用量。它通过对论文的评价转化为对期刊的评价,为现行期刊评价体系的改进和创新提供了可能。

但我们必须认识到,哪怕是同一期刊同一栏目上发表的论文,也会存在质量上的差异,仅仅依靠期刊影响因子来评估文章质量、科研成果与学者影响力有失偏颇。这种"以刊评文"的评价方式已经引起国际期刊出版巨头的关注。替代计量学的出现,为单篇论文的在线浏览、评论、转发、讨论、下载等即时利用信息的量化提供了基础。将替代计量学引入期刊评价,实际上就是将论文的"重要性"和"影响程度"交给读者来决定,因此解决了作者通常采取的"期刊层次递减"投稿方法所造成的发表延误问题,并且改革了形成的"文章质量与期刊层次挂钩"的常用成果鉴定方式(李燕波,2015)。促使单篇论文评价重点从在哪级期刊刊登向刊登论文所产生学术影响力大小转变。这对于科技期刊界将会是一次重要的转机,站在浪尖上的期刊人必须面对挑战。

7.2.3 应用于学者影响力评价

学者影响力是指在科学交流体系中,学者创造的学术内容对受众思想和行为发生改变的作用力(曹丽江,2017)。对学者影响力的评价不仅关乎着学者个人的职称晋升和奖励,还能够为国家与机构选拔、任用、考察以及培养各类人才提供科学有效的参考依据（魏晓峰等，2017）。因此，如何公正客观地评价学者影响力日益成为一个重要的问题。

学术论文的发文量和被引频次是学者影响力的传统评价方法。但随着大数据时代的到来和在线科学交流的兴起，学术出版不再局限于传统学术出版物，学术成果传播的形式更是变得多样化。在这种背景下，传统的文献和网络计量学已经无法满足学术评价的需求，学者影响力评价迫切需要一种新的评价方法，对传统的评价体系进行充实和创新。

替代计量指标反映了热度和社会影响力，是网络上对学者学术内容的关注度和认可程度的计量指标。它的出现弥补了传统评价的缺陷和不足，使得对学者的评价从狭隘的论文发表数量、被引次数、所发表期刊的影响因子中解救出来，丰富了学者的个人履历，也为新兴的研究者创造了机会。

7.2.3.1 筛选出领域核心学者

Web2.0 环境下，替代计量学拓展了学者影响力测度的广度和深度，为学者在学术领域中的等级划分创造了可能。学者的影响力具有多维自然属性，主要表现为学术影响力与社会影响力（张芳和唐崇忻，2018）。传统的评价方法往往侧重学者在正式科学交流中学术影响力的测度，而忽视了其在社交媒体等的传播途径，以及非文本形式科研成果的社会影响力。替代计量指标的提出是对在线学术影响力评价的创新。它将在线科学交流中的点击、转载、推荐、标注、注释、引用等指标纳入评价体系，补充与拓宽了学者影响力的内涵，从而实现了多个维度对学者影响力的评价。目前对学者影响力的评价框架仍在研究探索阶段，这里以王妍（2015）提出的学者影响力二维测度框架为例进行阐述。

该模型将学者影响力分为学术和社会两个维度。学术维度选取总被引频次、篇均被引频次和 h 指数三个主流且计量角度不同的指标；社会维度指标包括摘要浏览量、全文浏览量、下载量、点击量、添加量、喜爱量、Facebook 评论量、Facebook 共享量和 Google+量。将上述指标导入 SPSS 后得到的因子得分映射在学者影响力二维坐标系中，可以将学者进行等级划分，具体如图 7-6 所示。

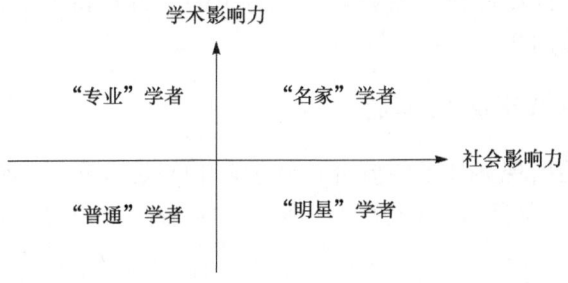

图 7-6　学者影响力二维测度方法（王妍，2015）

替代计量学通过追踪网络学术交流痕迹，揭示了社会影响力的作用，为学者影响力的测量工作提供了新的评价思路与更适应的评价方法。

7.2.3.2 提供学者评价平台

将替代计量学添加进个人履历能为学者提供额外的个人信息，也为评价工作搭建了更便捷、更全面的学者评价数据集成平台。目前，国内外一些商业平台已经开始这方面的尝试与探索。ResearchGate 网站可针对学者提供个人信息及其科研成果，还能提供统计和评价的功能（具体可参见 3.5.1.1）。其中统计评价指标数据包含引用数、阅读数、推荐数、h 指数和 RG Score 等指标，可从多个维度、多种途径展示学者的影响力，增强学者工作成果的价值和影响力，从而提高个人简历（curriculum vitae，CV）的影响。此外，EBSCO 应用的 PlumX 已扩展至学者、机构学术影响力乃至基金资助效果的实时跟踪与评估，用户可以通过对学者的检索，查找到学者个人信息以及科研贡献相关的指标，如图 7-7 所示。

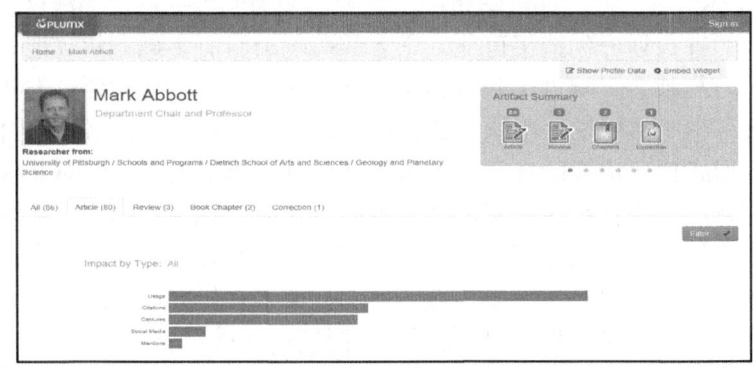

图 7-7　PlumX 中 Mark Abbott 的相关替代计量指标信息①

替代计量数据平台实现了多种学者评价数据的集成，很大程度上弥补了以往评价工作中出现的数据零散、缺失、滞后等问题，使得一站式数据查找与下载成为可能。这不仅减少了学者评价的工作量，提高了评价工作的效率与准确率，其简洁透明的数据界面更使得非专业人员也有可能了解到特定学者的影响力情况，增加了社会的覆盖面。

7.2.3.3 遴选出新兴学者

替代计量学的出现弥补了传统评价的缺陷和不足，实时更新并测度在线科学交流学术行为数据，可以揭示最新出版物的学术影响，及时性是其最大优点。替

---

① https://plu.mx/plum/u/mabbott?selectedFilterIds=artifactType.countType%3AARTICLE[2018-11-23].

代计量工具可以不分昼夜地获取引用量、转发量、书签数、评论数等指标,实现信息的实时更新。利用这一即时指标,研究人员可以在短短几周或几个月获得他们最新成果的社会影响,这为新兴学者的遴选工作提供了有力的依据。

目前,一些研究机构管理者和学术平台开始对替代计量表现出极大的兴趣。例如,谷歌学术就利用引文指数和指标来推广个人的概况。Google Scholar Citation 允许用户利用谷歌学术指标追踪自己的出版物和影响力,表明自己的概要信息并且连接到自己的专业领域。此外,学者也可以通过使用 ResearcherID 或 Google Scholar Citation 创建自己的科研主页,并在个人的学术平台中嵌入替代计量学功能,实时更新自己的个人履历,在丰富 CV 的同时使之更有说服力。

7.2.4 应用于机构评价

机构作为科研活动的基本单元,是学术创新与科技进步的重要推动力。开展机构影响力评价,有助于科研机构树立正确的战略目标,优化资源配置,同时也为政府管理部门与课题资助机构做出科学决策提供支持。但是随着科研成果多样化、出版数字化以及科研交流模式网络化,如何弥补传统评价的缺陷,更客观、有效地在数字环境下开展科研机构影响力评价,成了科学评价亟须解决的重要问题。在这种背景下,替代计量学为科研机构的科学评价带来了新的思路与机遇。替代计量学是一种基于社交网络分析技术,旨在利用开放的学术交流数据开展科学评价的计量方法。它可以很好地对科研成果、教育质量以及其他科研机构影响力进行多维评价,在传统计量的基础上拓展机构评价范围,缩短科研机构评价时滞。目前国内外一些研究中心与商业平台已经开始这方面的尝试与探索。

西班牙国家研究理事会(CSIC)人文与社会科学研究中心(CCHS)下属的网络计量实验室(Cybermetrics Lab)每年 1 月和 7 月会发布"世界大学网络计量排名"(The Webometrics Ranking of World Universities),它综合考虑了网络内容的数量(网页和文件的数量)以及这些内容的可见性和影响。目前,它已为全世界 120 000 多所大学提供网络指标,如图 7-8 所示。

国内也开展了一系列不同规模、不同标准的大学网络影响力评价活动。以《2017—2018 中国高校社会影响力排行榜》[①]为例。该排行榜由人民网教育频道与人民网舆情数据中心联合推出,主体由高校媒体影响力、新媒体影响力、网络舆论影响力、学科评估影响力、校友影响力、第四轮学科评估结果、科研影响力七个榜单构成。结合教育部权威数据,通过大数据挖掘,力图通过多个指标维度的评估,体现出各高校在新闻宣传、舆论评价等方面的综合影响力,借此透视出目

---

① 人民网. 2018. 2017—2018 中国高校社会影响力排行榜(一). http://edu. people. com. cn/n1/2018/1031/c1006-30374230. html[2018-12-18].

前中国高等教育的发展现状、问题及特点，为相关决策部门提供参考和建议。该排行榜评估指数由三级指标体系构成，具体如图 7-9 所示。

ranking	World Rank	University	Det.	Presence Rank*	Impact Rank*	Openness Rank*	Excellence Rank*
1	1	Harvard University		1	2	1	1
2	2	Stanford University		6	3	2	2
3	3	Massachusetts Institute of Technology		4	1	4	11
4	4	University of California Berkeley		9	4	3	16
5	5	University of Michigan		8	8	9	4
6	6	University of Washington		22	5	46	7
7	8	Cornell University		2	6	37	22
8	9	Columbia University New York		23	9	15	13
9	11	University of Pennsylvania		19	10	35	15
10	12	University of California Los Angeles UCLA		200	16	23	12
11	13	(2) Johns Hopkins University		3	37	29	6
12	14	University of California San Diego		10	28	5	18
13	15	University of Wisconsin Madison		25	11	47	31

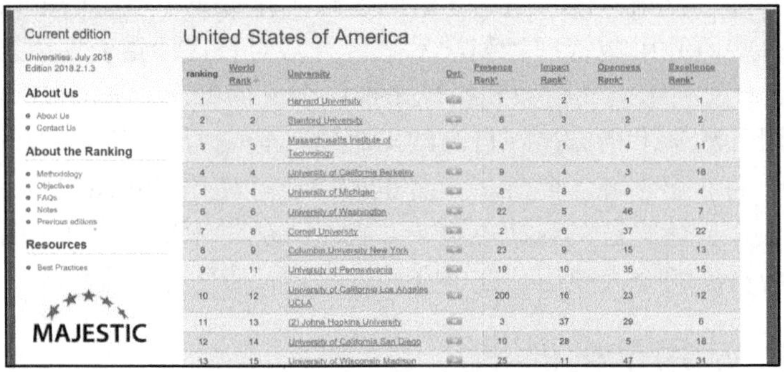

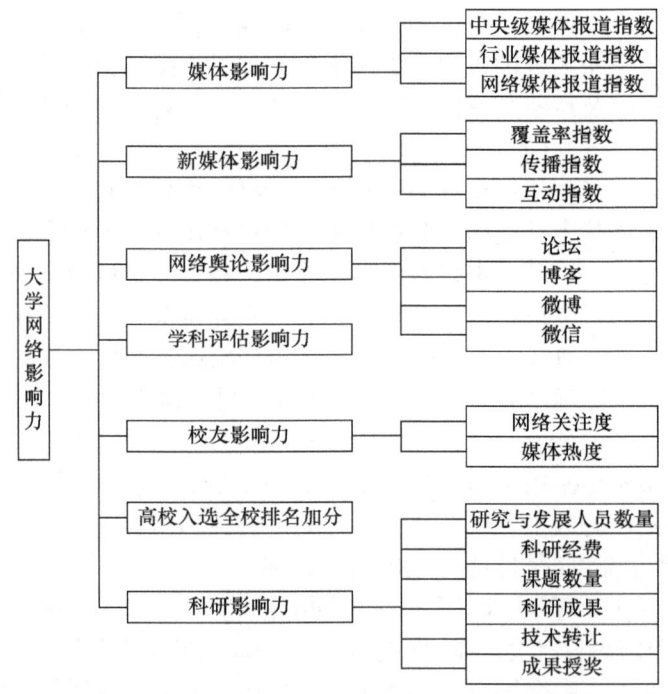

图 7-8　2018 年美国大学网络计量排名①

图 7-9　大学网络影响力三级指标（何文，2015）

分析最后的排名结果，可以发现社交媒体、网络舆论等已成为大学评价的重要内容。随着网络人群的不断扩大，移动终端平台、微博、微信等客户端的覆盖人群和影响力也在不断扩大。替代计量学作为对在线学术影响力的新型评价方

① Ranking web of repositories. 2018 About us. http://www.webometrics.info/en/world[2018-12-18].

法,能够捕捉与衡量数字化、网络化、开放化环境中的Web2.0用户的社会影响力,为大学了解自身网络影响力提供一个有利的分析工具,从网络影响力的层面丰富与完善当前大学评价的体系,进而促进大学在网络信息时代更好地创新和传播知识。

7.2.5 应用于非传统载体评价

新型的在线科学交流模式使科研成果的形式不再局限于传统的学术论文,凝结科研人员智慧的多种形式的介质都可成为科研成果,如视频、音频、图片、幻灯片、数据、软件、源代码、博客等,甚至是如实验设计、述评等科学研究的中间结果、传统的科学评价体系和评价方法对这些形式的科研成果的评价都是无能为力的,而替代计量学提供了评价这些非传统载体所需要的数据源、评价指标、评价工具和平台等(何文,2015)。将它们纳入科学评价的范畴,有利于鼓励研究人员以多种形式更加灵活地展现学术成果,推动科研创新与学术进步。

Plum Analytics平台由M. Buschman和A. Michalek于2012年创办,是目前国际上较为先进的替代计量分析工具和平台。该平台涉及评估的文献类型有20多种,除了论文、博客、图书和图书章节外,还包括临床实验、数据集、图表、专利、源代码、视频、演示文稿等非论文成果。对这些研究结果的评价是替代计量学较之传统评价方式的优势。此外,国内高校图书馆系统也开始这方面的尝试。以上海交通大学的思源探索系统(Summon)为例。该系统资源类型多达54种,包括专利、乐谱、书评、光盘、地图、市场研究报告等。多媒体类型搜索框中输入相应查找对象,可根据流行程度进行排序,其中,流行程度由标签云图决定,越流行,使用的标签越多,字体越大,如图7-10所示。

图7-10 上海交通大学的思源探索系统[①]

---

① 思源探索. http://ourex.lib.sjtu.edu.cn/primolibrary/libweb/action/search.do?fn=search&ct=search&initialSearch=true&mode=Basic&tab=media_tab&indx=1&dum=true&srt=rank&vid=chinese&frbg=&tb=t&vl%28freeText0%29=%E8%A5%BF%E6%B8%B8%E8%AE%B0&scp.scps=ZhiZhenMedia&vl%281UIStartWith0%29=contains&vl%2810906 3391UI0%29=any&vl%28109063391UI 0%29=title&vl%2810906 3391UI0%29=any[2018-12-18].

7.3 在信息资源管理方面的应用

Wikipedia、Twitter 等 Web2.0 社会化工具快速构建内容、建立关系，为用户与用户间的交互提供了许多机遇（华林，2006），也使得信息的发现、组织、传播与利用模式发生巨大变革。如何利用新的计量方法，以用户的需求作为导向对信息资源进行建设、分类、储存、发布，多角度、深层次地揭示信息（陈红艳和司莉，2011），帮助用户及时有效地发现优质的信息资源，鼓励用户参与信息资源的创建与组织，是我们值得研究的问题。本节将从信息发现、馆藏建设与机构知识库建设三个角度进行探讨。

7.3.1 替代计量学与信息发现

Web2.0 环境下学术活动是由海量数据构成的生态体系，数字化资源的指数级增加态势、多渠道的信息传播方式以及数据描述规范的不统一，使得有效的信息发现变得困难重重。如何利用大数据，从海量数据中识别并筛选出有效或潜在有用、最终可理解的知识内容，从而有效地服务于信息资源管理，就成了信息系统、知识库建设以及用户利用的首要任务。

替代计量学涉及多种数据来源和指标，可测评包括开源软件、源代码和视频等多样化的数据类型。通过实时获取用户对各类信息的"踪迹"数据（包括阅读、分享、讨论、下载等），形成对某一特定对象的计量与评价。将替代计量学应用于信息发现，不仅能及时、客观和全面地揭示资源，还能多元定位资源，提高资源发现质量和水平，改善信息资源发现的结果，从而实现用户信息需求与信息发现结果的精确匹配。

7.3.1.1 资源发现更为及时

随着科学在线交流的发展，大量的学术资源与使用信息随时处于更新状态。传统的资源发现方法，下载与引用数据累积速度滞后，而新近资源的评价指标又存在空缺。如何及时更新与发现最新资源成为 Web2.0 背景下发现系统亟须解决的问题。

资源发现系统的替代计量工具利用开放的 API 可以不分昼夜地收集数据（包括引用数据以及阅读、转发、评论等数据），在数天甚至数周就可以形成可利用的规模。发现系统可以根据这些反馈的数据及时调整资源结构，随时为用户提供最新的资源状况（唐士和谢艳，2015）。这大大缩短了优质资源被发现的时间，也契合了人们对及时获取、讨论、分享等在线科学交流的需求。

7.3.1.2 资源发现更为客观

将替代计量学应用于发现系统有利于资源发现结果更加客观。首先，替代计量学的数据及其脚本和算法都是公开的。在规避内幕操作的同时，还能有效监测后台操纵。其次，替代计量学以大众评审为依据，非学术人员可以按照自己的兴趣下载、评论与讨论学术成果。通过对这些大数据进行分析挖掘以及文本分析，有利于发现用户的潜在信息需求，从而更精准地为用户筛选出所需的资源。

基于替代计量学的资源发现方式，改变了过去仅以开发商处的来源信息作为商业数据资源唯一评价标准的情况，同时避免了原有同行评议与期刊评议的局限性（葛梦蕊和曾建勋，2017），提高了机构管理人员对数据考察的准确性，帮助管理人员更有选择性地整合现有数据资源与购买的商业数据库资源。

7.3.1.3 资源发现更加全面

多元化是替代计量学的核心特征之一。它主要表现为两个方面：一是多样化的数据来源。替代计量学的计量数据源广泛，传递机制多样，既有商业数据库、OA 仓储，也涵盖社交网络和新闻媒体，是一个较为复杂的集合体。二是数据类型的多样化。替代计量学不仅可以对已发表成果进行论文层面的评价，还能够对音频、PPT、开源软件、网站等网络学术资源进行计量评价。此外，替代计量学还能将作者的学术成果与其社交网络联系起来。对于同一领域的研究人员来说，这种模式不仅可以发掘文章间的思想传递，甚至还能找出作者或团体之间潜在的合作、继承或者对立关系等，从而构建出学者之间的思想传承和对立网络，以此发现真正的同行专家和科研团队，推动学术创新和科学交流模式的创新（赵蓉英和郭凤娇，2017）。

7.3.2 应用于馆藏建设

馆藏建设是指单个图书馆馆藏的文献资源建设。随着信息化的发展，社会对馆藏资源的需求日益增长。如何建设并不断优化馆藏资源结构，使之成为具有特定功能、能与时俱进的知识信息系统，成为每个图书馆的艰巨任务，也是图书馆开展所有服务工作的基础（宋惠兰，2008）。

为了丰富和优化馆藏资源结构，图书馆管理者可以引入替代计量学，借以获得一个完整的、客观的、动态的评估结果。通过将文献管理软件（如 Mendeley）集成到资源维护平台，图书馆员和研究者能够及时获悉资源被引用和使用的额外信息，如下载、喜爱、提及和推荐等指标的具体值，为馆藏资源的选购、配置、管理以及营销与推广等提供决策参考（刘丽敏和王晴，2016）。

7.3.2.1　OA 资源馆藏建设

市场机制下学术信息逐渐被商业化，电子期刊被少数出版商垄断，导致期刊价格大幅上涨，进而又带来数据库的价格猛涨，图书馆可获得的资源越来越少。在这种背景下，OA 期刊的出现及其"作者付费出版，读者免费使用"的理念，消除了价格与许可障碍，有利于科研成果在全球范围内的即时共享，极大地丰富了图书馆馆藏。

但是 OA 资源与其他网络资源一样，与传统的纸质资源及数据库资源相比，具有内容不稳定、质量参差不齐的缺点（刘彩娥和杨冬艳，2008）。而替代计量学的产生为 OA 资源的筛选提供了新的依据。替代计量指标具有跟踪服务，可以记录学术成果的使用情况，同时捕获使用该成果的相关读者信息（如阅读、下载、评论、喜爱、分享和书签等）。这些信息可以帮助馆藏人员了解其提供的 OA 资源产生影响的过程，根据读者的信息需求，对 OA 资源进行收集、过滤与整理。通过追踪文章的传播方式发现更多网络开放存取文献，实现资源的共享和快速流通，从而提高图书馆馆藏质量，优化馆藏结构。

7.3.2.2　档案馆藏建设

档案馆藏建设是档案采访、分类组织与检索利用的一个综合过程。档案信息资源的质量决定了档案馆馆藏功能与特色。在大数据时代，档案资源不仅包括传统的纸质形式，还包括数据库、多媒体等电子形式。面对如此众多的数据来源与多样化的类型数据，有效地筛选出高质量的资源成为档案馆藏建设的首要内容。替代计量学以社交媒体的影响力为基础对社会各种资源成果进行评价，通过各种工具取得 OA 平台、学术社交网络，以及各种文献管理系统中涉及某一资源的相关信息（如下载量、引用次数、浏览次数、评论量、转发量等），并对这些数据进行聚类分析和统计计算，从而辅助馆藏人员迅速评测文献的影响价值，过滤与筛选高质量的档案资源，并以此作为馆藏建设的一部分。

科学的馆藏建设不仅包括优质资源的发现，更加需要馆藏人员根据馆藏特色与受众使用情况对档案信息资源进行及时的剔除与整合，减少信息冗杂，提高检索效率。利用实时更新的替代计量学数据，馆藏管理人员可以对档案的数字资源以及网络资源使用情况进行监控，辅助其判断某一资源的情报老化趋势，从而及时调整资源部署结构。

档案的检索与利用是档案馆藏的最终目的。替代计量学记录了公众对资源利用的"踪迹"数据，丰富了档案电子资源的评价信息，同时也反映出用户对某一资源真实的需求与评价。综合运用替代计量学对档案资源进行检索与相关信息推荐更加符合用户的实际需求。

7.3.2.3 促进特色馆藏建设

网络环境下，衡量图书馆的标准不仅局限于馆藏数量，更在于其馆藏为用户提供了多少有使用价值的信息和资源。建设特色馆藏可以集中经费购置特色资源，解决重复订购与缺藏的矛盾，同时实现资源共享，从而为用户提供优质化的服务。替代计量学作为大数据环境下的新型计量方法，其在资源发现、资源评价方面有着客观、透明、及时的独特优势。将替代计量学应用于特色馆藏建设，将在以下几个方面发挥作用。

首先，任何图书馆都有特定的目标对象和服务范围，例如为不同地域、学科和部门服务。替代计量学通过对在线科学交流中的被引、点击、转载、推荐、标引、注释等行为进行跟踪，可以及时提供用户该学科或领域最新的文献评价信息，增加馆藏对学科前沿信息的敏感度。其次，建设特色馆藏不仅需要吸收新的文献资源，更需要及时淘汰过时无用的文献信息，使馆藏能够持续成为具有特定功能的知识信息系统。替代计量学通过 API 每天 24 小时不断追踪与更新馆藏资源使用数据，可以协助馆藏人员了解用户使用规律，监测资源老化情况，有利于图书管理人员及时更新、淘汰无用信息，提高用户检索效率，促使图书馆朝着特定功能的知识信息系统方向建设。

7.3.3 应用于机构知识库建设

机构知识库是一种以机构成员创造的所有数字化产品为内容，依托于网络搭建，便于用户收集、整理、保存、检索和提供利用的数字化管理平台。它实现了数字资源研究成果的长期保存和开放存取，可以对各类知识进行管理并提供增值服务，是当今泛在化数字科研环境中的一种新学术交流模式。机构知识库管理的数字资源非常丰富，除了期刊论文、会议论文等文本形式的资源，还包含图片、音频、视频等网络环境下的各种资源产物。但是，目前机构知识库的建设与管理存在着文献类型单一、存储资源量不足、学者对机构知识库认识度低等问题（郑微波和魏群义，2015）。随着机构知识库与社交网络的跨界融合，传统的计量手段逐渐无法满足机构知识库评价的现实需求。

替代计量学的产生为机构知识库的建设与管理带来了新的机遇与挑战。替代计量学是基于社交网络对学术研究进行分析和传播的新型计量学。它不仅包含了传统的被引频次，还包括 Web 上文章浏览量、下载量、社交媒体提及量等多种测量指标，可从多视角测量期刊论文、视频、源代码、知识库等各种学术产出形式。替代计量学在机构知识库中的应用主要起到三个方面的优势。首先，替代计量学使得机构知识库中评价的资源类型更加多种多样。替代计量学的评价数据来源丰富。例如 PlumX 包含 38 个评估指标,可追溯评价临床试验、学位论文、视频、音频等 40 多种产出类型。将替代计量学引入机构知识库有利于对非传统学术产出的评估,有利于管理者了解机构成员学术研究水平,发现机构的学术产出竞争力,同时也可以辅助学校管理者对科研项目的支持决策提供量化指标,促进教工对文献的存缴。其次,替代计量学加速了资源传播速度,缩短了学术交流进程。替代计量学的数据来源都是来自 Wikipedia、Facebook 等开放平台。有研究表明,15%的学术产出在 Twitter 的被引量是在论文发表当天就出现的,39%是在同一周,56%是在同一个月。相反,像 h 指数至少需要在年底才能显示(Sutton,2014)。因此,在课题申请上替代计量学可以为近期学术产出成果展示提供有力佐证,增加课题项目申请成功的可能性。学生通过机构知识库的资源可快速了解导师的研究方向,并快速地查找到相关的资源(Popielarski,2014)。最后,替代计量学增加了用户参与度。替代计量学的数据都是基于开放的数据和开放的资源系统,它允许学术界以外的用户通过博客、Facebook、Twitter、Mendeley 等非传统平台直接参与学术交流。研究者在该平台上查看相关的下载、评论与转发量,可以增加对未来研究的洞察力。

按照替代计量学应用所处的层面,可以将替代计量学的机构知识库服务分为三种模式:一是将机构知识库嵌入替代计量学应用;二是在机构知识库中集成替代计量学应用;三是与商业替代计量服务平台共享对象元数据(余厚强和邱均平,2014c)。

1. 模式一:将机构知识库嵌入替代计量学应用

嵌入式应用是指直接使用已有的替代计量学应用代码或插件,或者仅需根据本机构的具体情况稍做修改或配置,而不需要机构知识库建设者再去开发相应的软件。例如,在浏览器中安装插件或者在网站中嵌入替代计量学代码就可以实现替代计量学的功能。

目前已有一些大学的机构知识库中使用了替代计量指标,如表 7-1 所示。

表 7-1　嵌入替代计量指标的大学机构知识库(李国俊等,2015)

大学名称	国家	平台	Altmetrics 工具	指标
昆士兰大学	澳大利亚	Fedora	Altmetrics.com	提及量、读者量
匹兹堡大学	美国	EPrints	Plum Analytics	使用、捕捉、提及量、社交媒体、引用量
北京大学	中国	DSpace	Altmetrics.beta	浏览、下载、引用量
西安交通大学	中国	DSpace	PlumX	使用、捕捉、提及量、社交媒体、引用量

从表 7-1 中可以看出，替代计量指标可以集成在目前主流的机构知识库上。与机构知识库进行集成的工具主要是 Altmetric.com，小部分机构使用了替代计量学计量工具：PlumX。目前，Altmetric.com 和 Plum Analytics 的集成都是文献级别的，都显示在机构库文献的详细信息页面。

2. 模式二：在机构知识库中集成替代计量学应用

集成式应用是指在机构知识库建库软件中集成替代计量学应用模块，并将替代计量学数据与知识库中原有的计量数据进行整合，使得替代计量学成为机构知识库原生的计量功能。香港大学学术库采用欧洲通用研究信息格式（CERIP）来描述其所涵盖的所有教学与科研活动成果（林芳，2015），并基于此为学校的不同群组提供服务。例如，香港大学学术库通过"文献计量"来展示研究人员出版物被利用的情况，这种"文献计量"提供了两种计量的数据：外部引用和内部计量数据。外部引用是指研究人员的出版物被外部数据库或工具以及平台收录、引用或标注的情况，数据来源既包括 Scopus、WoS 等传统学术评价指标数据源，也包括 CiteULike、F1000 等在线学术交流平台。与此同时，它还引入 ResearchGate 和 ImpactStory 的数据。而内部计量是指用户访问香港大学学术库的相关数据，如研究人员页面被浏览的次数、出版物被浏览和下载的次数等。

集成式应用兼具传统科研评价指标与替代计量指标，能够更好地为机构提供单位成员研究成果被引情况、获得的资助、成果被下载和浏览次数等报告，为管理人员提供决策支持（Palmer et al.，2014）。

3. 模式三：与商业替代计量服务平台共享对象元数据

共享式应用是指机构知识库将对象元数据共享给商业替代计量服务平台，最终让商业替代计量服务平台具备机构知识库存储知识产出对象的功能而成为机构知识。AFI（林芳，2015）和 PlumX 是目前常用的商业替代计量服务平台。2012年，匹兹堡大学图书馆系统与 PlumX Analytics 合作，采用替代计量学方法对该校研究成果的影响力进行计量与评估。PlumX 中匹兹堡大学的研究成就有三条展示主线，分别为研究人员、资源类型以及群组，以满足不同层面用户的需求。其中，资源类型除包含传统的期刊论文、学位论文、图书等类型外，还包括教学大纲、政府公文、图像、数据、代码等资源，涵盖教学与科研过程中的多种知识产出类型。此外，研究人员页面也是匹兹堡大学图书馆系统的一个亮点。该页面除了提供研究人员各个研究成果的替代计量指标数据以外，还提供开放研究人员与贡献者的身份识别码（ORCID）链接及其在匹兹堡大学的机构知识库 D-Scholarship@Pitt 的链接。

7.4 在信息检索与服务方面的应用

替代计量学以其适用范围广、反应速度快、过程和结果公开、影响范围大等优势，为完善信息检索机制、提高信息服务质量提供了新的思路，在缩小检索范围、提供更精准的信息服务方面都有着重要贡献，具体应用有以下几个方面。

7.4.1 应用于文献数据库检索

众所周知，已发表的科学研究的数量相当庞大。目前估计有超过 7000 万篇的单项研究文章，其中每年有超过 200 万篇的文章会被发表出来。受益于互联网所提供的更快、更有结构、更实用的知识分布，我们毫无疑问正处于信息变革的中心。但对于研究人员来说，为了充实他们的研究工作，人工搜索相关研究内容也变成一项相当艰巨的任务。他们正面临一些文献检索的问题：如何找到与自己研究方向相关的研究内容，如何检索到与自身的科学共同体相关的研究资料。

高效搜索是我们可自由访问的多层发现引擎正在帮助解决的核心问题。替代计量指标是文章社会关注度的综合衡量标准，它让我们清楚地知道新闻媒体或社交媒体上讨论的文章有多少。目前将替代计量学应用于信息检索的实例还比较少，ScienceOpen 是一个先锋。

ScienceOpen 是由物理学家、莱比锡应用技术大学出版管理学教授 Alexander Grossman 以及信息科学家、软件开发和内容管理专家 Tibor Tsheke 于 2013 年联合创办的，总部位于柏林和波士顿。ScienceOpen 是一个可自由访问的网络，用于汇总、共享和评估研究信息，包含超过 1000 万个开放存取的文章和书目记录。其重点是揭示学术内容的背景。强大的搜索和过滤工具，包括第一个公开引用的引文索引和现在的文章替代计量评价得分，将帮助研究人员快速找到他们需要的文献。替代计量学也是一个信息聚合器，对如何评价研究影响的争论产生了强烈影响。替代计量学强调了开放存取的好处，以提高学术界的关注度。

1. 确定检索点

在信息检索过程中，文献信息标识即检索点选取是否恰当，不仅关系着一篇文章在海量信息中是否被分配到了合理的位置，并且关系着该文章能否被用户快速检出（杨思洛等，2016a）。根据 ScienceOpen 上链接的替代计量学详细信息的主页（图 7-11），根据齐普夫定律，可以从提及该研究输出最新新闻、博客文章或推文等标题中的中频词提取该领域更具时效性的新的检索词，用以了解该研究的相关领域。

第七章 替代计量学的应用体系

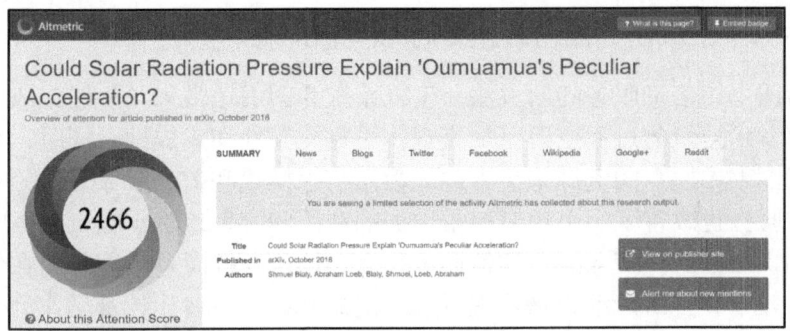

图 7-11 ScienceOpen 中的 Altmtric.com 的链接[1]

2. 缩小检索范围

在 ScienceOpen 上,所有出版物都附带一个替代计量评分,用于衡量下载、页面浏览量、书签、保存、博客帖子、媒体参考和其他社交活动,为用户提供参与用户的人口统计指标和地理分类等指标。用户可以从出版商、期刊或子学科的标准关键字搜索开始,再通过引用替代计量评分、日期、阅读量、评级或相关性对它们进行排序。这些中的每一个指标都是对不同背景下文章重要性的不同衡量标准。使用这些指标进行过滤有助于缩小和集中内容,以便用户发现与自身和其学科最直接相关的研究(图 7-12)。ScienceOpen 平台追踪替代计量指标的三个数据来源包括 arXiv、PMC 和 DOI。

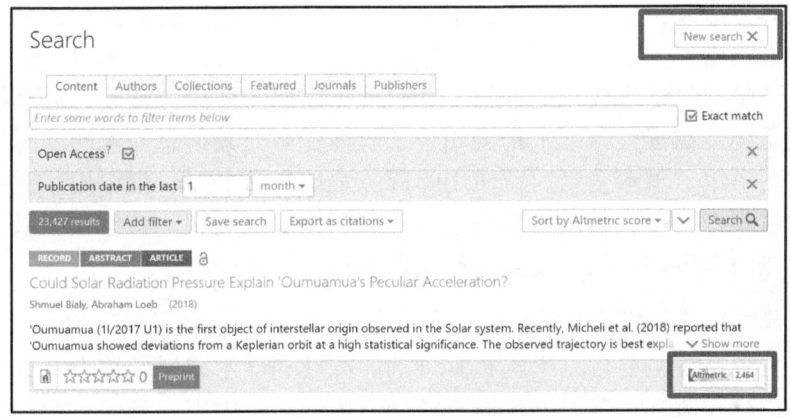

图 7-12 ScienceOpen 搜索界面[2]

---

[1] Bialy S, Loeb A. 2018. Could solar radiation pressure explain "Oumuamua"s peculiar acceleration? https://scienceopen.altmetric.com/details/50456412[2018-12-21].

[2] https://www.scienceopen.com/search#('v'~3_'id'~''_'isExactMatch'~true_'context'~null_'kind'~77_'order'~0_'orderLowestFirst'~false_'filters'~!*) [2018-11-04].

7.4.2 应用于图书馆资源发现系统

作为图书馆信息服务的新方法,发现系统为图书馆带来了一股集成开放的思潮。它使学术搜索的过程变得更加直观、更具交互性和集成性。同时,发现系统也颠覆了图书馆原本的资源采集方式、数据组织模式和信息服务方式,不仅提升了用户体验,也改善了图书馆对海量数据的利用和管理现状。在大数据时代,如何寻求知识服务的新切入点,如何通过社交媒体来发挥海量数据的内在价值,从而服务于教学和科研活动,是发现系统的使命所在。而替代计量学作为一种评价学术作品影响力的新方法,突破了传统意义上对学术出版物的评价方式,在内容上加入了更加多样化的产品,为在数据开放资源环境下的学术研究注入了新生力量。将替代计量学应用于图书馆资源发现系统,能够在运用传统影响因子、h 指数、学术引文的基础上,发展一种更加适应时代需求的新型计量方法,在进行文献服务的同时,还能弥补学术出版和传播过程中的固有缺陷,从资源发现发展为知识发现,从而为知识创新服务。

1. 深化发现系统资源检索层次

替代计量学在发现系统的应用,纵向上加深了资源检索的层次。从图书馆传统的联机公共目录查询系统(OPAC)到联邦检索系统,检索点范围限于主题、作者、题名、关键词、时间等基本的元数据字段,而这样检索得出的结果往往会有所遗漏。对于信息检索素养较高的用户,可以通过高级检索中的布尔逻辑检索、截词检索等方法来精确检索范围,但是无论用户如何搭配检索词,还是难以改变基本的检索结构。

替代计量学将学术成果的网络互动表现(用户的评论、转发、分享等操作)引入发现系统,在很大程度上帮助用户了解该资源与其信息需求的匹配程度。如清华大学图书馆"水木搜索"所使用的资源发现产品 Primo 就应用了此功能。用户在检索过程中,可以点击"热门搜索"中的关键词按钮,将检索结果标记为此标签中的热门出版物,从而提高文献检索的准确度和全面性。

2. 深化发现系统结果排序方式

当前发现系统主要以结果与检索词的匹配度和学术成果的被引情况为准,对检索结果进行相关性排序,并没有将社交媒体的影响力因素考虑在内。应用了替代计量学的相关性排序方法将在采用主题词表优先的基础上,加入文献计量指标和替代计量指标,以改善传统的以同行评议、论文被引频次为依据的学术成果评价方式,使信息检索的结果更为客观和真实,流程如图 7-13 所示。

发现系统结果排序的基本方法,是在关键词、出版日期、同行评论情况、主题词、被引量的基础上,运用学术成果影响力产生模型的分层指标(余厚强和邱

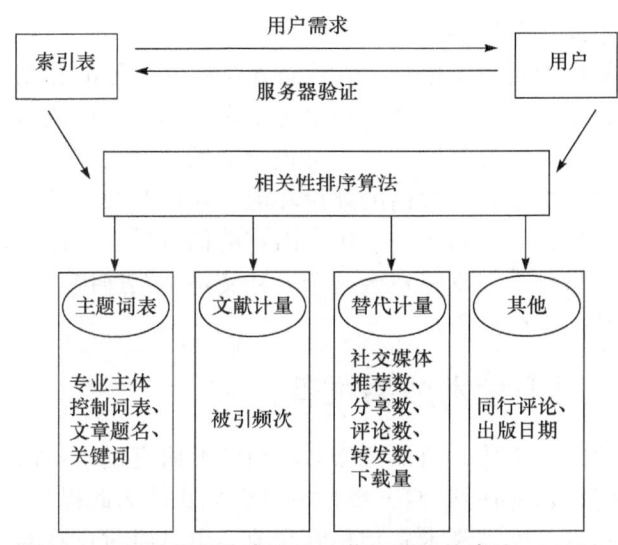

图 7-13 用户信息检索流程（葛梦蕊和曾建勋，2017）

均平，2014b），将指标分为传播、获取和利用三个层次，为每层的数据源赋予不同权重，算出替代计量指标的分值。

Altmetric.com 上显示，身份类型不同的读者对同一篇文章所进行的操作也会带来不同的权重。例如，在医学文献中，专业医生的转发、评论和分享的分值大于普通读者。该种计算方式为替代计量学划定了评审机制范围，同时也说明了替代计量学的出现，并不会取代原有文献计量学和科学计量学，而是在传统计量学的基础上，为得到更准确的评价结果而产生的新的计量工具。

3. 提高发现系统资源推荐精度

Johan Bollen 和 Herbert van de Sompel 研究出了首个实现资源推荐的产品，即 Ex Libris 的 bX 论文推荐工具。资源推荐是指将与检索词相关的文章列表呈现给检索者的一种服务。通过对所有用户检索时所做的选择进行分析，从而确定科研社区，即在检索会话期间如果有大量学者同时选择了一部分文献，这些文献就被认为与目标文献是相关的。这种推荐服务可以帮助检索者获得符合其信息需求，但之前未包含在检索条件之内的文章。这就为用户提供了获取预期之外的文章的机会，为信息检索和信息搜寻行为增加了偶然性的元素。然而，除了推荐"相似文献"之外，目前的发现系统还不能将该文献作者的其他文献或者该作者所属机构的其他文献推荐给需要的用户。

题录数据没有深入到内容层次，是实现文献精准推荐的障碍之一，从引文检索到基于共视原理的检索，都只是停留在文献的外部特征上（余厚强和邱均平，2014c）。替代计量学应用于发现系统会显著提升文献推荐的精度。这些数据为数据挖掘和推荐服务的实现提供了基础。

首先，为资源推荐提供了依据。替代计量学包含大量的互联网用户数据，比如社交网络上的评论、转发、下载、分享等记录。其次，形成基于语义构建的推荐。替代计量学中大量的标签和评论，都包含了用户对文献内容的解读，部分平台也已经实现用户对文献特定段落的评论功能。对这些数据的语义性进行表达，会实现更加精准的推荐。最后，挖掘用户潜在的信息需求。用户在登录、应用了替代计量学的发现系统后，其账户会与个人社交网站相连接，可以基于用户身份识别和用户社交数据进行推荐。

7.4.3 应用于学术成果推荐

随着科学交流的网络化，科研工作者将自己的研究过程或研究成果进行交流和传播的意愿变得越来越强烈。高开放性的社会化媒体为此提供了很有利的平台，基于平台，学者不仅能够就学术思想相互交流，也可以对自身的学术背景和知识结构进行很好的梳理和展示，从而完善自身的学术知识体系。

替代计量学为学者科学交流活动的网络化发展做出了重要贡献，使得学者的学术行为不断得到调整和完善。对于科学交流，替代计量学主要起到过滤和反馈两方面的作用。首先，其以开放性、即时性和针对性为显著特征的过滤功能，显著提升了科研工作贡献和学术成果的可见度，帮助科研工作者通过最小的努力得到所需的影响力更大的 A 级文章，形成快速化和个性化的学术成果推荐效果。例如，替代计量学可以作为论文过滤器，让研究人员和临床医生追踪有价值的医学成果（孟伟花和向菲，2016）。其次，社交媒体的交互性和便利性赋予了替代计量学反馈和调整的功能，读者可以对学术研究发表自己的看法，或者与其他学者进行学术思想的讨论语义互动。同时，从作者角度来看，通过参考学术成果的讨论和评论情况，来不断完善自己的科学研究工作；从宏观角度来看，为科学发展和学术进步创造条件（图 7-14）。

学术型图书馆的重要职责之一就是实现文献的精准推荐，替代计量学的三个重要特征在文献推荐过程中起到了重要作用。

1. 大数据

Zetoro 和 Mendeley 都包含千万级的文献量，围绕这些文献所产生的下载、标签、评论、推荐、收藏等数据，为数据挖掘提供了大量的数据基础，这些引文数据都是图书馆实现文献智能推荐不可或缺的依据。

2. 语义性

替代计量学出现之前，文献精准推荐的瓶颈之一，即是数据停留在对文献外部特征的描述上，难以深入到内容层面。而替代计量学所包含的标签、评论等数

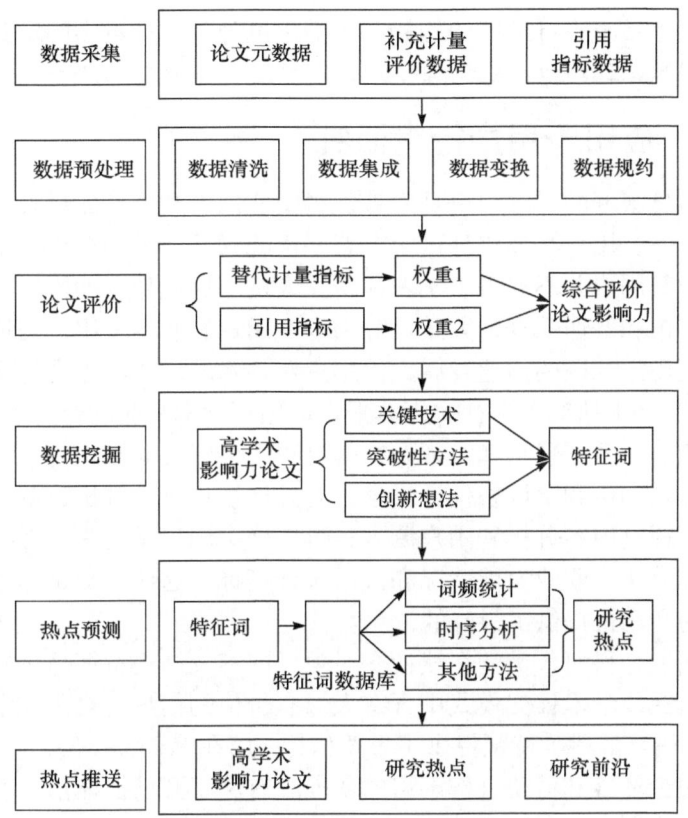

图 7-14 学术成果推荐过程示意图（韦博和由庆斌，2016）

据中涵盖了读者对文献内容的理解，一部分平台已经实现了对特定段落的评论功能。对这些数据语义性的解读，极大地提升了推荐精度。

3. 情境性

替代计量学的社交网络属性，为文献提供了其作者的个人背景和科研网络关系信息，是一种很好的情景数据，能够帮助读者进行文献拓展调研。另外，也能够结合社交网络关系进行个性化推荐。比如，假设学者 X 追踪学者 Y 的文献，或者收藏了大量学者 Y 的文献，那么在向学者 X 推荐时，学者 Y 的文献具有较高的优先级（余厚强和邱均平，2014c）。

总之，图书馆与替代计量学形成了互惠互利的紧密联系。匹兹堡大学图书馆机构知识库 D-Scholarship@Pitt 使用 PlumX 工具从研究者层次对所有研究成果进行分析，台湾大学医学院图书馆机构典藏库 Research Portal 结合研究人员的 ORCID 提供研究成果影响力数据集的内容分析，西安交通大学图书馆机构知识库将 PlumX 与 WoS、Scopus 三者的数据结果结合显示文献的影响力。替代计量学深入图书馆服务已是不可逆转的趋势。图书馆也为替代计量学的发展提供了良好的环境（江银凤，2017）。

7.4.4 应用于用户行为研究

用户是信息服务的对象，也是文献资料的使用者和信息的接收者。作为文献的相关媒介之一，用户与替代计量学有着一定的联系。虽然替代计量学主要应用于学术界，但其用户并不局限于学者和研究人员，还包括资助机构、研究机构、出版社、图书馆和普通受众，大致可分为专业用户和非专业用户两种。如今社交媒体平台及其用户社区的快速发展，使用户对学术成果关注程度的观察和测量变得越来越复杂。加上研究者对社交媒体平台上用户学术交流的行为动机不甚了解，在对替代计量学一系列现象和实证研究的过程中会感到非常吃力。因此，从用户主体出发，深入剖析和解读替代计量学，对开展用户行为分析、调查用户动机具有重要作用。通过内容分析和用户调查，可以确定用户是否为学者身份，同时还能了解其地理分布、职业发展情况和人口统计指标，这些社交媒体数据的使用为研究用户行为和动机提供了很好的依据。

宏观层面上，科研人员的在线社交对象、内容及结构特征是科研活动在网络维度的展现，在线学术社交模式中含有大量有价值的信息，对研究学科结构、科研合作、学术热点的科学特征提供了重要依据。而在 Web2.0 环境下，对虚拟学习社区、网络舆论环境和科研合作网络的研究，有利于开展群体信息服务。通过替代计量学可以将学术社交网络数据很好地结合起来，研究用户群体特征和关系，以了解群体行为、群体互动、群体结构的情况，从而为优化服务环境和改善服务质量提供帮助。

替代计量学通过构建社群网络，改变了传统的学术评价方式，实现了学术资源的动态交互串联，形成了用户社群的知识网络形式，这是替代计量学在用户研究中的又一项重要应用。研究者发表文献需要用其 ORCID 和 ResearchGate 平台的资料进行注册，图书馆可以借此拓展读者服务功能，提醒研究者提供多样化的学术贡献，确保资源服务的实时性和连续性。图书馆也可以在维护用户个人信息、知识产权和系统安全的前提下，整合机构知识库及开放存取平台丰富的资源，构建学术研究用户群体，促成有相同兴趣和研究需求的学者和从业人员成为一个网络团体，发挥群体力量，集合多类型社群网站的成果，从而增强用户的使用黏性。Plum Analytics 具有向用户提供可量化的研究成果数据和同行评议情况的功能，这也是在替代计量应用于用户研究的典型案例，可以促进各领域的合作和交流，加速学术知识的扩散和传播（江银凤，2017）。另外，替代计量学可以通过统计用户规模和使用频率，来反映学术成果对社会和经济效益的影响力。

从商业引文数据库（WoS、Scopus 等）中获取的科研产出和影响力指标已经变成评价不同学科学术表现的重要标准。然而，值得注意的是，现存的指标对于全方位地反映学者的表现是远远不够的，特别是在人文社会科学领域，学术成果的出版渠道是非常多样化的。为了更好地反映人文社会科学领域学者的表现，Chen 等（2015）以台湾地区为例，收集了替代计量指标中提供的多样化的学术出版的各种正式和非正式渠道，以及台湾人文社会科学学者的替代计量指标。利用主成分分析法将 18 个指标分为四个维度，在每个维度中利用多元回归分析法根据学者在社交媒体上的表现来预测它们在学术界的成就和地位。

ResearchGate 是最重要的在线学术社交平台之一，也是替代计量学研究的重要工具之一，因此，涌现了很多以 ResearchGate 平台为例的研究。例如耿斌等采用相关性分析、社交网络分析等方法，从多个角度探讨在线学术社交平台的用户行为，探索用户活跃度与用户使用行为的关系、用户合作网络等方面的特征（耿斌和孙建军，2017）。刘晓娟等则以 Mendeley 平台为例，通过分析虚拟学术群组中用户的基本属性和行为数据，从多个角度综合分析群组成员加入群组的动机，并根据用户加入群组的时间分析群组动态演变情况（刘晓娟和刘新哲，2015）。Alberto Martin 以文献计量学为例，根据 Google Scholar Citation 上的数据，使用对学术概况进行多层面分析的方法（MADAP），对学术群体行为及其产出做了多层面分析。研究发现，运用 Google Scholar Citation 数据进行学术群体和学者出版习惯的分析是可行的（Martín-Martín et al.，2018）。

7.5 在科技管理与预测方面的应用

科技管理是科学学研究范畴内的一门研究科学研究和技术方法的基本原理和方法的学科（吴胜男，2015）。作为计量学领域的一个分支学科，替代计量学通过反映科学发展过程中的现象、特征和规律，来揭示科学学领域的本质和属性。在科技管理方面的应用方面，替代计量学可以为其提供全新的路径和有效的方法，具体应用如下。

7.5.1 分析学术网络

通过对学术网络的发现和梳理，了解学者的合作历史和趋势，是科技管理的重要内容之一。另外，对核心作者特征的研究和考量，为之后的科技政策制定、科研基金发放等方面奠定了良好的基础。在 Web2.0 技术发展和开放学术运动深化的背景下，科学交流呈现出网络化的特征（吴胜男，2015）。计量学研究的对象不再局限于传统的纸质期刊论文，还包括如数据集、程序片段和实验设计等形式的研究成果，以及研究作者。在这种背景下，替代计量学随之兴起。通过综合性、全面性的研究指标，替代计量学能够分析相关数据以及学者之间的社交网络，从而进一步地分析出其背后复杂的学术网络。

其研究思路主要分为三个方面。第一，通过分析学术成果传播数据以及学者背后的社交网络，找出影响该学者的其他学者以及造成影响的方式和过程（吴胜男，2015），从而得到各个研究团体的宏观学术网络。第二，通过研究学术成果在线传播数据，得到学者学术思想的传播路径，从而在微观角度观察学术网络中各学术团队直接的学术合作、学术对立和学术继承关系，以及学术网络中学科之间的相互关系和研究重点的发展趋势及变化规律（吴胜男，2015）。第三，通过学术内容和学者关系两个视角来观察学术网络，可以深入描述不同学术实体之间的关联分析以及学术机构内部的知识传递和扩散情况（吴胜男，2015）。同时，针对核心地位的专家学者或其他具备潜在合作机会的同行进行合作推荐，对学术社群的整体构成和结构优化有很好的推进作用。

对于群体中个体成员贡献的科学评估一直是科研管理中的一个重要挑战。通常，科学影响力是以文献为基础来进行分析和评估的。线上平台，特别是社交媒体在学术领域的普及和流行，为学术影响力的评价带来了新机遇。替代计量学方法的支持者认为，服务于科学学术群体的社交网络为科学影响力的评估提供了一系列可用的指标。针对社交媒体的相关分析对于学术影响力的研究有新的启示，能够丰富评估指标。Lutz 和 Hoffmann 根据一些瑞士学者在 ResearchGate 上的活动，运用社会网络分析法，获得了相关指标，并将这些指标与文献计量学指标、网络计量学指标和替代计量指标合在一起，来进行科技管理的研究部分。Lutz 和 Hoffmann 还对 ResearchGate 的用户做了基于学者职称的分析，如图 7-15 所示。

图 7-15　基于职称的 ResearchGate 用户网络分析（Lutz and Hoffmann，2017）

例如，就 Mendeley 平台而言，它将学术群体根据其成员操作行为的不同，分为所有者、参与者和追随者三种角色，通过 Mendeley 提供的 API 获取用户的角色信息，并对其进行角色分析。根据 Mendeley 提供的成员加入学术群组的时间，可以观察学术群体的成长过程，从而分析群组的动态发展态势。研究人员也可以追踪自己学术成果的影响力，了解读者群，寻找新的合作者（孟伟花和向菲，2016）；还可以研究科研合作和学术合作网络（闫相斌等，2011），以明晰某个学科领域的学术合作现状、模式和特点，从宏观视角刻画科研合作关系的知识流动走向。通过学术群体的派系分析，探索我国学科发展特征，找到边缘机构与核心机构，并促进二者融合，打破区域合作障碍，提高学科整体合作程度。从学术群体的成员特征入手，研究学术成员的加入动机和学术群体的形成因素，从而指导学术社区进一步地改进（刘晓娟和刘新哲，2015）。

7.5.2　分析学术交流和传播模式

学术交流是指"任何领域内的学者通过正式或非正式交流渠道所进行的学术信息交流活动"（黄世智，2017）。随着互联网时代的到来，特别是移动互联网技术的普及，学术交流更多地出现在各种各样开放的在线空间内，许多学者、学术团体或科研机构使用社交媒体来报道成果、讨论问题、共享观点、创建学术身份，或进行在线合作出版。

知识交流与科学技术进步和时代社会发展一直都是相辅相成的关系（杨思洛，2011b）。Web2.0 环境下，社交媒体和开放存取运动的发展为知识交流带来了新的变化（吴胜男，2015）。替代计量学就是顺应了这样的时代背景而产生的，可以说是计量学的一词的 Web2.0 革命。为了对学术成果进行全方位的综合评价，替代计量学需要通过在社交媒体和开放存取平台上全面追踪学术成果的传播过程，从而得出一份全面、客观的评价结果。除此之外，替代计量学在学术交流模式上也有新的贡献，通过测量和观察在线读者行为、学术网络交流状况、学者的社交媒体角色等方面，指出学术交流的分布规律和变化规律，最终达到为知识经济的发展和国家创新体系建设提供决策支持和科学依据的目的。基于社交网络的学术信息交流支持用户进行随意的阅读和及时的互动，创造了一种自由、开放、平等的阅读环境，有利于学者之间进行知识的融合、共享、创造和转化，也使得学术信息呈现"点到点"的交互式传播特征，开阔了学者的学术视野（王健和陈琳，2009）。与此同时，社交网络以其"自由、民主、开放"的信息传播形式，补充了学术在线下传播的不足，促进了学术思想的交流和进步（赵玉冬，2010）。

将替代计量学应用于学术交流和传播模式的研究上，具有以下几方面的特点：①方便快捷。基于网络渠道的学术交流研究，最大特点是不受时间和空间的限制，且具有及时性的优势，可以在第一时间获取学术信息的流通情况。②多层面、容量大。可以获得点赞、转发、链接等多种形式的数据，且由于社交媒体用户的活跃性，数量将会很大，为后续的研究提供了很好的数据基础。③交互性。相对于传统线性的学术交流方式，替代计量学所采取的数据是建立在双方点对点的互动交流基础之上的，便于研究者同时获取传播及反馈两种信息。

随着学术社交媒体的用户群体越来越大，针对其的研究也越来越多：依据核心-边缘理论，通过聚类分析的方法分析学术社区内的核心文章与边缘文章的关系，找出学术交流网络核心形成的原因（王晓光等，2011）。通过分析用户属性和用户关系，提出三种信息交流网络模型：圈子模型、嵌套模型和微观模型。同时，针对传播机制角度，提出裂变模式和聚合模式。从信息内容分析角度，提出链状模式、环状模式和树状模式（袁红和赵磊，2012）。研究用户在信息交流过程中形成的关注、评论、转发和引用四种社会关系网络不同的结构形态，并利用社会网络分析法对其进行量化研究（袁毅和杨成明，2011）。以某种社交媒体为例，研究学术交流环境，提出学术交流过程模型和交流系统（盛宇，2012）。

社交媒体被认为是 Web2.0 应用的典型案例，为人们提供了交流与合作的平台。Cheng 和 Dong（2018）根据社交网络上的替代计量数据，以生物医学领域为例，分析科学知识交流与传播模式。结果显示，社交媒体上的知识传播者的知识主要来源于期刊论文、会议论文、著作或专利，被转发的作者也可能将知识或信息传递给转发者，转发者又会将这些信息吸收、再创造或转化为自己的观点给社交媒体用户。

7.5.3 应用于科技预测

科技预测就是以预测学理论为指导，以科技发展的历史和现状为依据，通过定量、定性或者两者结合的综合方法来分析相关数据，对科学研究领域可能出现的发展趋势或者发展前景进行预测，最终得出具有预见性的结论（邱均平，2007）。针对"科学技术研究新趋势"的概念，Kontostathis 等（2003）给出了权威解释：是在科学研究过程中，随着时间的流逝和研究的深入，科研工作者关注越来越多，讨论互动越来越频繁的话题主题。宏观上，掌握科学技术发展新趋势有利于把握科学研究工作的纵深发展走向（吴胜男，2015），从而为科技创新工作的进一步开展提供政策依据和决策支持。微观上，对科学技术发展趋势的预测能够帮助科研工作者及时捕捉到研究的创新点和未来的突破点，此外，对于科研竞争者与合作者的识别，能够有效优化科研团队的组织架构以及战略制定。

科研工作者通过搜索、下载、阅读学术文献资源来了解当今的科学研究热点和主题，同时，基于学术文献在网络平台上的实时信息（吴胜男，2015），如关注度、互动和评论等数据，对该学科的发展态势、未来研究热点和发展方向加以追踪和预测。

以上就是科技预测的一般过程，具体来说，在对科研发展趋势进行追踪和预测的过程中，有以下几个关键点：①相关文献的下载情况；②实时追踪技术；③学术文献在社交媒体平台的关注度和热度（吴胜男，2015）。这几个关键点正是对学术文献传播的影响力的逐步判断过程，也是进行科技预测的基本依据所在。

具体的预测方法和步骤，主要分为定性、定量以及二者综合方法三大类。定性方法主要包含专家咨询法（关键技术法）、情景分析法、德尔菲法、头脑风暴法等。定量方法主要包括信息计量法、相关矩阵法、回归分析法、层次分析法以及决策树法几种（吴胜男，2015）。其中，替代计量方法是科技预测领域中的新型方法之一。

将替代计量学的理论与方法应用于科技预测的基本步骤如下。

1. 收集学术文献资源的相关数据

所需的数据类型包括学术资源的元数据、能体现其内容特征的内容数据（如摘要、图表、支撑数据、全文等）（吴胜男，2015）、学术资源的下载数据以及能体现其受关注状况的网络标记数据。其中，Springer 出版商、*PLoS ONE*、*Nature* 和 Elsevier 能够提供前三种所需数据。对于体现学术资源受关注情况的网络标记数据，主要来源有两种：一是普遍意义上的社交媒体平台，如 Twitter、Facebook、Google Plus 等；二是学术类社交媒体工具，如 Mendeley、CiteULike 等。值得注意的是，以上提到的几种数据来源并不是孤立的（吴胜男，2015），而是相互支撑、相互关联的，不可以将来源割裂开来，以免对后续的研究造成不必要的困扰。

2. 处理和分析多样化数据

由于前期收集的数据来源多样化、类型不统一、格式参差不齐，出于分析便利的需要，需要将这些数据进行预处理，统一为可以类比和关联的数据格式。另外，处理的同时，不能忽略多类型数据的"映射"问题，学术文献资源的元数据、内容数据、下载数据和"被关注"数据应与其 DOI、Pubmed ID 相对应，学术文献资源的元数据、内容数据、下载数据和"被关注"数据之间也应一一对应。

3. 归纳分析相关数据，建立预测模型，并得出结论

先分析所收集的元数据和内容数据，总结学者所使用的文献资源的主题，从而识别目前的研究热点，以及未来的研究趋势。其主要原理是，如果一段时间内某种主题的学术资源下载量非常高，且发表时间较近，那么这一主题有可能是当

前的研究热点之一,或者即将引领未来的研究趋势。

4. 研究结论的检验

为了确保研究结论的可靠性和准确性,需要根据文献的下载情况、表征关注度的网络传播情况,对之前的预测结果进行判断与再思考。尤其是对爆发激增的新趋势要加大关注,反复考量以保证预测结果的科学性。

替代计量学适用范围广、反应速度快、过程和结果公开、影响范围大(杨思洛和程爱娟,2015),与传统的计量方法相比,具有一定的优越性。传统的引文分析指标时滞太长,但在科研成果出版后的几天,就可以通过替代计量指标的值对该成果的影响力进行度量。在科研成果出版之前,学者也可以通过社交媒体等平台,提前获取信息。通过替代计量指标,科技成果得以在行业内迅速地得到大家的认同并产生影响力,学者也可以更高效地获取有价值的信息。

传统引文评价方法的延迟性,使其不可避免地滞后研究数年,而 Web2.0 环境下的替代计量指标可以绕过发表流程和对论文的正式引用,直接在互联网上记录读者对论文的兴趣,以抵消延迟效应。研究发现,Altmetric.com 网站的分数与论文未来的被引量有关,并且作为被引的预测的证据是很有价值的(Thelwall and Nevill,2018)。Thelwall 和 Nevill(2018)通过对 Altmetric.com 上 2015 年起的数据和 Scopus 上 2017 年 10 月起的引文数据进行回归分析,发现 Mendeley 上的阅读数据与未来引文影响力的预测密切相关。

目前在科技预测领域中,主要有基于频率统计和基于文本内容分析两种方式,但缺乏将二者有机统一在一起的方法。替代计量学则在这个背景下在二者之间找到了平衡点,既包含了文献的内容分析,又兼顾了其引用频次和互动状况,很好地延伸了替代计量学的应用范围,同时也为科学预测提供了新的研究思路。可以预见的是,随着替代计量指标体系的不断完善,学术研究在社交网络中将获得越来越多的关注,也会激发更多具有创新性的研究。

英国国家物理实验室发现,相对于文献计量学,替代计量学能够提供一个针对研究影响力的潜在早期指标,因为绝大多数对研究成果的提及发生在论文发表的同一年。此次研究共评估了 42 409 份出版物的 DOI 数据(有关数学、工程和物理科学)。研究发现,替代计量评分与学术研究影响力的评价呈强正相关关系,但与研究质量的评价无关。

7.5.4 应用于学科知识结构展示

学科知识结构是指特定学科所包含的只是元素及其相互关联所形成的具有层次结构的知识体系,能够系统体现该领域知识的基本构成和不同知识之间的关联(刘萍和吴琼,2014)。不难看出,学科知识结构的理论内核是"关联与交互",

即某一学科或多学科的主客体与媒介通过关联与交互所组成的静态的学科知识体系与层次结构,以及动态的学科发展与演化趋势(郑晓月,2018)。这与"五计学"中"知识节点之间通过引用、贡献、耦合等方法构造知识网络"的方法学思想是融会贯通的。随着"五计学"向 Web2.0 时代的过渡,替代计量学的出现,为学科知识结构的展示提供了新思路和新方法。对学科知识结构的揭示,是科技管理的重要部分,不仅可以把握学科的总体结构分布,帮助学者迅速捕捉到学科发展前沿和研究热点,还可以为科研管理者和决策者提供有力的决策依据(郑晓月,2018)。

将替代计量学应用到学科知识结构展示的流程为:①获取替代计量指标数据,并根据数据的关键字段进行分类;②将分类后的字段名称作为具体的节点类型;③将数据进行合作、共现、引用、耦合、语义关联、数据关联等处理,分为低、中、高三个层次来展示学科知识结构。最终通过知识图谱来具象化学科知识结构。

赵雅馨和杨志萍(2016)以信息与计算机科学为例,将替代计量学应用于学科知识结构的展示。首先将收集到的数据进行计算,得到高关注度文章及其关注因子得分。然后采用共词方法,将文献主题进行聚类,更为直观地展示热点主题的分布情况,如表 7-2 所示。再使用社会网络分析法对样本文献高频关键词之间形成的共现网络进行分析,以便更为直观地观察关键词之间的关系网络,如图 7-16 所示。最后得到了目前信息与计算机科学大类下的几种研究热点。

表 7-2 聚类主题及相应主要关键词(赵雅馨和杨志萍,2016)

	类别	主要关键词
1	生物信息分析算法及软件开发	software、sequence variation、genome assembly、bioinformatics web resources、sequence analysis、data integration
2	基因测序技术	sequencing、RNA、single cell、stress
3	系统发育分析	sequence alignment、phylogenetic analysis、evolution、computer simulation、molecular、genetic、models
4	微生物群落结构及多样性分析	microbial community、diversity、genome annotation
5	基因诊断与免疫	cancer diagnosis、gene control、drug design、immunity、genomics、systems biology、applications
6	功能基因组研究	genetic networks、transcriptome、gene expression
7	蛋白质结构与功能预测	X-ray crystallography、crystal structure、chromatin、protein interaction、phenotype、inhibitor、protein、proteome、conformation、actins、signal transduction
8	生物信息学数据库建设	sequence databases、genomic databases、protein databases、database searching、protein structure、data collection
9	远程医疗	telehealth、health information、information retrieval、weight management、evaluation

续表

类别		主要关键词
10	网络公共卫生	healthcare、internet、information-seeking behavior、social media、twitter、training、implementation
11	本体、语义网、关联数据	ontology、semantic web、linked data
12	科学出版与交流	publishing、scholarly communication、repositories、open access、ICT、e-mail、APP
13	网络心理学与行为	behavior、privacy、information sharing、emotion、psychology、social network、Twitter activism
14	认知与脑科学	cognition、memory、mind、perception、brain、consciousness、language、South Africa、humans
15	网络分析与可视化	visualization、network analysis、simulation and modeling、eigenvectors、optimization、computer graphics、randomized methods
16	新媒体与教育	students、social media、learning analytics、virtual environment
17	其他	academic library、innovation、text mining、artificial intelligence

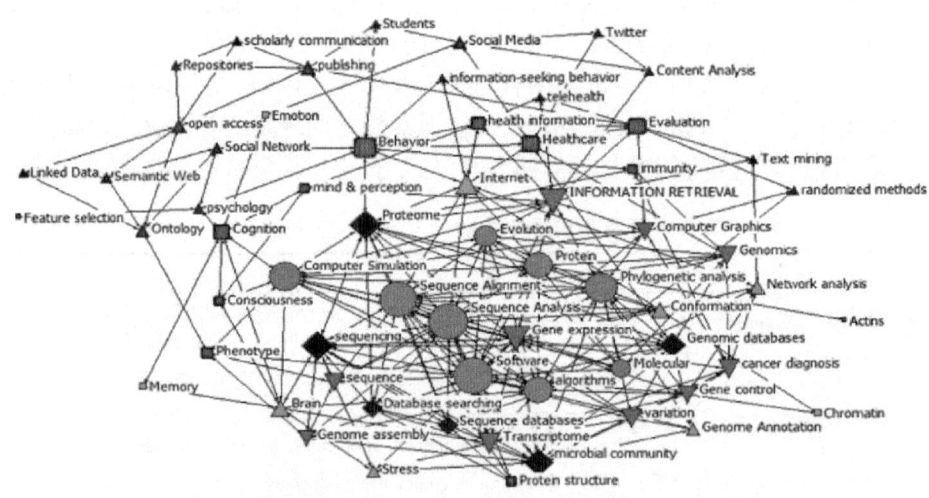

图 7-16　高频关键词共现网络图谱（赵雅馨和杨志萍，2016）

7.5.5　应用于科技政策制定

在过去的几十年中，基于证据的政策制定方法对欧美发达国家的公共政策制定产生了深刻的影响。科技政策作为公共政策的一个重要分支，可以借助基于证据的政策制定方法，以提高决策质量和效率。基于证据的政策制定模式，要求在政策的制定、评估和改进过程中，以严谨的证据作为参照，以提高决策质量。在英国，关于转基因食品的决策过程中，就采用了这一模式（Levitt，2003）。

我国的科技政策质量一直难以提高，政策科学的发展历史比较短，导致实践的发展赶不上理论的进步。从我国的实际情况看，数据信息的缺乏和不完备性，使我国的政策制定长期处于证据不足的状态，政策解决问题的能力也因此受到了制约。这种情况下，采纳基于证据的政策制定模式，是提高政策质量一个很好的途径。替代计量学作为一种开放科学和在线交流的产物，为科技发展和决策支持的融合提供了很好的工具，也为基于证据的政策制定方法提供了更全面的依据。例如，卫生资助机构可以通过替代计量学评估卫生科研成果的影响力，从而制定卫生政策和资助卫生项目。

首先，替代计量学对于热点问题的预测能力，为科技政策的选择和聚焦指明了方向。其次，替代计量学中纳入了社交网络上的计量数据，使科技交流不再局限于学术圈内，也使科技政策的制定面向更广泛的大众，更加真实地反映了受众的意愿和需求。同时，替代计量指标数据还可以快速从社交网络和学术平台中获取，利用这些数据找出网络中正在热议的学术领域，结合大数据技术提取热议领域中的重要技术和创新方法，与相关领域已有研究进行对比并进行热点探测，从而实现对科技政策制定的智力支持（韦博和由庆斌，2016）。再次，通过分析关注度，能够指导未来的研究、补充以及延伸项目的计划，还可以确保成功的关键路径，对重要的项目和计划适当给予优先权。最后，替代计量学的出现，完善了信息检索机制，使数据的收集和整理变得更为方便和快捷。

Altmetric 公司针对研究机构开发了一款资源管理器，名为 Altmetric Explorer for Institutions。其于 2016 年被英国萨里大学的图书馆与学习支持服务中心应用于一项新的五年战略研究计划的制定和实施上。该战略研究计划的目标之一，就是确保战略决策是在内外部协作的综合基础上制定的。作为成果的一部分，该大学的电子印鉴库的数据被导入 Altmetric Explorer for Institutions 中。将唯一的作者 ID 导入存储库当中，并通过替代计量指标来增强内部的检索作者能力。在 Altmetric Explorer for Institutions 中，萨里大学使用了 Journals and Collections 的标签，列出每篇期刊和文章被提及的次数。该标签的功能是搜索一个特定的期刊群体，然后将它们按提及次数的高低排序。Altmetric 公司提供的这些被提及次数和其他的定性数据，有助于图书馆做出更明智的购买决定。

通过引进 Altmetric Explorer for Institutions，提供了一种系统、透明的数据呈现方式，实现了图书馆员寻求高度定量、基于引文的传统文献计量学方法与科研产出的参与度、影响力和关注度等方面平衡的愿景。

第八章

替代计量学的研究实例分析

替代计量学是一门新兴的计量学分支学科，国内外有众多的实证分析研究。在国内，以武汉大学邱均平为首的团队发表了大量的论文，产生了较大的影响。本章选自我们前期的研究成果，主要包括三个研究实例：中美 OA 论文的替代计量分析、不同类型成果的替代计量分析、不同国家图书的替代计量分析。

8.1 中美 OA 论文的替代计量分析

在全球化进程中，各国学者竞相发表国际论文，分享和交流科研成果，以期提高国家地位和影响。我国每年投入大量人力、财力和物力，已成为世界第二研发大国，也发表了众多国际论文，但相关研究表明论文影响相对较低（张蕾，2016）。而美国则是世界上创新能力最强、科技实力最雄厚的国家，并以其无可匹敌的实力和压倒性的技术优势雄居世界之首。新时期，开放存取（open access，OA）成了学术期刊出版的新潮流，OA 期刊论文以其免费、无限制使用、质量相对较高的特点，成为学术知识传承创新和交流发布的主体和新趋势（张晓林等，2012）。研究表明，2013 年，可自由获取的同行评议论文已经到达了一个里程碑，"近一两年内出版的论文有一半是向公众免费提供的"（段歆涔，2013）；2015 年，中国发表的 OA 论文数量首度超过美国，位居世界第一（程维红和任胜利，2016）；据估计，到 2020 年全世界 50%的学术论文将在 OA 期刊上发表，到 2025 年比例将达到 90%（Lewis，2012）。随着计算机网络技术的深入普及和应用、社交媒体与开放存取运动的交汇，知识交流与传播呈现出低成本、互动性、多样性、开放性和便利性等特点。在此环境下，中美学者发表的国际 OA 期刊论文的影响如何，两者有何异同，是什么原因引起的。这些成为社会各界广泛关注的重要研究问题（杨思洛等，2017）。

8.1.1 相关研究概述

（1）论文影响的计量分析与评价方法改进。文献计量分析因其较客观、公正、快捷和高效等优点，已成为学术论文影响评价的主要依据。从最初的发文量、被引频次、影响因子等指标，到综合发文与被引的 h 指数和 20 余种 h 类衍生指数，再到网络分析相关评价指标选出，相关研究在不断改进，但仍远未完善（Ding et al.，2014）。影响因子等指标受到多方质疑，众多学者致力寻求论文评价的新出路或改进策略（Werner，2015）。为全面计量新时期学术论文的影响，Altmetrics、influmetrics、entitymetrics、usage metrics、article-level metrics 等术语相继提出（Glänzel and Gorraiz，2015）。论文影响的评价不能仅依赖于发文量和被引量，已成为学界的共识,多源、多维计量指标的综合评价是大势所趋(Moed and Halevi,2015)。

(2)中国学者发表国际论文影响的计量分析。除一般的分析论文量与分布、发表障碍与地区差异等外,中国学者发表国际学术论文影响的探索集中在:主要从发文量和被引量等简单指标进行分析;领域涉及多个学科或针对特定热门领域(Zhu and Willett,2011);为显示中国的相对影响,有研究比较中国与其他发展中国家,中国和法、德、日、美等发达国家的情况(Zhou et al.,2009;Moiwo and Tao,2013;Leydesdorff et al.,2014);比较国际论文在国内各区域和学科的分布等(Liu et al.,2015)。

(3)中国学者发表国际论文影响的评价实践。国际上,基本科学指标(ESI)用近 11 年总被引数、高被引论文数和进入排行的学科数来衡量论文学术影响;美国国家科学基金会每两年发布报告,分析国际论文的全球合作和产出情况。中国科学技术信息研究所发布了各年度中国国际科技论文产出态势分析。此外,侧重于影响评价实践的有:对高水平期刊论文的评价,如英国《自然》杂志发布的《2015中国自然指数》;多个单项指标的评价,如中国科学院发布的《2015 科学发展报告》;多个指标的综合衡量,如中国科学技术信息研究所自 2007 年以来开展的"中国百篇最具影响国际学术论文"评定工作。

(4)OA 期刊论文影响的分析。早期集中在被引角度评价 OA 论文的影响。胡德华和常小婉(2008)采用平均被引量、被引频次的极差、平均作者数、论文合著率等指标分析,结果表明 OA 论文已经达到甚至超过非 OA 论文的质量和影响力;Antelman 利用哲学、政治学、电子工程和数学等学科的论文,根据 WoS 被引分析,表明 OA 论文具有更大的影响力。近年来出现了新型网络评价指标的探索,Yuan 和 Hua(2011)使用被引量、覆盖率、链接量和 PageRank 值来测度图书情报领域 OA 论文的影响;Hamed 等通过分析 14 个替代计量指标,发现同一期刊中 OA 论文要比非 OA 论文的影响值大,但期刊、年份和被引量等因素间的差异并不显著(Alhoori et al.,2015);Wang 等(2015)通过《自然通讯》论文样本,发现与非 OA 论文相比,OA 论文在被引次数、下载次数和社交媒体讨论等方面具有明显优势。此外,有些学者构建 OA 论文影响评价模型,例如叶继元和陈铭(2013)等结合形式评价、内容评价和效用评价,构建了 16 个指标组成的影响测度体系;也有学者认为 OA 与替代计量学二者殊途同归、互为补充,具有众多共同特征,替代计量学对 OA 论文影响具有重要作用(Mounce,2013)。与传统论文相比,OA 论文影响评测与新型计量指标关系更密切。

(5)基于 PLoS 平台的相关计量研究。由于 PLoS 的创新和广泛影响力,有些对 PLoS 论文的一般计量分析,例如邹丽雪和赵云鲜(2014)基于 WoS 选取 *PLoS ONE* 论文,分别分析国家/地区分布、被引频次、高被引、零被引论文,展示该刊发表的中国论文在全球所处的地位。另有少量研究结合 PLoS 论文和 PLoS ALM 平台开展新型计量指标的分析。宋丽萍等（2015）选取 *PLoS ONE* 中物理学、化学、社会学论文 1036 篇，以 ALM 为基础，采用相关分析、聚类分析以及多维定标方法，分析新型指标与传统文献计量指标的异同。刘晓娟和宋婉姿（2016）基于 PLoS ALM 数据进行分析，实证结果表明替代计量指标来源广泛、形式多样，在覆盖率、稳定性和时效性上存在差异，反映了不同维度的影响和价值。de Winter（2015）则统计 *PLoS ONE* 论文，分析推文量、被引量、论文评论量三者之间的相关关系。Priem 等（2012a）通过对 PLoS 的分析，发现不同平台中论文覆盖度存在差异，80%的论文能在 Mendeley 中检索到，但仅 31%和 10%的文献能分别在 CiteULike 和 Delicious 找到。

综上所述，已有研究从不同方面进行了探索。但总体而言：针对一般论文影响评价较多，而专门评价分析中美学者发表国际论文的研究较少；利用传统数据库，基于传统发文量、被引量等指标分析的较多，而从不同数据源和指标综合分析、融合新型计量指标的研究较少；基于传统期刊论文的研究较多，而针对新环境下 OA 论文的影响评价较少。本书以 PLoS 期刊为样本，力图从新途径和新视角，基于论文层面的多个指标、多维度分析中美 OA 国际论文影响的异同。

8.1.2 OA 论文影响的形成机理

学术论文具有创新性的特点，无论是新理论或观点、新技术或方法、新应用或实践，论文的本质目的就是传播和扩散创新型知识，发挥科学知识作用，形成影响。此外，知识具有继承性和累积性等特点，在知识创新过程中需要借鉴和利用已有成果。学术论文影响是指论文在被利用过程中（本质上是其知识被吸收和扩散活动中），改变他人（知识结构）心理与行为的程度。影响本质上是用户心理和认知的变化，例如阅读了该论文、满足了需求或改变了认识，分为正面和负面影响。即论文发表后，其知识或信息被受众以间接或直接的方式接受后，引起受众发生了新变化和改变了状态。

论文影响是在知识利用和扩散过程中产生的，不同阶段有不同的特点，具有明显的生命周期特征，从生命周期理论的视角，可以更加全面、系统地把握论文影响。随着大数据技术的兴起、开放存取的流行、社交媒体的普及，科学交流和科技创新的诸多方面都深受影响，OA 论文的影响更具复杂性、多样性和动态性，在此背景下 OA 论文影响的形成机理研究更具紧迫性。已有研究大多将学术论文影响看作是一种结果而忽视其过程，也缺乏影响形成机理的深入探讨。社交环境下，OA 论文的成本构成、可获得性、目标受众与使用目的，都与传统文献有显著区别，需要从社会、经济、政治、文化等多个维度来分析与测度其影响。另一方面，随着大量新型社交媒体和学术交互工具的出现及其被学者越来越多地使用，基于生命周期视角认识和测度 OA 论文影响遂成水到渠成之势。影响形成机理的把握是科学全面评测的前提和基础，OA 论文的影响形成机理具有独特性，需要从形成过程、影响因素和形成机制等方面把握。

8.1.2.1 OA 论文影响形成的过程

从生命周期视角来看，OA 论文影响形成可从如下三个层次来考察（图 8-1）。

1. 微观——特定利用周期视角（点式）

从微观层次考察，总体上每一种 OA 论文利用方式从开始到使用逐渐增加，然后随着论文知识老化，利用减少直到无人问津，具有显著的周期性特征，相应地，论文的影响也呈现从无到辉煌再到消亡的生命周期。不同论文具有不同发展变化情况，如图 8-1（a）所示四种典型情况。曲线 1 描述论文一发表就受到高度重视，但很快人们便失去热情，论文影响迅速减弱的过程，总体上昙花一现。曲线 2 表示论文被广泛接受，影响衰减速度较慢，总体被使用次数较多。曲线 3 表示论文一直不被多数人所重视，老化速度虽慢，但总体被使用次数较少。曲线 4 显示的是初期被埋没到后来才被人们认识其价值的论文，开始时没能被广泛利用，呈现"睡美人现象"；历史上越是重大的创新成果，往往因为超前性而不被当时人们所认可，其影响直到发表几十年后才显现，如爱因斯坦的相对论研究论文（邱

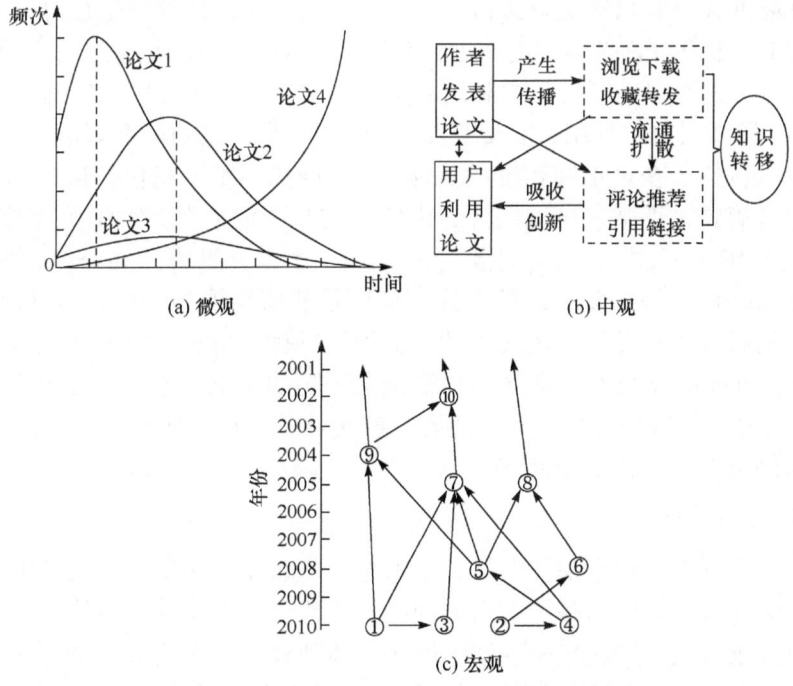

图 8-1　学术论文影响形成过程的三个层次（杨思洛等，2017）

均平，2007）。在新环境下，OA论文的被利用有多种方式，曲线既可指传统的被引情况，也可表示OA论文被浏览、下载、转发、收录和评论等情形。开放条件下OA论文的被利用数据易于获取，分析也更简单、快捷和可行，在线的系统平台能记录OA论文利用的时间、地点、使用者，以及利用的形式、频率和程度等；利用频次能当作论文直接影响和真实影响的证据。例如，论文下载量的峰值常常在论文发表后第2年出现，而被引量则要滞后好几年（方红玲，2011）；被评论数量随着时间的推移发生变化，呈现出快速利用、快速老化和缓慢老化三个阶段的普遍特征（罗力，2010）。

2. 中观——论文自身周期视角（链式）

网络环境下OA论文从出版之日起，会经历系列的利用过程，而且利用手段和方式既会有基本的链式顺序，也会呈现较复杂的迭代和反复过程。一般情况下，OA论文发表后，经过网络传播途径，最开始被用户浏览下载，然后根据内容和用户需求等多方面因素，被用户收藏转发；在此基础上继续流通扩散，用户对其深入的评论推荐，根据需要进一步引用其链接。此过程实际也是论文所包含的知识被转移、吸引和再创新的过程。一方面，从最初的浏览到后续的引用，是逐步的过程，是用户从浅层次接触到深入吸收的过程，也是学术论文的影响加深的过程。例如，下载表明对论文有了初步的利用，OA论文往往都可免费无限制地下载，从成千上万篇论文中下载特定论文，说明了用户的选择；评论则是在对论文深入了解的基础上，用户对感兴趣的论文进行阅读，吸引相关知识并通过内心的思考后，发表新的见解；而引用则是从被利用的众多论文中，选择受影响较深且较相关的论文，是一种高层次的利用，正式地表明论文对新研究的贡献和影响。另一方面，每一阶段也包括了众多不同程度的具体行为，例如浏览下载包括检索列表、点击链接、浏览摘要、下载、浏览图片、浏览全文、浏览数据集、浏览支撑性数据、HTML或PDF格式浏览等；而收藏也存在加入个人分组或公共分组、添加标签、放入最喜欢和订阅等程度不同的方式（余厚强和邱均平，2014a）。最后，同一利用行为的影响也有差别，频次统计是最简洁的衡量方式，如下载次数、浏览次数；此外，可通过评级方式衡量用户受论文影响的情况，如以点赞、标记为"最喜欢"、打分、分级等方式给出；还有一些定性的分析，如对用户评论内容的分析，对引用上下文的语义解析等。

3. 宏观——知识演化周期视角（网式）

知识具有继承性和累积性特征，学术论文并非孤立存在；从被利用的角度，多篇论文间会形成知识网络（如引证网络）。整个人类存在宏观的知识体系，而特定学科或领域更会形成严密的知识网络，体现特定学术论文在整个知识体系中的地位和影响。以引证网络为例，学术论文包括正文和附于其后的参考文献部分。

参考文献反映了作者在构思论文时吸收或利用早期研究的概念、方法、技术等方面的情况，在特定领域各论文间的相互引证，形成基于引证的知识网络；如果以射线箭头指向被引文献，而箭尾指向引证文献，就可以清楚地表现出论文之间纵向继承和横向联系的关系，从而反映特定论文在整个知识体系中的影响。一方面，在引证网络中可通过 HistCite 等软件，可视化地显示论文间的关系，并可以通过综合论文的总被引数、总参考文献数、领域内被引数和领域内参考文献数等指标来衡量和显示论文的影响。另外，借鉴 PageRank 算法、特征因子（Eigenfactor）等指标的核心思想是超越传统的简单频次计算（如被引量），通过整个网络来衡量，论文被高影响的论文引用得越多，其影响力也越高。还有，可通过社会网络分析中的描述节点在网络中权力和地位的相关指标，来评价论文的影响和生成过程，如特征向量中心度等。除被引外，OA 论文还有多种其他方式所形成的知识网络，如链接网络、评论网络、推荐网络、收藏网络都可反映其宏观的影响。这些利用行为形成的网络具有自身的一些特征，例如，链接网络具有双向性，即不像引证网络中两篇论文连接只可能具有一种方向，而且只可能发表迟的论文引用发表早的论文；而收藏或评论网络则需要通过学者或期刊等中介来形成知识网络，即论文与论文之间的收藏关系不能直接形成。

8.1.2.2 OA 论文影响形成的影响因素

学术论文促进了科学知识的传播、扩散和创新，最终推动了人类社会的进步和发展，论文在整个传播利用过程中都一直产生着影响。由于知识的累积性和创新性，学术论文的利用实际上可通过科学知识转移和学术交流来深入考察。网络环境下，结合 OA 论文的特征，可将 OA 论文的知识转移过程分为三个阶段，如图 8-2 所示。

（1）论文创作。论文的创作是其产生影响的前提，实质是知识创造过程，也是一个螺旋上升、循环往复的过程。首先是知识获取，通过文献检索等途径，从论文数据库、搜索引擎、网络开放学术平台、学术会议等方面获取文献，把握研究现状及趋势。其次是知识吸收，对获取的知识，进行阅读、消化、理解、学习并融入研究者已有知识体系中；基于不同理解、需求和价值判断，在此过程中进行知识的选择和过滤，即知识利用程度不一，相应的论文影响也有差异。然后，知识创新是核心阶段，研究者结合吸收的知识以及自身的知识，经过复杂的思维过程和严谨的科学推理、论证、实验，对已有的理论、方法进行补充、深化、批判、更新，形成新的知识；知识创新包括追求新发现、探索新规律、创立新学说、创造新方法、积累新知识等（王艳和毕丽华，2011）。最后是知识表示，因为知识是无形的，为了交流和传播，需要结构化地描述，并用统一固定的模式反映和展示知识。其中论文是主体，通过论文和语言文字载体，知识实现跨时空的交流和共享，在一定意义上论文也是一种标准和规范。

（2）论文流通。论文形成后为了被利用和产生影响，需要通过渠道流通，本质也是知识在作者与用户间的转移，主要包括知识继承和深化的纵向流通、知识借鉴和应用的横向流通。网络环境大大便利了论文流通的效率和获取，而 OA 论文的免费无限制共享则加速了这一进程。如图 8-2 所示，混合期刊出版是传统学术期刊的转型发展，目前许多期刊都是根据作者选择，决定是否以 OA 方式出版论文；OA 期刊出版是 OA 的主体，大部分由新兴的期刊组成，也有少部分由传统期刊的转型，例如 PLoS 出版的系列 OA 期刊，由于时效性和便利性而被广泛利用，产生了重要的影响；OA 存档包括机构和个人自存档，其中的论文具有特定范围，通过元数据收割、多功能检索实现大规模论文的方便利用。网络环境下三种方式的结合，使得 OA 论文传播速度加快，利用率大大提高，利用周期缩短，交互性大大加强（王晓梅，2015）。

（3）论文利用。OA 论文利用和影响呈现多元化趋势，例如通过社交媒体快捷地分享和交流；也出现不断深入知识创新流程和科技创新过程的新型论文利用工具，涉及论文出版、传播、评估、发现、分析和撰写等系列过程。除被引外，还有众多的利用方式和手段，包括下载和浏览等、相关替代计量指标数据、专利利用记录、网络指标以及经济方面的指数；随着时间的变化，其受关注和利用的程度不同；由于各种利用方式内在机制的不同，其时效性存在差异。可以综合考察不同方式对论文影响的反映时间，建立动态的利用体系。图 8-2 展示了用户利用论文的主要类型及相应的影响类型，如被专利和特定研究报告利用，将产生经济和学术影响；被课件教材、专业指南、新闻报纸、博客和微博等利用将产生教育影响和社会影响。

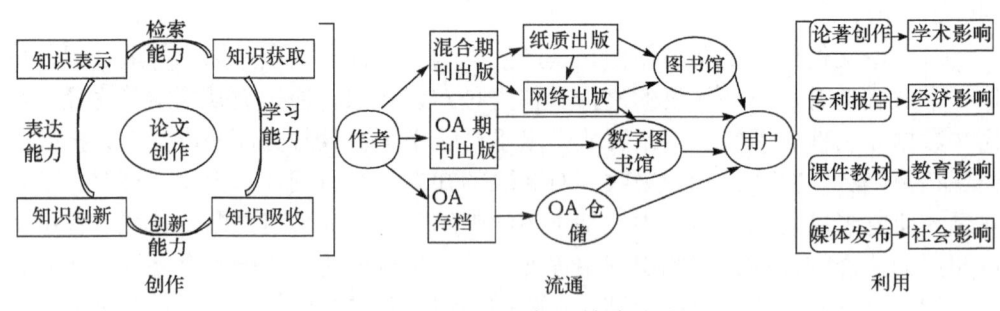

图 8-2　OA 论文的知识转移过程

论文影响的形成，本质上是用户利用并引起了状态的变化，这种影响是隐性和变化的，难以测度和衡量；往往可通过影响形成的结果来表征，例如论文被用户收藏、引用等指标。但是这些影响衡量的合理性和可行性等，需要在深入分析其产生影响的影响因素后，才能确定。基于图 8-2 网络环境下学术交流过程和知识转移流程,可将其影响因素分为内因和外因,具体包括四个方面。①论文自身,包括论文质量、作者、刊物、格式、语言和发表时机等众多方面。例如质量是论文产生影响的根基,一些重大发现、新颖研究方法、与社会关联紧密的应用等论文往往会产生重大影响;作者的声望和学术威望也是重要因素,用户利用时往往信任和优先选择影响大的学者的论文;此外,刊物也有一定的影响,往往发表在影响因子高的刊物的论文被利用的概率要比影响因子低的大很多。②论文流通,涉及流通的速度、广度和深度,也包括流通中技术手段和流程等因素。论文流通过程需要经过投稿、审稿、录用、发表、利用、再加工、收录等多个环节,既是论文自身完善的过程,同时也会引起论文一次和二次出版延滞,影响到论文的利用。此外,对论文的组织检索也影响到用户的获取,网络环境下大数据技术使得OA论文的传播和利用更加高效,也促进了论文影响力的提升;学术出版平台的整合和检索,最大限度地扩大了论文的传播范围,提高了论文的传播速度,克服了出版时滞和获取障碍,提高了论文利用效率;而各种社交媒体的运用,便利了用户间的非正式交流沟通,促进了论文的流通与共享(郭飞等,2016)。③用户方面。用户是论文利用的主体,用户对论文利用频次、程度和时机受到用户水平、认知判断、个体需求、团队状况等众多因素影响。例如用户语言壁垒,用户一般对母语利用得更多,也更深刻和透彻。当然,随着外语水平的提高,我国学者利用和发表英文论文在逐渐增加;论文影响的层次与水平也与用户已有知识结构密切相关,用户已有知识与论文内容的匹配性和异质性很大程度决定论文对用户的影响。④外界环境,包括政治环境、经济环境、法律环境、科技环境、社会文化环境、自然环境、市场环境等。例如政治环境方面,近年来国家高层重视智库建设,带来了智库研究和相关论文利用的高潮;20世纪的"文化大革命"则使得我国科研停滞,论文利用减少,对国外的影响衰减更加明显;在越来越开放的政策环境下,OA论文被充分地利用和共享,发挥其影响。

8.1.2.3 OA论文影响形成的机制

mechanism(机制)一词最早源于希腊文,原指机器的构造和动作原理;论文影响形成的机制主要是指论文影响形成过程中,各利用方式之间的关系和联系,以及利用方式随时间变化相互作用的原理,具体包括累积增长机制、协同演化机制、优先利用机制、回溯老化机制等(王亮,2014)(图8-3)。

1. 累积增长机制

论文的影响具有累积性,即影响的总量随着

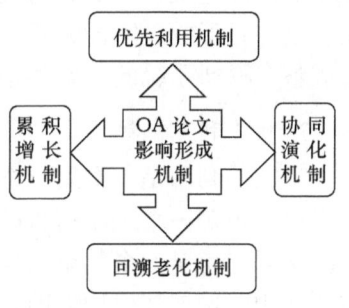

图8-3 OA论文的影响形成机制

时间呈增加趋势，即使老化至无人利用，总量也不会减少；但是从整个论文影响周期考察，增加速度在每个阶段又不同，大体经历增速、匀速和减速三种不同状态。另外，由于科技发展和社会经济的影响，世界各国都很重视科技创新和科研投入，学术论文呈现指数增长现象，特别在网络环境下 OA 论文增长更加明显。例如，早在 20 世纪 60 年代普赖斯就估算，如果世界文献量每年以 7%的速度增加，那么，100 篇论文会有 105 篇引文；也就是说年代越近的论文总被引量会更多些（de Solla Price，1965）。此外，OA 论文中下载、评论和收藏等利用方式越来越被认可，使用频率也越来越多，形成了近期 OA 论文的被利用量增长现象。例如，截至 2016 年 6 月，我国网民规模达 7.10 亿，与 2016 年上半年相比，新增网民 2132 万人，增长率约为 3.1%。我国互联网普及率达到约 51.7%，与 2015 年底相比提高 1.3 个百分点，网民的增加带来了对网络信息资源利用的相应增加（中国互联网信息中心，2019）；与此同时，社交媒体和工具也不断增加与普及，使得 OA 论文的总体影响呈现增加趋势。总的来说，OA 论文的总体影响呈累积增长现象，但是个体即时影响则有明显的生命周期特征。

2. 协同演化机制

首先，多种利用方式之间协同发展。虽然下载、浏览、引证等方式出现的时间不同，影响的演化和发展路径也各异；但是各利用方式往往相互作用，存在密切关系，存在较强的先后关系或同时出现的行为。例如引证之前需要获取和了解论文；论文浏览次数的增加，一般会造成引证次数也增加，而引证次数的增多，也增加了论文在用户面前出现的概率，相应地会形成更多的下载行为；同时，多种利用行为间的交互也形成复杂的协同演化网络，国内外许多研究也得出结论，利用行为间存在相关性；但是因为各利用方式侧重点的不同和反映的时间差异，它们并非完全相关，例如有些论文有高下载量和浏览量，但是被引量却并不高。其次，已有影响和 OA 论文影响的协同发展。已有影响包括作者自身、所属机构或国家等积累的影响力，也包括作者所发表论文间相互的协同演化，例如知名学者或机构的论文往往更容易被利用，而论文利用又进一步增加了学者的影响。论文影响一旦形成，不同方式之间协同发展，直接与间接影响相互作用，协同演化造成整个科研系统的协调和稳定，也有利于科学的可持续发展。

3. 优先利用机制

论文的利用是一个用户选择的过程，面对网络环境下海量的 OA 论文，可获得性已不再是一个利用与否的决定因素；除随机性因素外，更多的是用户综合衡量的结果，也是一个复杂的思维和判断过程，其中时间优先和重要度优先机制起重要作用，例如在引用方面，最新和经典两大类文献往往利用最多。①近期发表论文优先，科学研究和成果注重创新性和新颖性，随着科技进步的发展，最新的论文往往在全面系统性、新颖性方面更有优势，会被更多地利用。例如，期刊影响因子计算论文发表两年内的被引量，扣除发表时滞，实际上就是最近的反映。而从浏览和下载等被利用历时曲线也可看出，往往在论文发表后短时间内到达峰值。有学者提出体现"择优选择"思想的 BA（Barabasi-Albert）模型；根据近期论文优先，基于"增长"和"择优连接"思想，提出适合度扩展模型（耿志杰和王文韬，2009）。②已有影响的论文优先，论文利用过程中存在马太效应，一些发表较早的利用率较高或是经典论文会被优先利用，例如，在省力原则下，学者会优先选择利用过的文献，而利用率高的文献也受到其他用户更多的关注；在用户使用 OA 论文时，大都检索论文数据库，往往关注被浏览、下载或引用最高的部分。两个优先机制保证对经典科学理论的继承，也促使对新近知识的吸收，可通过数学模型模拟仿真（刘向和马费成，2012）。优先利用会造成影响分布不均现象，典型地呈现幂律分布，早在 20 世纪中期普赖斯就提出被引网络的出度和入度的累积优势模型。网络环境下，因为论文量的增加和关注焦点的集中，OA 论文累积优势更加明显，例如 Evans 在 *Science* 期刊上署文，调查发现引用行为在向更小的论文"池"集中，大部分引用向少数文章集中（Evans，2008）。另一方面，因为 OA 论文的可获得性，论文在数据库或网络中有被平等获取的机会，例如，Larivière 等（2009）分析了论文在出版后 2 年和 5 年内被引频次，发现：引文分散度在明显增加，被引论文包含有多样化（范围更广）的文章。

4. 回溯老化机制

用户在利用论文时，会利用论文间的关联关系去对相关知识进行扩展性获取和利用，回溯选择（也称边复制机制）在一定程度上克服了关键词或主题检索获取论文的缺陷。论文间的关联包括内容的相关性、横向的知识扩展和纵向的深入追溯，这种关联关系通过引用、链接、共现等方式表现出来，例如利用某一篇论文时，往往也会关注其参考文献，为深入分析特定领域，通过引文追溯其源头；而通过共同浏览或共同收藏等行为，则可扩展性地发现相关论文，进一步利用和回溯选择知识，全面深入地把握特定领域。此外，作者在论文中的评论，在社交媒体中的推荐往往也会造成特定论文的回溯利用，特别是 OA 论文具有开放存取的特点，通过相关评论和意见可以方便地获得论文。在回溯利用的同时，OA 论文的影响总体上具有生命周期，存在衰减老化现象，例如 OA 论文发表后的几个月时间内浏览、下载量显著增长，但随后总体上呈现下降趋势，直到无人问津。此过程可通过年龄衰减模型描述；而综合考虑节点老化机制和回溯利用机制则有可调优先粘贴模型（李粤，2007）。

以上从被利用的角度总体上考察论文影响，其实在心理学层面上学术作用于人们的影响变化，其发生、发展和消退具有十分复杂的机制，而且各种 OA 论文影响形成的机制,可结合具体现象(优先粘贴现象、节点老化现象、无尺度现象、睡美人现象和高聚集性现象)综合组成总体模型和数学公式表达。基于生命周期视角,通过分析形成的机理,明晰了 OA 论文影响的基本内容,下面尝试通过多源的指标来全面比较 OA 论文影响。

8.1.3 数据样本及测度指标

美国科学公共图书馆(the Public Library of Science,PLoS)创立于 2001 年,为科技人员和医学人员服务,致力于使全球范围科技和医学领域文献成为可以免费获取的公共资源。PLoS 有 7 种生命科学与医学领域的国际高影响期刊,可以免费获取全文,并提倡共享科研数据、开放同行评议、公开科学评估方法,使得学者更快更广地共享成果,促进科学发展和社会进步。[①]PLoS 在学术界产生了重大影响,已成为开放存取运动的引领者。我们选择 7 种期刊 2011~2015 年的数据样本。具体数据获取策略为,在检索对话框中,Author Country 分别限定为 United States of America 和 China,文献类型限定为 Research Article,时间限定为 2011~2015 年。5 年内 PLoS 的 7 种刊物共发表论文 148 847 篇,其中 Research Article 类型论文 139 877 篇(94%),*PLoS ONE* 为世界上发文量最多的刊物,共有 126 738 篇,占 7 种刊物的 85%。因为每种期刊各年的中美论文量相差较大,对 100 篇以内的选择所有的论文,多于 100 篇的则随机选择 100 篇作为样本(表 8-1)。最终选定中美两国发表在 7 种期刊上的 4591 篇论文为样本进行统计分析,4591 篇论文有 208 篇为中美等国的合作论文,即同一论文中作者国别既有中国又有美国;因为数量较少,208 篇论文的年代和期刊分布较为均匀,在删除这些中美作者交叉论文后,均值和标准差等数值没有显著变化。

表 8-1 PLoS 的 7 种期刊发表论文量

发表年份	PLoS Biology		PLoS Medicine		PLoS Computational Biology		PLoS Genetics		PLoS Pathogens		PLoS ONE		PLoS Neglected Tropical Diseases	
	中国	美国	中国	美国	中国	美国	中国	美国	中国	美国	中国	美国	中国	美国
2011	5	89	4	56	12	206	32	346	27	304	1 672	5 613	19	157
2012	6	86	4	56	15	316	50	499	23	391	3 900	11 322	20	224
2013	16	153	6	70	25	426	59	716	37	572	6 664	17 935	50	394
2014	13	123	8	65	23	418	79	680	43	546	6 890	16 316	43	471
2015	8	71	7	46	25	332	77	470	47	372	6 580	8 165	69	295
总计	48	522	29	293	100	1 698	297	2 711	177	2 185	25 706	59 351	201	1 541

① Openness Inspires Innovation. https://www.plos.org/who-we-are[2018-12-27].

为衡量和评价新时期学术论文的影响，基于不同角度和不同范围界定，相关概念层出不穷。国外有 usage metrics、Altmetrics、article-level metrics、influmetrics 等争议，国内有替代计量、补充计量等不同意见。但是无论如何表达，其核心内容和衡量指标类似，即传统基于引文评价存在时滞性特点，也很片面，需要基于整个生命周期来全面考察论文影响和可见度。在开放环境下（开放科学、开放数据、开放服务、开放存取），新型评价显得更加必要，也成为可能。目前计量指标，除了直接从各平台获取数值测度，也出现了通过 API 或程序抓取进行聚合的工具，如 Altmetric.com、ImpactStory 和 PlumX 等。PLoS 的 article-level metrics 自 2006 年发布，针对数字化、开放化和网络化环境，系统地测度 PLoS 旗下期刊的论文层面的影响和价值，克服了被引量的时滞和期刊层面测度的局限，能较全面地测度论文的多种影响，详细反映论文影响的历时变化情况（吴胜男和赵蓉英，2016）。根据可获得性和实际代表性，PLoS ALM 评测指标在不断扩充和调整，最新的指标体系见表 8-2，包括五大类指标（浏览下载量、保存量、讨论量、被引量以及推荐量）及 24 个分指标，从浏览到推荐，既反映用户行为活动的顺序，也表明论文影响的深入。其中 ScienceSeeker 和 Crossref 两个指标在中美两个数据样本集中都为 0；PMC Europe Database Citations 指标值相差大，有些论文有几万次，大部分论文则很少，而且该指标具体反映内容不明，故未统计；最后统计 21 个指标。各指标数据值是计算其频次得来，五个大类指标则是所包含的各分指标数据之和，需要说明的是被引量是多分指标值之和，有一定的重复计算，例如 Scopus 和 WoS 分指标间有较大的交叉。

表 8-2　PLoS article-level metrics 统计的指标体系

浏览下载量	保存量	讨论量	被引量	推荐量
PLoS views、PLoS PDF downloads、PLoS XML downloads、PMC views、PMC PDF downloads	CiteULike、Mendeley、Figshare	Nature Blogs、Research Blogging、ScienceSeeker、Facebook、Twitter、Wikipedia、Reddit、Wordpress.com	PubMed Central、Crossref、Scopus、DataCite、PMC Europe Citations、PMC Europe Database Citations、WoS	F1000Prime

8.1.4　比较的结果与分析

从指标的相关性分析、不同年份、不同类型、不同分指标等方面，系统比较中美学者发表国际学术论文影响的异同，并分析其原因。

8.1.4.1　中美论文指标的相关性分析

表 8-3 为基于中美论文各影响测度指标的相关性分析结果。为度量各大类统

计指标之间联系的强弱，使用非参数检验 Spearman 等级相关系数。因为许多研究中将 WoS 被引量与其他替代计量指标进行相关性分析（Bornmann，2015），本书中也单独列出。表 8-3 展示了六大指标的相关性，右上部分和左下部分分别为中国和美国论文的情况。首先，中国和美国论文的各指标间相关性值的分布在总体上较为相似，说明指标间的联系具有一定的稳定性。其次，WoS 被引量与被引量高度相关，分别达到 0.986 和 0.985。另外，浏览下载量和被引量间存在较高相关（分别为 0.715 和 0.675），这与实际情况较为相符，因为在论文被引前往往需要浏览和下载阅读等行为；也有一些研究表明两者具有相关性，甚至可以通过浏览下载来预测被引量（Schlögl et al.，2014）。浏览下载是用户利用和产生影响的最先和必需步骤，从表 8-3 来看，浏览下载量与其他指标都显著相关，并与保存量和讨论量存在中度相关。还有，推荐量与其他指标存在相关，但相关度不高，推荐量只包括 F1000 指标，F1000Prime 是根据生物学和医学领域的全球顶尖专家意见来评级和评价、推荐最好的论文，被推荐的数量很少。最后，讨论量与被引量之间呈现微弱的负相关关系，而且 WoS 被引量与讨论量之间在 0.05 级别不显著。我们发现讨论量指标主要包括 Facebook、Twitter、博客类等社交媒体数据，反映的是社会影响力，与被引量所反映的学术影响之间存在差异；讨论量多的论文往往并非重要研究前沿或高度专业学术内容，往往是有意思的流行话题和引起大众兴趣和注意的主题等。

表 8-3　PLoS article-level metrics 统计指标的相关性

Spearman 等级相关系数	浏览下载量	保存量	讨论量	被引量	推荐量	WoS 被引量
浏览下载量		0.350**	0.263**	0.715**	0.210**	0.713**
保存量	0.363**		0.240**	0.112**	0.118**	0.126**
讨论量	0.359**	0.269**		−0.023	0.113**	−0.009
被引量	0.675**	0.151**	−0.050**		0.180**	0.986**
推荐量	0.213**	0.093**	0.095**	0.176**		0.173**
WoS 被引量	0.668**	0.170**	−0.033	0.985**	0.179**	

**相关性在 0.01 级别显著（双尾）；右上部分和左下部分分别为中国和美国学者发表论文的情况

为了反映统计的小类指标之间的关系和分析 PLoS ALM 分类的合理性，基于中美两国 OA 论文数据对分指标进行因子分析。为保证因子分析的效果，删除了 7 个覆盖度较低的指标，即指标值在中美 OA 论文中非零率为 10%以下的指标。利用 SPSS 对 14 个指标组成的中美 OA 矩阵进行因子分析。采用主成分萃取因素，以最大方差正交旋转法进行转轴；为与实际分类一致，选择要提取的公因子都限定为 5 个。从分析结果来看，中美两数据样本的 KMO 值分别为 0.859 和

0.836，巴特利特球形检验都显示 p 值小于 0.000，表明适合做因子分析。提取的 5 个公因子分别可解释 77.31%和 76.37%的总方差，说明因子分析的效果较好。然后，结合因子载荷和已有大类名称对公因子命名，利用 NetDraw 软件对公因子和小类指标组成二模矩阵进行可视化显示。如图 8-4 所示，圆形节点表示小类指标，方形节点表示公因子，圆形节点的大小表示所涉及的公因子数量，圆形与方形节点之间的连线颜色深浅和粗细表征指标对该因子的载荷大小（Yang et al., 2016）。连线的选取阈值为 0.3，即指标在该因子载荷大于此值才有连线显示。

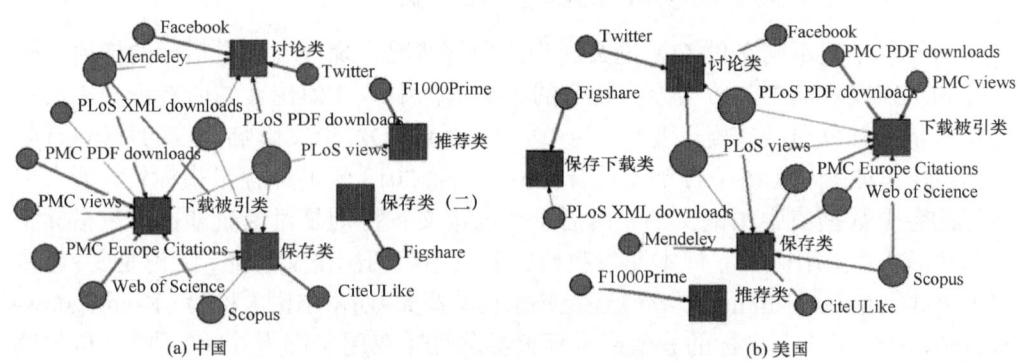

图 8-4 基于中美 OA 论文的统计指标因子分析

从图 8-4 来看，中美 OA 论文所形成的因子分析图在总体上具有相似性，包括因子命名和各小类指标的位置等。但是与表 8-2 PLoS ALM 的分类归属存在一定的差异，表 8-2 是根据用户行为活动的分类，小类则根据内容性质人工归类；而图 8-4 则通过各小类之间的数据关系进行客观降维提取大类。具体来看，美国论文中 F1000Prime 单独成为推荐类，中国论文中 PLoS 浏览量指标也有一定的载荷在该类。本书统计的是 PLoS 论文，而浏览下载具有普遍性，所以基于 PLoS 平台的浏览下载量指标在多个公因子上都有较高载荷。此外，因为浏览下载与被引之间存在较强的相关性，所以在中美论文中下载和被引都成为一个公因子，同时被引量指标 Scopus、PMC Europe Citations、WoS 在保存量也有较高载荷，这与表 8-3 指标间的相关性数据一致。还有，虽然在表 8-2 中 Figshare 和 CiteULike、Mendeley 都被归为保存类指标，但是在图 8-4 中 Figshare 却在保存量以外的一类，说明 Figshare 指标反映的用户收集保存论文等行为具有独特性。这三个工具都具有存储、管理和分享论文的功能。CiteULike 是基于浏览器，可给论文加书签或输入元数据到个人账户；Mendeley 则为桌面软件，通过自动抽取元数据和参考文献来构建个人数据库，目前两者已实现了功能整合[①]；而 Figshare 是一个存储知识

---

① CiteULike and Mendeley collaborate. https://blog.mendeley.com/2009/02/16/citeulike-and-mendeley-collaborate/[2016-11-06].

库,侧重于上传、存储和公开分享研究数据和论文,该指标数值比另外两个指标高很多,以前的 PLoS ALM 曾将 Figshare 列入下载浏览类。在基于美国 OA 论文的因子分析图中,PLoS XML downloads 指标被归为保存下载类;在中国论文中被归为下载被引类。从连线粗细来看,其载荷不高,可能是因为 XML 下载较为特殊,用户一般下载 PDF 文档或直接浏览 HTML 网页论文,XML 论文下载一般是第三方软件、机构知识库或用户特别目的的批量下载。

8.1.4.2 中美不同年份论文的对比分析

为显示中美不同年份 OA 论文影响的变化情况,统计五大类指标的均值、标准差和覆盖度。其中,覆盖度为特定的影响指标中非 0 值论文与所有论文之比,用于衡量指标分布的广度。表 8-4 为中美不同年份 OA 论文影响比较的具体数据。

(1)总体上,无论是各年还是合计情况,除 2013 年的保存量指标外,五大类指标的各个数据值中国论文都要落后于美国论文,特别是讨论量和推荐量指标中美差距较大。采用两独立样本非参数检验分析中美两国论文总体,无论是曼-惠特尼 U 检验(Mann-Whitney U test)还是科尔莫戈罗夫-斯米尔诺夫检验(Kolmogorov-Smirnov test),5 个指标的 p 值显示渐近显著性(双尾)都为 0.000(除了科尔莫戈罗夫-斯米尔诺夫检验中推荐量指标为 0.083,可能的原因是该指标非 0 值较少),说明中美两国论文在 5 个指标值方面都存在显著差异。推荐量指标来源于 F1000Prime,F1000Prime 根据领域顶尖专家的定性意见来评级和评价,推荐最有影响和价值的少量论文。在所选择的样本数据中,中国论文在该指标的最大值为 5,而美国论文则高达 20,表明在领域顶尖论文方面中国与美国存在较大差距。讨论量指标主要来源于 Facebook、Twitter、Wikipedia 和国外博客的数据,这方面中美论文差距很大,美国论文在该指标的均值是中国的 3.33 倍。讨论量主要反映社会影响力,可能的原因是该指标所统计的数据来自美国主流的和使用最广泛的平台,而这些平台由于使用习惯、政策限制、文化背景、网络获取等原因在国内并不流行。在各种讨论量平台中,用户往往趋向于关注自己发表或熟悉的人发表的论文成果,故美国论文更有优势。另一个重要原因是美国论文更与社会经济生活相关,注意实践和社会影响,更能引起社会公众的兴趣和关注。但是,无论是均值、标准差,还是覆盖度,中美论文的保存量指标值都相差不大,可能的原因是 OA 论文可以即时、方便、快捷、永久地通过网络获取,中美论文都有平等被获取和保存的机会。此外,浏览下载量是其他利用方式的前提,中美论文在该指标也存在明显差距。

(2)从历年的变化来看,各指标间存在差异。浏览下载量和保存量两个指标的均值和标准差逐年变化趋势不太明显,大体呈现中间年份高、两边年份低的现象。讨论量指标的均值、标准差、覆盖度,中美论文都是年份越近、指标值越高。

原因可能是近年来社交媒体工具使用的用户和频率越来越多,人们倾向于利用这些社交工具讨论最新发表的论文(Thelwall et al., 2013a)。但是被引量指标呈现明显相反的趋势(这与表 8-3 中被引量和讨论量负相关的结论一致),年份越久的论文指标值越高,主要原因是参考文献数量和行为较为稳定,被引量具有累积效应和时效性滞后。例如,2011 年和 2015 年发表的论文分别有近 6 年和近 2 年的被引量。除了 2011 年的中国论文外,推荐量指标也与被引量指标趋势相同,即年份越近,指标值越小,因为推荐量也具有类似的累积性。

(3)五大指标数值存在差距。由于 OA 论文的免费开放使用特性,从均值来看,五年合计的中美浏览下载量指标均值分别达到 5244.65 和 7593.07,而且仅是 PLoS 和 PMC 两个平台上的数据;保存量指标也有较大数值,中美论文平均都超过 150 次。中美的被引量均值分别为 34.35 次和 49.87 次,说明 PLoS 系列期刊论文的学术水平较高和影响较大,但是被引量指标是多个平台的合计,具有一定的交叉重复性,如 Scopus 和 WoS 被引量。推荐量指标数值最小,该数据仅来源于 F1000Prime 平台,是由专家推荐领域最顶尖的少量论文。与均值类似,各指标的覆盖度也存在一定差异,浏览下载量和保存量指标几乎都达到了 100%,表明所有的论文几乎都被利用过。而被引量指标覆盖度也很高,除 2015 年因为被引时间较短外,其他年份都超过了 95%,与其他研究"零被引率"相对较高的结论相比可知,PLoS 系列期刊每篇论文的学术影响和质量都较高(杨思洛等,2016b)。

(4)为了更好地显示中美论文在各指标上的相对差距,计算指标均值的相对比值(图 8-5),例如,中美论文被引均值分别为 40 和 50,那么其相对比值为 40/50=0.8。中美论文在被引量和保存量方面的相对差距较少,两曲线处于图 8-5 的上方。虽然浏览下载量相对值的变化与被引量指标较为相似,但是处于被引量曲线的下方,其相对差距明显较大。而讨论量和推荐次数则处于图 8-5 最下方,表明中美论文在两个指标的差距较大。结合表 8-4 和图 8-5 可以发现,衡量传统学术影响的被引量来看,中美论文存在并无太大的差距,这可能与国内重视论文的发表与被引量相关,而保存量方面中美论文也相对接近;但是其他的三个指标差距都较大,在一定程度上表明仅仅通过被引量不能全面反映中美论文影响的真实差距。

表 8-4 中美不同年份 OA 论文影响比较

指标	数值	2011 年		2012 年		2013 年		2014 年		2015 年		5 年	
		中国	美国	中国	美国	中国	美国	中国	美国	中国	美国	中国	美国
浏览下载量	均值	6 339.04	9 084.38	6 073.05	9 108.48	6 411.56	8 553.16	5 429.54	6 713.18	2 850.01	4 367.12	5 244.65	7 593.07
	标准差	4 450.15	13 081.51	4 473.92	11 961.34	6 107.52	9 133.94	6 050.02	6 359.17	1 899.89	5 507.14	5 041.34	9 843.70
	覆盖度	1.00	1.00	1.00	1.00	1.00	1.00	1.00	1.00	1.00	1.00	1.00	1.00

续表

指标	数值	2011年 中国	2011年 美国	2012年 中国	2012年 美国	2013年 中国	2013年 美国	2014年 中国	2014年 美国	2015年 中国	2015年 美国	5年 中国	5年 美国
保存量	均值	102.27	138.34	111.80	143.54	150.90	147.20	198.62	216.18	158.93	177.97	150.32	164.88
保存量	标准差	97.39	139.81	97.48	110.39	166.82	115.14	177.96	198.65	157.24	160.68	152.83	151.45
保存量	覆盖度	0.99	1.00	1.00	1.00	1.00	1.00	1.00	1.00	1.00	1.00	1.00	1.00
讨论量	均值	0.38	1.90	2.16	8.03	3.56	11.31	8.02	18.78	12.52	63.51	6.09	20.29
讨论量	标准差	1.43	11.38	6.01	30.10	11.52	41.69	30.16	95.00	55.67	258.41	31.99	124.86
讨论量	覆盖度	0.15	0.31	0.39	0.68	0.53	0.73	0.57	0.75	0.62	0.82	0.48	0.65
被引量	均值	76.14	103.55	55.60	66.68	37.70	45.58	20.75	22.09	5.14	7.29	34.35	49.87
被引量	标准差	75.53	118.53	53.96	71.26	38.05	49.60	22.18	29.69	7.06	9.40	48.23	84.14
被引量	覆盖度	0.99	1.00	1.00	0.99	0.99	0.99	0.96	0.97	0.77	0.84	0.93	0.96
推荐量	均值	0.05	0.27	0.12	0.20	0.12	0.18	0.04	0.16	0.04	0.09	0.07	0.18
推荐量	标准差	0.25	1.23	0.45	0.74	0.51	0.67	0.28	0.69	0.26	0.52	0.37	0.81
推荐量	覆盖度	0.14	0.11	0.07	0.10	0.06	0.08	0.02	0.07	0.02	0.04	0.04	0.08

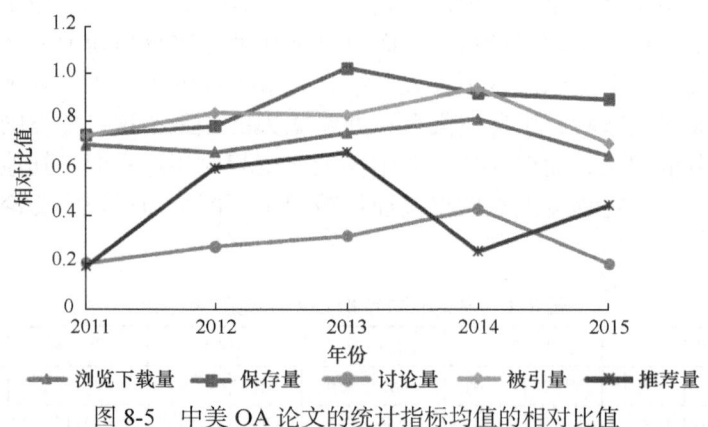

图 8-5 中美 OA 论文的统计指标均值的相对比值

8.1.4.3 中美不同类型论文的对比分析

表 8-5 为中美不同类型论文的对比分析的具体数据。论文依据作者情况具体

分为三种类型：中国独著是指论文作者所属的国家只有中国；中国为主是指论文第一作者的国家为中国；中国为辅则是指论文作者国家包括中国，但不是第一作者国家。具体结合 PLoS 和 WoS 题录数据进行分析，通过 VBA 编程和人工识别进行类型筛选，其中主要利用 DOI 在 WoS 中检索匹配获取相关国别信息。但是 WoS 数据库在少量记录中存在重复和数据错列问题，例如在美国论文数据集中，有 16 条重复 DOI 数据，也有 5 个 DOI 在 WoS 中检索不出记录，需要人工在 PLoS 平台中进行重新提取。

中国独著、中国为主和中国为辅三种类型论文比例分别为 43.71%、21.08% 和 35.21%，美国论文分别为 48.72%、9.51%、41.77%，总体上中美三种论文比例分布相似，但美国为主的论文相对较少，美国独著和美国为辅的论文比例较高。①对三种类型论文进行多独立样本非参数检验，如表 8-5 所示，假设检验栏数据前者为 Kruskal-Wallis 检验值，后者为中位数检验值，可以发现两种检验方法的结果范围一致。两国论文中浏览下载量指标在三种类型论文间存在显著差异，美国论文在其他四个指标间差异并不显著；中国发表的论文在保存量和讨论量指标也有显著差异。②在五个指标均值中，中国为辅的论文有四个指标值最高，另外被引量指标值与最高值相差很少；美国为主论文有三个指标值最高，此外保存量与最高值相差很少。这反映出以中国作者独著或第一作者论文影响需要较大提升，从指标值来看被引量也不能全面准确地反映论文影响。在五个指标中，中国独著的论文表现都为最差；美国独著论文除了推荐量外，其他指标表现也不好。已有一些研究表明，国际合作论文被引和影响要大于独著论文（Didegah and Thelwall, 2013），本书结论与此一致。这也在一定程度上说明，跨国合作对提高论文影响的重要性，特别是对于中国等发展中国家而言尤其如此。③具体指标值的分析。中美两国三种类型论文间的各指标覆盖度值相差不大；而讨论量和推荐量指标均值在中美三种类型中相差较大，特别是中国论文的讨论量均值，中国为辅的论文高达 10.67，而其他两种论文都不超过 4。

表 8-5 中美不同类型论文的对比分析

指标	数值	中国独著	中国为主	中国为辅	美国独著	美国为主	美国为辅
浏览下载量	均值	4 760.67	5 244.77	5 845.47	7 211.79	9 589.46	7 585.14
	覆盖度	1.00	1.00	1.00	1.00	1.00	1.00
	假设检验	0.000/0.000			0.000/0.001		
保存量	均值	141.52	142.44	165.97	161.48	166.35	168.16
	覆盖度	1.00	1.00	1.00	1.00	1.00	1.00
	假设检验	0.000/0.000			0.990/0.697		

续表

指标	数值	中国独著	中国为主	中国为辅	美国独著	美国为主	美国为辅
讨论量	均值	3.58	3.65	10.67	18.57	37.98	18.20
	覆盖度	0.41	0.51	0.56	0.64	0.66	0.67
	假设检验	0.000/0.000			0.081/0.182		
被引量	均值	30.04	38.89	36.98	49.07	59.98	46.88
	覆盖度	0.92	0.94	0.94	0.95	0.97	0.96
	假设检验	0.024/0.188			0.033/0.147		
推荐量	均值	0.04	0.09	0.09	0.20	0.13	0.16
	覆盖度	0.03	0.05	0.05	0.09	0.06	0.07
	假设检验	0.079/0.082			0.129/0.124		

注：假设检验栏列出的 p 值显示渐近显著性（双尾），多个独立样本非参数检验，其中前者为 Kruskal-Wallis 检验值，后者为中位数检验值

为显示各指标中表现最佳的论文的类型分布，图 8-6 列出了五大类指标值中，排名前十位的论文类型。总体上，图 8-6 的结果与表 8-5 的数据一致。关于中国论文，在浏览下载量、讨论量和推荐量指标中，中国为辅论文具有绝对优势；而该类论文在保存量和被引量指标中，也与最高值相差很小。关于美国论文，美国独著论文在讨论量、被引量和推荐量指标中，占有较大优势；在浏览下载量、保存量指标中该类型也是最多之一。在被引量指标中，中国为主论文占有较大比例，在一定程度上说明中国与其他国家的主动合作对被引具有影响。

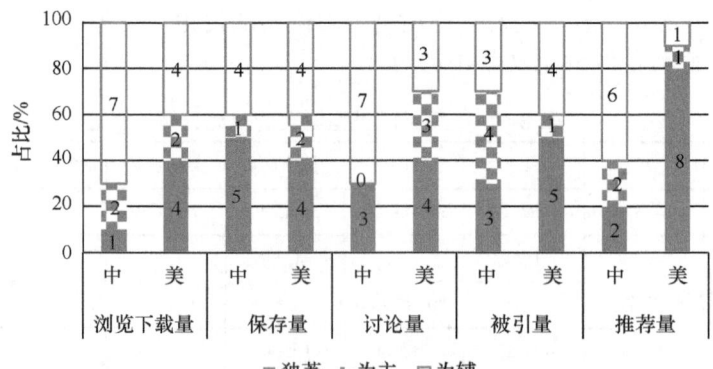

图 8-6 五大指标值的前十位中各类型论文数量

8.1.4.4 中美论文不同分指标的对比分析

表 8-6 展示了中美 OA 论文不同分指标的数值对比情况，表 8-4 的大类指标来源于分指标的汇总分析，总体上两表的数据具有一致性，但表 8-6 详细列出了各具体分指标数据。

（1）各分指标数值相差较大，但均值和覆盖度具有一致性，均值较高的指标，其覆盖度值也较高。在浏览下载量指标中，PLoS views 指标值最高，它记录了 PLoS 平台中浏览论文次数，中美均值分别达到 3732.85 次和 5814.91 次；PLoS XML downloads 指标值较小，表明通过 XML 格式下载论文要远远少于利用 PDF 格式下载。保存量指标中各分指标数据相差较大，CiteULike 指标记录被加标签次数，中美均值仅分别为 0.39 和 0.84，而 Figshare 指标记录被保存次数均值分别达到了 123.00 和 114.75，一定程度上说明 Figshare 平台使用论文更加广泛和频率更高。讨论量各分指标的均值都较低，特别是中国论文更低，也说明学术论文的社会影响力和在引起公众兴趣方面存在不足。其中，Facebook 和 Twitter 均值较高，中美论文篇均分别超过 2 次和 7 次；而其他分指标都很低，特别是 Nature Blogs 指标，中国 1352 篇论文总计仅有 1 次，美国的 3239 篇论文总计也只有 11 次。此外 Research Blogging 指标均值中美论文也分别仅有 0.01 和 0.02，表明很少有论文被这两个博客网站所提及和关注。在被引量指标方面，因为计量平台规模和范围不同，数值也存在较大差异，中美论文在 PubMedCentral（0.11 和 0.17）和 DataCite（0.01 和 0.02）指标的均值都很小。

（2）采用两独立样本非参数检验，总体比较中美论文在各分指标的异同。两独立样本非参数检验就在对总体分布不了解的情况下，通过对两组独立样本的分析来推断样本所在的两个总体分布是否存在显著性差异。曼-惠特尼检验注重对分布的中心位置（平均水平）做检验；科尔莫戈罗夫-斯米尔诺夫检验则通过检验分布是否一致来推导出两样本是否一致。表 8-6 中假设检验栏列出了中美论文在各分指标的 p 值，其中前者为曼-惠特尼检验值，后者为科尔莫戈罗夫-斯米尔诺夫检验值。在 0.01 和 0.05 显著性水平下，PMC PDF downloads、Figshare、Nature Blogs、Reddit 等分指标，无论是曼-惠特尼检验还是科尔莫戈罗夫-斯米尔诺夫检验，都不能拒绝原假设，即不能认为中美论文在这些指标值的分布具有显著差异。此外，在 0.05 显著性水平下，科尔莫戈罗夫-斯米尔诺夫检验中还有 Research Blogging、Wordpress.com、PubMed Central、DataCite、F1000Prime 也不能拒绝原假设，而且有些指标的 p 值达到 1。其主要原因是这些指标中数据值为 0 者占了绝大多数，在进行科尔莫戈罗夫-斯米尔诺夫检验时注重变量值的秩的总体分布差异，相同的 0 过多，使得总体分布呈现一致性。从总体检验效果来看，中美论文在均值较为接近或非 0 值过低的指标中分布具有一致性，在其他指标中存在明显差异。

表 8-6 中美 OA 论文不同分指标比较

指标	数值	中国	美国	指标	数值	中国	美国	指标	数值	中国	美国
PLoS views	均值	3732.85	5814.91	Figshare	均值	123.00	114.75	Wordpress.com	均值	0.09	0.08
	覆盖度	1.00	1.00		覆盖度	0.83	0.83		覆盖度	0.02	0.03
	假设检验	0.000/0.000			假设检验	0.561/0.254			假设检验	0.004/0.977	
PLoS PDF downloads	均值	618.48	803.57	Nature Blogs	均值	0.00	0.00	PubMed Central	均值	0.11	0.17
	覆盖度	1.00	1.00		覆盖度	0.00	0.00		覆盖度	0.09	0.11
	假设检验	0.000/0.000			假设检验	0.108/1.000			假设检验	0.006/0.526	
PLoS XML downloads	均值	40.94	51.64	Research Blogging	均值	0.01	0.02	Scopus	均值	14.38	20.12
	覆盖度	1.00	1.00		覆盖度	0.01	0.01		覆盖度	0.91	0.94
	假设检验	0.000/0.000			假设检验	0.008/1.000			假设检验	0.000/0.000	
PMC views	均值	571.67	648.06	Facebook	均值	2.28	8.96	DataCite	均值	0.01	0.02
	覆盖度	1.00	1.00		覆盖度	0.16	0.21		覆盖度	0.01	0.02
	假设检验	0.002/0.014			假设检验	0.000/0.008			假设检验	0.009/1.000	
PMC PDF downloads	均值	280.71	275.66	Twitter	均值	2.93	7.14	PMC Europe Citations	均值	7.12	10.84
	覆盖度	1.00	1.00		覆盖度	0.38	0.55		覆盖度	0.75	0.82
	假设检验	0.169/0.503			假设检验	0.000/0.000			假设检验	0.000/0.000	
CiteULike	均值	0.39	0.84	Wikipedia	均值	0.20	0.40	WoS	均值	12.73	18.05
	覆盖度	0.17	0.30		覆盖度	0.07	0.12		覆盖度	0.90	0.93
	假设检验	0.000/0.000			假设检验	0.000/0.013			假设检验	0.000/0.000	
Mendeley	均值	26.94	49.14	Reddit	均值	0.60	3.65	F1000Prime	均值	0.07	0.18
	覆盖度	0.99	1.00		覆盖度	0.00	0.01		覆盖度	0.04	0.08
	假设检验	0.000/0.000			假设检验	0.056/1.000			假设检验	0.000/0.083	

注：假设检验栏列出的 p 值显示渐近显著性（双尾），其中前者为曼-惠特尼 U 检验，后者为科尔莫戈洛夫-斯米尔诺夫检验

（3）中美论文的各分指标值差异也较大，Reddit 和 Facebook 指标均值中美相

差分别达 6 倍多和近 4 倍。而 PMC PDF downloads 和 Figshare 两指标均值，中美分别为 280.71、275.66 和 123.00、114.75，尽管在假设检验中两国论文在两个指标上没有显著差异，但中国论文显示出微弱优势。在覆盖度方面，除了少数指标的值相等外，其他的分指标中中国论文覆盖度都要低于美国论文，但是没有均值的差距大。此外，不同期刊间中美论文影响的对比，因为中国发表的特定期刊论文过少，具体结果不做分析。

8.1.5 研究小结

本小节分析了 OA 论文影响形成过程的三个层次：特定利用方式的微观层面，论文自身被利用的中观层面，从整个知识网络来分析的宏观层面。此外，基于 OA 论文的知识转移过程，笔者考察了论文影响形成的相关因素：论文自身、论文流通、用户方面、外界环境等；从生命周期角度，阐述了累积增长、协同演化、优先利用、回溯老化等 OA 论文影响形成机制。在此基础上，本书以中美学者发表在 PLoS 的 7 种著名生物科学和医学类期刊（2011～2015 年）上的论文为样本，以 PLoS ALM 为工具，统计五大类指标（浏览下载量、被引量、保存量、讨论量以及推荐量）的 24 个分指标数据，从指标相关性、不同年份、不同类型论文、不同分指标、不同期刊等方面，系统比较了中美学者发表 OA 论文影响力的异同，并分析了原因。

（1）中美发表的 OA 论文，各影响评测指标的相关性类似，被引量与浏览下载量存在较高相关性，与讨论量指标相关性最弱。保存量指标 Figshare 和 CiteULike 与 Mendeley 差异较大；推荐量指标 F1000Prime 和下载量指标 PLoS XML downloads 较为特殊。

（2）总体上，美国论文各指标值要高于中国论文，讨论量和推荐量差异最大，浏览下载量也相差较大；与被引量相比，保存量则相差不大，只通过被引量衡量论文影响，低估了中美论文影响存在的差距。各大类指标变化存在差异，被引量存在较强的累积性，越早发表的论文被引量越高；讨论量的变化则刚好相反。五大指标数值存在差距，浏览下载量值最高而推荐量值最低。

（3）中美论文的浏览下载量在不同类型论文中存在显著差异，美国论文在其他 4 个指标间差异并不显著；中国论文的保存量和讨论量有显著差异。中国论文中，中国为辅的论文影响指标值相对较高，中国独著的论文在 5 个指标中表现都是最差的；美国论文中，美国为主论文在 3 个影响指标值中最高；所有跨国合作的论文影响较高，但相对而言，中国为主的论文影响需要较大的提升。

（4）在具体指标方面，各分指标数值相差较大；浏览下载类和保存类各分指标的覆盖度高，而推荐量最低；PMC PDF downloads 和 Figshare 分指标值中国比美国好。在 0.01 和 0.05 显著性水平下，PMC PDF downloads、Figshare、Nature

Blogs、Reddit 等分指标，无论是曼-惠特尼检验还是科尔莫戈罗夫-斯米尔诺夫检验，中美论文的指标值分布没有显著差异。

本小节以 PLoS 期刊为例，基于多个角度运用多种测度指标较为系统地研究了中美 OA 论文影响的异同，但是也存在一些局限需要在未来研究中做重点突破；另外，随着大数据技术的兴起、开放存取的流行、社交媒体的普及，科学交流和科技创新的诸多方面都深受影响，学术论文的影响更具复杂性、多样性和动态性，对其评测也需要进一步完善和改进。①本书仅仅基于 PLoS 平台，采用了 7 种 OA 期刊进行比较分析，为了得出更具普遍性和可信的结论，下一阶段有必要采用更大规模的样本数据集，除 OA 期刊论文外也需要分析传统论文的影响异同，并且基于 Altmetric.com、ImpactStory、PlumX 等多种工具平台进行分析。②本书对中美 OA 论文影响进行了综合测度，未来有必要扩展到分析多国论文的影响，例如，中国与二十国集团（G20）发达国家/组织的论文影响比较研究；此外，也有必要针对特定主题进行更深入、全面的探究，例如，中外 OA 论文影响的历年变化与趋势分析。③未来需要重点研究和完善相关测度指标体系，例如，替代计量指标有其反映全面、快速及时等优点，也存在理论方法、数据质量、稳定性等众多缺陷。此外，也需进一步分析中外论文影响异同的原因，并根据相关结论提出中国发表的国际论文影响提升的对策与建议等。

8.2 不同类型成果的替代计量分析

在传统文献计量方法中，学术论文是主要的计量对象，而学术图书却因不适用现有的计量方法和指标体系而少有提及（Zuccala et al., 2015）。图书和论文同作为学术文献载体，各具特点：图书所包含的内容通常为一个学科领域内的基础性、理论性的内容；而学术论文则具有创新性、前瞻性的特点。对于论文，利用引文分析法评价其影响力的研究方法已较为成熟；而在已有的对学术图书的影响力的研究中，许多研究者都仅利用学术成果的引文分析法来衡量图书在学术研究当中的影响力（谢靖，2009；刘晓娟和马梁，2017；雷顺利，2013）。这样一方面忽视了图书与论文作为学术成果的不同载体在影响力方面存在的差异；另一方面单一指标（被引次数）在比较图书和论文的影响力时存在明显不足。

传统的同行评议和文献计量学已成为衡量研究成果对学术领域影响力的标准方法，但目前还没有用来衡量研究的社会影响力的公认框架（罗木华，2016）。替代计量学作为传统文献计量学在社会影响力评价方面的补充和延伸方案被提出来以后，在指标和方法论层面对文献计量学都有所完善（Bornmann，2014a）。

Altmetrics 一词源于 alternative+metrics，由美国图情专业博士生 Jason Priem 于 2010 年最早提出和使用（三牛，2014）。它的产生背景一方面是文献计量学的诸多局限性（李鑫，2018），另一方面也与网络时代社交媒体的发展密不可分。传统文献计量方法存在时间滞后、引文分析方法有缺陷、影响力反映片面等问题（邱均平和余厚强，2013；杨思洛和程爱娟，2015），而在现今的互联网时代，科学成果通过社交媒体得到更及时的传播与读者反馈，同时利用社交媒体平台可以快速收集目标数据，研究者可以方便及时地获得在各级学术生态系统的传播情况反馈，因而更好地衡量研究的社会影响力（三牛，2014）。另一方面人工智能领域在最近几年热度非常高，相关的研究问题层出不穷，论文发表数量增长迅速。人工智能研究领域广泛，包括数据和计算能力、机器学习和深度学习等（李鑫，2018）。人工智能也已应用到众多领域当中，如专家系统、博弈、智能搜索、机器人学、指纹和人脸识别、遗传编辑、人工神经网络等，成果显著（陈烈，2018）。同时人工智能的发展需要许多技术支持，包括智能接口技术、数据库技术、数理统计与概率论技术、算法等，其中囊括众多基础理论的研究。人工智能领域具有较强的前瞻性和应用性，相关研究仍处于上升阶段。

8.2.1 相关研究概述

目前，已有一些关于替代计量评价适用性的研究与应用的讨论。例如，Hammarfelt（2012）发现，主流的引文索引数据库大多注重期刊论文索引，但人文社会科学领域学术成果出版渠道多样，有论文、书籍篇章和专著，常规文献计量方法不能很好地适用。Zuccala 等（2015）在研究中展示了 Goodreaders 平台上的读者评级在评价历史学图书的学术影响方面的潜力，Goodreaders 作为一种独特的替代计量学数据源，可以让人文社会科学领域的学者更好地衡量其图书的影响力。Sud 和 Thelwall（2014）认为，替代计量指标可以用于出版物的早期影响力评估，或者予以非传统的影响力评价，但是一个重要的方面是要明确替代计量评价的使用情境的合理性。本书则选择人工智能领域，以 Altmetric.com 平台的数据作为替代计量学数据源，运用文献计量方法结合替代计量指标，对该领域的学术论文和图书进行比较评价，从多个角度反映论文和图书的影响力差异，为其他学科领域学术成果的替代计量评价提供借鉴。

8.2.2 数据样本与处理

本书以 WoS 下的 SCI、SSCI、CPCI 数据库为论文数据来源，构造检索式"Artificial Intelligen*"，检索主题字段，采集截至 2018 年 1 月的人工智能领域的论文索引数据，共获取论文索引数据 37 703 条。

以 WoS 下的图书引文索引（Book Citation Index，BKCI）数据库为图书数据来源，构造检索式"Artificial Intelligen*"，检索主题字段，采集截至 2018 年 1 月的人工智能领域的图书索引数据，共获取图书索引数据 948 条[①]。BKCI 是 WoS 平台在 2011 年 10 月推出的数据库，收录自 2005 年起出版的图书数据（齐东峰和陈文珏，2013）。

根据获得的论文和图书索引数据中的 DOI 字段从 Altmetric.com 平台获取相关文献的网络统计数据。Altmetric.com 是国外相对成熟的替代计量数据平台和评价工具，该平台区分出了 16 个不同的社交媒体平台数据，其中 5 个（Twitter、Mendeley、F1000、Facebook、News）媒体平台提供的数据集占全部数据集的 95.5%。

8.2.3 研究结果与讨论

8.2.3.1 论文和图书的国别与年代分布

以第一作者所属国家作为论文（图 8-7）或图书（图 8-8）所属的国别，统计发表量排名前十位的国家，其数量变化趋势一致，排名前三的国家间数量差异较大，后续国家间数量差异较小。其中，美国在人工智能领域的论文和图书发表数量均居第一。在论文方面，中国排名第二位，英国、印度、西班牙分别排名第三、第四、第五位，法国、意大利、加拿大、伊朗、德国也位列前十。在图书方面，英国排名第二，印度排第三位，其后各国的发表数量差距不大，其中欧洲国家较多，包括西班牙、德国、意大利、波兰，亚洲国家有印度和中国，美洲国家有加拿大，大洋洲国家有澳大利亚。从总体来看，在人工智能领域论文和图书发表数

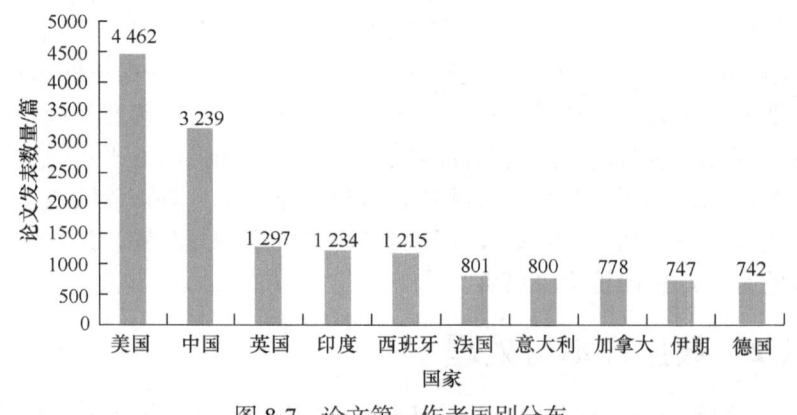

图 8-7 论文第一作者国别分布

[①] 由于在数据处理中，部分文献的索引数据中未有国别数据，最终统计的第一作者有国别的论文数为 25 727 条，图书有 850 条，以下内容核算皆根据此。

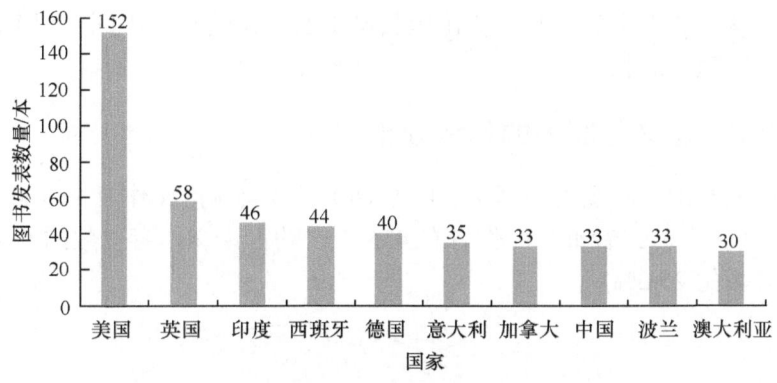

图 8-8　图书第一作者国别分布

量上,美国都占有绝对优势,在该领域具有最大的影响力。欧洲国家的整体影响力也不容小觑,欧美国家整体起步早,基础研究实力坚实。亚洲国家中,印度和中国在该领域的学术研究成果也很丰富;伊朗虽然图书出版数量较少,但是论文发表数量排名第九位,也显示了较强的研究实力。

从图 8-9 中可以看到,人工智能领域的论文和图书出版数量的年份分布存在明显差异。从统计的 2005~2017 年的数据来看,该领域出版论文的数量总体呈增长的趋势(2017 年出版最多,为 3904 篇),且增长趋势逐渐加快,仅在 2009~2011 年有小幅波动。而图书的出版数量具有明显的波动起伏,在 2005~2009 年、2013~2016 年呈现增长趋势,2009~2013 年、2016~2017 年呈下降趋势,且 2006 年之后出版数量基本维持在 50~100 本(最高为 2016 年,出版 115 本)。与论文相比,学术图书的内容更加丰富,出版和发行周期更长,需要学者付出的时间精力更多,一般对学者的专业知识水平有更高的要求,所以与论文的出版数量存在

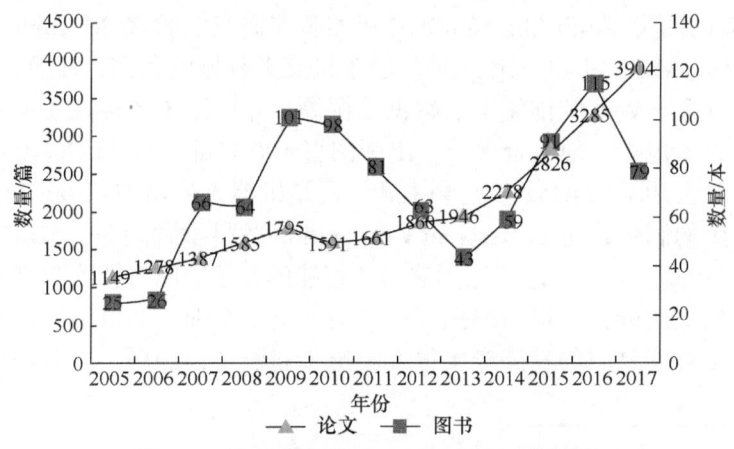

图 8-9　论文和图书 2005~2017 年出版数量

很大差距。从趋势上来看，与论文出版数量不断增长的趋势不同，图书的出版呈现动态和相对稳定的状态。

8.2.3.2 论文与图书的作者分布

在所获取的论文和图书数据中（图 8-10），共获得论文作者 81 166 人，学术图书作者 1892 人，二者重合的作者有 476 人，约占论文作者总数的 0.6%，约占图书作者总数的 25.2%。

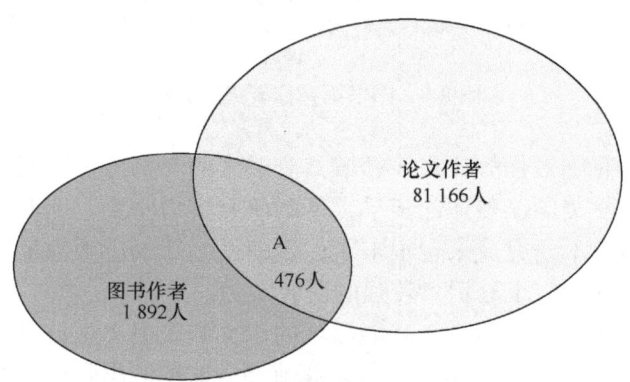

图 8-10　论文和图书作者重合图

按照论文的发表和图书的出版数量对作者排序，得到发表论文数前 30 位的作者，得到出版图书数前 30 位的作者，同时在既发表论文又出版图书的作者中，通过计算发表论文和出版图书的总数得到排名前 30 的作者，三者重合情况见图 8-11。其中出版图书与发表论文数量总和较多的作者与发表论文较多的作者重合 2 人，为 Ajith Abraham、Ben Goertzel，同时二人也是在同时出版过论文和图书的作者中，成果最多的两位。Ajith Abraham 现在机器智能研究实验室（Machine Intelligence Research Labs，MIR Labs）工作。他从事学科交叉领域的研究，涉及机器（网络）智能、网络安全、Web 智能调度、数据挖掘等，并应用于各种现实世界问题，发表论文近千篇（包括与他人合著），出版图书 100 多部。[①]Ben Goertzel 是美国通用人工智能学会和 OpenCog 基金会主席，还是机器人公司 Hanson Robotics 的首席科学家，生物制药公司 Genescient Corporation 的科学顾问等。[②]2007 年 5 月，Goertzel 在 Google Tech 谈论了他创建人工智能的方法。他将智能定义为检测世界和代理本身模式的能力，可以根据"在复杂环境中实现复杂目标"的紧急行为来衡量，对人工智能领域的发展产生很大影响（刘语珊，2016）。两种成果数量之

[①] Ajith Abraham. http://www.mirlabs.org/researchers/Ajith%20Abraham.php[2018-04-01].
[②] Ben Goertzel. https://en.wikipedia.org/wiki/Ben_Goertzel[2018-04-01].

和较多的作者与出版图书较多的作者重合6人，为Utku Kose（苏莱曼·德米雷尔大学，土耳其、哈萨克斯坦）、Ephraim Nissan（伦敦大学，英国）、Didier Dubois（保罗·萨巴蒂埃大学，法国）、Vincent C.Mueller（乌得勒支大学，荷兰）、Lakhmi C.Jain（南澳大利亚大学，澳大利亚）、Jeffrey W.Tweedale（南澳大利亚大学，澳大利亚），国家和地区分布比较广泛（亚洲、欧洲、大洋洲）。发表论文较多的作者和出版图书较多的作者之间没有重合。这说明通常一个领域的学者在会在发表学术论文与出版图书方面有所侧重，两种成果数量都位列领域前列的情况极少。

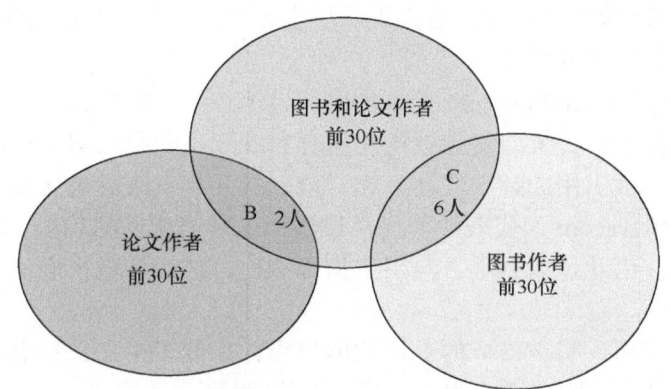

图8-11　论文和图书成果数量前30位作者重合图

8.2.3.3　论文和图书的影响力分析

因为替代计量学尚未形成完善的指标体系，在数据来源和分析工具方面也存在诸多差异，所以本书使用的替代计量指标数据由Altmetric.com平台提供，既包括平台给出的综合关注度分数——Altmetric attention score（下文简称attention score），也有来自各大社交媒体软件及平台的用户行为[包括发文（帖）、浏览、关注、转发等]（Robinson-García et al.，2014）。除此之外，本书还分析了传统的引文指标，并与attention score指标比较差异。

从图8-12中可以看出，期刊论文attention score均值总体上要高于图书，且在近四年内有明显快速增长的趋势。图书attention score均值较低，在近五年内增长缓慢，且在2016~2017年还有小幅下降。期刊论文attention score均值总体上比图书高。

一般来讲，图书的获取比较困难，成本较高，各高校和研究机构在购买数据库时也优先选择论文数据库，而开放存取运动对于论文的影响也大于对图书的影响。另一方面，论文研究注重新颖性，图书更注重基础性和系统性，因此论文的参考文献多以论文为主，图书更多是作为图书的参考文献出现的，而论文每年的发表数量远高于图书，且数量增长更快。再者图书的利用情境比较广泛，本书选取的指标只能反映部分对图书的利用行为，像在高校课堂对于图书的介绍和使用、学生课后推荐阅读等行为在现有指标中便无法体现。所以，虽然图书的知识内容更加丰富、系统和全面，更具参考价值，但是 attention score 和引文指标均值都低于论文。

2011 年之前的论文和图书 attention score 均值较低可能是由于 Altmetric.com 平台自 2011 年起收录数据，2011 年以前出版的学术成果的数据缺失较多。而论文 attention score 最近几年增长迅速可能是受开放存取运动的影响，近几年出版的学术文献的开放存取数量增加，更多人有机会参与到学术文献的讨论和利用当中，使得相关指标数据快速增长。

在论文方面，attention score 指标均值与传统计量学常用的引文指标均值年份分布存在明显差异。传统引文指标的均值分布表现出明显的累积效应，即发表时间较长的论文，被引用的频次较高，相对地，近几年发表的论文被引用的频次较低。而以 attention score 为代表的替代计量指标表现出相反的趋势，即指标均值随年份逐渐增长。由此可以看出，与引文指标相比，替代计量指标更能有效反映出研究的新颖性。

而在图书方面，引文指标的总体均值较小，远低于论文，且引文指标的累积效应并不明显，用于图书评价明显不足。而替代计量指标 attention score 随年份变化的趋势虽然比较平缓，但仍可以看出是呈现增长趋势的。因此，虽然用替代计量指标评价图书的新颖性的效果比评价论文的效果较弱，但是仍是可行的，也可以弥补传统计量学在图书评价上的部分不足。

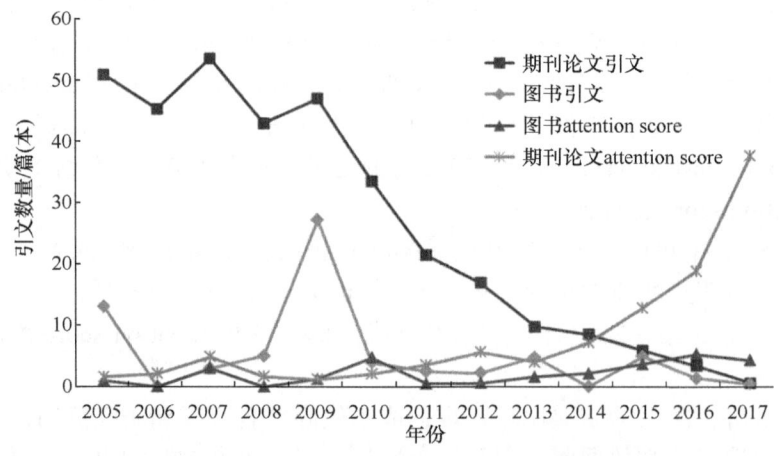

图 8-12 attention score 和引文的篇（本）均值的年份分布

图 8-13 展示的是论文和图书的各指标均值，部分论文和图书均值都为 0 或都极小（小于 0.0001）的指标（Peer review mentions、Weibo mentions、LinkedIn mentions、Pinterest mentions）未展示在图中。总的来看，论文在多数指标的均值都高于图书，二者存在明显差距。但在 Wikipedia、F1000 的指标均值差距较小，在 Q&A 平台的指标均值相等。这些平台与其他社交或新闻平台相比更注重内容的专业性与权威性（Bornmann，2014b），会更倾向于选择图书作为参考文献。

从传统的引文分析来看，论文的篇均被引量远高于图书的被引量；图 8-12 篇均被引的年份变化，论文呈现明显的递减趋势，即越早发表的论文篇均被引量越高，图书的递减趋势不明显，即图书的发表时间的早晚对其被引量的影响不明显。

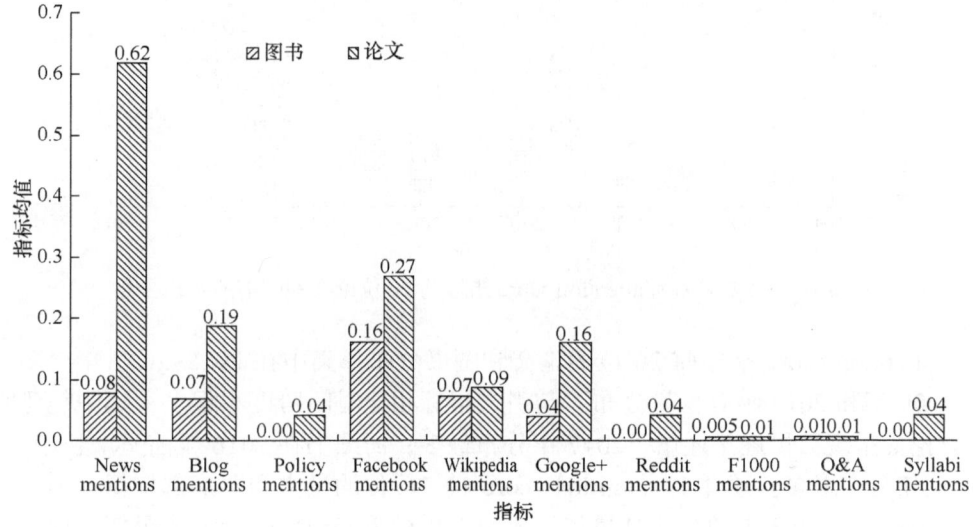

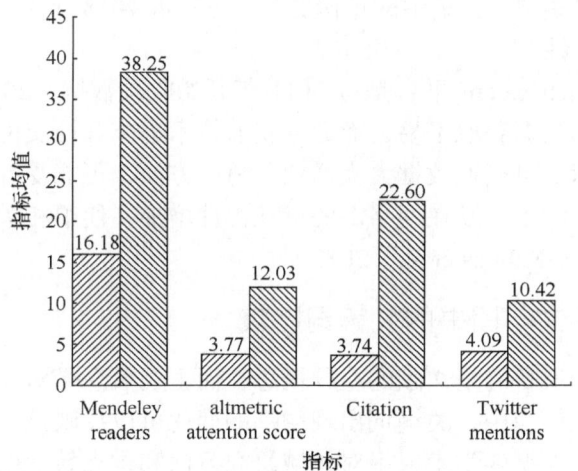

图 8-13 论文和图书指标均值

图 8-14 展示了引文指标和 attention score 指标前 20 位的论文和图书的年份分布。可以看到引文指标前 20 位的图书与论文分布都比较分散，论文的年份跨度更大（2005~2016 年），但总体上集中分布的年份比图书要早。

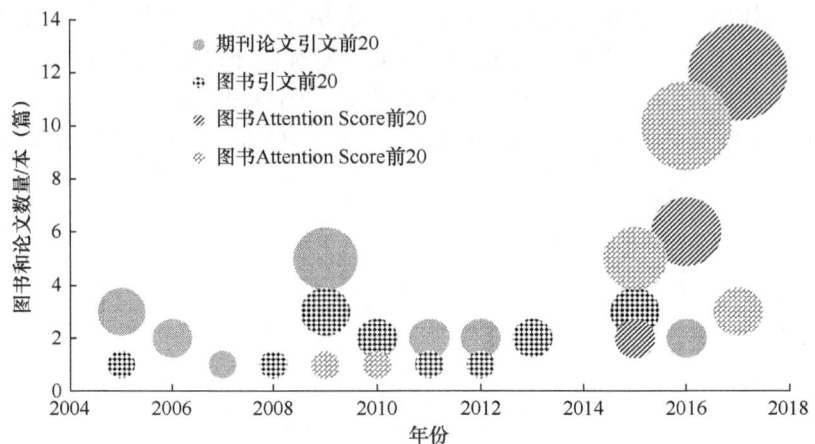

图 8-14 引文指标和 attention score 指标前 20 位论文和图书的年份分布

attention score 指标前 20 位的论文和图书分布都集中在 2015~2017 年，图书在 2009 年和 2010 年有少量分布，与引文指标相比时间跨度小很多，集中趋势明显。论文呈现数量逐年递增，2017 年分布最多；而图书在 2016 年前呈增长趋势，2016 年分布最多。总体上 attention score 前 20 位的论文和图书都较新，因此以 attention score 为代表的替代计量指标比引文指标更好地反映学术成果新颖性；但论文比图书分布更集中，且集中的年份更晚（更趋近 2018 年），论文更能反映替代计量评价的及时性。

一方面，Altmetric.com 平台是自 2011 年开始收录数据，2011 年前出版的文献在社交媒体上的数据获取不易，而数据获取技术进步和社交网络的发展使得最近几年发表的文献的可获取数据大大增加；另一方面，可能受开放存取运动的影响，近几年出版的学术文献在网络上的可获得性增加，使得相关替代计量指标数值快速增长（Torres-Salinas et al., 2013）。

8.2.3.4 论文与图书的关键词比较

文献的关键词反映的是文献的主题概念，而主题概念是对文献主要内容的概括。研究领域的文献当中，关键词出现频率的变化可以反映该领域研究重点和方向的转变，但不同类型的学术成果对领域研究方向和重点转变的反映可能存在差异。本书利用 VOSviewer 按出版年份统计所获取论文和图书中出现的关键词词频并排序，选取每年出现频率较高的 20 个关键词。其中有部分关键词几乎在每年的人工智能领域论文中出现频率都很高（2005～2017年的13年中至少有11年属于高频词）：这其中有领域索引词，如artificial intelligence；有领域基础结构词，如system（s）、model（s）；有反映领域研究的应用目标，如prediction、simulation、performance、identification、fault diagnosis；也有领域通用的研究方法，如artificial neural network（s）、classification、genetic algorithm（s）、fuzzy logic、data mining、machine learning。通过观察每年的关键词的变化可以发现2010年以前人工智能领域的研究论文多聚焦于知识、专家系统、管理领域，但2010年之后则更多地关注各种集群优化算法；在2010年之前图书的内容多是基础理论和概念内容，2010年之后图书中也开始较多地出现具体的优化算法关键词。在反映领域研究热点方面，由于多数图书具有整理和总结的特点，因而与论文相比具有时滞性，例如，2010年之后，论文中的knowledge出现频率便开始减少，但knowledge discovery在图书2015年的高频关键词中。

8.2.4 研究小结

本书结合文献计量和替代计量指标，分析人工智能领域的论文和图书类型文献的影响力表现和指标适用性等方面。

（1）国别分布方面，人工智能领域论文和图书类型文献的国家分布较为相似，都以欧美国家居多。部分国家论文和图书的位次差异较大：中国图书数量排名第八位，但论文数量排名第二位；伊朗图书数量未排进前十位，但论文数量排在前十位。以图书为指标衡量，两国在该领域未表现出较强的影响力；以论文为指标衡量，则表现出很强的影响力。在作者方面，Ajith Abraham、Ben Goertzel作为在人工智能学术领域的顶尖学者，发表的论文和著作成果都比较丰富，其他论文高产作者与著作高产作者重合较少。

（2）影响力指标表现方面，从各指标分析来看，论文和图书成果在学术影响力和社交媒体的影响力方面都存在显著差异，总体来看论文各项指标均值都较高，展现出更强的影响力。图书在部分具有选择性的平台（Wikipedia、F1000、Q&A）上的传播和利用也很普遍，说明学术成果在网络上的传播也受平台选择性的影响（Robinson-García et al.，2014）。从传统的引文指标分析中可以看到，论文的引文均值明显高于图书，且论文引文数据的累积效应远比图书明显，图书的引文数据受出版发行时间的影响较弱。通过与传统的引文指标比较，可以看到替代计量指标表现出与引文指标的累积效应相反的趋势，即指标均值随年份逐渐增长。因此，与引文指标相比，替代计量指标更能有效地反映出研究的新颖性。在引文和attention score指标前20位的图书和论文方面，总体上attention score前20位的论文和图书都较新，替代计量指标更好地反映学术成果新颖性，而图书和论文集中年份的差异说明论文更能反映替代计量评价的及时性。以 attention score 为代表的替代计量指标比引文指标更好地反映学术成果新颖性；但论文比图书分布更集中，且集中的年份更晚（更趋近 2018 年），论文更能反映替代计量评价的及时性。

（3）主题内容方面，通过统计图书和论文中出现的高频关键词，得到论文的关键词既有概括研究方向的术语，也有具体到算法层面的词，图书的关键词则更加笼统与概括，多属于更上位类的词。在反映领域研究热点方面，论文更能反映当前的研究热点，由于多数图书具有整理和总结的特点，因而与论文相比具有时滞性。

本书选择了人工智能领域这一领域获取论文和图书数据，未来可以将研究的领域范围扩展到其他科研领域，可获取的数据量也会增加。同时，替代计量学也在快速发展，相关的数据平台和计量工具也在不断更新完善，可获取的指标也在不断增加（Torres-Salinas et al.，2013）。受开放存取的影响，可获取替代计量数据的学术成果数量增长迅速，因此在引入替代计量指标比较学术论文和图书的影响力时，得到的结果会更丰富，也更具说服力，形成的学术图书影响力评价框架也会更加合理。

8.3　不同国家图书的替代计量分析

随着全球化进程发展，各国学者竞相出版国际科研成果，以期提高自身及国家的科技地位和影响力。在此环境下，2017 年我国国际科技论文总量相比 2012 年增长 70%，居世界第二位，同时被引量首次超过德国、英国，跃居世界第二位。[①] 可见，中国科技论文的产出与影响力在世界范围已具有举足轻重的地位，也因此备受学者与社会各界的关注。相较之下，学术图书作为科研成果的重要形式之一，其价值与影响力却缺乏足够的评价研究。在社交媒体与数字出版发展的新环境下，如何全面评价图书影响力显得尤为重要。传统的同行专家评议与引文分析等方法，虽有一定的可取之处，但无法综合反映图书影响力。而 2010 年替代计量学的提出，为成果影响力评价提供了新的视角和方法（Priem and Hemminger，2010；Thelwall and Kousha，2015），相对于传统评价方法，替代计量学具有全员可参与、数据源广、评价及时、结果全面客观、方法经济、操作性强等优点。

G20 拥有世界 80%以上的 GDP 和 92%的研究开发经费，在全球科技创新活

---

① 2017 年中国国际科技论文总量居世界第二。http://www.sohu.com/a/215593685_120702[2018-09-10].

动中，表现出决定世界科技创新未来和方向的竞争力与活力。①因此，本书以 G20 国家/组织为切入点，以 Springer 收录的图书为例，从图书的产出数量、替代计量学的五类指标以及合著关系三个方面，对比分析 G20 国家/组织图书影响力的现状，并揭示中国在 G20 国家/组织图书影响力中所处的地位，为我国提升图书国际影响力提供借鉴，为我国构建"中国话语权"和"走出去"战略提供参考。

8.3.1 相关研究概述

社交媒体环境下，大数据技术的兴起、数字出版的流行、开放存取的普及，使得学术交流和知识创新的诸多方面深受影响，学术图书国际影响力更具复杂性、多样性和动态性；学术图书结构和内容的特殊性，使得利用传统文献计量方法和引文索引库对图书评价的行为存在一定缺陷，替代计量学正在成为一种更易实施的图书影响力评价新方法（雷淑义和吕先竞，2017a）。

国内对学术成果的评价主要集中在期刊论文上，对图书影响力的评价研究相对薄弱。①基础理论研究。包括：界定图书替代计量学的概念（雷淑义和吕先竞，2017b）、分析国内外图书替代计量学评价研究现状（雷淑义和吕先竞，2017b）、介绍图书影响力指标与工具（熊霞等，2016）等。②构建图书评价体系。如从 22 个原始评价指标中归纳出 5 个大类，进行电子图书评价指标体系设计（林晓华，2016）；基于学术图书影响力从传播、获取到利用、反馈的过程，构建基于替代计量学的学术图书评价指标框架（李明和陈铭，2018）；通过特尔菲法确定并分配指标的权重，构建外文学术图书模糊综合评价模型与采访模型（孙勇中等，2007）。③实证研究。许洁和王嘉昀（2017）以 Bookmetrix 为数据源，统计 Springer 出版的人文社会科学类图书数据，将中国与美国、德国、日本对比，提出提升我国人文社会科学学术图书国际影响力的对策；匡登辉（2018）利用 Bookmetrix 工具分析化学、社会科学图书，对文献计量指标与替代计量指标的相关性与一致性进行定量分析。

国外关于替代计量学应用于学术图书影响力评价的研究正在兴起。①确定学术图书影响力指标。如 Mike Thelwall 等提出 Google 引文、OCLC 馆藏、在线提及、出版商等指标，并分析指标的优缺点（Thelwall and Kousha, 2015；Kousha and Thelwall, 2015）。②指标之间的关系探索。包括分析不同指标之间的互补程度（Torres-Salinas et al., 2017）、多个指标之间的相关性（Zuccala et al., 2015；Snijder, 2016）。③实证研究。Hammarfelt（2014）分析了 2012 年瑞典大学出版的人文学科学术论文和图书的替代计量指标的覆盖率与影响力；Halevi 等（2016）通过收集 70 000 多本图书的传统指标和替代计量指标，探索表明没有一种学术评价指标

---

① 科瑞唯安：G20 国家科技竞争格局之辩. https://www.useit.com.cn/thread-19537-1-1.html[2018-09-01].

可以全面捕捉图书的影响力；Zhou 等（2016）对亚马逊上的学术图书进行多粒度挖掘在线评论数据，来衡量此类学术图书的影响。

从研究数据上看，与国外相比，国内现有研究中大多缺乏充分的数据支持；从研究内容上看，国内多介绍理论研究现状、评价工具等基础内容，国外侧重图书影响力不同指标的分析；从研究对象来看，国内研究多以人文社会科学领域或机构出版的图书为主，具体涉及不同学科领域以及不同国家的图书影响力比较分析较少。现有的研究为本书奠定了基础，本书基于 Bookmetrix 数据，揭示 G20 国家/组织图书影响力的现状。

8.3.2 数据样本与测度指标

目前，典型的图书替代计量学工具有 Altmetric.com、Bookmetrix、Plum Analytics、WorldCat Search API、Scopus Article Metrics 等。其中，Bookmetrix 平台是由 Springer Nature 集团与 Altmetric.com 合作开发的，Springer Nature 集团是目前全球最大的学术图书出版公司，同时出版全球具有广泛影响力的期刊，也是开放研究领域的先行者。①

基于数据的代表性和可获取性考虑，选取 Bookmetrix 为数据源。首先，从 Springer 数据库中选择 2011～2015 年出版的 5 门学科图书，包括化学、工程、历史、法律以及医学，共计 4542 本图书。由于工程和医学学科图书数量较多，考虑学科间图书差异过大，所以按年份随机抽取其中 1/5 的图书。其次，分两种途径获取图书作者国别：一是 Springer 图书的介绍页面包括作者信息，可通过网络爬虫技术直接抓取。二是 Springer 图书的介绍页面不包括作者信息，则通过亚马逊（https://www.amazon.com/）搜索书名获取作者国别信息；或通过 Wiley Online Library（https://onlinelibrary.wiley.com/）搜索作者姓名获取作者国别信息；或通过 Google 搜索作者姓名获取国别信息。对作者重名的情况则通过学科及研究领域识别。通过以上途径，识别出 4542 本图书中第一作者属于 G20 国家/组织的共计 3583 本，约占总数的 78.89%。其中，由于欧盟包含国家众多，只统计第一作者属于欧盟组织的图书数量，数据显示该类图书仅有 1 本，且第一作者属于印度尼西亚的图书也为 1 本，二者数据量缺乏代表性，因此不纳入本书统计之中。

最后，通过 Bookmetrix 获取每一本图书的计量指标数据，包括下载量、引文量、提及量、读者量以及评论量。相关指标含义如下所述。①下载量指标。根据 Springer 中的记录展示图书整体的下载情况。②引用量指标。按年统计来自 Crossref 的图书被引数据。③评论量指标。展示 Springer 中的图书评论摘录数据。④提及量指标。基于替代计量学提供的数据，展示图书于在线平台及各种社交网络中被

---

① SpringerLink 电子期刊及电子图书. http://lib.tsinghua.edu.cn/database/springer.htm[2018-11-05].

讨论、提及或分享的情况。⑤读者量指标。基于 Mendeley 的数据，展示有多少用户将图书、章节保存在自己的参考文献管理器中。

8.3.3 指标的覆盖率与相关性分析

8.3.3.1 指标覆盖率概况

覆盖率是指该指标数据的非零值情况。表 8-7 为五门学科图书的五个指标数据概况。首先，图书的下载量、引用量以及读者量覆盖率较高，下载量覆盖率几乎为 100%，表明大部分的图书都被下载利用过。其次，图书的评论量和提及量覆盖率较低，且覆盖率存在学科差异，如化学学科和工程学科的图书评论数据覆盖率处于 15% 左右。一方面这与该类学科图书的内容特点存在关系，另一方面可能是由于 Bookmetrix 中的图书评论主要来自专业学术期刊或媒体评论，未对亚马逊这类商业网站中的读者评论数据展开收集。最后，各国指标覆盖率与整体情况具有一致性，即下载量、引用量以及读者量的覆盖率远高于评论量和提及量。此外，中国的下载量覆盖率为 100%；引用量（85.52%）、读者量（94.12%）覆盖率高于整体水平、美国以及德国，但中国的评论量（14.02%）低于整体水平。

表 8-7 五门学科出版图书数量及其指标概况

学科	总数/本	下载量/次	覆盖率/%	引用量/次	覆盖率/%	评论量/次	覆盖率/%	提及量/次	覆盖率/%	读者量/次	覆盖率/%
化学	1 025	2 6636 011	100	30 934	84.30	198	14.24	1 233	27.61	80 297	95.51
工程	1 048	3 7743 589	100	11 905	79.58	226	16.18	691	15.94	57 717	94.85
医学	799	2 7763 133	100	6 607	69.09	536	42.68	914	21.90	31 160	92.12
法律	765	1 7301 570	100	2 621	66.14	261	20.92	612	23.66	6 978	79.22
历史	905	995 251	99.12	3 171	69.72	1 226	61.44	1 850	39.89	4 164	74.59
总计	4 542	110 439 554	99.82	55 238	74.57	2 447	30.22	5 300	25.69	180 316	87.85

8.3.3.2 指标相关性分析

表 8-8 为 Spearman 等级相关系数具体情况，表的右上部分和左下部分分别是总体样本与中国的各指标相关性情况。首先，如表 8-8 所示，整体上各指标间相关性值和中国的分布较为相似，皆未存在高度相关值，部分指标间相关性系数低于 0.3。这从一定程度上说明各指标具有独特性，从不同角度描述图书影响力，各指标不能相互替代，而是相互补充。其次，读者量和引用量相关系数值较高，整体情况、中国、美国及德国的值分别为 0.606、0.668、0.643 及 0.562，体现出指标

间的联系具有一定的稳定性。当读者将图书或章节保存在自己的参考文献管理器中时，读者引用图书或章节的概率提高，表明可以根据 Mendeley 读者量预测后期引用的情况，这与已有的关于论文两指标间相关性研究的结论一致（Li and Thelwall, 2012）。虽然二者研究的文献载体不同，但结论相似。最后，美国出版图书的指标相关性值中，下载量与读者量、下载量与引用量的相关值分别为 0.482 和 0.693，皆高于整体、中国以及德国的相关性值。

表 8-8　图书影响力指标相关性分析

指标	下载量	引用量	评论量	提及量	读者量
下载量	1.000	**0.270****	**−0.159****	0.008	**0.481****
引用量	0.393**	1.000	**−0.048****	**0.221****	**0.606****
评论量	−0.121	−0.116	1.000	**0.097****	**−0.151****
提及量	0.320**	0.254**	−0.054	1.000	**0.138****
读者量	0.531**	0.668**	−0.306**	0.295**	1.000

**表示相关性在 0.01 级别显著（双尾）

8.3.4　G20 国家图书产出分析

8.3.4.1　G20 国家两种类型图书产出分析

图 8-15 为 G20 国家两种类型图书产出量比较图。其中，非第一作者类型表示该国家作者作为作者之一，但并非第一作者。G20 国家中，德国、美国、英国的图书产出数量地位突出，位居前三。三国图书的第一作者数量占 G20 国家第一作者总数的 67.61%；三国图书的非第一作者数量占 G20 国家非第一作者总数的 59.85%。其中，德国第一作者数量占第一作者总数的 29.94%；德国非第一作者数量占非第一作者总数的 26.69%。该数据一方面说明德国学者积极出版图书；另一方面也和 Springer 是属于德国的科技出版集团密切相关，如法律学科的图书中以德语撰写的图书比例所占最高，达到 34.64%；历史学科的比例最低，为 3.09%。

G20 各国图书产出情况差异较大。意大利、法国、加拿大等欧美国家图书产出排名较为靠前，但具体数量与德国、美国存在较大差距。中国的两类图书数量虽然排名第五，但图书总数分别只占德国、美国以及英国的 18.27%、21.67%、44.67%。同处于亚洲的日本、印度排名居中。而以沙特阿拉伯和南非等为代表的发展中国家的产出量均较低，可能是语言障碍因素在一定程度上了影响了这些国家学者在 Springer 出版国际图书。

第八章 替代计量学的研究实例分析

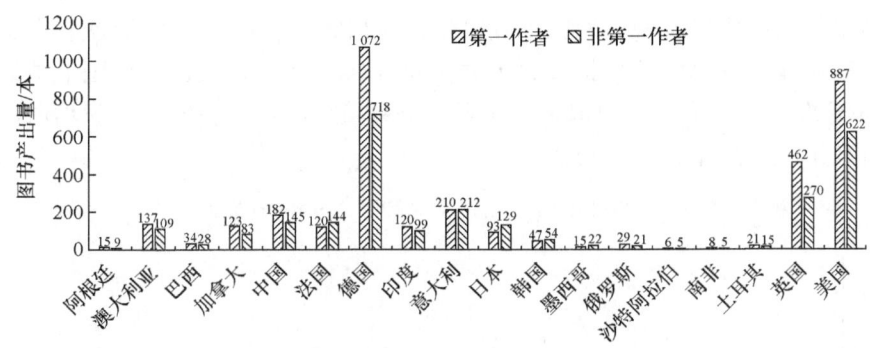

图 8-15　G20 国家两种类型图书产出量比较图

8.3.4.2　G20 国家五门学科图书产出分析

下文聚焦于各国的第一作者类型图书。考虑数量的代表性，表 8-9 只列出第一作者类型图书产出数量排名前五的国家，"比例"表示该学科第一作者图书数量占 G20 学科总数的比率。如表 8-9 所示，各国图书学科分布不平衡。德国第一作者图书数量最多，其化学、工程、医学以及法律学科图书分布差异不大，但历史学科所占比例很小，仅为 5%，远低于历史学科总体占比比例（21%）。中国化学图书占比最高，达到 44%，且高于化学学科的总体占比比例；医学类图书占比最低，仅为 4%，且历史学科图书比例也较低，仅为 6%，皆远低于学科的总体占比。

表 8-9　各国第一作者图书数量学科分布概况

国家	化学/本	比例/%	工程/本	比例/%	医学/本	比例/%	法律/本	比例/%	历史/本	比例/%	总计/本
德国	227	21	307	29	179	17	304	28	55	5	1072
美国	176	20	147	17	250	28	36	4	278	31	887
英国	49	12	29	7	49	12	54	12	281	69	462
意大利	45	21	41	20	66	31	41	20	17	8	210
中国	80	44	60	33	8	4	23	13	11	6	182
G20 国家总计	822	23	791	22	655	18	545	15	768	21	3581

8.3.5　G20 国家图书影响力指标分析

8.3.5.1　G20 国家图书影响力指标均值分析

G20 国家图书影响力指标均值分布图如图 8-16 所示。其中，下载量均值单位为"万次"，引用量均值与读者量均值单位为"十次"，其余单位为"次"。基于下载量均值的比较发现：韩国下载量均值位居第一，篇均 5.42 万次；上文分析出德国第一作者图书的数量最多，下载量总计 4011.07 万次，但德国下载量均值为 3.74 万次，位居第二；中国第一作者图书数量排名第五，但下载量均值以 2.77 万次排名第三，高于美国、英国。

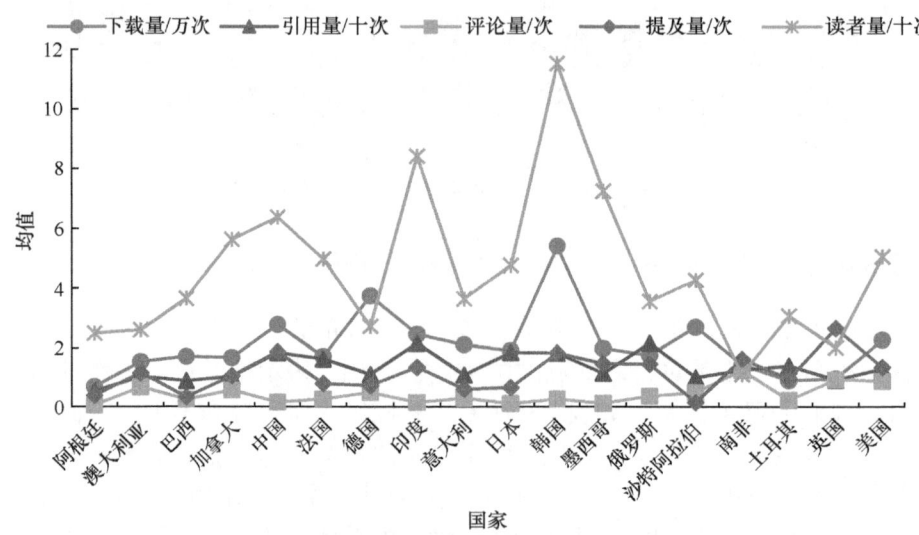

图 8-16　G20 国家图书影响力指标均值分布图

引用量均值方面，亚洲国家表现优异。在引用量均值排名的前五名中，除了俄罗斯以 21.55 次的引用量均值排名第一外，其余四个国家皆属于亚洲国家。印度以 21.54 次的引用量均值紧随其后，排名第二；日本和中国分别以 18.41 次和 18.36 次的引用量均值排名第三与第四；韩国以 18.21 次的引用量均值排名第五。引用量均值可以客观地说明图书被使用和重视的程度，以及其在学术交流中的作用和地位。亚洲国家由于受语言限制而国际图书出版数量不足，但引用量均值可以客观地说明这些国家的图书被使用和重视的程度，以及其在学术交流中的作用和地位较高，具有较高的学术影响力。相较于德国、美国与英国，这些国家出版国际图书需要更大的额外付出，这些国家一般更倾向于把精品图书在国际出版，因此数量较少，质量较高。而德国、美国与英国在引用量均值上落后于这些国家，则可能是由于国际图书出版数量大，但质量参差不齐，造成均值较低。

评论量和提及量均值方面，各国普遍较少。评论量和提及量通过在线社交媒体进行交流过程中的推荐、评论等交互行为来度量，偏向社会影响力。但如图 8-16 所示，各国评论量均值和提及量均值数量较低，社会关注度并不高。评论量均值方面，南非以 1.25 次的评论量均值排名第一；英国和美国居第二和第三位，但美国的评论量总数为 780 次，排名第一。中国的评论量均值为 0.28 次，排名仅为第 14

位。提及量均值方面,英国以 2.65 次的提及量均值排名第一,中国以 1.87 次的提及量均值排名第二,韩国以 1.83 次的提及量均值排名第三。

读者量均值方面,各国差异值较大。韩国作为代表性的新兴国家之一表现较好,以 115.70 次的读者量均值排名第一;印度读者量均值 84.47 次,排名第二;墨西哥读者量均值 72.67 次,排名第三;中国的读者量均值为 63.96 次,排名第四。而排名最后的国家为南非,其读者量均值为 11.13 次,仅占韩国读者量均值的 9.6%。此外,尽管美国、英国、德国由于图书数量大、质量参差不齐,使得图书部分指标的均值低于中国、韩国等,但以中国、美国为例,比较五个分指标排名前十的图书发现,美国高水平的国际图书影响力仍然优于中国。美国的下载量、引用量、评论量、提及量以及读者量的均值分别是中国的 1.8 倍、1.7 倍、3.6 倍、1.4 倍以及 2.3 倍。

8.3.5.2 五门学科图书影响力指标均值分析

从五门学科的角度展示图书影响力差异,绘制五门学科五类指标均值分布图,如图 8-17 所示。图中下载量均值、评论量均值以及提及量均值对应左边主纵坐标轴;读者量均值、引用量均值对应右边次纵坐标轴。

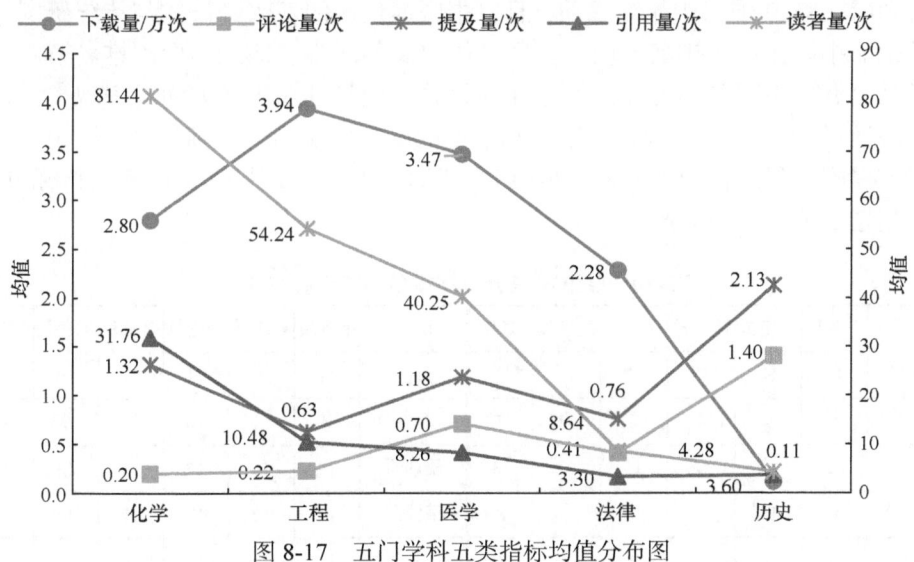

图 8-17 五门学科五类指标均值分布图

从图 8-17 中可知,各学科五个指标均值存在差异,各学科影响力指标侧重点不同。化学学科涉及学术影响力指标较高,而历史学科图书则是在在线社交媒体交流过程中被提及、评论等交互行为较多,偏向社会影响力。具体地,化学学科在读者量均值和引用量两个指标上表现最高,这与前文相关性分析中得出的结论相符,即读者量和引用量相关性值最高,说明化学学科图书在学者研究中被利用的情况较好。而引用量并不能完全展示图书的实际影响力,有些有影响力的图书并不以引用的方式表明(杨思洛等,2014)。如历史学科的提及量和评论量指标均值皆排名第一,但下载量、引用量以及读者量排名最低,其下载量均值最低,只占工程类学科均值的3.15%;读者量均值仅占化学学科的5.26%。此外,这与学科本身的特征也密切相关,相较于理工类学科,人文社会科学类学科的研究对象很大程度是人和社会,往往会产生更多与人们生活相关的、喜闻乐见的学术成果,更容易获得社会公众的关注。

8.3.5.3　G20国家图书影响力指标排名分析

表8-10为G20国家五个分指标排名与综合排名情况。首先,对五个分指标数据进行标准化处理。采用线性标准化方法:假设有i个评价对象、j个评价指标,每个指标的原始数据值为$x_{i,j}$,则$y_{i,j}=x_{i,j}/\max(x_j)$(俞立平等,2009)。其次,结合指标的覆盖率与相关性分析结论,通过咨询专家意见赋予分指标权重:引用量权重为0.3,评论量为0.25,提及量为0.2,读者量为0.15,下载量权重为0.1。最后,通过加权综合计算G20国家图书影响力,展开排序。如表8-10所示,综合而言中国在G20国家中排名靠前,且以中国为代表的新兴经济体与传统研发强国的差距缩小。在综合排名方面,美国、德国及英国排名前三,中国排名第四,印度排名第五。中国与印度在图书方面的优秀表现与其在论文方面的表现类似,如《G20科研与创新表现》显示:中国和印度的论文影响力在逐渐提升,缩小了与传统研发强国之间的差距(陶蕊,2014)。此外,在下载量指标与读者量指标方面,中国超越了英国,位居第三。

表8-10　G20国家分指标排名与综合排名情况

国家	下载量	引用量	评论量	提及量	读者量	综合	国家	下载量	引用量	评论量	提及量	读者量	综合
阿根廷	18	17	18	17	16	17	日本	11	8	11	11	10	10
澳大利亚	8	9	4	6	11	7	韩国	7	11	10	10	9	11
巴西	12	13	14	16	12	13	墨西哥	14	15	17	13	13	15
加拿大	9	10	5	7	7	8	俄罗斯	13	12	12	12	14	12
中国	3	4	8	4	3	4	沙特阿拉伯	16	18	16	18	18	18
法国	10	7	7	9	8	9	南非	17	16	13	15	18	16
德国	1	1	2	3	2	2	土耳其	15	14	15	14	15	14
印度	6	5	9	5	4	5	英国	5	3	3	2	5	3
意大利	4	6	6	8	6	6	美国	2	2	1	1	1	1

8.3.6 G20 国家图书合著网络分析

运用社会网络分析方法,使用 Ucinet 软件绘制 G20 国家的图书合著关系整体网络图,如图 8-18 所示;以及分学科绘制 G20 国家图书合著网络图,如图 8-19 所示。节点的大小代表该节点在网络的地位高低和作用大小,即节点越大代表该节点越核心;节点间的连线粗细表示各国的合著次数多少,连线越粗代表合著关系越紧密。本小节分别从网络密度、点度中心性、中间中心性三个方面展开分析。

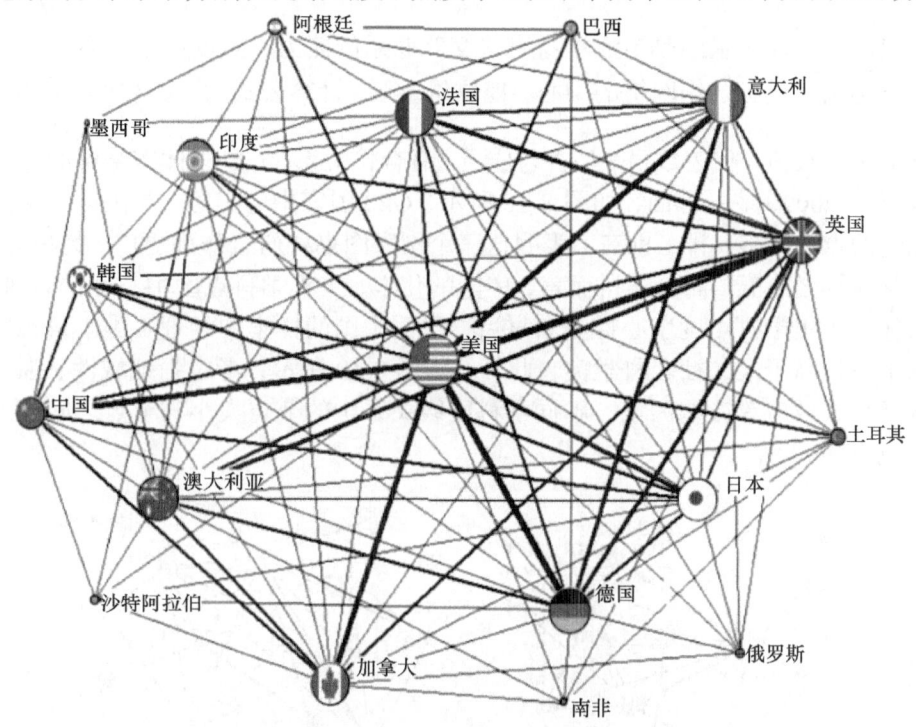

图 8-18 G20 国家图书合著关系整体网络图

8.3.6.1 图书合著网络密度分析

网络的密度是指网络关系图中各节点之间信息传播的紧密和互动程度,整体网络的密度越大,表明国家间科研合作越频繁、合作强度越大。利用 Ucinet 软件,将多值关系数据转换成二值关系数据,得到 G20 国家图书合著关系整体网络图的网络密度为 0.6667,从图 8-18 可见整体上各国图书合著网络密度较为密切。但分学科来看,如图 8-19 所示,不同学科的图书合著网络密度存在较大差异。化学、工程以及医学学科的网络密度明显高于法律与历史学科。工程学科的网络密度最高,为 0.4641;历史学科网络密度最低,为 0.1961。可见,理工类学科更倾向于寻求国际化的大规模合作,而在人文社会科学领域,如法律与历史学科,不同国家的社会形态与意识领域存在差异,进而影响了该类学科的国际合作密度。此外,计算合作率指标,即作者国别大于等于 2 的图书数占该国全部图书数的比例,得出中国的合作率为 0.34,高于美国(0.27)以及德国(0.25),说明美国、德国的独著书籍比例高于中国。

8.3.6.2 图书合著网络点度中心性分析

点度中心性测量的是节点本身直接交互联系的能力,点度中心性越高,表明该国家越接近科研合作网络的中心,地位越重要。计算公式为:$C_D(n_i) = \sum_j X_{ij}$,X_{ij} 是 0 或 1 的数值,代表成员 j 是否与成员 i 有合作关系,n 是整体网络中的节点数(林聚任,2009)。一方面,如图 8-18 所示,G20 国家中与美国、英国以及德国直接相连的点数最多,排名前三,表明这三个国家图书科研合作面更广。另一方面,中国整体排名第五,而分学科而言,中国的化学、工程学科点度中心性排名前三,但法律、历史学科点度中心性排名靠后,说明中国的样本中的理工类学科科研合作网络地位高于人文社会科学类。此外,如图 8-19 所示,考虑强地域性、强学科性以及马太效应等影响因素,不同学科网络关系中的节点大小与节点之间的连线粗细也不同。

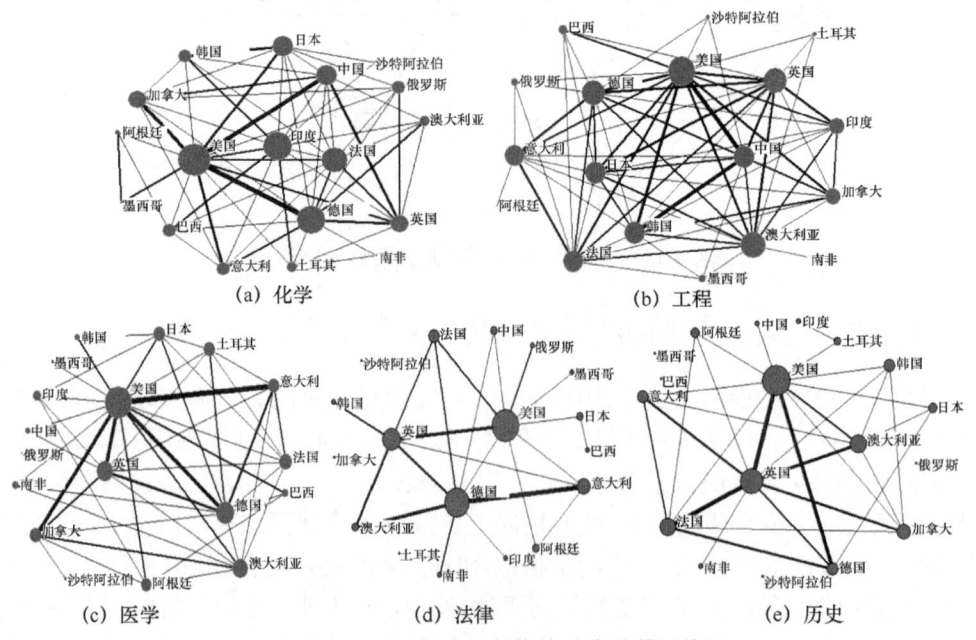

图 8-19 G20 国家图书合著关系分学科网络图

8.3.6.3 图书合著网络中间中心性分析

中间中心性描绘的是节点"中间人"程度,即该国家影响其他国家的能力,表示媒介和桥梁作用。中间中心性的表达式为:$C_B = \dfrac{\sum\limits_{j<k} g_{jk}(n_i)}{g_{jk}}$,$g_{jk}(n_i)$表示包含$n_i$个$g_{jk}$节点,$g_{jk}$是点$j$和点$k$间存在的最短线条数目(赵蓉英等,2018b)。一方面,美国(18.186)、德国(12.486)以及澳大利亚(12.119)中间中心性排名前三,即这三个国家在G20国家图书合作网络中,起到了连接其他国家的媒介作用,影响其他国家对图书合作对象的选取。另一方面,整体上中国(4.633)的中间中心性排名第十,分学科分析中间中心性发现,中国工程学科的中间中心性排名第六,在五门学科中名次最为靠前;而历史学科的中间中心性则为零值。可见,无论是整体情况还是分学科而言,相较于美国、德国等国家,中国对其他国家的影响力、支配力尚且不足。

8.3.7 研究小结

本书总体上展示G20国家图书影响力指标的分布概况,在此基础上重点分析中国在G20国家图书影响力格局中所处的地位及面临的挑战,得出以下结论。

(1)在指标覆盖率和相关性方面,整体情况与中国、美国、德国等国家层面的表现具有一致性。主要表现为图书的下载量覆盖率最高,引用量与读者量覆盖率次之,评论量和提及量较低;读者量和引用量相关系数值较高,其余指标之间相关性系数不高,表明指标之间相互补充,多维度展示图书影响力。

(2)在图书产出规模方面,G20国家中德国、美国及英国图书产出数量地位突出,位居前三。中国排名第五,但具体数量与德国、美国以及英国还存在显著的差距。另一方面,G20各国图书的学科分布不均。而中国表现为化学、工程学科图书数量较高,且高于学科总体比例;医学、法律及历史学科图书数量较低,且低于学科总体比例。

(3)在图书影响力指标方面,中国的图书数量虽与德国、美国及英国存在差异,但在某些指标方面表现良好。例如,中国的下载量均值领先美国、英国,引用量均值超越德国、美国及英国,且在G20国家图书影响力指标综合排名为第四,这表明中国产出的国际学术图书虽数量有限,但图书质量较好,水平较高。

(4)在G20国家图书合著网络关系中,整个网络对美国、德国的依赖程度比较高,中国整体上的科研合作实力较好,但桥梁作用并不突出。不同学科间具有较大差异,表现为人文社会科学类的历史、法律学科国际合作强度明显低于理工类的化学、工程学科。基于此，相较于中国科技论文数量与被引量排名世界第二的地位（中国科技论文统计与分析课题组，2018），中国仍需重视提高国际图书的出版规模与质量水平，且需注重学科的均衡发展，加强国际交流，以合作促发展，进一步提高我国图书的国际影响力。

本书作为探索性研究，仅以 Springer 的图书为样本来反映 G20 国家的图书影响力状况，存在一定的局限性。后续研究中，将尝试从指标、数据源、主体、学科等多角度来分析比较，从而更为全面、客观地揭示图书影响力。

附录

NISO 的替代计量学标准

美国国家信息标准协会（National Information Standards Organization，NISO）成立于 1939 年，作为美国国家标准学会（American National Standards Institute，ANSI）的 Z39 技术委员会，是唯一被 ANSI 认可的制定、维护和出版用于信息服务、图书馆、出版社和其他与信息产生、存储、保存、共享、存取和分发有关业务的标准的组织（杨思洛和韩瑞珍，2004）。

有关替代计量学作为衡量科学研究在新兴环境中的影响力的扩展工具的应用和讨论越来越多。NISO 替代性评价指标项目自 2013 年 7 月启动，由斯隆基金会赞助，目的是解决阻碍替代计量学被广泛接受和应用的诸多限制和问题。本附录是该项目的产出成果，由三个工作小组共同完成。

工作组 A：广泛研究了替代计量学相关文献和其他信息，并深入讨论了各利益相关方对这些新评价方法的看法和需求。

工作组 B：其创建的文档旨在帮助用户更好地理解数据指标的格局，从而提出改进建议，并帮助希望使用替代计量学的组织彼此之间或是与所处社群之外的人有效沟通。

工作组 C：研究和讨论了替代计量学领域的数据质量问题，这是将指标用于研究和实践之前评估的一个重要方面。

NISO 替代性评价指标项目共开展两个阶段的计划，以探索、发现和推进与研究社群中一系列潜在的新指标相关的标准和（或）最佳实践。该项目被视为开发和采用新评价指标的重要一步，这些新指标包括基于使用情况的指标、社交媒体数据和网络行为分析。该项目还探讨了非传统研究成果的潜在评价标准，如数据集、可视化成果、软件和其他应用程序。第一阶段在 2013～2014 年开展，揭示了潜在标准化的领域，研究优先集中考虑这些潜在项目。第二阶段于 2014～2016 年开展，推进了若干领域的工作，NISO 审查组成员审查并批准了该阶段制定若干标准和推荐做法的提案。要解决的问题有以下 5 个。

（1）制定替代计量指标的具体定义——该工作组将针对替代计量评价中常用的术语提出具体定义，让不同的利益相关者在讨论时能够统一。这项工作也为其他工作组的工作奠定了基础。

（2）给出针对特定产出成果类型的适用指标和计算方法的定义——目前在研究评价中代表性不足的研究成果将成为该工作组的重点。这其中包括研究数据、软件和演示，以及社会科学中常见的研究成果。工作组将给出这些研究成果的推荐适用指标，并制定使用指南。

（3）在数据来源层面制定提高数据质量的战略——在将任何替代计量指标用于研究评价之前，数据质量至关重要。该工作组将研究数据质量问题，并将提出解决这些问题的策略或明晰特定评价指标的局限性。

（4）促进持久标识符在学术交流中的使用——需要持久标识符来识别需要收

集评价指标的研究成果，还要描述它们与其他研究成果、贡献者、机构和资助者的关系。该工作组将与标识符制定领域的其他项目计划密切合作。

（5）主要用例如何适用于不同利益相关方并产生价值的描述——替代计量指标可用于从研究评价到研究发现的各种用途。该工作组尝试明确主要用例和与其最相关的利益相关方，并将制定关于替代计量指标在研究评价中的作用的说明。

第一部分　替代计量学的定义和使用情境

1.1　目的和范围

这部分展示的是项目组就以下问题得到的结论。

（1）对替代计量评价中常用的术语给出明确定义，让所有利益相关者在讨论这些术语时能够统一。

（2）定义替代计量学最主要的使用情境和与之最相关的利益相关团队，对替代计量评价在学术研究评价中的定位给予描述。

1.2　替代计量学概述

在过去的几年里，随着替代计量学被应用于实践，逐渐形成了若干术语和惯例。下面讨论不同术语在这些实践者中的理解。

1.2.1　什么是替代计量学？

替代计量学是一个比较宽泛的术语，包括多种与学术成果相关的数字化指标。这些指标派生于学术生态系统中，包括公共领域的各种利益相关者和学术成果间的活动和互动。

替代计量学定义中包含许多不同的成果类型和互动形式，使得它区别于基于计量学的既定的引文分析。同时，也留有将传统计量学（指标）作为补充用于包括学术影响力评价等用途的可能。然而，在替代性评价的背景下，替代计量学的发展将其测量结果与传统的基于引文的学术评价实例区分开来。

1.2.2　学术影响力和替代计量学在研究评价中的地位

学术影响力在很大程度上是依赖于不同的研究利益相关者价值的概念，并且是随着时间的变化而不断变化的。在既定社群的情境下明晰影响力的概念，对避免误解替代计量学是十分重要的。正因为如此，为了避免过度限定，我们注重替代计量学的使用现状和潜力，包括在学术评价中的运用。

利益相关者的多样性和产生影响力的多样性使得对影响力的定义不能过于狭窄。对致力于使用传统学术交流方法的利益相关者来说，影响力基本等同于引文指标，然而对致力于社会变革有很强兴趣的利益相关者来说，这样的计量方法并不是合适的影响力评价指标。对学术出版物的广泛影响感兴趣的利益相关者来说，替代计量学可以通过计算研究成果的影响力范围、社会相关性和来自既定社群（包括公共领域的人员）的关注，洞悉影响力评价。

在学术影响力评价方面，引文指标、使用指标和替代计量指标都是重要的但又不完美的价值指标。就像传统的引文评价指标一样，也并不建议直接用替代计量指标表示学术影响力，因为在结合定性信息之前，对研究成果或其传播速度的关注无法明确。

另外，也要意识到数据质量和指标构建是特定的替代计量评价中的关键因素。不明显符合推荐标准的指标是很难评价的，也因此在用于影响力测评时缺乏可信度。同样，用相关工具呈现指标的方式对用户评估替代计量学的能力和评估替代计量指标的有用性方面有重要影响。

1.3 主要用例

替代计量学的用例受研究生态系统中不同利益相关者驱动，这当中的一部分人彼此直接互动，也有一部分人具有多重身份，就像某些研究人员也是招聘委员会的成员。针对不同角色设计的用户画像既有助于突出这些利益相关者收集、开发和使用替代计量学的不同方式，也突出了这些替代计量学利益相关者的需求、目标和使用的潜在共性。

附表1～附表8描述了替代计量学的八种主要利益相关者的主要使用情境。这些用户画像之间可能相互关联，就像一个人可以扮演多个角色，这些角色之间可以彼此互动。为了进一步解释和情境化这些利益相关者之间的关系，每一个用例都根据三个主要主题进行了标记。

（1）成就展示：表明利益相关者注重突出一个或多个学术成果所带来的积极成就。

（2）研究评估：表明利益相关者注重评价研究的影响力或影响范围。

（3）发现：表明利益相关者注重发现或增加学术产出和/或研究人员的可发现性。

1.3.1 用户画像1：图书馆员

附表1　图书馆员

人物	用例	主题
作为一个图书馆员，我想……	通过鼓励研究者寄存他们的成果为现有机构的存储库增加价值。例如，创建浏览和下载频率的报告	成就展示
	展示我所在机构的学术成果的成就（或者特别作者的成果）	成就展示
	提高作者对它们学术成果的学术和社会影响力的认知，以及提高机构对此类成果的一般认知	成就展示
	监测使用并决定我所在机构应该购进哪类期刊和内容物	发现、研究评估
	通过提供一系列公认的影响力报告服务，支持教师和大学管理部门的晋升和任职评定	成就展示、研究评估
	尽可能地建议教师/研究者提高对他们成果的关注和接触	成就展示、发现

1.3.2 用户画像2：研究管理员

附表2　研究管理员

人物	用例	主题
作为一个研究管理员，我想……	向其他利益相关者展示我所在机构的成就。例如，我想向潜在的雇员、学生、合作者和其他研究人员展示我所在机构研究人员的成就	成就展示
	通过有效展示研究人员的积极的研究成果，帮助其申请竞争性科研资金	成就展示
	衡量我所在机构的学术成果的表现和成就	研究评估
	预测并确定我所在机构研究的投资回报率	研究评估
	比较/衡量我所在机构内部门和/或团队的绩效和成就	研究评估
	确定和资助申请和其他项目合作的其他机构的潜在合作者	发现

1.3.3　用户画像3：招聘委员会成员

附表3　招聘委员会成员

人物	用例	主题
作为一个招聘委员会成员，我想……	向潜在的新员工更好地展示我所在机构和组织	成就展示
	评估潜在的员工，评价他们在尽可能广泛的各方面的成就	研究评估
	确定我可能想招募的新人才	发现

1.3.4　用户画像4：资助机构成员

附表4　资助机构成员

人物	用例	主题
作为一个资助机构成员，我想……	评估申请资助的学者/研究人员之前的成就	研究评估
	评估我资助的研究更广泛层面的影响力（获得关注，引发互动或影响）。例如，媒体报道中的引用对决策者和公众有影响	研究评估
	确定公共利益或需求的趋势，或新出现的主题，以便我决定在哪些研究领域进行投资	发现
	通过以下方式展示我所在机构对其他利益相关者的投资回报：向公众证明他们的捐款得到了适当和有效的使用；向政治家和政府机构展示他们的资金得到了适当和有效的使用	成就展示

1.3.5　用户画像5：学者/研究者

附表5　学者/研究者

人物	用例	主题
作为一个学者/研究者，我想……	展示自身成果的受众、交互性和影响力，例如，在我的作品集中加入替代计量指标以补充我的成就	成就展示
	评价我的同行的研究成果的受众、交互性和影响力，例如，为其他大学的研究人员的任命提供建议	研究评估
	遵守资助者、部门主管、研究管理员等的报告请求或要求	研究评估

续表

人物	用例	主题
作为一个学者/研究者，我想……	选择发表在能为我的成果在相关作者间提供最大曝光度的期刊	发现
	选择为可以跟踪其指标或定性数据的出版物做出贡献，以帮助我评估我的工作的范围、参与度和影响力	研究评估、成就展示
	发现在我的领域中重要/有趣的有影响力的研究	发现
	确定研究活动中潜在的研究者合作关系和联系	发现
	了解正在讨论的研究并可能加入对话	发现

1.3.6 用户画像6：出版商/编辑

附表6　出版商/编辑

人物	用例	主题
作为一个出版商/编辑，我想……	展示我期刊上发表的研究的范围、参与度和影响	成就展示
	通过对关注点评估和其他指标的了解，帮助制定关于关注主题或话题的编辑决策	研究评估
	鼓励作者在我的期刊上发表关于他们研究的关注点、指标和其他定性信息的信息。例如，我想要通过展示我的出版物在作者群体的推广力度，激励作者在我的期刊上发表作品	成就展示、研究评估
	确定公众普遍感兴趣的内容，以便我可以决定在未来的出版物中以哪些研究领域为目标	发现

1.3.7 用户画像7：媒体从业者/新闻业者/记者

附表7　媒体从业者/新闻业者/记者

人物	用例	主题
作为一个媒体从业者/新闻业者/记者，我想……	促进我所在机构或组织所做的研究，以最大限度地扩大影响力和参与度。例如，我想鼓励人们与某人撰写的重要研究报告的相关博客进行互动	成就展示

续表

人物	用例	主题
作为一个媒体从业者/新闻业者/记者，我想……	确定关于我所在机构或我的出版物研究成果的新闻活动是否成功	成就展示
	探索增强我所在机构或我的出版物研究成果的宣传力度的方法	发现、成就展示
	确定要涵盖的流行的和有新闻价值的论文或主题	发现

1.3.8 用户画像8：内容平台提供商

附表8 内容平台提供商

人物	用例	主题
作为一个内容平台提供商，我想……	通过向读者展示有关该内容的对话，帮助读者找到有趣、有用和/或与之相关的内容。例如，我想根据各种受众对该主题的关注，或根据其在某些媒体平台上产生的讨论，提供排序、过滤、限制等功能	发现
	帮助作者查看与其研究有关的所有关注点、指标和定性信息的汇总视图，并对其进行分析	成就展示

第二部分 学术交流中的替代成果产出

2.1 背景

NISO 持久标识符和替代成果产出工作组研究了学术环境中的替代研究成果和持久标识符的应用，以便清楚地识别和追踪研究成果和它们之间的关系。这个工作组的组成以代表对非常规研究成果和标识符感兴趣的各方平衡为宗旨，其中来自学术机构和图书馆的成员不足一半。

工作组中其余成员大部分来自出版商和学术生态中的其他组织。这些组织是从对学术成果评价感兴趣的众多机构中选出的。

2.2 替代学术成果

NISO学术成果表（参见谷歌文档 https://sites.google.com/a/niso.org/scholarlyoutputs/ ）首次尝试全面列举研究成果，包括传统学术出版物和扩展的更多替代性产出成果。在研究学术活动影响力评价的指标时，这些成果可能被划入评价范围，并承认广泛的学术影响力范围远远超出传统的出版工作流程，通常涉及研究过程中创造的种类丰富的学术产品。这些成果类型按类分组，并附上已知工作（以及这些工作的负责人）的简短描述和文档。可获取的相关链接已经列出，并且为大多数条目分配了一个焦点领域，用于根据相似的使用情境对它们进行分组。这些焦点领域是基础科学、才能、代码和软件、通信、数据、教育和培训材料、事件、灰色文献、图像、图表和视频、行业、仪器、设备和发明、方法论、出版物、监管、规定和立法、标准、其他。

由于学术活动的本质是不断演进的，所以这项工作尚未完成。然而，NISO学术成果表中列举的一系列成果有助于更好地确定研究者或研究团队产生的学术成果的广度和深度。通过这项工作，工作组希望能够引发一场关于我们如何利用集成数据、持久标识符和自动化工作流程来更好地追踪整个研究活动的讨论，因为这些对于已发表的数据是可以实现的。

2.3 对未来研究的启示

该领域未来的工作要求一份更全面的成果类型目录，这里展示的工作可以作为一个跳板，帮助获取他们对感兴趣的研究成果的观点（例如在英国和澳大利亚）。未来的这份全面目录应该包括更多利益相关者，包括正在进行研究评估活动的国家的资助者。这项工作其他关键地方包括：多个研究评价框架的整合（Graham et al., 2012; Manville et al., 2015; Morgan et al., 2013; Frank et al., 2009; Sarli et al., 2010）；对尚未使用持久标识符，但有必要对获取和关联进行长期管理的非传统研究成果类型的范围进行正式评估；创建一个优先级列表，用于将这些输出类型整合到整个研究范围和工作流程的现有信息系统中。这些工作有助于指导制定远远超出传统学术出版物的全面替代计量指标测量和方法论。

第三部分 数据指标的研究和推荐

3.1 概要

工作组B是为解决与非常规研究成果和标识符有关的工作领域而成立的，首先集中精力在更好地理解数据指标。这一重点及时将关注点放在开放式科学方法以及资助者要求开放存取的研究成果上。本部分通过一系列谈话描述了数据引用的现状、谈话对象【包括关键利益相关组织（如 CASRAI、DataCite、JISC 等）、其他在这方面持续努力的代表以及工作组自身成员】。本附录第三部分还提供了一系列针对数据指标的推荐，针对使用研究数据的各方，包括机构和知识库管理者、国际研究组织和资助者。

3.2 关键建议

（1）研究数据指标应该尽可能地方便获取。

（2）数据引用应遵循 FORCE11 的关于数据引用原则的联合声明（Force11 Joint declaration of data citation principles, https://www.force11.org/ datacitationprinciples），特别是使用机器可操作的持久标识符、提供引用所需的元数据、提供登录页面、数据引用应该列入参考列表或类似的元数据中。

（3）研究数据的使用统计的标准需要制定。该标准的制定既应基于 COUNTER 实践守则（https://www.projectcounter.org/code-of-practicesections/general-information/），也应该考虑一些研究数据使用的特殊方面。对数据下载指标应该有两种表述，来判断是"人"的下载行为还是研究型非人类代理（机器下载）。

（4）研究资助者应提供支持数据存储的机制，为互操作和指标获取提供标准。

（5）数据发现和共享平台应支持和监控通过 API 查询访问数据的"流"。

（6）最近有学者试图定义和识别大规模数据查询，但到目前为止，在这一方面还未达成共识。这种数据形式明确排除在这些建议之外。有关该小组建议的更多信息，请参阅"调查结果"（附录 3.6）。

3.3 背景

研究数据现在被认为是学术努力（academic endeavor）的首要目标。本部分的推荐操作内容中报告了与已发布研究数据相关的指标状态，并向在从事该领域工作的利益相关者提出建议。

发布数据集是学术交流的一个组成部分，图书馆需要考虑电子数据集以及期刊论文和其他资源。然而，据报道，经常有数据在出版物中使用时，没有被适当引用。文献中数据引用缺失的原因之一是数据发布标准的缺失。为了提高数据集的可见性，创建了国际联盟 DataCite（https://www.datacite.org）。它为数字和物理对象尤其是研究数据分配唯一的 DOI 和元数据。DataCite 提供的唯一标识符和相关元数据会推动数据重用文化的进步，因为数据文档质量和数据重用满意度之间存在显著相关性。然而，缺乏被广泛接受的将引用数据作为单独的学术内容单元的规则，也被视为对研究数据的引用缺乏的重要原因。为了解决这一问题，在 2014 年，FORCE11 联合其他组织共同发表了数据引用原则的联合声明，旨在增加数据引用率。

在过去的 20 年里，研究人员一直试图测量数据集的学术影响力。近些年，科学计量学学者、其他众多领域的学者和资助机构积极探索获取数据集相关指标的方法，用以衡量数据的学术影响力。捕获数据引用的主要目的是表彰科学家和数据发布者在创建、管理和组织研究数据方面的贡献，同时也为资助者提供数据重用的证据。

另外，将数据集链接到其他形式的出版物和提高学术交流生态系统的透明度也是测量数据集相关指标的重要原因。尽管衡量研究影响力比较复杂，但是已经有识别数据引用的工作开展了。从传统引文的角度，汤森路透在 2012 年发布了数据引文索引（http://wokinfo.com/products_tools/multidisciplinary/dci），它为不同学科的主存储库数据集及引用数据编制索引。通过统计查找、浏览和下载，Ingwersen 和 Chavan（2011）提出了一种数据使用索引，可以从新颖的角度来揭示数据集的影响力。类似地，Fear（2013）也得出结论，学术数据集的影响力不能通过单一指标衡量，因此提出了衡量数据集价值的多个指标。Strasser 等（2015）报告称数据引用仍未得到充分利用，数据引用之后的最有价值的指标将来自存储库下载数据。

3.4 数据指标定义

3.4.1 什么是数据集？

在考虑数据集指标的情境下，已发布的数据集被视为是可供访问和/或下载的托管数据集合（http://www.w3.org/TR/vocab-dcat/#classdataset）。它理应被分配一个持久标识符，并用元数据加以描述："……数据集可以是作为科学调查的一部分生成的，无论是从观察列表、仪器生成、通过分析获得、通过混搭创建，还是以某种方式增强或改变。"（http://www.w3.org/TR/hcls-dataset）数据集不一定是"数字的集合"：不同的学科有不同的调查方法。在这种情况下，数据集可能是一份访谈记录、一套数字化图像或者研究过程中的一些其他产物，请参见附录第二部分"学术交流中的替代成果产出"。

3.4.2 什么是数据引用？

数据引用是在学术成果中为数据集提供的正式的结构化参考方式的做法，实现对数据集的完整书目参考信息的引用。与之相对的是粒度引用概念，例如，对数据集子集（无论是数据的子组成部分还是特定的值）的引用（http://www.codata.org/task-groups/data-citation-standards-andpractices）。

2014 年，FORCE11 下的数据引用综合小组发布了数据引用原则联合声明（https://www.force11.org/group/joint-declaration-data-citation-principlesfinal）。这些指导性原则使得引用能够促进对于数据生成贡献的表彰，并且能够支持数据重用，以此来强调科研数据在科学交流中的地位。尽管越来越多的组织和个人支持这份声明，但是它缺乏可实施的实用性指导。

为了向希望能实施数据引用原则联合声明的人提供指导，FORCE11 数据引用实施小组成立了，并致力于以下主题：①在 JATS XML 模式下的期刊论文机读数据引用；②符合联合声明的标识符模式列表；③发布工作流进行数据沉积、标识符验证和引用的用例。

3.4.3 什么是数据使用？

数据使用是指访问和下载已发布研究数据的行为（https://rdalliance.org/sites/default/files/case_statement/RDA_WDS_WG_Publishing_Bibliometrics.pdf）。COUNTER 给出了网络电子资源的使用定义的标准，这些资源包括期刊、数据库、图书和工具书。相应的针对数据集的标准还未制定。COUNTER 守则的很多方面可以应用到研究数据上，Making Data Count 项目已经为 150 000 个研究数据集做了这方面的工作。

COUNTER 守则明确忽略了从非人类来源获取的数据，无论是各类自动获取内容的软件还是搜索引擎机器人。由于非人类代理在科学数据的重用中变得愈加普遍，这方面的数据使用必须加以考虑，这是超出现有的 COUNTER 守则局限的重要一步。例如，研究人员可以开发一款应用程序自动下载备份数据集。记录这种形式的访问价值十分重要，不能自动忽略它。此外，随着 API 越来越普遍，对于研究数据集的访问可能会随着时间的推移变得更加分散和频繁，需要开发新的度量指标来识别这种趋势。该标准通过将特定时间范围内的重复下载活动视为单个时间来对抗重复失败的尝试下载问题。

在研究数据集合和文本文档（例如期刊论文）属性间的另一个关键差异是数据会随着时间推移更为频繁地改变。因此，明确产生特定结果的数据集版本十分重要。数据集也经常可以在多个部分或文件中获取，使得统计汇总使用行为更加困难。

Strasser 等（2015）解释道，很多存储库不能生成与数据相关的下载行为报告，并且需要开发和应用包括 ANSI/NISO 标准 SUSHI 和 NISO 技术文档 SUSHI-Lite（http://www.niso.org/workrooms/sushi/sushi_lite/）在内的强大的报告工具和标准。

3.4.4 什么是数据的替代计量指标?

从表面上看,数据的替代计量指标在理论和技术上与期刊论文的替代计量指标只是略有不同。研究数据能够累积和其他类型的学术成果相似的指标(例如,一篇分享文章的博客或推文中的数据提及的检索机制,可以用于检索其他类型成果)。

也存在很多特定数据的替代计量指标。已经存在可以获得数据重用和实验(如GitHub 分支)以及协作模式方面已经存在可获取的特定成果的替代计量指标,并且可能很快就会有更新的数据的替代计量指标出现(例如,数据依赖性页面排名类似于 ImpactStory 的 Depsy 软件依赖页面排名,可以识别研究数据在其他有影响力的数据集和研究中重复使用/重新混合的程度,或对直接链接到期刊文章中出现的数据集的链接进行文本挖掘,如 Depsy 为软件所做的那样)。

3.4.5 什么是数据持久标识符?

标识符对指标的制定有着至关重要的作用,无论是关联到文章(如 Crossref DOI),还是关联到数据集(如 DataCite DOI),或者是关联到个人(如 ORCID)。

我们建议应该关注数据集的特定子集或组成部分的识别问题。这种情况普遍存在,对于持续增长(例如时间序列的数据)或者其他的动态数据,这个问题是极具挑战性的。例如,DataCite 和 Crossref 平台都已经制定了识别单个 DOI 标识的文档内组件方法,例如单个已发布数据集内的数据组件。随着该领域的成熟,这些应该可以实现互操作(或者理想状态下具有单一商定标准),参见本附录第四部分"学术交流中的持久标识符"。

3.5 涉及研究指标的组织

3.5.1 方法

工作组 B 的工作途径是调查已有的非常规研究指标的最佳实践和标准。因此,工作组研究了相关组织,包括邀请当中的一些组织参与工作组的会议或者收集相关的材料。

3.5.2 咨询机构

参与到协商过程的组织有:

(1) COUNTER (http://www.projectcounter.org/)。2002 年为了制定期刊和数据库下载报告的标准而成立,COUNTER 是总部位于英国的国际性组织。它广受供应商、中间商和图书馆员的支持。

（2）RDA（http://www.rd-alliance.org）。研究数据联盟（RDA）致力于为促进数据的开放共享搭建所需的社会和技术桥梁。

（3）CASRAI（http://casrai.org）。研究管理信息推进标准联盟（CASRAI）是一个致力于改善研究利益相关者之间的信息流动的国际组织。

（4）Jisc（http://www.jisc.ac.uk）。Jisc 是总部位于英国的组织，为英国高等教育机构提供基础设施和其他支持。Jisc 持续积极地参与到数据存储和数据共享领域。

（5）DataCite（http://www.datacite.org）。DataCite 管理 DOI 和元数据，重点关注研究数据。

（6）BioCADDIE（http://biocaddie.org）。BioCADDIE 是一个研究项目，旨在建设研究数据的数据发现索引来提高对此类数据的发现和使用。

（7）California Digital Libraries（http://www.cdlib.org）、PLoS（https://www.PLoS.org）和 DataONE（https://www.dataone.org）都是 Making Data Count 的成员组织（http://mdc.lagotto.io/）。

3.6 发现

关于数据引用中出现的问题在数据引用原则联合声明中已经做了很好的阐述，如何解决这些问题的建议在 Starr 等（2015）的实施建议中也有很好的阐述。我们的目的是推广这些正在完善的标准，鼓励对数据引用和研究数据集的可用性的促进。

COUNTER 守则提供了一系列公认的统计学术文章下载的建议。COUNTER 守则中包含排除非人类下载行为（通过标题信息识别）和同一台机器的快速重复下载行为的条目。提出这样的建议是为了减少源自自动网络爬虫或者试图人为增加的下载次数。然而，我们意识到在数据下载的情境里，也有很多利用机器下载数据集的合法用例，例如，通过 CURL 命令行程序或者文件处理封装程序。此外，区分有用的网络爬虫（例如索引和查询研究数据集的产品）和普通的网络链接追踪爬虫可能很有用。

RDA 出版数据文献计量工作组是 RDA/WDS 出版数据兴趣小组的一部分。它与其他 RDA 工作组相联系，如出版数据服务工作组，后者建立了 DLISERVICE 数据文献链接服务。尽管这个工作组还没有发布任何建议或标准，但是 Callaghan 等（2015）发表的在 2014 年实施的一项调查结果显示统计下载标准的缺失是影响数据使用的主要障碍。

CASRAI 有一个相关的数据等级计量工作组（http://ref.casrai.org/Research_Dataset-Level_Metrics）。在与 NISO 工作组讨论后，两个工作组决定建立一系列合作关系，CASRAI 会将重点放在数据质量指标而不再是数据使用和共享上。

Jisc 是旨在支持良好研究管理的"风险研究"活动的一部分，负责现有的 IRUS-

UK 服务（http://www.irus.mimas.ac.uk/）的实施，该服务将在文件层面报告机构和主题领域研究数据库的材料下载。IRUS（以及实验性的 IRUSdataUK）（http://rdmetrics.jiscinvolve.org/wp/2016/01/11/a-note-about-irusdatauk/）是对 COUNTER 标准的实现，可以插入几乎所有常用存储库软件。

BioCADDIE 在研究数据指标方面颇有兴趣。比起提出一个新的论题，相关的 BioCADDIE 工作组的联合主席已经同意加入现有的项目，即 NISO、CASRAI、THOR 和 Making Data Count。

Strasser 等（2015）调查了 247 个利益相关方。他们总结出，尽管引用是数据影响力的关键测量指标，但很少有数据存储库遵循和践行了相关标准。然而大多数数据存储库都统计了数据下载次数。这三位作者报告称尽管数据引用被研究者们视为识别数据使用的最好方式，但其一致性和接受程度还是薄弱环节。这些问题领域也是 FORCE11 声称希望解决的。现今，尽管对出版物的替代性的（社会分享）计量指标感兴趣的很多，但是对数据这一领域内容感兴趣的却很少。不过，作者也报告了下载次数统计被视为是有价值的，并被数据集的创建者收集利用。

在与参与到管理大规模流数据的人进行讨论后，NISO 工作组的成员希望明确本附录文档中描述的分类数据指标指的是已发布研究数据集的离散对象，而不是有大型数据中心创建、管理和提供的未处理流数据。

3.7 建议

研究者、资助者、机构、数据存储库和出版商越来越期望研究数据能够实现在专有数据存储库中的开放存取，并且可以访问帮助他们理解数据使用方式的工具和平台。随着全球性的对研究数据和研究数据重用的强烈兴趣，需要更为正式地评估这种数据重用，并且开发出最佳的研究数据计量指标。

对研究数据的计量必须放在更大的对其他学术成果的文献计量情境下。很多应用到研究论文、图书或者图书篇章的相似的计量原则也可以应用到研究数据上。

所以，这些建议主要是针对从事研究数据相关工作的机构、存储库运营商、国际机构及资助方。

3.7.1 研究数据指标的访问

正是因为现在一般要求研究数据默认是可获取的（https://www.force11.org/group/joint-declaration-data-citation-principles-final），所以应创建和维护有关使用此数据的数据，以便尽可能广泛地提供这些数据。

3.7.2 数据引用

数据引用原则联合宣言（JDDCP, https://www.force11.org/datacitationprinciples）

提供了数据引用应遵循的原则。践行这些数据引用原则的工作正在开展，例如，在FORCE11数据引用实施试点项目（DCIP, https://www.force11.org/group/dcip）、RDA/WDS出版数据兴趣小组和COPDESS项目（http://www.copdess.org/）。以下的一般性建议对这些活动是共通的。

3.7.3 机器可操作的持久标识符

数据引用要求有"一种机器可操作的、全世界唯一的、被社群广泛使用的长效标识的方法"[①]。在一些社群例如生命科学领域，通常使用用于特定系统、无法跨系统机器操作的标识符。目前正在进行的工作，例如，在DCIP项目中，通过解析identifiers.org（http://identifiers.org）或n2t.net（http://n2t.net）站点的服务，为这些社群提供了全球唯一的、机器可操作的标识符。

3.7.4 需要的元数据

数据引用所需的最基本的元数据（如持久标识符、作者、标题、发布者、发布日期）应该由数据存储库提供。这应该通过人和机器都可读格式的数据集登录页面完成，例如，使用类似于观察期刊文章的最佳实践时用的Dublin Core和PRISM HTML元标记（https://scholar.google.de/intl/en/scholar/inclusion.html#indexing）。当持久标识符支持元数据时，例如，使用DOI时，还应当将所需元数据注册到持久标识符。

3.7.5 登录页面

根据Starr等人的建议，引文中包含的标识符应当指向一个登录页面或者页面集合而不是数据资源本身。即使数据资源无法访问，这个登录页面也应该保留下来。

3.7.6 参考列表

数据引文应该包含在施引资源的元数据中。对于很多文本资源如期刊文章或者书籍篇章来说，这些数据引文最好放在参考列表的位置。现今在没有附加元数据的文本中引用数据的实践限制了数据引文的接受度。究其原因：一是由于全文本的获取可能受限，所以这些数据引文也可能无法获取；二是在对文本进行自动文本挖掘时，这些数据引文很难被发现。

---

① Data Citation Synthesis Group. 2014. Joint Declaration of Data Citation Principles. https://doi.org/10.25490/a97f-egyk[2019-01-12].

3.7.7 研究数据使用统计

研究数据共享平台包括数据存储库都应该致力于标准的研究数据使用统计的收集和报告标准的制定与最佳实践。这项工作既应基于 COUNTER 守则和期刊论文使用统计的经验,但是也应考虑应用到研究数据时的特殊情况。研究数据联盟、COUNTER 和 NISO 都是参与该标准制定工作的重要组织。

制定标准时应该考虑到在研究中非人类下载代理的兴起,并适当报告活动。我们建议应该有两条规划:一是仅检测人工下载,二是包括确定来自真正以研究为重点的非人类代理的下载。目前来看,应该从统计报告中排除来自非建设性和非正常的代理的下载。

默认情况下,存储库应该使用标准持久标识符,并记录下载次数、头部信息、缓存和创建时间。这些参数是支持 COUNTER 守则所必需的,并且代表了应该成为研究数据管理的标准做法。与数据引用建议一致,机器可操作持久标识符和登录页面应该用于研究数据使用统计当中。

随着研究资助者开始标准化对研究数据管理支持的方法,应该有更多的资金资助和其他资助机制投入到支持数据存储库实践研究数据使用统计标准中。

3.7.8 数据集的替代计量

现在在这个社群当中对数据的替代计量兴趣寥寥。这也与我们看到对期刊论文的替代计量的趋势相同。然而,或许这个社群中的一些人会发现替代计量数据对他们的成果的重要性(就像我们已经看到的替代计量指标用于其他类型的学术成果)。

对数据的替代计量的研究受到了限制。我们鼓励更多的对现有数据替代计量指标以及尚未确定的指标进行调查。替代计量指标提供商,如 Altmetric LLP,提供了它的数据以供分析,约占超过 6 000 000 项研究成果的 0.3%(15 500 项)。进行替代计量追踪的数据集来自 figshare、Dryad、Zenodo 和 Pangea 数据库。对其他(例如在本书 3.4 节中提到的)追踪特定数据指标的提供商的数据进行分析可以得到更多见解。

第四部分 学术交流中的持久标识符

4.1 背景

随着学术交流日益数字化,人们对持久标识符的使用也越来越多。特别地,在 2000 年开始使用的 DOI 在识别学术文章、研究数据和其他学术产品时已经变得非常普遍。与其他持久标识符一样，DOI 基金会要求用户采用特定的元数据和链接技术。使用语义和其他标准方法的结果是可以构建支持互操作性和支持开放科学的开放框架。例如，ORCID 组织、DataCite 和 Crossref 可以使用 DOI 和 ORCID 绘制文档、数据和研究者图谱。

最近，学术交流中使用的持久标识符的种类数量日益增多。持久标识符能够将个人、组织和学术成果彼此相联系，也是替代计量指标的重要组成部分。通过在列文档中列举和细化它们，该项目组希望鼓励更多的人支持开放科学和互操作，以及鼓励对研究基础设施和学术交流有效性的评测报告。我们的最终目标是促进持久标识符的广泛使用。

NISO 持久标识符和替代性成果工作组的关注点包括调查在学术环境下对替代性研究成果和持久标识符的应用，以便清楚地识别研究成果和它们之间的关系。持久标识符和替代性成果工作组的构成充分考虑了对非常规研究成果和标识符感兴趣的各方的平衡，其中学术机构和图书馆员成员仅有 33 个，少于一半。工作组的其他成员大部分来自学术生态系统中的出版商和其他组织。这些代表性组织是从对研究成果计量指标感兴趣的组织中抽取的。

4.2 学术交流文档中的持久标识符

学术交流文档中的持久标识符（参见 https://sites.google.com/site/nisopersistentids/）是对一般的在各学术领域用来识别各种已知类型研究成果的持久标识符的环境扫描。持久标识符可以应用于多个粒度级别的内容，如从数据集子集的链接到聚合内容的链接。本附录文档的目的是提高对持久标识符跨系统使用的范围和复杂度的认识，希望推进持久标识符的使用。

学术环境正在以惊人的速度发展变化。试图识别和表征在持久标识符方面持续性探索的工作在持久标识符一发表时就过时了。基于这些原因，为了促进与更广泛的学术社群的持续互动，本附录文档可以在线获取（https://sites.google.com/site/nisopersistentids/）。本附录文档提供一套已知的持久标识符，并提供关于该标识符的模式信息或项目站点、相关领域和补充信息以及如何获取的资源链接。领域涵盖计算机、一般领域、政府领域、生命科学领域、定位、数学、媒体、对象、人、物理科学、出版发行和标准。这项工作初步的选择标准包括学术中常用的持久标识符和其他新兴的、之前的或既定有潜在价值的标识符。

我们邀请了公众对本附录文档进行评价和建言，以此来支持对作为现代研究和学术工作的一部分的持久标识符主题的讨论。

4.3 对未来研究的启示

该领域的未来工作可能包括进一步表征属性的持久标识符，例如 API 的可用性和持久标识符作为资源描述框架（RDF）或其他数据格式的可用性。还需要更好地检查每个标识符可用的相对数据量。其他工作领域可能包括评估尚未使用持久标识符进行管理的非常规研究成果类型的范围，这是实现访问和关系长期管理的关键部分。最后，还有机会推动支持有关持久标识符和统一资源标识符（URI）的使用的有用对话。最终，相关工作必须集中到这些和其他关键领域，以体现持久标识符在支持互操作性和数据交换方面的价值。

第五部分　替代计量学的数据质量行为准则

5.1　目的和范围

该行为准则目的有两个：一个是提高数据提供与整合方面的透明度；另一个是确保用于生成替代计量指标的线上事件的可复制性和准确性，以此来提高替代计量学的数据质量。它不关心从该数据得出的指标的意义、有效性或解释。替代计量指标是"从学术生态系统乃至公共领域中各种不同利益相关者和学术成果之间的活动或互动得到的指标"，正如在附录第一部分中定义的。

5.2　数据质量准则术语

术语	定义
替代计量数据提供商（Altmetric data providers）	用作替代计量指标的线上事件的来源平台（如 Twitter、Mendeley、Facebook、F1000Prime、Github、SlideShare、Figshare）。工作组认识到不是所有的替代计量数据提供商（如 Twitter 和 Facebook）都是学术交流社群的一部分
替代计量数据聚合商（Altmetric data aggregators）	聚合和提供线上事件以及从替代计量数据提供商获取的指标的工具和平台（如 Altmetric.com、Plum Analytics、PLoS ALM、ImpactStory、Crossref）
透明度（transparency）	提供数据的信息和详细信息的清晰程度，记录完整程度和向所有用户（人和机器）开放验证的程度
可复制性（replicability）	一组数据在提供者和聚合器之间以及随着时间的推移的一致程度
准确性（accuracy）	收集的数据反映其声称描述的材料的程度

5.3 建议

5.3.1 透明度

鼓励和期望替代计量数据的提供商和聚合商能够提供以下信息：
（1）数据如何生成、收集和组织（T1）；
（2）数据如何聚合和从生成的数据中提取出来（T2）；
（3）数据在何时如何更新（T3）；
（4）数据或者访问获取（T4）；
（5）数据质量如何监测（T5）。

5.3.2 可复制性

鼓励和期望替代计量数据提供商和聚合商能够确保以下问题：
（1）随着时间的推移，使用相同方法生成提供的数据（R1）；
（2）方法的改变及其产生的影响存档记录（R2）；
（3）记录错误更正后的数据变化（R3）；
（4）同时提供给不同用户的数据是相同的，或者如果不是，则记录提供给不同用户组的访问方式的差异（R4）；
（5）提供有关是否以及如何独立验证数据的信息（R5）。

5.3.3 准确性

鼓励和期望替代计量数据提供商和聚合商能够确保以下问题：
（1）数据能够反映其意图反映的内容（A1）；
（2）识别和更正已知的错误（A2）；
（3）传达所提供数据的所有局限性（A3）。

5.4 年度报告

通过遵循行为准则，替代计量数据提供商和聚合商同意提供一份可开放存取的年度报告，详细说明他们是如何遵循上述建议的。这份报告应该遵循自我报告表中提供的标准格式（参见报告原文附录 A），该表补充了行为准则的建议，并且包括了选择提供数据提供者和聚合商的样本报告（参见报告原文附录 B）。

参 考 文 献

埃弗雷特·M. 罗杰斯. 2002. 创新的扩散. 辛欣译. 北京: 中央编译出版社.
安源, 张玲. 2014. 文献计量学在我国图书情报领域的应用研究进展综述. 图书馆, (5): 63-68.
巴志超, 李纲, 周利琴, 等. 2018. 数据科学及其对情报学变革的影响. 情报学报, 37(7): 653-667.
薄阳. 2010. 基于用户兴趣模型的个性化推荐与搜索系统的研究. 华北电力大学硕士学位论文.
毕欢. 2018. 网络信息检索及其发展趋势研究. 电脑知识与技术, 14(10): 8-9.
毕强, 赵夷平, 贾君. 2015. 基于社会网络分析视角的微博学术信息交流实证分析. 图书馆学研究, (9): 26-34, 45.
曹丽江. 2017. 基于 Altmetrics 的学者影响力综合评价研究. 苏州大学硕士学位论文.
曹玲玲. 2015. 网络环境下的中学图书馆服务的改革与创新. 学周刊, (30):117.
曹晓璐. 2018. 网络信息检索的发展及对图书馆的影响. 内蒙古科技与经济, (15): 78-79.
朝乐门. 2016. 数据科学. 北京: 清华大学出版社.
朝乐门, 邢春晓, 张勇. 2018. 数据科学研究的现状与趋势. 计算机科学, 45(1): 1-13.
陈红艳, 司莉. 2011. Web2.0 环境下用户参与的图书馆信息组织模式建构. 情况资料工作, (3): 62-66.
陈慧琪. 2018. Altmertrics 视角下期刊影响力二维评价方法研究——以国际图书情报学期刊为例. 情报探索, (1): 42-48.
陈建成, 庞新生. 2006. 统计数据分析理论与方法. 北京: 中国林业出版社.
陈烈. 2018. 人工智能产业发展趋势研究. 中国新技术新产品, (11): 15-16.
陈铭. 2014. 期刊利用统计与 Altmetrics 的兴起. 图书与情报, (1): 12-17.
陈益君. 2016. 我国人文社会科学学术期刊分级评价的现状、问题与对策研究. 图书馆研究与工作, (5): 5-13.
陈永生. 2004. 信息服务视角中的档案文献编纂原则. 北京档案, (12): 16-18.
陈悦, 张立伟, 杨阳, 等. 2015. SNS 环境下无形学院的结构与特点透视——以科学网武夷山博客为例. 图书情报工作, 59(9): 80-87, 44.
陈志泊, 韩慧, 王建新, 等. 2017. 数据仓库与数据挖掘. 2 版. 北京: 清华大学出版社.
程晶晶, 王宇璐, 陈小清. 2018. PLoS ALMs 与 Altmetrics 评分、单篇论文学术评价指标的比较分析. 中华医学图书情报杂志, 27(2): 29-36.
程维红, 任胜利. 2016. 世界主要国家 SCI 论文的 OA 发表费用调查. 科学通报, (26): 2861-2868.
储节旺, 郭春侠, 吴昌合. 2007. 信息组织学. 北京: 清华大学出版社, 北京交通大学出版社.
崔宇红. 2013. 从文献计量学到 Altmetrics: 基于社会网络的学术影响力评价研究. 情报理论与实践, 36(12): 17-20.
戴建陆, 张岚. 2012. 信息检索. 2 版. 北京: 中国电力出版社.

党跃武. 1997. 信息组织论. 图书情报工作，(3): 12-16.
邓富民，梁学栋. 2017. 文献检索与论文写作. 2 版. 北京：经济管理出版社.
邓肯·J. 瓦茨. 2006. 小小世界：有序与无序之间的网络动力学. 陈禹等译. 北京：中国人民大学出版社.
丁敬达，杨思洛，邱均平. 2013. 论学术虚拟社区知识交流模式. 情报理论与实践, 36(1): 64-68.
丁佐奇，郑晓南，吴晓明. 2010. 科技论文被引频次与下载频次的相关性分析. 中国科技期刊研究，21(4): 467-470.
董坚峰，肖丽艳. 2011. 基于 Web2.0 的图书馆信息服务交互与服务模式创新研究. 图书馆学研究，(5): 82-85.
杜家强. 2005. Web 日志中用户频繁路径快速挖掘算法研究. 天津工业大学硕士学位论文.
杜骏飞. 2010. 网络传播概论. 4 版. 福州：福建人民出版社.
段歆涔. 2013-08-22. 研究称开放获取已成大势所趋. 中国科学报，第 3 版.
段宇锋. 2005. 网络信息资源老化规律研究. 图书情报知识，(4): 28-31.
范敏. 2011. 我国网络信息组织概述. 科技情报开发与经济, 21(17): 130-131, 138.
方滨兴，贾焰，韩毅. 2015. 社交网络分析核心科学问题、研究现状及未来展望. 中国科学院院刊，(2): 187-199.
方红玲. 2011. 我国科技期刊论文被引量和下载量峰值年代——多学科比较研究. 中国科技期刊研究，22(5): 708-710.
方锦清. 2005. 迅速发展的复杂网络研究与面临的挑战. 自然杂志, 27(5): 269-273, 290.
方奇. 2011. 基于浏览器收藏夹的用户行为研究. 中文信息学报, 25(5): 30-36.
冯军军，王海沛，贺晓春. 2018. 基于 Logistic 回归模型的微博情感分析研究. 计算机与数字工程，46(9): 1824-1843.
付利红. 2011. 关联规则挖掘算法在 web 日志挖掘中的应用研究. 山东大学硕士学位论文.
葛梦蕊，何开煦. 2016. 替代计量学与 OA 资源的相关性研究. 图书情报知识，(5): 84-92.
葛梦蕊，曾建勋. 2017. 补充计量学在图书馆资源发现系统中的应用研究. 图书馆建设，(11): 41-48.
耿斌，孙建军. 2017. 在线学术社交平台的用户行为研究——以 ResearchGate 平台南京大学用户为例. 图书与情报，(5): 47-53.
耿志杰，王文甫. 2009. 引文网络幂率分布特性的原因探析. 情报杂志, 28(11): 15-17.
龚浩，崔运鹏，钱平. 2018. 面向农业图书资源语义挖掘的主题模型应用设计研究. 图书馆理论与实践，(3): 46-51.
顾立平. 2013. 开放数据计量研究综述：计算网络用户行为和科学社群影响力的 Altmetrics 计量. 现代图书情报技术，(6): 1-8.
管莺莺. 2016. 基于替代计量和改进 TOPSIS 的科研绩效评价研究. 东华大学硕士学位论文.
管宇. 2011. 实用多元统计分析. 杭州：浙江大学出版社.
郭飞，游滨，薛婧媛. 2016. Altmetrics 热点论文传播特性及影响力分析. 图书情报工作, 60(15): 86-93.
郭世泽，陆哲明. 2012. 复杂网络基础理论. 北京：科学出版社.
郭颖，肖仙桃. 2019. 国内学者影响力评价 Altmetrics 指标研究. 情报理论与实践，42(4): 64-70.
韩毅. 2016. 非正式交流回归语境下科技评价的融合路径取向. 中国图书馆学报, 42(4): 64-74.
韩媛媛，成长生，苏厚勤. 2010. 时序数据挖掘在 AFC 系统运营管理中的分析与应用. 计算机应用与软件，27(11): 160-162.

郝若扬. 2018. 高 Altmetrics 指标论文的特征分析及影响力分析. 图书情报工作，62(8): 107-114.

何文. 2015. Altmetrics 与引文分析法在期刊影响力评价上的相关性研究. 南京大学硕士学位论文.

侯经川，赵蓉英. 2003. 网络信息的增长机制研究. 情报学报，22(3): 267-272.

侯汝秋，王雨卉. 2014. 微博的信息组织方式探析. 新世纪图书馆，(3): 52-56.

胡德华，常小婉. 2008. 开放存取期刊论文质量和影响力的评价研究. 图书情报工作，52(2): 61-64.

胡逸戍. 2018. 国内外信息组织研究进展态势分析. 农业图书情报学刊，30(6): 29-34.

华林. 2006. 论少数民族文字历史档案的数字化技术保护. 档案学研究，(2): 21-24.

黄如花. 2017. 数字信息资源开放存取. 武汉: 武汉大学出版社.

黄世智. 2017. 论学术博客相较传统学术交流方式的优势——以"光影故事的博客"为例. 传媒观察，(2): 47-49.

黄晓. 2017. 基于论文层面计量的高被引论文 Altmetrics 指标研究. 武汉大学硕士学位论文.

黄欣荣. 2014. 大数据技术对科学方法论的革命. 江南大学学报(人文社会科学版)，13(2): 28-33.

纪雅楠. 2010. 数据挖掘技术在高校成人教育学生成绩分析中的应用研究. 中国海洋大学硕士学位论文.

贾俊平. 2008. 统计学. 3 版. 北京: 中国人民大学出版社.

江银凤. 2017. Altmetrics 在医学图书馆的应用. 中华医学图书情报杂志，26(2): 46-50.

姜春林，魏庆肖. 2017. 人文社会科学代表性论文评价指标体系建构及其实现机制. 甘肃社会科学，(2): 97-106.

姜霁. 1993. 知识交流及其在认识活动中的作用. 学术交流，(4): 59-63.

焦硕，徐飞，周鸿松. 2004. 中国新技术普及过程的特异性分析——关于罗杰斯创新扩散理论的一个补充. 中国科技论坛，(2): 119-122.

焦玉英. 2003. 信息检索进展. 北京: 科学出版社.

焦玉英，符绍宏. 2008. 信息检索. 2 版. 武汉: 武汉大学出版社.

金新政，马敬东. 2014. 信息管理概论. 2 版. 武汉: 武汉大学出版社.

金芝，周明辉，张宇霞. 2016. 开源软件与开源软件生态: 现状与趋势. 科技导报，34(14): 42-48.

靳光明. 2017. CNKI、万方、维普数据库的特点对比及中国数据建设现状. 中国市场，(15): 299-300.

景东，苏宝华. 2008. 新媒体定义新论. 新闻界，(3): 57-59.

孔德轩，吾买尔艾力·艾买提卡力. 2013. 系统论视域下的微博科学传播. 科技传播，(17): 21-22.

孔庆超，毛文吉. 2014. 基于动态演化的讨论帖流行度预测. 软件学报，(12): 2767-2776.

匡登辉. 2018. 外文学术电子图书评价研究——基于 Bookmetrix 的实证分析. 现代情报，38(5): 110-116.

匡文波. 2008. "新媒体"概念辨析. 国际新闻界，(6): 66-69.

匡文波. 2012. 到底什么是新媒体？新闻与写作，(7): 24-27.

雷淑义，吕先竞. 2017a. Altmetrics 视角下的学术图书影响力评价研究. 西南民族大学学报(人文社会科学版)，38(6): 225-231.

雷淑义，吕先竞. 2017b. 我国人文社会科学学术图书 Altmetrics 评价: 挑战及应用. 图书情报工作，61(11): 133-139.

雷顺利. 2013. 教育学学术著作影响力分析——基于 Google Scholar 引文数据. 图书情报知识，(4): 106-111.

雷远东. 2016. 大数据分析关键技术. 网络安全和信息化, (5): 33-34.

冷伏海，徐跃权，冯璐. 2008. 信息组织概论. 2版. 北京: 科学出版社.

黎舒曼. 2016. 华容县芥菜产业发展成效研究. 湖南农业大学硕士学位论文.

李安. 2000. 中国知识基础设施工程. 发展论坛, (8): 62-63.

李东军，杨延阳，付洁，等. 2011. 复杂客户网络拓扑性质研究. 计算机工程与应用, 47(2): 213-216.

李国俊，邱小花，季淑娟，等. 2015. 机构知识库的计量服务研究: Altmetrics 与 WOS 的集成. 图书馆杂志，34(10): 85-92.

李宏，王海南，由庆斌. 2018. 补充计量学的实证研究现状及面临挑战. 情报理论与实践，41(12): 76-81.

李佳珊. 2018. 普利策调查性报道的视觉传播研究——以普利策调查性报道奖"Insane.Invisible.Indanger"为例. 新媒体研究, 4(7): 145-147.

李明，陈铭. 2018. 学术图书 Altmetrics 评价指标分层框架探析. 现代情报, 38(5):106-109.

李霄民，陈义安. 2012. 大学数学建模与实验基础. 成都: 西南财经大学出版社.

李鑫. 2018. 论人工智能的现状和发展方向. 科技风, (17): 6.

李学龙，龚海刚. 2015. 大数据系统综述. 中国科学: 信息科学, 45(1): 1-44.

李亚娇. 2014. 在线社交网络中知识扩散的模式研究. 扬州大学硕士学位论文.

李燕波. 2015. Altmetrics 对学术生态系统的影响研究. 图书馆工作与研究, (12): 19-22.

李粤. 2007. 引文网络的可调优先粘贴模型及其应用. 清华大学博士学位论文.

廖祥忠. 2008. 何为新媒体? 现代传播(中国传媒大学学报), (5): 121-125.

林崇德. 2003. 心理学大辞典(上册). 上海: 上海教育出版社.

林芳. 2015. 机构知识库引入 Altmetrics 的模式分析. 图书情报工作, 59(20): 60-65.

林辉，林伟. 2010. 学文献的增长规律和老化规律及其新的一般模型. 情报杂志, 29(4): 22-25.

林聚任. 2009. 社会网络分析: 理论、方法与应用. 北京: 北京师范大学出版社.

林清. 2009. Web2.0 关键技术在图书馆信息服务中的具体应用. 农业图书情报学刊, 21(3): 102-105.

林晓华. 2016. 基于 Altmetrics 工具的电子图书学术影响力评价体系构建——以 Springer 电子图书为例. 出版发行研究, (4): 85-89.

凌燕萍. 2018. 上教版高三数学教材中样本标准差公式合理性初探. 中学数学杂志, (5): 11-13.

刘彩娥，杨冬艳. 2008. 开放存取资源作为馆藏建设的问题探讨. 大学图书情报学刊, 26(6): 50-52.

刘春丽. 2012. Web2.0 环境下的科学计量学:选择性计量学. 图书情报工作, 56(14): 52-56.

刘春丽. 2013. 基于 PLoS API 的论文影响力选择性计量指标研究. 图书情报工作, 57(7): 89-95.

刘春丽. 2016. 论文层面计量学(Article-Level Metrics): 发展过程、特点、指标与应用. 图书馆杂志, 35(2): 63-69，110.

刘春伟. 2016. 微博用户个性化标签提取技术研究. 哈尔滨工程大学硕士学位论文.

刘峰飞. 2008. 基于数据挖掘的 Snort 入侵检测系统的研究. 上海交通大学硕士学位论文.

刘桂锋，钱锦琳，田丽丽. 2018. 开放科学: 概念辨析、体系解析与理念探析. 图书馆论坛, 38(11): 1-9.

刘浩. 2018. 高等教育研究低被引论文知识网络可视化分析. 南昌大学硕士学位论文.

刘静, 赵宇驰. 2012. 数据挖掘领域中的聚类分析. 东北林业大学学报, 40(8): 163-166.
刘军. 2004. 社会网络模型研究论析. 社会学研究, (1): 1-12.
刘丽敏, 王晴. 2016. 融合Altmetrics的图书馆服务增值业态及优化路径. 现代情报, 36(6): 95-99.
刘丽敏, 王晴. 2017. 国外Altmetrics理论研究与实践进展. 情报理论与实践, 40(3): 132-137.
刘萍, 吴琼. 2014. 基于形式概念分析的学科知识结构探测——以图书情报学为例. 图书情报工作, 58(18): 50-65.
刘七生. 2011. 自组织——和谐社区建设之路. 社会工作(学术版), (7): 27-31.
刘锐, 杨金威, 周翔. 2018. 指挥中心大屏幕可视化产品应用及显控系统解决方案——以能源某行业指挥中心为例. 智能建筑与智慧城市, (4): 41-45.
刘婉婷, 章杨. 2015. "知乎"的传播模式和未来发展. 新闻世界, (8): 150-151.
刘向, 马费成. 2012. 科学知识网络的演化与动力——基于科学引证网络的分析. 管理科学学报, 15(1): 87-94.
刘向红, 宋文, 姚朋. 2010. 基于标签的Folksonomy机制研究——以CiteUlike为例. 图书馆理论与实践, (5): 29-33.
刘潇, 杨建梅. 2015. 基于数据科学的复杂元网络方法与应用. 北京: 科学出版社.
刘晓娟, 刘新哲. 2015. 虚拟学术群组特征研究——以用户为分析视角. 图书情报工作, 59(24): 83-92.
刘晓娟, 马梁. 2017. 基于BKCI的学术著作引文分布研究. 图书情报工作, 61(24):105-113.
刘晓娟, 宋婉姿. 2016. 基于PLoS ALM的Altmetrics指标可用性分析. 图书情报工作, 60(4): 93-101.
刘晓娟, 宰冰欣. 2015. 图书情报领域文献的Altmetrics指标分析. 图书情报工作, (18): 108-116.
刘烜贞, 陈静. 2017. 基于新浪微博的学术论文社会影响分析. 农业图书情报学刊, 29(9): 63-69.
刘雪立, 方红玲, 苗媛, 等. 2010. 五种综合性眼科学期刊论文下载量与被引量的关系及部分论文的量引背离现象. 中国科技期刊研究, 21(5): 629-632.
刘艳红, 罗健. 2013. 数据密集型科学环境下的情报服务与发展. 图书与情报, (6): 105-108.
刘渔海. 1985. 科学方法四层次论初探. 马鞍山钢铁学院学报, (4): 78-81.
刘语珊. 2016. Ben Goertzel: 下一个十年人工智能可以达到人类的智力水平. https://xw.qq.com/cmsid/2016101702490400[2018-12-03].
刘展. 2018. 从开放存取到数据开放背景下的数字出版业运行模式探析. 中国出版, (8): 55-57.
娄岩. 2017. 大数据技术应用导论. 沈阳: 辽宁科学技术出版社.
陆爱武. 2005. 注射用水过程控制图及工序能力研究. 南京工业大学硕士学位论文.
陆云. 2007. 聚类分析数据挖掘方法的研究与应用. 安徽大学硕士学位论文.
陆云. 2017. 爱思唯尔收购Plum Analytics公司. http://www.cbbr.com.cn/article/109894.html[2018-10-03].
陆庆. 2018. 大数据环境下的公共图书馆统计与评价. 河南图书馆学刊, 38(3): 19-21.
罗力. 2010. 网络学术信息老化规律研究. 武汉大学博士学位论文.
罗力. 2011. 国内外网络学术信息老化研究进展分析. 图书情报工作, 55(7): 54-58.
罗木华. 2016. 国内Altmetrics研究进展述评与思考. 情报资料工作, 37(2): 29-33.
罗铮. 2005. 论网络信息的组织原则. 湖北档案, (10): 18-19.
吕政超, 张文军, 侯英. 2011. 基于spss粗选钼尾矿选矿指标的数据分析. 微计算机信息, 27(01):

219-220,241.
马费成,宋恩梅.2011.信息管理学基础.2版.武汉:武汉大学出版社.
曼宁,拉哈万,舒策.2010.信息检索导论.王斌译.北京:人民邮电出版社.
毛国君,段立娟.2016.数据挖掘原理与算法.3版.北京:清华大学出版社.
孟伟花,向菲.2016.替代计量学在医学领域的实证与应用研究分析.医学与社会,29(11):8-10,14.
牛玮玮.2011.共和国信息传播的特殊形态.河南大学硕士学位论文.
欧阳剑.2009.社会网络情景下信息组织的运动规律及特征.图书情报工作,53(6):111-114.
庞龙.2006.科学引文分析的科学评价功能和意义.山西大学硕士学位论文.
裴雷,马费成.2006.社会网络分析在情报学中的应用和发展.图书馆论坛,26(6):40-45.
齐东峰,陈文珏.2013.图书引文索引(BKCI)——新的图书评价及参考工具.图书馆杂志,32(4):45-48.
齐青.2013.Web of Science 的检索和应用.图书馆工作与研究,(2):110-112.
齐世杰,郑军卫,史海燕.2017.我国 Altmetrics 研究进展与可视化分析.知识管理论坛,(5):439-447.
钱杨,代君,廖小艳.2009.面向信息资源管理的云计算性能分析.图书与情报,(4):53-56.
乔好勤.1983.试论图书馆学研究中的方法论问题.中国图书馆学报,(1):54-62,94.
秦琼.2018.内涵、逻辑、生态:作为一个场域的"社交媒体".新闻世界,(10):72-75.
邱景华.2011.哲学方法:图书情报学研究中的一个难题.图书馆杂志,(1):2-6.
邱均平.1988.文献计量学.北京:科学技术文献出版社.
邱均平.2000a.信息计量学(四)第四讲文献信息离散分布规律——布拉德福定律.情报理论与实践,23(4):315-320.
邱均平.2000b.信息计量学(五)第五讲文献信息词频分布规律——齐普夫定律.情报理论与实践,23(5):396-400.
邱均平.2001.信息计量学(九)第九讲文献信息引证规律和引文分析法.情报理论与实践,24(3):236-240.
邱均平.2007.信息计量学.武汉:武汉大学出版社.
邱均平.2010.网络计量学.北京:科学出版社.
邱均平.2011.基于博客社区好友链接的知识交流状况分析——以科学网博客为例.图书情报知识,(6):25-32.
邱均平,李威.2012.基于社会网络分析的博主与评论者关系研究——以"科学网博客"为例.情报科学,30(7):959-963.
邱均平,文庭孝,宋艳辉,等.2014.知识计量学.北京:科学出版社.
邱均平,余厚强.2013.替代计量学的提出过程与研究进展.图书情报工作,57(19):5-12.
邱均平,余厚强.2015a.论推动替代计量学发展的若干基本问题.中国图书馆学报,41(1):4-15.
邱均平,余厚强.2015b.基于影响力产生模型的替代计量指标分层研究.情报杂志,34(5):53-58.
邱均平,张心源,董克.2015.Altmetrics 指标在机构知识库中的应用研究.图书情报工作,59(2):100-105.
邱均平,赵蓉英,董克,等.2016.科学计量学.北京:科学出版社.

邱均平, 邹菲. 2004. 关于内容分析法的研究. 中国图书馆学报, 30(2): 12-17.
邱韵霏, 罗颖, 宰冰欣, 等. 2017. 基于 Mendeley 阅读数据的论文使用分析. 图书情报工作, 61(14): 123-131.
全国信息技术标准化技术委员会大数据标准工作组. 2015. 大数据标准化白皮书 V2.0. http://www. cesi. cn/201612/1692. html[2018-11-23].
任成. 2013. 创新扩散视野下的知识传播——以 TED 演讲为例. 今传媒, 21(11): 52-53.
任全娥. 2019. 大数据背景下的文献计量学研究进展与学科融合. 情报理论与实践: 42(1): 48-52.
三牛. 2014. Altmetrics. 中国图书馆学报, 40(1): 38.
上官鸣, 李璐. 2013. 公司治理结构视角下企业盈余管理研究——基于多元线性回归模型与神经网络模型的比较与应用. 财会通讯, (20): 37-39.
佘滢, 刘芳, 范正平. 2018. 互联网信息特征研究综述. 南京信息工程大学学报(自然科学版), 10(4): 409-414.
沈小玲, 严卫中. 2013. 网络科技论文学术影响力评价指标的选择. 图书情报工作, 57(3): 69-77.
盛怡瑾, 初景利. 2018. 同行评议质量控制方法研究进展. 出版科学, 26(5): 46-53.
盛宇. 2012. 基于微博的学术信息交流机制研究——以新浪微博为例. 图书情报工作, 56(14): 62-66.
施文婧. 2018. 欧意公司电子产品生产线 SMT 工艺改善. 西安工业大学硕士学位论文.
史俊莉, 高飞, 李晓莉. 2010. 浅谈 MATLAB 在 GPS 高程拟合中的应用. 四川地质学报, 30(4): 482-487.
束容与. 2018. 浅论相关分析与回归分析的联系与区别. 中国校外教育, (9): 108-109.
司杰, 冯秀清. 2018. 数据挖掘在成人招生数据处理中的应用研究. 开封教育学院学报, 38(5): 139-141.
司莉, 刘剑楠. 2014. 三种信息可视化软件的比较研究——基于 KOS 研究的可视化实验分析. 图书馆杂志, 33(1): 61-67.
宋惠兰. 2008. 高校图书馆学科化服务创新研究. 图书馆学研究, (11): 88-90.
宋惠兰. 2012. 地方院校图书馆纸型与电子期刊馆藏政策研究——以内江师范学院图书馆为例. 内江师范学院学报, 27(8): 115-119.
宋丽萍, 陈巍, 贺颖. 2015. 论文层面科学评价实证研究——以 PLoS One 为例. 图书馆工作与研究, (7): 85-88.
宋丽萍, 王建芳, 孙斌. 2012. 相关性视角下的 WoS 与 Scopus 之比较. 图书情报工作, 56(4): 22-26.
宋艳辉, 杨思洛. 2014. 国际视野下的图书馆学、情报学与档案学研究进展——基于 CiteSpace 的信息可视化分析. 图书馆论坛, 34(6): 1-13.
苏键, 陈军, 何洁. 2012. 主成分分析法及其应用. 轻工科技, 28(9): 12-13, 16.
隋欣. 2014. 浅谈在高职院校开展数学建模的意义. 现代企业教育, (22): 86-87.
孙伯鍨. 2001. 作为方法的历史唯物主义. 河南大学学报(社会科学版), 41(3): 1-5.
孙建军, 李江. 2009. 网络信息计量理论、工具与应用. 北京: 科学出版社.
孙立伟, 何国辉, 吴礼发. 2010. 网络爬虫技术的研究. 电脑知识与技术, 6(15):4112-4115.
孙学军. 2014. 同行评阅也将能获得学术认可. http://paper. dxy. cn/article/88182[2018-11-01].
孙勇中, 袁曦临, 钱鹏. 2007. 外文核心学术图书模糊综合评价体系的建立. 图书情报工作, 51(6)

134-138.

唐家渝, 孙茂松. 2013. 新媒体中的词云: 内容简明表达的一种可视化形式. 中国传媒科技, (11): 18-19.

唐士, 谢艳. 2015. 替代计量学在图书馆服务中的应用. 科技展望, 25(33): 171.

陶蕊. 2014. 《G20科研与创新表现》报告揭示世界领先经济体的科技实力变化图谱. 中国基础科学, (4): 37-38.

汪嘉慧, 王长江. 2018. 近10年中学物理规律教学疑难问题调查研究——基于知识图谱. 湖南中学物理, 33(9): 7-35.

王聪, 刘春丽. 2016. Altmetrics在我国高校机构知识库应用分析. 情报杂志, 35(12): 116-120.

王存斌. 2018. 基于ESI的高校学科分析系统的设计与实现. 内蒙古大学硕士学位论文.

王菲菲, 贾晨冉, 韩文菲, 等. 2018. 政策文件替代计量视角下的学术成果利用效率分布态势剖析. 北京工业大学学报(社会科学版), 18(4): 55-66.

王福保. 1994. 概率论及数理统计. 3版. 上海: 同济大学出版社.

王宏鑫. 2003. Bradford分布理论研究的发展. 情报杂志, (7): 4-5, 8.

王宏鑫, 邱均平. 2004. 关于网络信息老化研究的若干问题. 情报理论与实践, 27(4): 433-435.

王洪伟, 宋嫒, 杜战其, 等. 2017. 基于在线评论情感分析的快递服务质量评价. 北京工业大学学报, 43(3): 402-412.

王继成, 萧嵘, 孙正兴, 等. 2001. Web信息检索研究进展. 计算机研究与发展, 38(2): 187-193.

王健, 陈琳. 2009. 补偿性媒介理论视角下的网络阅读. 图书馆理论与实践, (11): 42-44.

王丽. 2015. 中国知网数据库中高被引文献与高下载文献类型分析——以医药卫生科技类文献为例. 编辑学报, 27(5): 503-506.

王亮. 2014. 基于SCI引文网络的知识扩散研究. 哈尔滨工业大学博士学位论文.

王明会, 丁焰, 白良. 2011. 社会化媒体发展现状及其趋势分析. 信息通信技术, 5(5): 5-10.

王睿, 胡文静, 郭玮. 2014. 高Altmetrics指标科技论文学术影响力研究. 图书情报工作, 58(21): 92-98.

王飒, 崔宇红, 包丽颖. 2013. 学术博客在学科知识交流中的作用分析——基于科学网博客的实证分析. 现代情报, 33(2): 125-133.

王侠林, 贺建峰. 2018. 基于K-Means聚类的微生物群落结构研究. 软件导刊, 17(1): 146-151.

王夏洁, 刘红丽. 2007. 基于社会网络理论的知识链分析. 情报杂志, 26(2): 18-21.

王贤文, 张春博, 毛文莉, 等. 2013. 科学论文在社交网络中的传播机制研究. 科学学研究, 31(9): 1287-1295.

王晓光, 袁毅, 滕思琦. 2011. 微博社区交流网络结构的实证分析. 情报杂志, 30(2): 199-202.

王晓梅. 2015. 期刊型学术交流系统的成本收益分析. 郑州大学硕士学位论文.

王妍. 2015. 学者影响力二维测度方法研究. 情报理论与实践, 38(12): 88-92.

王妍, 郭舒, 张建勇. 2015. 学者影响力评价指标的相关性研究. 图书情报工作, (5): 106-112.

王艳, 毕丽华. 2011. 知识管理与知识创新的研究综述与展望. 图书情报工作, (S2): 343-347.

王艳华, 娄岩, 郭婷婷, 等. 2018. 基于虚拟现实技术的实验教学CNKI论文分析. 基础医学教育, 20(5): 414-419.

王瑛瑛. 2016. 替代计量学研究及对高校图书馆服务拓展的启示. 图书馆学刊, 38(1): 97-100.

王勇. 2018. 基于大数据平台的企业竞争情报系统设计及应用研究. 昆明理工大学硕士学位论文.

王曰芬, 贾新露, 傅柱. 2016. 学术社交网络用户内容使用行为研究——基于科学网热门博文的实证分析. 现代图书情报技术, 32(6): 63-72.

王曰芬, 贾新露, 李冬琼. 2017. 微信学术信息共享意图影响因素研究. 图书与情报, (3): 9-18.

王珍. 2018. 学术影响力的计量评价: 补充计量指标研究. 图书馆研究与工作, (6): 13-16.

王真, 马建华. 2017. 单篇论文网络浏览量的跟踪研究. 中国科技期刊研究, 29(3): 270-277.

王真, 马建华. 2018. 基于 PLoS 开放获取数据的单篇论文网络浏览量累积规律的数理统计及分析. 图书情报工作, 62(12): 72-83.

王知津, 肖洪. 2003. 网络信息服务与传统信息服务比较研究. 图书馆理论与实践, (4): 2-4.

韦博, 由庆斌. 2016. 基于补充计量学的热点推送平台构建. 情报理论与实践, 39(8): 111-114.

卫垌圻, 谭宗颖. 2015. Altmetrics 国内外研究中的问题与挑战. 图书情报工作, 59(2): 93-99.

魏程程. 2018. 基于 Python 的数据信息爬虫技术. 电子世界, (11): 208-209.

魏晓峰, 马转玲, 王海东, 等. 2017. 基于文献计量的国内人才评价研究进展分析. 产业与科技论坛, (22): 79-81.

文庭孝, 邱均平. 2006. 科学评价中的计量学理论及其关系研究. 情报理论与实践, (6): 650-656.

文庭孝, 刘晓英, 刘灿姣, 等. 2011. 知识关联的结构分析. 图书馆, (2): 1-7.

吴朋民, 陈挺, 王小梅. 2018. Altmetrics 与引文指标相关性研究. 数据分析与知识发现, (6): 58-69.

吴胜男. 2015. 补充计量学方法及其应用研究. 武汉大学博士学位论文.

吴胜男, 赵蓉英. 2016. Altmetrics 应用工具的发展现状及趋势之分析. 图书情报知识, (1): 84-93.

武澎, 李田田, 王开阳, 等. 2018. 我国 Altmetrics 研究现状与热点分析. 科研管理, 39(5): 120-128.

希伦·A. 洛厄里, 梅尔文·L. 德弗勒. 2009. 大众传播效果研究的里程碑. 3 版. 刘海龙, 等译. 北京: 中国人民大学出版社.

肖明. 2014. 信息计量学. 北京: 中国铁道出版社.

肖婷婷. 2017. 政策文件替代计量指标分布特征与内在机制研究. 武汉大学硕士学位论文.

肖友国. 2009. 基于 Web2.0 的数字图书馆个性化信息服务研究. 四川图书馆学报, (5): 21-23.

谢靖. 2009. 中国文学图书学术影响力分析(国内学术著作)——基于 CSSCI(2000-2007). 东岳论丛, (10): 59-66.

谢娟, 龚凯乐, 成颖, 等. 2017. 论文下载量与被引量相关关系的元分析. 情报学报, (12): 1255-1269.

谢映萍. 2013. 数字化学习资源组织与目录体系构建研究. 东北师范大学硕士学位论文.

谢宗彦, 黎嵘, 周纯洁. 2017. 社交网络中的 Web 数据挖掘技术. 中国计算机用户协会网络应用分会. 中国计算机用户协会网络应用分会 2017 年第二十一届网络新技术与应用年会论文集. 中国计算机用户协会网络应用分会: 北京联合大学北京市信息服务工程重点实验室: 4.

熊霞, 高凡, 郭丽君. 2016. 外文电子图书学术影响力评价方法探讨——基于 BKCI、Scopus Article Metrics、Bookmetrix 的实例比较. 现代情报, 36(10): 118-122.

熊泽泉, 段宇锋. 2018. 论文早期下载量可否预测后期被引量?——以图书情报领域期刊为例, (4): 32-42.

徐佳宁, 罗金增. 2007. 现代科学交流体系的重组与功能实现. 图书情报工作, 51(11): 94-97.

许洁, 王嘉昀. 2017. 中国人文社科学术图书国际影响力研究——以 Bookmetrix 平台近五年数据为例. 出版发行研究, (9): 87-92.

薛庆林. 2009. 我国区域农业科技成果转化运行机制与模式研究. 天津大学博士学位论文.

薛庆林. 2016. 创新扩散理论. https://wenku.baidu.com/view/64c7b422ef06eff9aef8941ea76e58fafab04547.html?from=search[2018-12-27].

闫相斌, 宋晓龙, 宋晓红. 2011. 我国管理科学领域机构学术合作网络分析. 科研管理, 32(12): 104-111.

杨峰. 2007. 从科学计算可视化到信息可视化. 情报杂志, (1): 18-20, 24.

杨弘. 2013. 学术期刊被引频次与下载次数的关系. 安徽农业科学, 41(4): 1820-1821.

杨磊. 2015. 网络环境下布拉德福定律的有效性研究. 科技情报开发与经济, 25(24): 115-118, 135.

杨柳, 陈贡. 2015. Altmetrics 视角下科研机构影响力评价指标的相关性研究. 图书情报工作, 59(15): 106-114, 132.

杨柳, 陈铭. 2015. 常用替代计量学工具之比较研究. 情报理论与实践, 38(9): 114-119, 144.

杨瑞仙. 2013a. Web2.0 环境下的链接关系研究——以博客和百度百科为例. 情报杂志, 32(9): 199-203.

杨瑞仙. 2013b. Web2.0 环境下知识交流模式与规律研究. 郑州: 郑州大学出版社.

杨瑞仙. 2014. 知识交流内涵和类型探讨. 情报理论与实践, 37(3): 12-15.

杨思洛. 2011a. 引文分析存在的问题及其原因探究. 中国图书馆学报, 37(3): 108-117.

杨思洛. 2011b. 基于网络引证关系的知识交流规律研究. 武汉大学博士学位论文.

杨思洛. 2012. 网络引证视角的知识交流规律研究. 湘潭: 湘潭大学出版社.

杨思洛. 2015. 中外图书情报学科知识图谱比较研究. 北京: 科学出版社.

杨思洛, 毕艳娜. 2007. 基于 Web2.0 的数字参考咨询服务创新. 图书馆学研究, (2): 75-78.

杨思洛, 曹慧, 李慧玲. 2014. 基于引文分析的档案学领域图书影响力研究. 档案与建设, (5): 9-13.

杨思洛, 程爱娟. 2015. 社交网络环境下的计量学: Altmetrics 研究进展综述. 情报资料工作, 36(4): 33-37.

杨思洛, 程爱娟, 冯雅. 2016a. 大数据环境下信息检索与文献计量的共生发展综述. 图书馆, (8): 68-73, 90.

杨思洛, 程爱娟, 袁庆莉. 2018. 基于 Altmetrics 的论文影响力三维测度方法研究. 农业图书情报学刊, 30(10): 5-12.

杨思洛, 韩瑞珍. 2004. 美国的信息标准及其对我国的启示. 中国信息导报, (11): 50-52.

杨思洛, 韩瑞珍. 2012. 国外知识图谱绘制的方法与工具分析. 图书情报知识, (6): 101-109.

杨思洛, 邱均平, 丁敬达, 等. 2016b. 网络环境下国内学者引证行为变化与学科间差异——基于历时角度的分析. 中国图书馆学报, (2): 18-31.

杨思洛, 仇壮丽. 2009. 网络引文的可获得性体系之构建. 中国图书馆学报, 35(3): 52-58.

杨思洛, 袁庆莉, 韩雷. 2017. 中美发表的国际开放获取期刊论文影响比较研究. 中国图书馆学报, (1): 67-88.

杨旭, 汤海京, 丁刚毅. 2017. 数据科学导论. 2 版. 北京: 北京理工大学出版社.

姚长青, 田瑞强. 2018. 新科学研究范式下的学术期刊出版趋势研究. 科技与出版, (5): 31-36.

叶继元, 陈铭. 2013. 开放存取期刊学术质量"全评价"体系研究——以"中国科技论文在线优秀期刊"为例. 图书与情报, (2):81-87.

参 考 文 献

佚名. 2013. NISO 计划为补充计量制定标准和推荐做法. 现代图书情报技术, (9): 66.
尹楠. 2016. CSSCI 与中文核心期刊网络舆情对比研究. 新世纪图书馆, (8): 41-46.
由庆斌, 汤珊红. 2013. 补充计量学及应用前景. 情报理论与实践, 36(12): 6-10.
由庆斌, 汤珊红. 2014. 不同类型论文层面计量指标间的相关性研究. 图书情报工作, 58(8): 79-84.
由庆斌, 韦博, 汤珊红. 2014. 基于补充计量学的论文影响力评价模型构建. 图书情报工作, 58(22): 5-11.
于娟, 刘强. 2015. 主题网络爬虫研究综述. 计算机工程与科学, 37(2): 231-237.
余厚强. 2017. 替代计量指标与引文量相关性的大规模跨学科研究——数值类型、指标种类与用户类别的影响. 情报学报, 36(6): 606-617.
余厚强, 邱均平. 2014a. 替代计量指标分层与聚合的理论研究. 图书馆杂志, 33(10): 13-19.
余厚强, 邱均平. 2014b. 替代计量学视角下的在线科学交流新模式. 图书情报工作, (15): 42-47.
余厚强, 邱均平. 2014c. 论替代计量学在图书馆文献服务中的应用. 情报杂志, 33(9): 163-166, 172.
余厚强, Hemminger B M, 肖婷婷, 等. 2016. 新浪微博替代计量指标特征分析. 中国图书馆学报, (4): 20-36.
余厚强, 任全娥, 张洋, 等. 2019. Altmetrics 的译名分歧:困扰、影响及其辨析. 中国图书馆学报, 45(1): 47-59.
余厚强, 肖婷婷, 王曰芬, 等. 2017. 政策文件替代计量指标分布特征研究. 中国图书馆学报, 43(5): 57-69.
俞立平, 潘云涛, 武夷山. 2009. 学术期刊综合评价数据标准化方法研究. 图书情报工作, 53(12): 136-139.
俞培果, 邱均平. 2003. Web 页面链接动机分析及链接测度研究. 情报科学, (3): 320-323.
袁国明, 周宁. 2006. 信息可视化和知识可视化的比较研究. 科技情报开发与经济, 16(12): 93-94.
袁红, 赵磊. 2012. 微博社区信息交流网络结构与交流模式研究. 现代情报, 32(9): 48-52, 56.
袁毅, 杨成明. 2011. 微博客用户信息交流过程中形成的不同社会网络及其关系实证研究. 图书情报工作, 55(12): 31-35.
曾福泉. 2017. 浙大再次回应"网红论文"新规:10万+只是认定标准之一. http://www.bjnews.com.cn/news/2017/09/24/459063.html[2017-09-24].
曾群. 2018. Publons 对传统审稿模式的改变. 科技与出版, (5): 60-64.
曾雪鹃. 2008. 文献信息增长模型与网络信息增长模型. 中国科技资源导刊, 40(5): 15-18.
翟杰全. 2002. 国家科技传播体系内的知识交流研究. 科研管理, 23(2): 5-12.
翟姗姗, 许鑫, 夏立新. 2015. 学术博客中的用户交流与知识传播研究述评. 现代图书情报技术, (Z1): 3-12.
张伹, 赵文华, 孙保存. 2013. 从编辑的视点探讨科技期刊 Altmetrics 的重要性. 编辑之友, (9): 41-43.
张萃平, 王兴琼. 2018. 网络信息分享行为研究综述. 重庆工商大学学报(社会科学版), 35(5): 94-102.
张存刚, 李明, 陆德梅. 2004. 社会网络分析——一种重要的社会学研究方法. 甘肃社会科学, (2):

109-111.

张帆. 2005. 信息组织学. 北京:科学出版社.

张芳,唐崇忻. 2018. 图书情报学领域学者论文学术影响力研究(2008-2017 年). 图书馆工作与研究, (5): 25-31.

张慧敏. 2006. 引文分析法的内涵及研究实证. 编辑学报, (S1): 174-177.

张晋朝,罗博,查先进,等. 2018. 社会化媒体情境下用户学术信息搜寻感知差异比较研究. 图书馆学研究, (20): 42-54.

张磊磊. 2010. 网络学术信息交流模式与信息分布研究. 南京航空航天大学硕士学位论文.

张蕾. 2016. "第二研发大国"含金量有多高. http://news.gmw.cn/2016-02/24/content_19008464.htm[2018-02-14].

张力,赵星,叶鹰. 2011. 信息可视化软件 CiteSpace 与 VOSviewer 的应用比较. 信息资源管理学报, (1): 95-98.

张立党,周质明,胡泽鹏. 2018. 使用需求和媒介丰富度对微信用户收藏行为的作用机制研究. 现代情报, (3): 66-72.

张瑞. 2008. 网络信息老化研究. 情报杂志, (8): 38-40.

张淑玲. 2018. 数据新闻的创新采纳与扩散影响因素分析. 现代传播(中国传媒大学学报), 40(8): 149-153.

张晓林,李麟,刘细文,等. 2012. 开放获取学术信息资源: 逼近"主流化"转折点. 图书情报工作, 56(9): 42-47.

张晓琴,路永和. 2008. 在网页浏览中用户点击超链接行为的影响因素分析. 现代情报, (2): 221-225.

张洋,郎林芳. 2018. Mendeley 阅读数用于期刊评价的适用性分析. 情报杂志, 37(2): 142-146, 103.

张洋,邱均平. 2005. 网络信息计量学的兴起及其哲学思考. 情报杂志, (1): 2-5.

张洋,吴娟平,郎林芳. 2017. 基于不同网络数据源的期刊评价研究. 中国科技期刊研究, 28(2): 176-183.

张洋,谢卓力. 2014. 基于多源网络学术信息聚合的知识图谱构建研究. 图书情报工作, 58(22): 84-94.

张莹. 2015. 我国藏书文化期刊论文的文献计量分析. 天一阁文丛. 第十三辑. 宁波市天一阁博物馆: 20.

赵丹丹. 2006. 数据挖掘在治疗糖尿病中药方剂数据库中的应用模拟. 中国海洋大学硕士学位论文.

赵国庆,黄荣怀,陆志坚. 2005. 知识可视化的理论与方法. 开放教育研究, 11(1): 23-27.

赵蓉英,郭凤娇. 2017. Altmetrics: 学术影响力评价的新视角. 情报科学, 35(1): 14-18.

赵蓉英,郭凤娇,谭洁. 2016. 基于 Altmetrics 的学术论文影响力评价研究——以汉语言文学学科为例. 中国图书馆学报, 42(1): 96-108.

赵蓉英,王旭,元永康. 2018a. 我国世界一流大学建设高校间科研合作网络研究——基于 CNKI 和 WoS 数据的对比. 情报理论与实践, 41(10): 1-7.

赵蓉英,魏明坤. 2017. "五计学"在我国的发展演进分析. 现代情报, 37(6): 155-159, 167.

赵蓉英,魏绪秋. 2016. 计量视角下的我国人文社会科学领域大数据研究热点挖掘与分析. 情报杂志，35(2): 93-98.

赵蓉英, 张扬, 陈婧. 2018b. Altmetrics 在论文影响力评价中的应用研究. 情报科学, 36(6): 3-8, 39.

赵铁琴. 2009. 基于Web2.0的图书馆信息服务研究. 情报杂志, 28(S1): 169-171, 193.

赵星. 2017. 学术文献用量级数据Usage的测度特性研究. 中国图书馆学报, 43(3): 44-57.

赵雅馨, 杨志萍. 2016. 研究热点探测的替代计量学方法和应用——以信息与计算科学为例. 情报杂志, 35(11): 39-44.

赵晏强, Nixon W, 李印结, 等. 2016. Altmetric 在科研机构成果产出影响力评价中的应用研究. 情报杂志, 35(6): 144-150, 182.

赵玉冬. 2010. 基于网络学术论坛的学术信息交流研究. 图书馆学研究, (19): 40-43.

赵云泽, 张竞文, 谢文静, 等. 2015. "社会化媒体" 还是 "社交媒体"？——一组至关重要的概念的翻译和辨析. 新闻记者, (6): 63-66.

赵志宏. 2010. 统计技术应用与QC小组活动质量. 山西建筑, 36(36): 212-213.

郑微波, 魏群义. 2015. 高校机构知识库建设策略研究. 图书情报工作, 59(24): 59-64.

郑晓月. 2018. 知识结构揭示模型构建与实证研究. 吉林大学硕士学位论文.

中国互联网信息中心. 2019. 第43次中国互联网络发展状况统计报告. http://www.cnnic.net.cn/hlwfzyj/hlwxzbg/hlwtjbg/201608/t20160803_54392.htm[2018-11-06].

中国科技论文统计与分析课题组. 2018. 2016年中国科技论文统计与分析简报. 中国科技期刊研究, 29(1): 59-68.

钟灿涛. 2011. 科学交流体系重组的动力因素分析. 科学学研究, 29(9): 1304-1310.

周艾. 2015. 浅谈大数据. 城市建设理论研究(电子版), (25): 609-610.

周金侠. 2011. 基于CitespaceII的信息可视化文献的量化分析. 情报科学, 29(1): 98-101, 112.

周九常, 刘智明. 2018. 数据挖掘研究综述. 河南图书馆学刊, 38(8): 130-132, 137.

周西平, 石卫. 2003. 知识整合平台——Web of Science. 图书馆学研究, (3): 45-48.

朱继朋. 2018. 移动互联网时代虚拟学术社区信息运动模式研究. 图书馆学刊, 40(3): 46-49.

邹丽雪, 赵云鲜. 2014. PLoS ONE 发表的中国论文学术影响力分析. 中国科技期刊研究, 25(11): 1414-1420.

左振凤. 2011. 浅谈统计方法在医院统计分析中的应用. 医学信息(上旬刊), 24(2): 834-835.

《国际口腔医学杂志》编辑部. 2018. Mendeley 文献管理软件及学术社交平台简介. 国际口腔医学杂志, 44(6): 742.

Adie E, Roe W. 2013. Altmetric: Enriching scholarly content with article-level discussion and metrics. Learned Publishing, 26(1): 11-17.

Alhoori H, Choudhury S R, Kanan T, et al. 2015. On the relationship between open access and Altmetrics. https://www.ideals.illinois.edu/handle/2142/73451[2018-11-13].

Allen J. 2005. 自然语言理解. 2版. 刘群, 等译. 北京: 电子工业出版社.

Alperin J P. 2015. Geographic variation in social media metrics: An analysis of Latin American journal articles. Aslib Journal of Information Management, 67(3): 289-304.

Bollen J, Rodriguez M A, van de Sompel H. 2007. MESUR: Usage-based metrics of scholarly impact. Proceedings of the 7th ACM/IEEE-CS Joint Conference on Digital Libraries. ACM: 474.

Bollen J, van de Sompel H, Hagberg A, et al. 2009. A principal component analysis of 39 scientific impact measures. PloS ONE, 4(6): e6022.

Bonasio A. 2014. Scopus now features Mendeley readership stats! https://blog.mendeley.com/2014/03/14/scopus-now-features-mendeley-readership-stats/[2018-10-19].

Börner K, Chen C, Boyack K W. 2003. Visualizing knowledge domains. Annual Review of Information Science and Technology, 37(1): 179-255.

Bornmann L. 2014a. Validity of altmetrics data for measuring societal impact: A study using data from altmetric and F1000Prime. Journal of Informetrics, 8(4): 935-950.

Bornmann L. 2014b. Do altmetrics point to the broader impact of research? An overview of benefits and disadvantages of altmetrics. Journal of Informetrics, 8(4): 895-903.

Bornmann L. 2015. Alternative metrics in scientometrics: A meta-analysis of research into three altmetrics. Scientometrics, 103(3): 1123-1144.

Bornmann L, Haunschild R, Marx W. 2016. Policy documents as sources for measuring societal impact: How often is climate change research mentioned in policy-related documents? Scientometrics, 109(3): 1477-1495.

Bosman J, Kramer B. 2015. 101 Innovations in scholarly communication-the changing research workflow. https://101innovations.wordpress.com/workflows/[2019-01-17].

Bourdieu P. 1986. The forms of capital//Richardson J G. Handbook of Theory and Research in the Sociology of Education. New York: Greenwood Press.

Burnett G, Jaeger P T. 2008. Small worlds, lifeworlds, and information: The ramification of the information behavior of social groups in public policy and the public sphere. Information Research: An International Electronic Journal, 13(2): 346.

Burt R S. 2009. Structural Holes: The Social Structure of Competition. Cambridge: Harvard University Press.

Buschman M, Michalek A. 2013. Are alternative metrics still alternative. Bulletin of the American Society for Information Science and Technology, 39(4): 35-39.

Callaghan S, Carpenter T, Kratz J E. 2015. Walk softly and carry a large carrot: How to give credit for academic work. http://cedadocs.badc.rl.ac.uk/1125/1/FORCE2015_poster_final.pdf[2018-11-22].

Chen K H, Tang M C, Wang C M, et al. 2015. Exploring alternative metrics of scholarly performance in the social sciences and humanities in Taiwan. Scientometrics, 102(1): 97-112.

Cheng N, Dong K. 2018. Knowledge communication on social media: A case study of Biomedical Science on Baidu Baike. Scientometrics, 116(3): 1749-1770.

Cobo M J, López-Herrera A G, Herrera-Viedma E, et al. 2011. Science mapping software tools: Review, analysis, and cooperative study among tools. Journal of the American Society for Information Science and Technology, 62(7): 1382-1402.

Coleman J S. 1988. Social capital in the creation of human capital. American Journal of Sociology, 94: S95-S120.

Colson V. 2011. Science blogs as competing channels for the dissemination of science news. Journalism, 12(7): 889-902.

Costas R, Zahedi Z, Wouters P. 2015. Do "Altmetrics" correlate with citations? Extensive comparison of altmetric indicators with citations from a multidisciplinary perspective. Journal of the Association for

Information Science, 66(10): 2003-2019.

Crotty D. 2014. Altmetrics: Finding meaningful needles in the data haystack. Serials Review, 40(3): 141-146.

de Solla Price D J. 1965. Networks of scientific papers. Science, 149(3683): 510-515.

de Winter J C. 2015. The relationship between tweets, citations, and article views for PLoS One articles. Scientometrics, 102(2): 1773-1779.

Didegah F, Thelwall M. 2013. Which factors help authors produce the highest impact research? Collaboration, journal and document properties. Journal of Informetrics, 7(4): 861-873.

Ding Y, Rousseau R, Dietmar W. 2014. Measuring Scholarly Impact: Methods and Practice. Switzerland: Springer Publishing Company, Incorporated.

Erdt M, Aung H H, Aw A S, et al. 2017. Analysing researchers' outreach efforts and the association with publication metrics: A case study of Kudos. PloS ONE, 12(8): e0183217.

Evans J A. 2008. Electronic publication and the narrowing of science and scholarship. Science, 321(5887): 395-399.

Eysenbach G. 2011. Can tweets predict citations? Metrics of social impact based on Twitter and correlation with traditional metrics of scientific impact. Journal of Medical Internet Research, 13(4): e123.

Fear K M. 2013. Measuring and anticipating the impact of data reuse. http://deepblue.lib.umich.edu/handle/2027.42/102481[2018-12-20].

Fenner M. 2014. Altmetrics and other novel measures for scientific impact//Bartling S, Friesike S. Opening Science. Cham: Springer: 179-189.

Frank C, Battista R, Butler L. 2009. Making an impact: A preferred framework and indicators to measure returns on investment in health research. Ottawa, ON: CanadianAcademy of Health. http://www.cahs-acss.ca/wpcontent/uploads/2011/09/ROI_FullReport.pdf[2019-01-05].

Galligan F, Dyas-Correia S. 2013. Altmetrics: Rethinking the way we measure. Serials Review, 39(1): 56-61.

Gantz W. 1981. The influence of researcher methods on television and newspaper news credibility evalutions. Journal of Broadcasting, 25(2): 155-169.

Garvey W D, Griffith B C. 1967. Scientific communication as a social system. Science, 157(3792): 1011-1016.

Glänzel W, Gorraiz J. 2015. Usage metrics versus altmetrics: Confusing terminology? Scientometrics, 102(3): 2161-2164.

Glenn D. 2003. Scholars who blog. https://www.chronicle.com/article/Scholars-Who-Blog/26716 [2019-07-23].

Graham K E R, Chorzempa H L, Valentine P A, et al. 2012. Evaluating health research impact: Development and implementation of the Alberta Innovates-Health Solutions impact framework. Research Evaluation, 21(5): 354-367.

Granovetter M S.1973. The strength of weak ties. American Journal of Sociology, 78(6): 1360-1380.

Halevi G, Nicolas B, Bar-Ilan J. 2016. The complexity of measuring the impact of books. Publishing Research Quarterly, 32(3): 187-200.

Hammarfelt B. 2012. Following the Footnotes: A Bibliometric Analysis of Citation Patterns in Literary Studies. Doctoral dissertation, Acta Universitatis Upsaliensis.

Hammarfelt B. 2014. Using altmetrics for assessing research impact in the humanities. Scientometrics, 101(2): 1419-1430.

Harter S P. 2010. Psychological relevance and information science. Journal of the Association for Information Science, 43(9): 602-615.

Haunschild R, Bornmann L. 2016. How many scientific papers are mentioned in policy-related documents? An empirical investigation using Web of Science and altmetric data. Scientometrics, 110(3): 1209-1216.

Haustein S, Bowman T D, Costas R. 2015a. Interpreting "altmetrics": Viewing acts on social media through the lens of citation and social theories. arXiv preprint arXiv: 1502. 05701.

Haustein S, Costas R, Larivière V. 2015b. Characterizing social media metrics of scholarly papers: The effect of document properties and collaboration patterns. PLoS ONE, 10(3): e0120495.

Haustein S, Larivière V, Thelwall M, et al. 2014b. Tweets vs. Mendeley readers: How do these two social media metrics differ? Computer Science, 56(5): 207-215.

Haustein S, Peters I, Bar-Ilan J, et al. 2014a. Coverage and adoption of altmetrics sources in the bibliometric community. Scientometrics, 101(2): 1145-1163.

Hendriks P. 1999. Why share knowledge? The influence of ICT on the motivation for knowledge sharing. Knowledge and Process Management, 6(2): 91-100.

Hinton G E. 2005. What Kind of Graphical Model is the Brain? International Joint Conference on Artificial Intelligence. Burlington: Morgan Kaufmann.

Holmberg K. 2015. Altmetrics for Information Professionals: Past, Present and Future. Waltham: Chandos Publishing .

Holmberg K. 2016. Altmetrics for information professionals. Journal of Experimental & Theoretical Physics, 100(5): 971-976.

Holmberg K, Hellsten L. 2016. Twitter campaigns around the fifth IPCC report: Campaign spreading, shared hashtags, and separate communities. SAGE Open, 6(3): 1-7.

Holmberg K, Thelwall M. 2014. Disciplinary differences in Twitter scholarly communication. Scientometrics, 101(2): 1027-1042.

Hossseini E, Erfanmanesh M. 2016. Altmetrics for information professionals: Past, present and future. Information Research: An International Electronic Journal, 21(4): R581.

Ingwersen P, Chavan V. 2011. Indicators for the Data Usage Index(DUI): An incentive for publishing primary biodiversity data through global information infrastructure. BMC Bioinformatics, 12(S15): S3.

Jabaley C S, Groff R F, Stentz M J, et al. 2018. Highly visible sepsis publications from 2012 to 2017: Analysis and comparison of altmetrics and bibliometrics. Journal of Critical Care, 48: 357-371.

Jurema C M L, Lucas A, Blattmann U, et al. 2017. KNOWLEDGE RESOURCES: collaboration, participation and sharing of scientific and academic information. Informacao & Sociedade-Estudos, 27(1): 17-34.

Kaplan A M, Haenlein M. 2010. Users of the world, unite! The challenges and opportunities of social media. Business Horizons, 53(1): 59-68.

参 考 文 献

Kaplan N. 1965. The norms of citation behavior: Prolegomena to the footnote. American Documentation, 16(3): 179-184.

Kittur A, Kraut R E. 2010. Beyond Wikipedia: Coordination and conflict in online production groups. Proceeding of the 2010 Acm Conference on Computer Supported Cooperative Work. DBLP: 215-224.

Kontostathis A, Galitsky L M, Pottenger W M, et al. 2003. A survey of emerging trend detection in textual data mining. Survey of Text Mining Clustering Classification Retrieval: 185-224.

Kousha K, Thelwall M. 2015. Web indicators for research evaluation. Part 3: Books and non-standard outputs. El Profesional de la Información, 24(6): 724-736.

Krackhardt D. 1995. Review symposium—Structural holes: the social structure of competition by Ronald S. Burt. Administrative Science Quarterly, 40(2): 350.

Kumar S S, Kumar K S, Kayarvizhy N. 2016. Analysis of information propagation in academic social networks//2016 International Conference on Recent Trends in Information Technology(ICRTIT). IEEE: 1-4.

Larivière V, Gingras Y, Archambault É. 2009. The decline in the concentration of citations, 1900-2007. Journal of the American Society for Information Science and Technology, 60(4): 858-862.

Levitt R. 2003. GM crops and foods. Evidence, policy and practice in the UK: A case study. ESRC UK Centre for Evidence Based Policy and Practice, Queen Mary University of London, Working Paper 20.

Lewis D W. 2012. The inevitability of open access. College and Research Libraries, 73(5): 493-506.

Leydesdorff L, Wagner C S, Bornmann L. 2014. The European Union, China, and the United States in the top-1% and top-10% layers of most-frequently cited publications: Competition and collaborations. Journal of Informetrics, 8(3): 606-617.

Li C L, Xu Y Q, Wu H, et al. 2013. Correlation and interaction visualization of altmetric indicators extracted from scholarly social network activities: Dimensions and structure. Journal of Medical Internet Research, 15(11): e259.

Li X, Thelwall M. 2012. F1000, Mendeley and traditional bibliometric indicators. Proceedings of the 17th International Conference on Science and Technology Indicators. Montréal: Science-Metrix and OST, 2: 451-551.

Lin J. 2012. A case study in anti-gaming mechanisms for altmetrics: PLoS ALMs and DataTrust. http://altmetrics.org/altmetrics12/lin/[2018-12-10].

Lin J, Fenner M. 2013a. The many faces of article-level metrics. Bulletin of the American Society for Information Science and Technology, 39(4): 27-30.

Lin J, Fenner M. 2013b. Altmetrics in evolution: Defining and redefining the ontology of article-level metrics. Information Standards Quarterly, 25(2): 20-26.

Liu J, Adie E. 2013. Five challenges in Altmetrics: A toolmaker's perspective. Bulletin of the American Society for Information Science and Technology, 39(4): 31-34.

Liu W S, Hu G Y, Tang L, et al. 2015. China's global growth in social science research: Uncovering evidence from bibliometric analyses of SSCI publications(1978-2013). Journal of Informetrics, 9(3):

555-569.

Lutz C, Hoffmann C P. 2017. Making academic social capital visible: Relating SNS-based, alternative and traditional metrics of scientific impact. Social Science Computer Review, 36(5): 632-643.

Macroberts M H, Macroberts B R. 1987. Testing the ortega hypothesis: Facts and artifacts. Scientometrics, 12(5-6): 293-295.

MacRoberts M H, MacRoberts B R. 1996. Problems of citation analysis. Scientometrics, 36(3): 435-444.

Macroberts M H, Macroberts B R. 2010. Problems of citation analysis: A study of uncited and seldom-cited Influences. Journal of the American Society for Information Science and Technology, 61(1): 1-12.

Manville C, Guthrie S, Henham M L, et al. 2015. Assessing impact submissions for REF 2014: An evaluation. RAND Europe: Cambridge, UK.

Martín-Martín A, Orduna-Malea E, López-Cózar E D. 2018. A novel method for depicting academic disciplines through Google scholar citations: The case of bibliometrics. Scientometrics, 114(3): 1251-1273.

Martone M. 2014. Data citation synthesis group: Joint declaration of data citation principles. https://doi.org/10.25490/a97f-egyk[2018-11-01].

Mas-Bleda A, Thelwall M. 2016. Can alternative indicators overcome language biases in citation counts? A comparison of Spanish and UK research. Scientometrics, 109(3): 2007-2030.

Matthews J N A. 2015. Online metrics show who's saying what about scientists' research. Physics Today, 68(1): 18-20.

Michalek A. 2017. The most comprehensive source of altmetrics joins Elsevier-plum analytics. https://www.elsevier.com/connect/the-most-comprehensive-source-of-altmetrics-joins-elsevier-plum-analytics[2018-11-01].

Mingers J, Leydesdorff L. 2015. A review of theory and practice in scientometrics. European Journal of Operational Research, 246: 1-19.

Moed H F. 2017. Applied evaluative informetrics. Springer International Publishing.

Moed H F, Garfield E. 2003. Basic scientists cite proportionally fewer "authoritative" references as their bibliographies become shorter. Proceedings of the 9th International Conference on Scientometrics and Informetrics: 190-196.

Moed H F, Halevi G. 2015. Multidimensional assessment of scholarly research impact. Journal of the Association for Information Science and Technology, 66(10): 1988-2002.

Moiwo J P, Tao F. 2013. The changing dynamics in citation index publication position China in a race with the USA for global leadership. Scientometrics, 95(3): 1031-1050.

Morgan J M, Grant J. 2013. Making the grade: methodologies for assessing and evidencing research impact. https://www.exeter.ac.uk/media/universityofexeter/research/ourresearchexcellence/describeproject/pdfs/2013_06_04_7_Essays_on_Impact_FINAL.pdf [2018-11-03].

Mounce R. 2013. Open access and altmetrics: Distinct but complementary. Bulletin of the American Society for Information Science and Technology, 39(4): 14-17.

参 考 文 献

Murray H. 2018. Making every day open data day. https://blog.f1000.com/2018/03/02/making-every-day-open-data-day/[2018-11-03].

Neylon C, Wu S. 2009. Article-level metrics and the evolution of scientific impact. PLoS Biology, 7(11): e1000242.

Nicolaisen J. 2007. Citation analysis. Annual Review of Information Science and Technology, 41(1): 609-641.

Nicolaisen J. 2010. Social behavior and scientific practice: Missing pieces of the citation puzzle. http://curis.ku.dk/ws/files/47025985/jeppe_nicolaisen_phd.pdf[2018-11-09].

Ortega J L. 2015. Relationship between altmetric and bibliometric indicators across academic social sites: The case of CSIC's members. Journal of Informetrics, 9(1): 39-49.

Ortega J L, Orduna-Malea E, Aguillo I F. 2014. Are web mentions accurate substitutes for inlinks for Spanish universities? Online Information Review, 38(1): 59-77.

Palmer D T, Bollini A, Mornati S, et al. 2014. DSpace-CRIS@HKU: Achieving visibility with a CERIF compliant open source system. Procedia Computer Science, 33: 118-123.

Piwowar H, Priem J. 2013. The power of Altmetrics on a CV. Bulletin of the American Society for Information Science and Technology, 39(4): 10-13.

Popielarski M. 2014. Assessing altmetrics: Why law librarians(and law schools)should care about altmetrics. AALL Spectrum, (11): 28-31.

Priem J. 2014. Altmetrics//Cronin B, Sugimoto C R. Beyond bibliometrics: Harnessing multidimensional indicators of scholarly impact. Cambridge: MIT Press: 263-287.

Priem J, Costello K L, Dzuba T. 2012b. Prevalence and use of Twitter among scholars. http://figshare.com/articles/Prevalence_and_use_of_Twitter_among_scholars/104629[2014-06-23].

Priem J, Hemminger B H. 2010. Scientometrics 2.0: New metrics of scholarly impact on the social web. First Monday, 15(7): 37-42.

Priem J, Piwowar H A, Hemminger B M. 2012a. Altmetrics in the wild: Using social media to explore scholarly impact. arXiv preprint arXiv, 1203.4745[2018-11-02].

Priem J, Taraborelli D, Groth P, et al. 2010. Altmetrics: A manifesto. http://altmetrics.org/manifesto [2018-11-02].

Richardson J G. 1986. Handbook of Theory and Research for the Sociology of Education. New York: Greenwood Press.

Robinson-García N, Torres-Salinas D, Zahedi Z, et al. 2014. New data, new possibilities: Exploring the insides of Altmetric.com. El Profesional de la Información, 23(4): 359-366.

Roemer R C, Borchardt R. 2015. Meaningful Metrics: A 21st-century Librarian's Guide to Bibliometrics, Altmetrics, and Research Impact. Chicago: American Library Association.

Sarli C C, Dubinsky E K, Holmes K L. 2010. Beyond citation analysis: A model for assessment of research impact. Journal of the Medical Library Association, 98(1): 17-23.

Schlögl C, Gorraiz J, Gumpenberger C, et al. 2014. Comparison of downloads, citations and readership data for two information systems journals. Scientometrics, 101(2): 1113-1128.

Sethi S K. 2007. Blog/Web log—A new easy and interactive website building tool for a non-net savvy radiologist. Journal of Thoracic Imaging, 22(2): 115-119.

Shema H, Bar-Ilan J, Thelwall M. 2012. Research blogs and the discussion of scholarly information. PLoS ONE, 7(5): e35869.

Smith L C. 1981. Citation analysis. Library Trends, 30: 83-106.

Snijder R. 2016. Revisiting an open access monograph experiment: Measuring citations and tweets 5 years later. Scientometrics, 109(3): 1855-1875.

Starr J, Castro E, Crosas M, et al. 2015. Achieving human and machine accessibility of cited data in scholarly publications. PeerJ Computer Science, 1(1).

Steenkamp M, Hyde-Clarke N. 2014. The use of Facebook for political commentary in South Africa. Telematics and Informatics, 31(1): 91-97.

Strasser C, Kratz J E, Lin J. 2015. Make data count—Unit 1 final report. https://doi.org/doi:10.6084/m9.figshare.1328291[2018-11-02].

Sud P, Thelwall M. 2014. Evaluating altmetrics. Scientometrics, 98(2): 1131-1143.

Sugimoto C R, Work S, Larivière V, et al. 2017. Scholarly use of social media and altmetrics: A review of the literature. Journal of the Association for Information Science and Technology, 68(9): 2037-2062.

Sutton S W. 2014. Altmetrics: What good are they to academic libraries? Kansas Library Association College and University Libraries Section Proceedings, 4(2): 1-7.

Taraborelli D. 2008. Soft peer review: Social software and distributed scientific evaluation. Proceedings of the 8th International Conference on the Design of Cooperative Systems: 99-110.

Taylor M. 2013. Exploring the boundaries: How altmetrics can expand our vision of scholarly communication and social impact. Information Standards Quarterly, 25(2): 27-32.

Taylor M, Plume A. 2014. Party papers or policy discussions: An examination of highly shared papers using altmetric data. Research Trends, 36: 17-20.

Thelwall M. 2014. A brief history of altmetrics. Research Trends, 37: 3-4.

Thelwall M, Kousha K. 2015. Web indicators for research evaluation. Part 2: Social media metrics. El Profesional de la Información, 24(5): 607-620.

Thelwall M, Nevill T. 2018. Could scientists use Altmetric.com scores to predict longer term citation counts. Journal of Informetrics, 12(1): 237-248.

Thelwall M, Haustein S, Larivière V, et al. 2013a. Do altmetrics work? Twitter and ten other social web services. PloS ONE, 8(5): e64841.

Thelwall M, Tsou A, Weingart S, et al. 2013b. Tweeting links to academic articles. Cybermetrics: International Journal of Scientometrics, Informetrics and Bibliometrics, 17(1): 1-8.

Timilsina M, Davis B, Taylor M, et al. 2016. Towards predicting academic impact from mainstream news and weblogs: A heterogeneous graph based approach//2016 IEEE/ACM International Conference on Advances in Social Networks Analysis Mining. IEEE: 1388-1389.

Torres-Salinas D, Cabezas-Clavijo A, Jimenez-Contreras E. 2013. Altmetrics: New indicators for Scientific Communication in Web2.0. Comunicar, 41(41): 53-60.

Torres-Salinas D, Robinson-García N, Gorraiz J. 2017. Filling the citation gap: Measuring the multidimensional impact of the academic book at institutional level with PlumX. Scientometrics, 113(3): 1371-1384.

Tracz V. 2015. The five deadly sins of science publishing [version 1; peer review: Not peer reviewed]. https://f1000research.com/articles/4-112[2018-11-02].

Vaughan L, Shaw D. 2005. Web citation data for impact assessment: A comparison of four science disciplines. Journal of the American Society for Information Science and Technology, 56(10): 1075-1087.

Vogl S, Scherndl T, Kühberger A. 2018. Psychology: A bibliometric analysis of psychological literature in the online media. Scientometrics, 115(3): 1253-1269.

Wang X, Liu C, Mao W, et al. 2015. The open access advantage considering citation, article usage and social media attention. Scientometrics, 103(2): 555-564.

Wellman B. 1988. Structural analysis: From method and metaphor to theory and substance: 19-61.

Werner R. 2015. The focus on bibliometrics makes papers less useful. Nature, 517(7534): 245.

White H D, McCain K W. 1997. Visualization of literatures. Annual Review of Information Science and Technology, 32(1): 99-168.

White H D. 2004. Reward, persuasion, and the sokal hoax: A study in citation identities. Scientometrics, 60(1): 93-120.

Wilsdon J. 2015. The metric tide: Correlation analysis of REF2014 scores and metrics. Supplementary report II to the independent review of the role of metrics in research assessment and management. London: Higher Education Funding Council for England(HEFCE).

Wouters P, Costas R. 2012. Users, Narcissism and Control—Tracking the Impact of Scholarly Publications in the 21st Century. Utrecht: SURFfoundation.

Yan K K, Gerstein M. 2011. The spread of scientific information: Insights from the web usage statistics in PLoS article-level metrics. PLoS ONE, 6(5): e19917.

Yang S, Han R, Wolfram D, et al. 2016. Visualizing the intellectual structure of information science(2006-2015): Introducing author keyword coupling analysis. Journal of Informetrics, 10(1): 132-150.

Yu M C, Wu Y C J, Alhalabi W, et al. 2016. ResearchGate: An effective altmetric indicator for active researchers? Computers in Human Behavior, 55: 1001-1006.

Yuan S, Hua W. 2011. Scholarly impact measurements of LIS open access journals: Based on citations and links. The Electronic Library, 29(5): 682-697.

Zahedi Z, Costas R, Wouters P. 2014a. How well developed are altmetrics? A cross-disciplinary analysis of the presence of 'alternative metrics' in scientific publications. Scientometrics, 101(2): 1491-1513.

Zahedi Z, Fenner M, Costas R. 2014b. How consistent are altmetrics providers? Study of 1000 PLOS ONE publications using the PLoS ALM, Mendeley and Altmetric. com APIs. Altmetrics 14. Workshop at the Web Science Conference, Bloomington, USA.

Zahedi Z, Fenner M, Costas R. 2015. How consistent are altmetrics providers? Study of 1000 PLoS One publications using the PLoS ALM, Mendeley and Altmetric.com APIs.

Zhou P, Thijs B, Glänzel W. 2009. Is China also becoming a giant in social sciences? Scientometrics, 79(3): 593-621.

Zhou Q, Zhang C, Zhao S X, et al. 2016. Measuring book impact based on the multi-granularity online review mining. Scientometrics, 107(3): 1435-1455.

Zhu Q L, Willett P. 2011. Bibliometric analysis of Chinese superconductivity research, 1986-2007. Aslib Proceedings, 63(1): 101-119.

Zuccala A A, Verleysen F T, Cornacchia R, et al. 2015. Altmetrics for the humanities: Comparing Goodreads reader ratings with citations to history books. Aslib Journal of Information Management, 67(3): 320-336.